중국어탈피 新HSK 단어장 1-4급
(특허 제1버전)

지은이 | 우공이산외국어연구소

중국어탈피 신(新) HSK 단어장 1~4급 (특허 제1버전)
(시험과 회화를 한방에! 최 단기 중국어 VOCA | 출제처 필수어휘 전량 수록, 최신 경향 완벽반영!)

지은이 우공이산외국어연구소
표지디자인 김민주
내지디자인 편집부

발행인 김승호
발행처 주식회사 우공이산
경기도 고양시 일산동구 중앙로 1305-30 삼성마이더스빌딩 221호
발행일 2020년 9월 15일 1판 1쇄
등록번호 제396-2009-000012호
대표전화 031 908 5023
팩스 031 908 5026
커뮤니티 http://cafe.naver.com/talpi
ISBN 979-11-86796-29-0 53720
책값은 뒤표지에 있습니다.

Copyright ⓒ 주식회사 우공이산, 2010
◆ 본서의 내용은 온·오프라인을 통틀어 전재·복사·모방·배포가 특허법과 저작권법에 의해 금지되어 있습니다.
◆ 파본은 교환해 드립니다.

고객센터
◆ 교재 관련 문의 031 908 5023
☎ 가급적 관련 문의는 engtalpigood@naver.com으로 해주시기 바랍니다.

머리말 /

'어중간한' 그대, 슬프게도 그대는 들러리다!

《채용 담당자와 면접관은 압니다》
HSK 4~5급은 6급을 돋보이게 하는 들러리일 뿐입니다.
6급도 위험합니다. 면접장에 서보는 기쁨(?)도 잠시, 합격의 문은 여전히 아득합니다. 회화 없는 6급을, 그래서 빛 좋은 개살구라 말합니다.

《취준생은 모릅니다》
대한민국의 오늘은 취준생들의 지옥, 맞습니다. 그럼에도 세상 탓보다는 확실치 못한 '어중간한' 나를 채찍질하십시오.

나는 시험에 나오는 것만 공부한다? = 나는 영원히 들러리다

꼼수들의 꼬임에 희생되지 마십시오. 회화 없는 허무한 스펙에 목매지 마십시오.
그런 구색에 관심을 두기에는 채용 담당자 앞에 쌓인 이력서가 산더미입니다.

기업의 입장에서 생각하라!
〈군계일학〉 기업은 고작 열의 〈학〉을 들이기 위해 수천의 〈닭〉을 들러리 세웁니다. 실력 없는 자존심은 비참합니다. 기업을 욕하기 전에 당당히 〈학〉이 되십시오.
쉬운 길을 가려 하지 마시고, 되는 길을 가십시오.

当你梦想成真, 你也会成为别人的梦想。
당신이 꿈을 이루면, 이젠 당신이 누군가의 꿈이 될 것이다!

우공이산외국어연구소

◀ 왼쪽 페이지

특허 제 1 버전 구성도

❖ 이 책은 특허 1버전입니다.

한국어 해석문	품사	개념(한국어 뜻)	번체자(독음)
누가 A조야? 너야? / 난 아니야, 난 D조야.	대	('나는 너를 사랑해!' 이럴 때의) 나(저)	我 아
너 피부 진짜 하얗다, 진짜 부러워. / 아니야, 나 여름에 제주도 가서 많이 탔어.	형	(색깔이) 하얗다	白 백
그쪽 아니야! 좀 더 아래로 봐봐. / 어디? 나 못 찾겠어.	명	[위에 대하여] 아래	下 하
어떤 사람이 너 찾아왔던데? / 누가? 이렇게 늦은 시간에 누가 날 찾아온 거지?	명	사람(인간)	人 인
너 오늘 대사 다 외울 수 있어? / 껌이지!	동	(누가 무엇을) 할 수 있다	能 능
너 돈 가져왔어? / 안 가져왔는데, 너는?	명	돈(money)	錢 전

오른쪽 페이지 ▶

특허 1버전 :
같은 모양의 단어가 각 뜻에 따라 분류돼 여러 페이지에서 랜덤 노출

白을 예로 들면

白	형	(색깔이) 하얗다 – 17쪽에 배치
白	부	(노력·희망 등이) 헛되이 – 53쪽에 배치
白	부	(음식·물건 등을) 공짜로 – 67쪽에 배치
白	동	(누구를 업신여기며) 흘겨보다 – 176쪽에 배치

급	표제어	병음	중국어 예문	병음(예문)
1급	我	wǒ	谁是A组? 是你吗? / 不是我, 我是D组。	Shéi shì A zǔ? Shì nǐ ma? / Búshì wǒ, wǒ shì D zǔ.
2급	白	bái	你的皮肤好白啊, 好羡慕。/ 没有, 我夏天去济州岛都晒黑了。	Nǐ de pífū hǎo bái a, hǎo xiànmù. / Méiyǒu, wǒ xiàtiān qù Jìzhōudǎo dōu shài hēi le.
1급	下	xià	不是那边! 你再往下看。/ 哪里啊? 我找不着。	Búshì nàbiān! Nǐ zài wǎngxià kàn. / Nǎlǐ a? Wǒ zhǎobuzháo.
1급	人	rén	有人来找你了。/ 谁啊? 这么晚谁来找我?	Yǒurén lái zhǎo nǐ le. / Shéi a? Zhème wǎn shéi lái zhǎo wǒ?
1급	能	néng	你今天能把所有台词都背下来吗? / 小菜一碟!	Nǐ jīntiān néng bǎ suǒyǒu táicí dōu bèixiàlái ma? / Xiǎocàiyìdié!
1급	钱	qián	你带钱了? / 我没带, 你呢?	Nǐ dài qián le? / Wǒ méi dài, nǐ ne?

표제어(간체자) **중국어 예문** **병음(예문)**

HSK 급수 **병음**

◀ 왼쪽 페이지

특허 제 2 버전 구성도

한국어 해석문	품사	개념(한국어 뜻)	번체자(독음)
너 피부 진짜 하얗다, 진짜 부러워. / 아니야, 나 여름에 제주도 가서 많이 탔어.	형	(색깔이) 하얗다	白 백
걔 아예 안 왔어, 연락도 없었고, 나 진짜 헛걸음했다니까?	부	(노력·희망 등이) 헛되이	白 백
이거 다 무료로 주는 거야, 빨리 챙겨.	부	(음식·물건 등을) 공짜로	白 백
쟤는 왜 나만 보면 눈을 흘기지? / 쟤 신경 쓰지 마.	동	(누구를 업신여기며) 흘겨보다	白 백
그쪽 아니야! 좀 더 아래로 봐봐. / 어디? 나 못 찾겠어.	명	[위에 대하여] 아래	下 하
결론을 어떻게 내려야 할까? / 너 나한테 물어봐도 소용없어, 난 내용이 뭔지도 모르거든.	동	(결론·결정·판단 등을) 내리다	下 하
합격 통지 발표됐어? / 아직, 설마 합격 취소된 건 아니겠지?	동	(시험·면접 등의 결과를) 발표하다	下 하
10분 남았을 때 알람이 세 번 울릴 거예요. / 알았어요, 저 꼭 제시간에 일어날게요.	양	[단위] (몇) 차례 (몇) 번	下 하
다음에 또 너 보러 가도 괜찮아? / 그럼, 오기 전에 얘기만 해.	명	('다음번·다음 문제' 이럴 때의) 다음	下 하
봐, 우리 집 개가 새끼를 낳았어, 귀엽지? / 엄청 귀엽다, 나한테 한 마리 줄 수 있어?	동	(동물·새가) 새끼나 알을 낳다	下 하

특허 2버전 :
단어를 모양(철자)별로 한데 묶어 연이어 노출

오른쪽 페이지 ▶

白과 下를 예로 들면 다음과 같음

HSK 급수	표제어(간체자)	병음	중국어 예문	병음(예문)
2급	白	bái	你的皮肤好白啊, 好羡慕。/ 没有, 我夏天去济州岛都晒黑了。	Nǐ de pífū hǎo bái a, hǎo xiànmù. / Méiyǒu, wǒ xiàtiān qù Jìzhōudǎo dōu shài hēi le.
2급	白	bái	他根本就没来, 也没联系我, 我白跑了一趟。	Tā gēnběn jiù méi lái, yě méi liánxì wǒ, wǒ bái pǎo le yítàng.
2급	白	bái	这都是白送的, 赶紧拿着呀。	Zhè dōu shì bái sòng de, gǎnjǐn názhe ya.
2급	白	bái	她怎么每次看到我就白我一眼。/ 你不用理她。	Tā zěnme měicì kàndào wǒ jiù bái wǒ yìyǎn. / Nǐ búyòng lǐ tā.
1급	下	xià	不是那边! 你再往下看。/ 哪里啊? 我找不着。	Búshì nàbiān! Nǐ zài wǎngxià kàn. / Nǎlǐ a? Wǒ zhǎobuzháo.
1급	下	xià	该怎么下结论呢? / 你问我没用, 我不知道是什么内容。	Gāi zěnme xià jiélùn ne? / Nǐ wèn wǒ méiyòng, wǒ bùzhīdào shì shénme nèiróng.
1급	下	xià	录取通知下来没? / 还没呢, 不会变卦了吧?	Lùqǔ tōngzhī xiàlái méi? / Hái méi ne, búhuì biànguà le ba?
1급	下	xià	剩十分钟的时候闹钟会响三下。/ 好, 我一定按时起床。	Shèng shí fēnzhōng de shíhou nàozhōng huì xiǎng sānxià. / Hǎo, wǒ yídìng ànshí qǐchuáng.
1급	下	xià	我下次再去找你行吗? / 行, 来之前说一声就好了。	Wǒ xiàcì zài qù zhǎo nǐ xíng ma? / Xíng, lái zhīqián shuōyìshēng jiù hǎo le.
1급	下	xià	你看, 我们家狗下崽儿了, 可爱吗? / 好可爱啊, 能送我一只吗?	Nǐ kàn, wǒmen jiā gǒu xià zǎir le, kě'ài ma? / Hǎo kě'ài a, néng sòng wǒ yìzhī ma?

쌍둥이 책 특허 제1,2 버전의 구성과 특징

아직 중국어탈피를 모르세요?

유튜브에서 '영어탈피 중국어탈피' 채널을 검색해 보세요.
이 채널의 대표 영상에는 '외국어를 효과적으로 배우는 방법'이 영어를 예로 들어 설명되어 있습니다. 중국어를 배우는 방법, 영어와 별로 다르지 않습니다.

이 영상을 통해 이 책 '중국어탈피 HSK편'의 설계 원리와 구체적인 학습 방법에 대한 이해도를 높이시기 바랍니다.

* 참고 도서: 독자도 되는 영어 공부법(저자만 되는 학습법은 가라)
* 네이버 카페 : 영어탈피 & 중국어탈피(cafe.naver.com/talpi)

〈영상보기〉

이 책의 구성과 특징 (❖이 책은 특허 제1버전입니다)

⇨ 특허 1버전과 특허 2버전은 수록 데이터는 같으나, 배치 형식이 서로 다른 쌍둥이 책입니다.
  · 특1, 특2의 공통점 : 수록 단어와 문장의 개수 등, 수록 데이터 동일
  · 차이점 : 단어 및 문장의 배치 순서와 수록 형식이 다름 (앞쪽 특허1, 2버전 구성도 참조)
⇨ 이용 방법 : 두 버전은 각각 장점이 다르므로, 함께 이용 시 시너지 효과가 큽니다.
  · 특1을 주 교재로, 특2를 보강 교재로 활용하시기 바랍니다.

❶ 각 단어는 모양(철자)이 같아도 뜻이 다르면 서로 다른 별개의 단어로 취급

白(색깔이 하얗다)와 白(누구를 흘겨보다)는 설령 같은 어원에서 출발했을지라도 현실에서는 그 의미와 쓰임이 서로 다른 별개의 단어입니다. 따라서 이 책은 각 단어를 배치함에 있어 모양이 아닌 뜻을 기준으로 단어의 정체성을 정의하고 구분해 총 2,176개 항목으로 나열하였습니다.

  · 뜻 기준 표제어 단어 총 개수: 총 2,176개 (1급 325개, 2급 299개, 3급 535개, 4급 1,017개)
  · [참고] 모양 기준 단어 개수 : 총 1,200개(1급 150개, 2급 150개, 3급 300개, 4급 600개)

❷ ❖특허 1버전: 각 단어는 뜻을 기준(2,176개)으로 책 전체에 걸쳐 무작위 분산 배치

[예] 단어 白의 수록에 있어, 白(색깔이 하얗다)는 17쪽에, 白(노력이 헛되게)는 53쪽에, 白(무엇을 공짜로)는 67쪽에, 白(누구를 흘겨보다)는 176쪽에 배치하는 등, 이와 같은 방식으로 모든 단어를 책 전체에 걸쳐 분산 배치하였습니다. 이는 기억 원리에 의해 단어 암기의 효율성을 극대화할 뿐만 아니라, 순발력 있는 회화와 독해 능력을 기르는데 크게 이바지합니다. (앞쪽 특허1 구성도 참조)

❖특허 2버전: 2,176개의 표제어를 모양(철자)별로 구분해 1,200개의 묶음으로 수록

쌍둥이 책인 '특허 2버전'은 1버전과는 반대로, 단어의 뜻이 아니라 모양(철자)을 기준으로 하여, 모양이 같은 단어들을 한데 모아 묶어서 배치하였습니다. (병음 기준 알파벳 순 배열/색인 기능)

[예] 白(하얗다)와, 白(헛되게), 白(공짜로), 白(흘겨보다)를 한곳에 함께 묶어 수록하였습니다. 이는 특허 1버전의 효율에 더해 학습 성과를 더욱 보강해줍니다. (앞쪽 특허2 구성도 참조)

Chinese is not knowledge. It's a language!

❸ 표제어인 간체자에 그에 대응하는 번체자 및 한국어 독음 병기

'알다' 즉, '인식하다'라는 뜻의 간체자 认识(인식)의 발음은 [런쉬/런쓰(rènshi)]입니다. 이를 번체자로 고쳐 쓰면 우리가 잘 아는 認識(인식)입니다. 발음 또한 [런쉬]와 [인식]은 많이 닮았습니다.

이렇듯 우리는 한자 공부를 통해 이미 중국어 단어를 많이 알고 있습니다. 단지 낯선 중국식 간체자에 적응이 되어 있지 않을 뿐, 번체자(전통 한자)가 간체자로 어떻게 고쳐 쓰이는지만 알면 중국어 단어의 반은 끝낸 것과 다름없습니다.

认识(rènshi) = 認識 = 인식

이 책은 표제어인 간체 认识에 해당하는 번체(즉, 認識)과 그 독음(즉, 인식)을 함께 실어줌으로써 단어 공부의 효율을 극대화했습니다.

참고로, 번체 認(rèn)이 간체 认(rèn)으로 간단해진 원리는, 간체 认이 번체 認의 구성(言+忍) 중에서 발음을 담당하는 한자인 忍(ren) 대신 비슷한 발음이면서 더욱 더 간단한 한자인 人(ren)을 빌려 썼음을 알 수 있습니다. 당연히 번체의 간체 변환에는 일정한 규칙성이 있기 때문에, 번체가 병기된 이 책은 중국 본토의 문자만이 아니라 대만이나 홍콩과 같이 여전히 번체를 사용하는 나라의 중국어까지 함께 배워지게 합니다.

· 주의: 독음 표기는 특별한 경우가 아닌 한 두음법칙을 적용하지 않았습니다.

历史(lìshǐ) = 歷史 = 역사 = 력사

번체 歷史의 간체 표기는 历史이고 한국어 독음은 [역사]이며, 북한식 독음은 [력사]입니다. 중국어 발음이 [리쉬/리스]임을 볼 때, 북한식 표기가 남한보다 중국어 발음에 더 가깝습니다. 이는 북한이 두음법칙을 사용하지 않기 때문입니다. 우리 선조들 또한 그러하였습니다.
이 책은 중국어 발음을 이해하는데 용이하도록 '두음법칙'이 표준화 되지 않았던 우리 조상들의 발음으로 독음을 붙였습니다. [예] 冷(lěng) = 冷(냉→랭), 礼物(lǐwù) = 禮物(예물→례물)

· 주의: 이 책에 기재된 번체와 대만, 홍콩 등에서 쓰이는 번체는 일부 차이가 있을 수 있습니다.
　　　　문자는 지역에 따라 시대에 따라 계속 변하기 때문입니다.

❹ 수록된 표제어 2,176개 모두에 빠짐없이 실전·실용 예문을 붙임

· HSK 듣기·독해·작문 및 회화 학습에 이롭도록 모든 표제어에 빠짐없이 예문을 붙였습니다.
　〈 중국어 예문 총 개수 : 2,176개 단어에 총 4,300 예문 수록 〉
· HSK는 적어도 4급 이상을 취득했을 때 비로소 쓸모가 있으므로 이점을 고려해 난이도를 조절하였습니다.
· 중국어 예문의 속뜻과 뉘앙스를 제대로 알 수 있도록 딱딱한 문어체보다는 구어체 예문을 충분히 수록하였고, 해석 또한 구어체 위주로 붙여 이해를 쉽게 하였습니다.
· 지루함 방지를 위해 많은 예문을 밝고 유머러스하며, 때론 괴짜스러운 분위기로 설계했습니다.
　예를 들면 다음과 같습니다.

我哭了。/ 所以呢? / 我说我哭了! / 一边儿去。 나 울었어. / 그래서? / 나 울었다고! / 저리가.
哇, 你哥哥好帅啊! / 帅什么! 와, 네 오빠 진짜 잘생겼다! / 잘생기긴 개뿔!
咱们明天去看电影吧。/ 你买票我就去。 우리 내일 영화 보러 가자. / 네가 표 사면 가지.

· 문어체적인 감각이 필요하신가요? 간단합니다. 해석하실 때 그냥 문어체적으로 생각하면 됩니다. 예를 들면 이렇게요.

他家庭有点困难, 放假得去赚钱。

A. 구어체 해석: 얘는 가정 형편이 좋지 않아서, 방학 때 돈을 벌어야 해.
B. 문어체 이해: 그는 가정 형편이 좋지 않아서, 방학 때 돈을 벌어야 한다.

❺ 중국어 문법의 규칙성이 터득되도록 다양한 패턴 문장 설계

언어는 문법적으로 일정한 규칙성을 띠는데, 이를 패턴이라고 합니다.

이 책은 2,176개 표제어 항목에 평서문 2,500개, 의문문 1,400개, 감탄문 400개로 총 4,300개의 예문이 수록되어 있습니다. 이 예문들에는 꼭 알아두어야 할 실용 패턴이 수없이 등장합니다.

전체 예문을 그저 1회만 진행해도 반복적으로 패턴 공부가 됩니다. 물론 중국어탈피 HSK 5급, 6급 교재를 계속함으로써 그 결실은 배가 됩니다.

❻ 인칭 대명사에 대한 잘못된 인식을 바로 잡고 해석을 현실화 함

아직도 많은 책들이, 특히 3인칭 대명사에 대한 해석을 비현실적으로 하고 있습니다. 대표적으로 '他, 她, 他们, 她们'을 '그, 그녀, 그들, 그녀들'이라고 해석하고 있습니다.

她是你妹妹啊? 그녀는 당신의 동생입니까?

'그녀는~' 이런 식의 해석은 언어로써 중국어를 받아들이는 데 있어 문제가 큽니다. 한국어 '그, 그녀, 그들, 그녀들'은 원래부터 있던 우리말이 아닙니다. 불과 얼마 전인 1930년대 이후에 영어 'he, she, they'를 번역하는 과정에서 생겨난 어정쩡한 표현입니다.

쟤/걔/얘/저분, 네/그쪽 동생이야/동생이에요?

이래야 평소의 우리말과 같아지고, 그래야 중국어 예문을 뉘앙스까지 제대로 파악할 수 있게 됩니다. 리스닝과 스피킹, 녹해에 속도가 붙게 되는 매우 중요한 요건입니다.

사실, 이 문장에서 她(그녀)는 우리말로 해석을 할 때 '민지'나 '수빈' 등 여자 이름이면 누구라도 붙여 해석할 수 있습니다. '민지 네 동생이야?' 이처럼 말이죠.

3인칭 대명사는 흔히 앞서 언급된 사람을 다시 지칭할 때 쓰는데, 중국어나 영어와는 달리 한국어는 다시 지칭할 때도 꼬박꼬박 고유명사인 사람의 이름을 써서 말합니다. 그러니 중국어 대명사 她(그녀)나 영어 she(그녀)도 우리말로 해석할 때는 '쟤/걔/얘/저분' 또는 '민지'라고 표현하는 것이 자연스럽습니다.

❼ 가급적 중국어 문장의 끊어 읽기 및 어순에 맞춰 한국어 해석을 붙임

他家庭有点困难,—————————放假得去赚钱。
얘는 가정 형편이 좋지 않아서,——— 방학 때 돈을 벌어야 해.

HSK 시험을 대비하기 위해서는 긴 문장이나 난해한 문장에 대한 해결 능력이 필수입니다. 이렇게 콤마(,)를 기준으로 나눠 해석 단위를 정해줌으로써, 문장이 길어지거나 해석에 어려움이 있을 때 어떻게 대처해야 하는지, 그에 대한 훈련이 자연스럽게 이뤄집니다.

❽ 한국어 / 중국어 / 병음을 각각 분리 배치

- **한국어와 중국어의 좌우 분리 배치:** 외국어를 공부할 때 모국어의 도움은 필수지만 일정 수준의 학습 단계가 되면 오히려 단점으로 작용합니다. 궁극적으로는 한국어의 도움 없이 중국어 그 자체만으로 듣기, 읽기, 말하기를 할 수 있어야 하기 때문입니다.
  이 책은 좌우 페이지로 한국어와 중국어를 분리 배치했습니다. 중국어를 읽을 때 한국어의 간섭 현상이 없기 때문에 '한국어 의존증'을 미연에 방지할 수 있습니다.

- **병음과 중국어의 분리 배치:** 병음도 마찬가지입니다. 중국어와 병음이 함께 붙어 있으면 중국어 그 자체로 읽는 것이 아니라, 먼저 눈에 들어오는 병음에 의존하게 됩니다.

- **주의:** 병음은 참고용입니다. 발음은 소리이기 때문에 기호나 문자로 체득하는 것은 애초에 한계가 있습니다. 특히 단어는 문장 안에서 속도나 조합에 따라 발음이 변화기도 합니다. 따라서 발음 연습은 책에 적힌 병음이 아니라 따로 제공된 원어민 음성의 MP3 음원을 기준으로 하시기 바랍니다.

◆ **MP3 음원 파일 다운로드**

다양하게 편집된 여러 버전의 원어민 음원을 무료 제공합니다. 음원 파일의 총 용량이 워낙 커서 CD를 통한 제공이 어렵습니다. 참고로, 등하교, 출퇴근 등의 시간에도 활용될 수 있도록 하는 '중국어⇌한국어 음원'도 추후 제공될 수 있습니다. 이는 유료입니다.

MP3 음원은 학습에 꼭 필요하므로 카페에 방문하셔서 신청 바랍니다.
＊ 네이버 카페 : 영어탈피 & 중국어탈피(cafe.naver.com/talpi)

◆ **권장 학습 방법 설명서**

저희는 이 책을 이용하는 가장 효과적인 방법을 '권장 학습 방법 설명서'를 통해 구체적으로 알려드리고 있습니다. 이 책은 특히 교재로서 중국어 학습 원리에 맞춤으로 설계되었기 때문에, 각자가 임의대로 이용하시는 것 보다 제공된 권장 학습 방법에 따라 진행하시는 것이 효과적입니다.

＊ 교재의 준비 : 특허 1버전 책 + 특허 2버전 책

참고로, 이 책은 단어와 예문을 한 번에 공부하는 것이 아니라, 1단계와 2단계 과정으로 나눠서 합니다. 단어의 발음과 뜻을 배우는 과정이 1단계입니다. 이를 마친 후에 본격적으로 예문 공부를 하게 되는데 이 과정이 2단계입니다.

예문에 부담을 가지지 마십시오. 미리 단어 공부를 해두기 때문에 예문 공부를 하는 것은 한국어 해석문의 도움이면 충분합니다.

권장 학습 방법 설명서는 MP3 음원을 보내드릴 때 함께 제공됩니다.

목차_contents

머리말
구성과 특징

HSK 1-3급

UNIT 01	16
UNIT 02	34
UNIT 03	52
UNIT 04	70
UNIT 05	88
UNIT 06	106
UNIT 07	124
UNIT 08	142
UNIT 09	160
UNIT 10	178

HSK 4급

UNIT 11	198
UNIT 12	214
UNIT 13	230
UNIT 14	246
UNIT 15	262
UNIT 16	278
UNIT 17	294
UNIT 18	310
UNIT 19	326
UNIT 20	342

HSK 1-3급

날기를 원하는 자, 우선 서고 걷고 달리고 오르고 춤추는 법을 배워야 한다.
想飞的人必须先学会站立, 行走, 奔跑, 攀爬和跳舞。

Chinese is not knowledge. It's a language!

UNIT 1

既然避不开, 那就享受吧。

예문	뜻	한자
누가 A조야? 너야? / 난 아니야, 난 D조야.	때 ('나는 너를 사랑해!' 이럴 때의) 나(저)	我 아
그쪽 아니야! 좀 더 아래로 봐봐. / 어디? 나 못 찾겠어.	명 [위에 대하여] 아래	下 하
1 더하기 1은 얼마지? / 왕(王)이요. / 창의적이군.	수 [數] 1(하나)	一 일
너 피부 진짜 하얗다, 진짜 부러워. / 아니야, 나 여름에 제주도 가서 많이 탔어.	형 (피부·옷 등의 색이) 하얗다(희다)	白 백
어떤 사람이 너 찾아왔던데? / 누가? 이렇게 늦은 시간에 누가 날 찾아온 거지?	명 사람(인간)	人 인
너 오늘 대사 다 외울 수 있어? / 껌이지(식은 죽 먹기지)!	동 (누가 무엇을) 할 수 있다	能 능
여보세요, 안녕하세요, 누구 바꿔드릴까요? / 실례지만 조 선생님 계신가요?	때 [전화를 받을 때] 여보세요?	餵 위
얘가 내 여동생이야. / 말도 안 돼, 너희 하나도 안 닮았어, 얘는 너보다 훨씬 이쁘게 생겼는데?	때 그녀(그 여자)	她 타
너 돈 가져왔어? / 안 가져왔는데, 너는?	명 돈(money)	錢 전
빨리 타세요, 곧 출발합니다. / 안 돼요, 저희 아빠 아직 안 오셨어요.	동 (차·비행기·기차·자전거 따위에) 타다	上 상

피할 수 없다면 즐겨라!

❶급	我	wǒ	谁是A组? 是你吗? / 不是我, 我是D组。	Shéi shì A zǔ? Shì nǐ ma? / Búshì wǒ, wǒ shì D zǔ.
❶급	下	xià	不是那边! 你再往下看。/ 哪里啊? 我找不着。	Búshì nàbiān! Nǐ zài wǎngxià kàn. / Nǎlǐ a? Wǒ zhǎobuzháo.
❶급	一	yī	一加一等于几? / 王。/ 有创意。	Yī jiā yī děngyú jǐ? / Wáng. / Yǒu chuàngyì.
❷급	白	bái	你的皮肤好白啊, 好羡慕。/ 没有, 我夏天去济州岛都晒黑了。	Nǐ de pífū hǎo bái a, hǎo xiànmù. / Méiyǒu, wǒ xiàtiān qù Jìzhōudǎo dōu shài hēi le.
❶급	人	rén	有人来找你了。/ 谁啊? 这么晚谁来找我?	Yǒurén lái zhǎo nǐ le. / Shéi a? Zhème wǎn shéi lái zhǎo wǒ?
❶급	能	néng	你今天能把所有台词都背下来吗? / 小菜一碟!	Nǐ jīntiān néng bǎ suǒyǒu táicí dōu bèixiàlái ma? / Xiǎocàiyìdié!
❶급	喂	wéi	喂, 你好, 找哪位? / 请问赵老师在吗?	Wéi, nǐ hǎo, zhǎo nǎ wèi? / Qǐngwèn Zhào lǎoshī zài ma?
❶급	她	tā	她是我亲妹妹。/ 不是吧, 你们长得一点儿都不像, 她比你漂亮多了。	Tā shì wǒ qīn mèimei. / Búshì ba, nǐmen zhǎng de yìdiǎnr dōu búxiàng, tā bǐ nǐ piàoliang duōle.
❶급	钱	qián	你带钱了? / 我没带, 你呢?	Nǐ dài qián le? / Wǒ méi dài, nǐ ne?
❶급	上	shàng	快上车, 马上就要出发了。/ 不行, 我爸爸还没来呢。	Kuài shàng chē, mǎshàng jiùyào chūfā le. / Bùxíng, wǒ bàba hái méi lái ne.

Chinese is not knowledge. It's a language!

Unit	예문	뜻	한자/한글
Unit 1	저 여자애 네 동생이야? / 내가 그렇게 늙어 보이냐? 쟤랑 나랑 동창이거든!	명 (같은 학교를 졸업한) 동창	同學 동학
Unit 2	수능 연기됐더라, 얼마나 연기된 거야? / 일주일.	부 [의문문에서] 얼마나	多 다
Unit 3	의사 선생님이 뭐라셔? / 별일은 아니래, 그냥 며칠 쉬면 괜찮을 거래.	명 (환자를 치료하는) 의사	醫生 의생
Unit 4	너 뭐 마실 거야? / 커피 빼고 아무거나 괜찮아.	동 (누가 물·음료수 등을) 마시다	喝 갈
Unit 5	오늘 밤 달빛이 정말 아름답군요. / 어우 닭살이야.	명 [천문] 달	月 월
Unit 5	오늘 수업 몇 시에 끝나? 내가 데리러 갈게. / 5시에 끝나, 진짜 오려고?	양 [시간 표시에 있어] (몇) 시	點 점
	죄송해요, 오래 기다리시게 했네요. / 괜찮아요, 많이 기다린 것도 아닌데요 뭐.	동 ('늦어서 죄송합니다' 이럴 때의) 미안합니다(죄송합니다)	對不起 대불기
	우리가 서로 사랑하는 데 있어 네 동의는 필요 없잖아. / 나도 관심 없거든.	동 (남녀 간에 서로) 사랑하다	愛 애
Unit 6	어떻게 된 게 우산을 챙긴 날은 비가 안 오다가, 안 챙긴 날만 골라서 오냐.	동 (하늘에서) 비가 내리다	下雨 하우
Unit 7	그럼 우리 뭘 먼저 복습할까? / 영어부터 하자, 너 최소한 알파벳은 알아보잖아.	대 [의문문에서] 무엇(어떤)	什麼 십마
Unit 8	나는 중국어를 딱 한마디 밖에 할 줄 몰라, '당신은 이름이 뭐예요?'	명 (사람·사물의) 이름(명칭)	名字 명자
	밍밍, 내 방문이 안 열려, 나 안에서 갇힌 것 같은데, 어떡하지?	동 (문·뚜껑 등 닫힌 것을) 열다·따다	開 개
Unit 9	이게 네가 사려는 책이야? / 응, 이 책이야.	동 [대답으로서] 네(맞습니다)	是 시
Unit 10	이 옷은 제가 입기에는, 한 치수 작지 않나요? / 고객님, 사이즈는 딱 맞습니다.	형 (크기·옷 사이즈·부피·면적 등이) 작다·좁다	小 소

18 | 중국어탈피

	词	拼音	例句（中文）	例句（拼音）
①	同学	tóngxué	她是你妹妹啊？/ 我有那么老吗？我跟她是同学！	Tā shì nǐ mèimei a? / Wǒ yǒu nàme lǎo ma? Wǒ gēn tā shì tóngxué!
①	多	duō	高考延期了吧，延了多长时间？/ 一周。	Gāokǎo yánqī le ba, yán le duōcháng shíjiān? / Yìzhōu.
①	医生	yīshēng	医生说什么了？/ 说没什么大事儿，休息几天就好了。	Yīshēng shuō shénme le? / Shuō méi shénme dàshìr, xiūxi jǐtiān jiù hǎo le.
①	喝	hē	你要喝什么？/ 除了咖啡什么都行。	Nǐ yào hē shénme? / Chúle kāfēi shénme dōu xíng.
①	月	yuè	今晚的月色真美啊。/ 肉麻。	Jīnwǎn de yuèsè zhēn měi a. / Ròumá.
①	点	diǎn	今天几点下课？我去接你。/ 五点下课，真的要来吗？	Jīntiān jǐdiǎn xiàkè? Wǒ qù jiē nǐ. / Wǔdiǎn xiàkè, zhēnde yào lái ma?
①	对不起	duìbuqǐ	对不起，让您久等了。/ 没事儿，也没等多久。	Duìbuqǐ, ràng nín jiǔděng le. / Méishìr, yě méi děng duōjiǔ.
①	爱	ài	我们相爱用不着你同意吧。/ 我也没想管。	Wǒmen xiāng'ài yòngbuzháo nǐ tóngyì ba. / Wǒ yě méi xiǎng guǎn.
①	下雨	xiàyǔ	怎么我带伞的时候不下雨，不带就下呢。	Zěnme wǒ dài sǎn de shíhou búxiàyǔ, búdài jiù xià ne.
①	什么	shénme	那我们先复习什么？/ 英语吧，至少你看得懂字母。	Nà wǒmen xiān fùxí shénme? / Yīngyǔ ba, zhìshǎo nǐ kàndedǒng zìmǔ.
①	名字	míngzi	我只会说一句中文："你叫什么名字？"	Wǒ zhǐ huì shuō yījù zhōngwén:"Nǐ jiào shénme míngzi?"
①	开	kāi	明明，我房门开不开了，我好像被关在里面了，怎么办呀。	Míngmíng, wǒ fángmén kāibukāi le, wǒ hǎoxiàng bèi guān zài lǐmian le, zěnmebàn ya.
①	是	shì	这是你要买的书吗？/ 是，就是这本。	Zhèshì nǐ yào mǎi de shū ma? / Shì, jiùshì zhè běn.
①	小	xiǎo	这件衣服我穿，小了一号吧。/ 亲，大小正合适。	Zhèjiànyīfu wǒ chuān, xiǎo le yīhào ba. / Qīn, dàxiǎo zhèng héshì.

Chinese is not knowledge. It's a language!

Unit	예문	품사	뜻	한자
Unit 1	이 커플링 예쁘지? / 자랑질하면 빨리 헤어진다더라.	형	(누구·무엇이) 예쁘다	漂亮 표량
Unit 2	선생님이 칠판에 쓴 글씨 잘 보이니? / 안 보입니다. 앞줄에 가서 앉아도 될까요?	명	칠판	黑板 흑판
Unit 3	너 10살 때 기억나냐? / 난 이틀 전 일도 기억이 잘 안 나는데!	수	[數] 10(열)	十 십
Unit 4	난 식당에 가면 꿔바로우를 꼭 시켜. / 그만 좀 먹어라(꿔바로우 소리가 입에서 나오냐?), 살 빼야지 이제.	명	식당(음식점, 레스토랑)	飯店 반점
Unit 5	아빠, 저 용돈 다 썼는데 조금만 더 주시면 안 돼요? / 안 돼, 다음 주에 줄게.	명	[가족] 아빠	爸爸 파파
Unit 5	도와주셔서 감사합니다. / 천만에요.	표	[감사함에 대한 답변으로서] 천만에요	不客氣 불객기
중국어탈피	너 나 보고 쟤가 저렇게 쌀쌀맞게 구는데 가서 싹싹 빌라고? (네 말은 나의 뜨거운 얼굴을 쟤의 차가운 엉덩이에 가져다 대란 말이야?), 나는 못 해.	형	(누가 남을 대하는 태도가) 쌀쌀맞다 (무뚝뚝하다)	冷 랭
	조심해! 컵에 뜨거운 물 들어있어. / 와, 겁나 놀랐네, 손 데일 뻔했다.	명	[식기] 컵(잔)	杯子 배자
Unit 6	너 북경에 가 봤었잖아, 어디가 재밌는지 얼른 알려 줘 봐. / 안 알려줄 건데?	명	북경(베이징)	北京 북경
Unit 7	이게 바로 비극의 시작이지, 만일 그때로 다시 돌아간다면, 난 걔를 절대로 선택하지 않을 거야.	명	(일·학기·연휴·비극 등의) 시작(처음, 시초)	開始 개시
Unit 8	제 딸은 코끼리를 보러 동물원에 가고 싶어 해요.	동	(누구·무엇을 눈으로) 보다	看 간
Unit 9	진짜야, 하나도 안 매워, 너도 먹어 봐. / 이게 안 맵다고? 너 일부러 그런 거지!	양	('조금도 안 아파'·'전혀 안 매워' 이럴 때의) 조금도(전혀, 하나도)	一點兒 일점아
Unit 9	아니, 가려면 가고 안 갈 거면 그냥 남아, 뭘 그렇게 미적거려. / 알았어, 곧 갈게.	접	A를 하든가 혹은 B를 하든가	要 요
Unit 10	우리 내일 영화 보러 가자. / 네가 표 사면 가지.	명	(스크린 상으로 상영되는) 영화	電影 전영

	漂亮	piào-liang	这对情侣对戒漂亮吧？/ 秀恩爱死得快。	Zhè duì qínglǚ duìjiè piàoliang ba? / Xiù ēn'ài sǐ de kuài.
③	黑板	hēibǎn	老师在黑板上写的字你看得清吗？/ 看不清，我能去前排坐吗？	Lǎoshī zài hēibǎn shàng xiě de zì nǐ kàn de qīng ma? / Kànbuqīng, wǒ néng qù qián pái zuò ma?
①	十	shí	你还记得你十岁那年吗？/ 我两天前的事儿都想不起来！	Nǐ hái jìde nǐ shísuì nà nián ma? / Wǒ liǎngtiān qián de shìr dōu xiǎngbuqǐlái!
①	饭店	fàndiàn	我去饭店一定会点锅包肉。/ 还锅包肉呢，你该减肥了。	Wǒ qù fàndiàn yídìng huì diǎn Guōbāoròu. / Hái Guōbāoròu ne, nǐ gāi jiǎnféi le.
①	爸爸	bàba	爸爸，我零用钱花光了，再给我一点儿吧。/ 不行，下周再给你。	Bàba, wǒ língyòngqián huā guāng le, zài gěi wǒ yìdiǎnr ba. / Bùxíng, xiàzhōu zài gěi nǐ.
①	不客气	búkèqi	谢谢你帮我。/ 不客气。	Xièxie nǐ bāng wǒ. / Búkèqi.
①	冷	lěng	你让我热脸贴他冷屁股，我可做不到。	Nǐ ràng wǒ rè liǎn tiē tā lěng pìgu, wǒ kě zuòbùdào.
①	杯子	bēizi	小心！杯子里有热水。/ 哇，吓死我了，差点烫着手了。	Xiǎoxīn! Bēizi lǐ yǒu rèshuǐ. / Wā, xià sǐ wǒ le, chàdiǎn tàngzháo shǒu le.
①	北京	Běijīng	你不是去过北京吗，快告诉我哪里好玩儿。/ 就不告诉你。	Nǐ búshì qùguo Běijīng ma, kuài gàosu wǒ nǎlǐ hǎowánr. / Jiù bú gàosu nǐ.
②	开始	kāishǐ	这就是悲剧的开始，如果回到那时候，我绝不会选他。	Zhè jiùshì bēijù de kāishǐ, rúguǒ huídào nàshíhou, wǒ jué búhuì xuǎn tā.
①	看	kàn	我女儿想去动物园看大象。	Wǒ nǚ'ér xiǎng qù dòngwùyuán kàn dàxiàng.
①	一点儿	yìdiǎnr	真的，一点儿都不辣，你尝尝。/ 这还不辣？你故意的吧！	Zhēnde, yìdiǎnr dōu búlà, nǐ chángchang. / Zhè hái búlà? Nǐ gùyì de ba!
②	要	yào	我说你要走就走，要留就留，磨叽什么。/ 知道了，我这就走。	Wǒ shuō nǐ yào zǒu jiù zǒu, yào liú jiù liú, mòji shénme. / Zhīdào le, wǒ zhè jiù zǒu.
①	电影	diànyǐng	咱们明天去看电影吧。/ 你买票我就去。	Zánmen míngtiān qù kàn diànyǐng ba. / Nǐ mǎi piào wǒ jiù qù.

Chinese is not knowledge. It's a language!

	예문	뜻	한자
Unit 1	나 이 작가 정말 좋아해, 이 작가가 출판한 모든 책은 다 샀어.	양 [단위] (책을 셀 때의) 권	本 본
Unit 2	이번 일 너 나한테 똑똑히 다 털어놔, 오늘 아주 끝장을 내자.	동 (누가 무엇에 대해) 설명하다(해설하다)	講 강
Unit 3	전 멀미를 해서, 버스 타는 걸 좋아하지 않아요. / 저도요, 지하철 타는 게 더 나아요.	명 버스	公共汽車 공공기차
	너 뉴스 봤어? / 아니. 무슨 일 있었어?	명 (매스컴의) 뉴스	新聞 신문
Unit 4	외국인이 중국어를 배우는 건 당연히 어렵지, 중국인도 잘 못하는 사람이 있는데.	명 중국어	漢語 한어
Unit 5	나 어제 달리기하다가 발을 삐었어. / 쌤통이다, 누가 나대래?	동 (누가) 달리다	跑步 포보
	메인 메뉴는 나는 밥으로 할래, 너는? / 나는 물만두 주문하고 싶어.	명 쌀밥	米飯 미반
Unit 6	너 며칠날 귀국해? / 15일에, 좀 일찍 들어가서 출근 준비해야지.	동 (누가 집이나 고향 등으로) 돌아가다(돌아오다)	回 회
	필요한 게 있으시면 저희에게 말씀하세요, 최대한 만족시켜드리겠습니다. / 감사합니다, 이미 충분합니다.	명 (무엇에 대한) 요구(필요)	需要 수요
Unit 7	나 아직 우리 아내랑 상의 안 해봤어. / 혼자 결정하면 안 돼?	명 [가족] 아내(부인)	妻子 처자
Unit 8	9 곱하기 9는 얼마? / 81?	동 (덧셈·뺄셈·곱셈 등으로 계산하여 어떤) 값을 얻다	得 득
	넌 성적도 안 좋으면서, 어떻게 다른 사람을 가르치겠다는 거야? / 괜찮아, 이건 성적이랑 상관없어.	동 (누구에게 지식·기술 등을) 가르치다(지도하다, 교육하다)	教 교
Unit 9	우리 아들은 날 하나도 안 닮았어. / 어디서 주워 온 거 아니지?	명 [가족] 아들	兒子 아자
Unit 10	저희 마라샹궈랑 샤오룽바오 주세요. 아, 마라샹궈는 약간 매운맛으로 주세요.	접 ('사과와 배' 이럴 때의, 누구·무엇) 과(와)	和 화

①급	本	běn	我特别喜欢这个作家，他出的每本书我都买了。	Wǒ tèbié xǐhuan zhège zuòjiā, tā chū de měiběn shū wǒ dōu mǎi le.
③급	讲	jiǎng	这件事你跟我讲清楚，不然今天没完。	Zhè jiàn shì nǐ gēn wǒ jiǎng qīngchu, bùrán jīntiān méiwán.
②급	公共汽车	gōnggòng qìchē	我晕车，不喜欢坐公共汽车。/ 我也是，坐地铁好些。	Wǒ yùnchē, bù xǐhuan zuò gōnggòngqìchē. / Wǒ yě shì, zuò dìtiě hǎo xiē.
③급	新闻	xīnwén	你看新闻了吗？/ 没有啊，发生什么事了？	Nǐ kàn xīnwén le ma? / Méiyǒu a, fāshēng shénme shì le?
①급	汉语	hànyǔ	外国人学汉语就是很难啊，就是中国人也未必说得好。	Wàiguórén xué Hànyǔ jiùshì hěn nán a, jiùshì Zhōngguórén yě wèibì shuōdehǎo.
②급	跑步	pǎobù	我昨天跑步的时候崴着脚了。/ 活该，叫你嘚瑟。	Wǒ zuótiān pǎobù de shíhou wǎizhao jiǎo le. / Huógāi, jiào nǐ dèsè.
①급	米饭	mǐfàn	主食我选米饭，你呢？/ 我想来点饺子。	Zhǔshí wǒ xuǎn mǐfàn, nǐ ne? / Wǒ xiǎng láidiǎn jiǎozi.
①급	回	huí	你几号回国？/ 十五号吧，早点回去准备上班。	Nǐ jǐhào huíguó? / Shíwǔ hào ba, zǎodiǎn huíqù zhǔnbèi shàngbān.
③급	需要	xūyào	有什么需要跟我们讲，我们尽量满足你。/ 谢谢，已经很好了。	Yǒushénme xūyào gēn wǒmen jiǎng, wǒmen jǐnliàng mǎnzú nǐ. / Xièxie, yǐjīng hěnhǎo le.
②급	妻子	qīzi	我还没跟我妻子说好呢。/ 不能自己决定吗？	Wǒ hái méi gēn wǒ qīzi shuōhǎo ne. / Bùnéng zìjǐ juédìng ma?
②급	得	dé	九九得几？/ 八十一？	Jiǔjiǔ dé jǐ? / Bāshíyī?
③급	教	jiāo	你自己的成绩都不好，怎么教别人啊！/ 没事，这跟成绩无关。	Nǐ zìjǐ de chéngjì dōu bùhǎo, zěnme jiāo biérén a! / Méishì, zhè gēn chéngjì wúguān.
①급	儿子	érzi	我的儿子长得一点儿都不像我。/ 不是捡回来的吧？	Wǒ de érzi zhǎng de yìdiǎnr dōu búxiàng wǒ. / Búshì jiǎnhuílái de ba?
①급	和	hé	我们要麻辣香锅和小笼包。啊，麻辣香锅要微辣。	Wǒmen yào Málà xiāngguō hé Xiǎolóngbāo. A, Málà xiāng guō yào wēi là.

Chinese is not knowledge. It's a language!

	예문	뜻	한자
Unit 1	내 휴대폰이 또 고장 나서, 새 걸로 바꿔야 해. / 진짜? 너 이 휴대폰으로 바꾼 지 한 달밖에 안 됐잖아!	동 (기계·가구 등이) 고장 나다·망가지다	壞 괴
Unit 2	이렇게 많이 발전하다니, 정말 대단해! / 아니에요, 다 선생님이 잘 가르쳐주신 덕분입니다.	형 (누구의 경력·능력 등이) 평범하다(보통이다)	簡單 간단
Unit 3	다음 주 동창회 너 갈 거야? / 장지엔이 간다고 하든? 걔가 가면 난 안 가려고.	명 ('동창회·송별회' 이럴 때의) ~회(모임)	會 회
Unit 4	나 물 받으러 갈 건데, 너도 갈래? / 네가 가는 김에 내꺼도 받아다 주라.	명 ('마시는 물·강물' 이럴 때의) 물	水 수
Unit 4	너 진짜 공포영화 보러 갈 거야? / 응, 너는 보기 싫어?	부 ('정말로 감동하다'·'확실히 좋다' 이럴 때의) 정말로(확실히, 진짜)	真 진
Unit 5	아이고, 힘들어 죽겠다. / 우리 이제 겨우 산 중턱 올라왔어.	수 ('산허리'와 같이 어디의) 한가운데의(반쯤의)	半 반
	그녀의 사례는 비교적 특별했다, 본래 사형에 처했어야 했는데, 법원은 징역 10년밖에 선고하지 않았다.	형 (누구·무엇이) 특별하다	特別 특별
	신문지 좀 가져와서 밑에 깔아 줘. / 우리 집에 신문지 없어, 난 신문을 한 번도 본 적이 없어.	명 신문·신문지	報紙
Unit 6	배달은 언제 온대? / 그 사람이 아직 30분쯤 더 있어야 한대. / 그럼 난 좀 더 잘게.	동 (음식·택배 등을) 배달하다	送 송
Unit 7	밖에 누가 눈사람을 만들고 있어! / 어젯밤에 눈 왔니?	명 (하늘에서 내리는) 눈	雪 설
Unit 8	여기 우리 둘밖에 없는데, 이건 어디서 나는 소리지? / 나도 몰라, 너무 무서워.	명 (각종) 소리	聲音 성음
	나 시장에 채소 사러 갈 건데, 같이 갈래? / 좋아, 잠깐 외투만 걸치고 올게 기다려줘.	명 채소(야채)	菜 채
Unit 9	내가 여기다 A, B 두 문제를 준비했으니까, 너도 하나 뽑아봐. / 난 A로 할게.	명 (답과 해석을 요구하는) 문제	問題 문제
Unit 10	엄마야! 물이 이렇게 뜨거운데 왜 말을 안 해 주냐고, 혀 데었잖아.	형 (물·음식 등이) 뜨겁다	熱 열

③급	坏	huài	我手机又坏了，得换新的。/ 不会吧？你买这个手机才一个月而已啊！	Wǒ shǒujī yòu huài le, děi huàn xīn de. / Búhuì ba? Nǐ mǎi zhège shǒujī cái yígeyuè éryǐ a!
③급	简单	jiǎndān	你进步这么大，真不简单啊！/ 哪里，都是老师您教得好。	Nǐ jìnbù zhème dà, zhēn bùjiǎndān a! / Nǎlǐ, dōu shì lǎoshī nín jiāo de hǎo.
①급	会	huì	下周同学会你去吗？/ 张健去吗？他去我就不去了。	Xiàzhōu tóngxuéhuì nǐ qù ma? / Zhāng Jiàn qù ma? Tā qù wǒ jiù búqù le.
①급	水	shuǐ	我去接点儿水，你去吗？/ 你顺便帮我也接一下呗。	Wǒ qù jiēdiǎnr shuǐ, nǐ qù ma? / Nǐ shùnbiàn bāng wǒ yě jiē yíxià bei.
②급	真	zhēn	你真要去看恐怖片吗？/ 是啊，你不想看吗？	Nǐ zhēn yào qù kàn kǒngbùpiàn ma? / Shì a, nǐ bùxiǎng kàn ma?
③급	半	bàn	哎呀，累死了。/ 我们现在才爬到半山腰呢。	Āiyā, lèi sǐ le. / Wǒmen xiànzài cái pádào bànshānyāo ne.
③급	特别	tèbié	她这个案例比较特别，本来她应该被判死刑的，但法院只判她有期徒刑十年。	Tā zhège ànlì bǐjiào tèbié, běnlái tā yīnggāi bèi pàn sǐxíng de, dàn fǎyuàn zhǐ pàn tā yǒuqītúxíng shínián.
②급	报纸	bàozhǐ	拿点儿报纸垫在下面吧。/ 我家没有报纸，我从来不读报。	Nádiǎnr bàozhǐ diànzài xiàmian ba. / Wǒjiā méiyǒu bàozhǐ, wǒ cónglái bù dúbào.
②급	送	sòng	送外卖的什么时候到啊？/ 他说还得三十分钟。/ 那我再睡一会儿。	Sòng wàimài de shénmeshíhou dào a? / Tā shuō hái děi sānshí fēnzhōng. / Nà wǒ zài shuì yíhuìr.
②급	雪	xuě	外面有人堆雪人了！/ 昨晚下雪了吗？	Wàimiàn yǒurén duī xuěrén le! / Zuówǎn xiàxuě le ma?
③급	声音	shēngyīn	这里只有我们俩，这是哪来的声音？/ 不知道，我好害怕啊。	Zhèlǐ zhǐyǒu wǒmenliǎ, zhèshì nǎ lái de shēngyīn? / Bùzhīdào, wǒ hǎo hàipà a.
①급	菜	cài	我要去市场买菜，你去吗？/ 好吧，等我把外套穿上。	Wǒ yào qù shìchǎng mǎicài, nǐ qù ma? / Hǎoba, děng wǒ bǎ Wàitào chuānshàng.
②급	问题	wèntí	我这儿准备了AB两道问题，你选一个吧。/ 我选A。	Wǒ zhèr zhǔnbèi le AB liǎngdào wèntí, nǐ xuǎn yíge ba. / Wǒ xuǎn A.
①급	热	rè	妈呀，水这么热你也不告诉我，烫着舌头了！	Māya, shuǐ zhème rè nǐ yě búgàosu wǒ, tàngzhao shétou le!

Chinese is not knowledge. It's a language!

Unit 1	치엔치엔, 이리 와봐, 이 분은 내 이모셔. / 이모님 안녕하세요!	명 [가족] 이모	阿姨 아이
Unit 2	여기요, 왜 젓가락을 안 갖다주시죠? / 죄송합니다 고객님, 금방 가져다드리겠습니다.	명 [식기] 젓가락	筷子 쾌자
Unit 3	방학했는데 너 뭐 할 계획이야? / 나 고향 집에 좀 다녀올 생각이야, 개강할 때쯤 다시 돌아오려고.	형 ('원적지=고향 집'·'본래의 습관' 이럴 때의) 원래의(본래의)	老 로
Unit 4	너 진짜 이상해, 가라는 거야 말라는 거야, 속 시원하게 말을 해줘.	형 (누구·무엇이) 괴상하다(괴이하다, 이상하다)	奇怪 기괴
Unit 4	너 요즘 잘 지내니? / 요즘 좀 심란하다, 나 회사 그만두고 싶어.	형 (누가 별 탈 없이) 안녕하다(잘 지내다)	好 호
Unit 5	나 곧 도착해. / 3층으로 올라오면 전화해, 마중 나갈게.	양 [건물의 층수를 세는 단위] 층	樓 루
Unit 5	너 내일 뭐 할 계획이야? / 요즘 좀 피곤해서, 내일은 그냥 집에서 쉴래.	동 ('숙제하다·밥하다·뭐 할래?' 이럴 때의) 하다	做 주
Unit 6	1년 365일, 바람이 불든 비가 내리든, 저는 조깅을 멈춘 적이 없어요.	명 [시간] 1년(한 해)	年 년
Unit 6	방금 지나간 거 205번 버스 아니니? / 너 '1' 하나를 못 봤어, 2051번이었어.	양 ('1000번 버스·7번 버스' 이럴 때의) (몇) 번 노선	路 로
Unit 7	너 귀가 왜 이렇게 빨개? / 아무것도 아냐, 신경 쓰지 마.	명 ('눈·코·입·귀' 이럴 때의) 귀	耳朵 이타
Unit 8	그쪽은 고등학교를 어디에서 다니셨어요? / 저는 외국에서 다녔어요.	동 (중학교·고등학교 등 무슨) 학교에 다니다	讀 독
Unit 8	만약에 전쟁이 나면 넌 어떡할 거야? / 뭘 어떡하긴, 당연히 다른 나라로 도망가야지.	명 국가(나라)	國家 국가
Unit 9	망했어, 나 아직 수업료 안 냈어. / 아이고, 너한테 금요일까지라고 말해주지 않았니? 이 멍청아!	부 (누가) 아직 (무엇을 하지) 않다	沒有, 沒 몰유, 몰
Unit 10	쟤 생기발랄한 모습 좀 봐, 예전보다 많이 나아졌네. / 그러니까, 사람은 좀 바깥으로 나와야 돼.	명 (누구·무엇의) 활력(생명력)	生氣 생기

❸	阿姨	āyí	倩倩，来，这是我阿姨。/ 阿姨好！	Qiànqian, lái, zhèshì wǒ āyí. / Āyí hǎo!
❸	筷子	kuàizi	服务员，这里怎么不给筷子啊？/ 不好意思顾客，我马上给您拿。	Fúwùyuán, zhèlǐ zěnme bùgěi kuàizi a? / Bùhǎoyìsi gùkè, wǒ mǎshàng gěi nín ná.
❸	老	lǎo	放假了你打算干什么？/ 我打算回老家，开学的时候再回来。	Fàngjià le nǐ dǎsuàn gànshénme? / Wǒ dǎsuàn huí lǎojiā, kāixué de shíhou zài huílái.
❸	奇怪	qíguài	你这个人好奇怪呀，你是要我去还是不去呀。你给个痛快话行吗？	Nǐ zhège rén hǎo qíguài ya, nǐ shì yào wǒ qù háishi búqù ya. Nǐ gěige tòngkuàihuà xíngma?
❶	好	hǎo	你最近过得好吗？/ 最近有点烦，我想着辞职呢。	Nǐ zuìjìn guò de hǎo ma? / Zuìjìn yǒudiǎn fán, wǒ xiǎng zhe cízhí ne.
❸	楼	lóu	我快到了。/ 到三楼后再打电话给我吧，我去接你。	Wǒ kuài dào le. / Dào sānlóu hòu zài dǎdiànhuà gěi wǒ ba, wǒ qù jiē nǐ.
❶	做	zuò	你明天打算做什么？/ 最近有点累，明天就在家里歇着吧。	Nǐ míngtiān dǎsuàn zuò shénme? / Zuìjìn yǒudiǎnlèi, míngtiān jiù zài jiālǐ xiē zhe ba.
❶	年	nián	一年365天，不管刮风还是下雨，我从来都没停止过跑步。	Yìnián 365 tiān, bùguǎn guāfēng háishi xiàyǔ, wǒ cónglái dōu méi tíngzhǐguo pǎobù.
❷	路	lù	刚才过去的不是205路车吗？/ 你少看了一个一，是2051路。	Gāngcái guòqù de búshì 205 lù chē ma? / Nǐ shǎo kàn le yíge yī, shì 2051 lù.
❸	耳朵	ěrduo	你耳朵怎么这么红啊？/ 没什么，你不用管。	Nǐ ěrduo zěnme zhème hóng a? / Méishénme, nǐ búyòng guǎn.
❶	读	dú	你是在哪儿读的高中啊？/ 在国外读的。	Nǐ shì zài nǎr dú de gāozhōng a? / Zài guówài dú de.
❸	国家	guójiā	如果发生战争你会怎么办？/ 什么怎么办，当然要逃到别的国家去了。	Rúguǒ fāshēng zhànzhēng nǐ huì zěnmebàn? / Shénme zěnmebàn, dāngrán yào táodào biéde guójiā qù le.
❶	没有, 没	méiyǒu, méi	完了，我还没交学费呢！/ 哎呀，不是告诉你截止到周五吗？白痴！	Wánle, wǒ hái méi jiāo xuéfèi ne! / Āiyā, búshì gàosu nǐ jiézhǐdào zhōuwǔ ma? Báichī!
❸	生气	shēngqì	看他生气勃勃的，比以前好多了。/ 对啊，人还是得出来走走。	Kàn tā shēngqìbóbó de, bǐ yǐqián hǎo duōle. / Duì a, rén háishi děi chūlái zǒuzǒu.

Chinese is not knowledge. It's a language!

Unit 1	너 얼굴이 왜 이렇게 까매? / 아, 나 파운데이션 바꿨어.	형 (색깔·하늘·안색 등이) 검다	黑 흑
Unit 2	나 종이 한 장만 줘. / A4용지면 돼?	양 [종이·책상 등을 세는 단위로] 장·개	張 장
Unit 3	사장님의 이 가게 물건들이 꽤 좋네요, 저 앞으로 자주 올게요. / 네, 많이 찾아주세요.	동 (상점·서비스업종을 손님이) 이용하다 (물건을 사러 오다)	照顧 조고
Unit 4	나 울었어. / 그래서? / 나 울었다고! / 저리가.	동 (누가) 울다	哭 곡
Unit 5	쟤는 잘생겼을 뿐만 아니라 공부도 잘해서, 많은 여자애들이 좋아하죠.	접 A뿐만 아니라 B도	不但 A 而且 B
Unit 5	우리 학교가 수능 수석을 꽤 많이 배출했대. / 다들 인재구나.	동 (영재·만점자·영웅 등이) 나오다(배출하다)	出 출
중국어탈피	난 내가 반응이 꽤 빠르다고 생각했는데. / 네가? 네 반응이 제일 느려.	형 (반응·눈치·동작 등이) 민첩하다(빠르다)	快 쾌
Unit 6	오늘 달 진짜 크던데, 너 봤어? / 응, 슈퍼문이래, 엄청 크더라.	명 [천문] 달	月亮 월량
Unit 6	그 사람 자백했어? / 아니, 끝까지 자백 안 하더라고.	명 최후(맨 마지막)	最後 최후
Unit 7	넌 내가 왜 장쇠이를 좋아하는지 알아? / 왜긴 왜겠어, 잘 생겼으니까 그러겠지.	부 ('왜 그래?·왜 이러는 거죠?' 이럴 때의) 왜(어째서)	爲什麼 위십마
Unit 8	너 내 립스틱 어디에다 뒀어? / 화장대 위에 놔뒀는데, 없어?	동 (누가 무엇을 어디에) 놓다(두다)	放 방
Unit 8	꼭 기한 내에 완공해야 해요, 안 그러면 돈을 물어줘야 합니다. / 저도 압니다.	동 (공사·일을) 완성하다	完 완
Unit 9	저희가 잘 준비할게요, 틀림없이 만족하실 겁니다.	동 ('품질이나 무엇이 틀림없음을 보장한다' 이럴 때의) 보증하다(보장하다)	包 포
Unit 10	저기요, 여기 메뉴판 좀 주세요. / 테이블 위에 있어요.	명 메뉴판	菜單 채단

2급	黑	hēi	你脸怎么这么黑。/ 啊, 我换了个粉底液。	Nǐ liǎn zěnme zhème hēi. / À, wǒ huàn le ge fěndǐyè.
3급	张	zhāng	给我一张纸吧。/ A4纸可以吗?	Gěi wǒ yìzhāngzhǐ ba. / A4 zhǐ kěyǐ ma?
3급	照顾	zhàogù	你们这家货挺好的, 以后我会常来的。/ 好, 请多照顾。	Nǐmen zhè jiā huò tǐnghǎode, yǐhòu wǒ huì cháng lái de. / Hǎo, qǐngduōzhàogù.
3급	哭	kū	我哭了。/ 所以呢? / 我说我哭了! / 一边儿去。	Wǒ kū le. / Suǒyǐ ne? / Wǒ shuō wǒ kū le! / Yìbiānr qù.
3급	不但A 而且B	búdàn A érqiě B	他不但长得帅, 而且学习也很好, 怪不得很多小姑娘喜欢他。	Tā búdàn zhǎng de shuài, érqiě xuéxí yě hěnhǎo, guàibude hěnduō xiǎogūniang xǐhuan tā.
2급	出	chū	我们学校出过不少高考状元。/ 都是人才啊。	Wǒmen xuéxiào chūguò bùshǎo gāokǎo zhuàngyuán. / Dōu shì réncái a.
2급	快	kuài	我觉得我反应挺快的。/ 就你, 你反应最慢了。	Wǒ juéde wǒ fǎnyìng tǐng kuài de. / Jiù nǐ, nǐ fǎnyìng zuì màn le.
3급	月亮	yuè-liang	今天月亮超大, 你看了吗? / 嗯, 是超级月亮, 特别大。	Jīntiān yuèliàng chāo dà, nǐ kàn le ma? / Ńg, shì chāojí yuèliang, tèbié dà.
3급	最后	zuìhòu	他招了吗? / 没有, 到最后也没招。	Tā zhāo le ma? / Méiyǒu, dào zuìhòu yěméi zhāo.
2급	为什么	wèishén-me	你知道我为什么喜欢张帅吗? / 还能是什么, 帅呗。	Nǐ zhīdào wǒ wèishénme xǐhuan Zhāng Shuài ma? / Hái néng shì shénme, shuài bei.
3급	放	fàng	你把我口红放哪儿了? / 放你化妆台上了, 没有吗?	Nǐ bǎ wǒ kǒuhóng fàng nǎr le? / Fàng nǐ huàzhuāngtái shàng le, méiyǒu ma?
2급	完	wán	一定要在期限内完工, 不然要赔钱的。/ 我明白。	Yídìng yào zài qīxiàn nèi wángōng, bùrán yào péiqián de. / Wǒ míngbai.
3급	包	bāo	我们都会准备妥当的, 包您满意!	Wǒmen dōuhuì zhǔnbèi tuǒdang de, bāonínmǎnyì!
3급	菜单	càidān	服务员, 拿一下菜单。/ 桌子上有呢。	Fúwùyuán, ná yíxià càidān. / Zhuōzi shàng yǒu ne.

Chinese is not knowledge. It's a language!

Unit	예문	품사/뜻	한자/한글
Unit 1	너 얼른 가라, 어쩌면 걔들을 따라잡을 수도 있어.	부 ('아마 올 거다'·'어쩌면 안 될 거다' 이럴 때의) 아마(어쩌면)	或者 혹자
Unit 2	넌 걔를 믿어? / 걘 현명한 애니까, 그런 바보 같은 짓은 안 했을 거야.	형 (누가) 분별 있는(사리에 밝은)	明白 명백
Unit 3	어? 내 머리끈이 어디 갔지? / 바로 네 발밑에 있잖아!	명 ('신발 끈·머리끈' 이럴 때의) 끈	帶 대
	아이고, 나 시험 망했어, 어떡하지? / 네가 시험 망한 게 나랑 무슨 상관이야, 저리 가.	명 ('이건 너한테 중요해'·'별로 상관없어' 이럴 때의) 상관(중요성)	關係 관계
Unit 4	9㎞를 걷는 데는 시간이 얼마나 걸릴까? / 네가 직접 걸어보면 알 거 아니야.	양 ('10리·150리' 이럴 때의) 리(500m=1리)	裏 리
Unit 5	여기는 어디야? / 여기는 로마인데, 난 3년 전에 가 본 적 있어.	명 ('이 곳이 바로 광장이야' 이럴 때의) 장소(곳)	地方 지방
	너 집에 어떻게 가? / 나? 직진해서, 남쪽으로 조금만 더 가면 도착이야.	명 ('동·서·남·북' 이럴 때의) 남(남쪽)	南 남
	넌 내가 이 바지를 입으면 별로인 것 같아? / 그래, 네 다리는 너무 짧아.	형 (길·시간·물건 등 무엇이) 짧다	短 단
Unit 6	화장실에 휴지 있어? / 없어, 좀 챙겨 가.	동 (누구·무엇이 어디에) 있다(존재하다)	有 유
Unit 7	자기야, 우리 동물원 가는 거 어때? / 몇 살인데 아직도 동물원이야.	명 ('사자·코끼리·기린·낙타' 등의) 동물	動物 동물
Unit 8	3일 안에 다 할 수 있지? / 넌 내가 슈퍼맨인 줄 알아?	조동 [실현 가능성·능력을 나타내어] (무엇을) 할 수 있다	可以 가이
	몇 달 동안 고생한 게 다 물거품이 됐어. / 무슨 일이야? 실험 결과에 문제가 생긴 거야?	명 (과거부터) 지금까지(이래로)	來 래
Unit 9	경기 결과 나왔어? / 아직 안 나왔어, 지금 심사 중이야.	명 (축구·노래·달리기 등의) 시합(경기)	比賽 비새
Unit 10	우리 학교 앞에 있는 장미 다 피었더라. / 그러니까, 곧 봄이겠다.	동 (꽃이) 피다·(꽃잎이) 벌어지다	開 개

3급	或者	huòzhě	你赶紧去，或者还能赶上他们。	Nǐ gǎnjǐn qù, huòzhě háinéng gǎnshàng tāmen.
3급	明白	míng-bai	你相信他吗？/ 他是个明白人，不会干那种蠢事。	Nǐ xiāngxìn tā ma? / Tā shì ge míngbai rén, búhuì gàn nàzhǒng chǔnshì.
3급	带	dài	哎？我发带哪儿去了？/ 就在你脚下啊！	Ái? Wǒ fàdài nǎr qù le? / Jiù zài nǐ jiǎoxià a!
3급	关系	guānxì	哎呀，我考砸了，怎么办？/ 你考砸了跟我有什么关系啊，走开。	Āiyā, wǒ kǎozá le, zěnmebàn? / Nǐ kǎozá le gēn wǒ yǒushénme guānxì a, zǒu kāi.
1급	里	lǐ	走九公里需要多长时间？/ 你自己走走看不就知道了。	Zǒu jiǔ gōnglǐ xūyào duō cháng shíjiān? / Nǐ zìjǐ zǒuzǒukàn bújiù zhīdào le.
3급	地方	dìfang	这是什么地方？/ 这是罗马，我三年前去的。	Zhèshì shénme dìfang? / Zhèshì Luómǎ, wǒ sānnián qián qù de.
3급	南	nán	你家怎么走啊？/ 我？直走，然后往南走一点就到了。	Nǐ jiā zěnme zǒu a? / Wǒ? Zhí zǒu, ránhòu wǎng nán zǒuyìdiǎn jiù dào le.
3급	短	duǎn	你觉得我穿这条裤子不好看吗？/ 是啊，你腿太短了。	Nǐ juéde wǒ chuān zhètiáokùzi bùhǎokàn ma? / Shì a, nǐ tuǐ tài duǎn le.
1급	有	yǒu	厕所里有卫生纸吗？/ 没有，拿着点儿吧。	Cèsuǒ lǐ yǒu wèishēngzhǐ ma? / Méiyǒu, ná zhe diǎnr ba.
3급	动物	dòng-wù	亲爱的，我们去动物园怎么样？/ 都多大了还去动物园。	Qīn'àide, wǒmen qù dòngwùyuán zěnmeyàng? / Dōu duōdà le hái qù dòngwùyuán.
2급	可以	kěyǐ	三天内可以完成吗？/ 你以为我是超人啊？	Sāntiān nèi kěyǐ wánchéng ma? / Nǐ yǐwéi wǒ shì chāorén a?
1급	来	lái	这几个月来的努力全都白费了。/ 怎么了？实验结果出问题了？	Zhè jǐgeyuè lái de nǔlì quán dōu báifèi le. / Zěnmele? Shíyàn jiéguǒ chūwèntí le?
3급	比赛	bǐsài	比赛结果出来了吗？/ 还没有，正在审查当中。	Bǐsài jiéguǒ chūlái le ma? / Hái méiyǒu, zhèngzài shěnchá dāngzhōng.
1급	开	kāi	我们学校门口的玫瑰花都开了。/ 是啊，春天快到了。	Wǒmen xuéxiào ménkǒu de méiguī huā dōu kāi le. / Shì a, chūntiān kuài dào le.

Chinese is not knowledge. It's a language!

예문	뜻	한자
그분 지금 통화 중이세요, 방해하지 말아 주세요. / 아, 죄송합니다, 못 봤습니다.	부 ('마침 집에 있었어' 이럴 때의) 마침 (무엇을) 하는 중이다	正在 정재
나 너 이렇게 긴장하는 거 지금까지 한 번도 못 봤어. / 당연하지, 이번이 나에겐 마지막 기회거든.	부 ('지금까지 안 해봤어'·'여태까지 뭐 했니' 이럴 때의) 여태까지(지금까지)	從 종
너 시간 있으면 책이나 좀 읽지 그래? 게임만 하지 말고. / 나 10분만 더 할게.	명 책(서적)	書 서
엄마, 언니가 초콜릿 3개 더 먹었어요! / 엄마, 그런 적 없어요, 쟤가 거짓말하는 거예요.	양 [단위] (몇) 조각(덩어리)	塊 괴
저 내일이면 출국하는데, 누가 저 대신 수업을 하시나요? / 김 교수님께서 수업을 대신 해주실 겁니다.	동 (다른 사람에게 일을 받아) 인수하다(이어받다)	接 접
너 눈 빨개졌어. / 어? 나 거울 좀 보게 줘 봐.	명 ('눈·코·입' 이럴 때의) 눈	眼睛 안정
너네 매번 회식 때마다 나 안 부르잖아. / 네가 전화를 안 받잖아, 핸드폰은 폼으로 갖고 다니냐?	부 ('밥 먹을 때마다'·'일요일마다' 이럴 때의) 늘(항상, ~마다)	每 매
손님 또 오셨군요, 오늘도 아메리카노이신가요? / 네, 그걸로 주세요.	부 [반복·연속을 나타내어] 또	又 우

2급	正在	zhèng-zài	他正在打电话呢，别打扰他。/ 哦，对不起，我没看到。	Tā zhèngzài dǎdiànhuà ne, bié dǎrǎo tā. / Ò, duìbuqǐ, wǒ méikàndào.
2급	从	cóng	我从没看你这么紧张过。/ 当然了，这可是我最后的机会。	Wǒ cóng méi kàn nǐ zhème jǐnzhāng guò. / Dāngrán le, zhè kěshì wǒ zuìhòu de jīhuì.
1급	书	shū	有时间你看看书好吗? 就知道玩儿游戏。/ 我就再玩儿十分钟。	Yǒu shíjiān nǐ kànkan shū hǎo ma? Jiù zhīdào wánr yóuxì. / Wǒ jiù zài wánr shí fēnzhōng.
1급	块	kuài	妈，姐姐多吃了三块巧克力! / 妈，我没有，她在撒谎。	Mā, jiějie duō chī le sānkuài qiǎokèlì! / Mā, wǒ méiyǒu, tā zài sāhuǎng.
3급	接	jiē	我明天就要出国了，谁接我的课呀? / 金教授会替你上课。	Wǒ míngtiān jiùyào chūguó le, shéi jiē wǒ de kè ya? / Jīn jiàoshòu huì tì nǐ shàngkè.
2급	眼睛	yǎnjing	你眼睛红了。/ 啊? 拿镜子让我看看。	Nǐ yǎnjing hóng le. / Á? Ná jìngzi ràng wǒ kànkan.
2급	每	měi	你们每次聚餐都不叫我。/ 是你自己不接电话，你这手机是用来显摆的?	Nǐmen měicì jùcān dōu bújiào wǒ. / Shì nǐ zìjǐ bùjiē diànhuà, nǐ zhè shǒujī shì yònglái xiǎnbǎi de?
3급	又	yòu	你又来了，今天也是美式咖啡吗? / 对，就要那个。	Nǐ yòu lái le, jīntiān yěshì měishì kāfēi ma? / Duì, jiùyào nàge.

UNIT 2

"我不能"只是"我不想"的另一种方式。

예문	뜻	한자
이 앨범들 다 합쳐서 얼마예요? / 이 앨범은 1인당 최대 5장까지만 구매 가능합니다, 고객님 것은 너무 많습니다.	튀 (언급한 사물·사람의) 모두(전부, 다)	一起 일기
운동장 중앙에 운석이 떨어져 큰 구멍이 났다, 그때 만약 운동장에 누군가 있었다면, 끔찍한 결과가 있었을 것이다.	명 ('방 한가운데'·'세상의 중심' 이럴 때의) 한가운데(중심)	中間 중간
너 지금 이렇게 밤을 새우면 내일 시험에 영향이 있다니까? / 어쩔 수 없어, 시간이 없단 말이야.	명 ('긍정적·부정적 영향' 이럴 때의) 영향	影響 영향
선생님, 저번에도 한 번 오셨었죠? / 네, 아직도 절 기억하시네요?	대 [你의 높임말로] 당신·선생님·귀하	您 니
오늘 넌 나에게 모욕감을 줬어, 너 두고 봐, 훗날 내가 똑같이 갚아줄 테니까.	동 (누구에게 무엇을) 돌려주다(갚다)	還 환
지금 초여름 아니야? 왜 아직도 이렇게 춥지? / 아직 반팔 옷 입을 시기는 안 됐지.	명 [계절] 여름	夏 하
오늘날의 우리는 스마트폰이 없는 삶은 상상하기 어렵습니다.	명 (과거·현재·미래 중에서) 현재(지금, 오늘날)	今天 금천
거의 백명이 이 자리를 다투고 있어, 내가 뽑히려면 열심히 준비해야 겠어. / 너는 분명히 성공할 거야.	형 ('근 백년의 역사', '거의 백 명' 이럴 때처럼, 특정 수치에) 가깝다	近 근
결론을 어떻게 내려야 할까? / 너 나한테 물어봐도 소용없어, 난 내용이 뭔지도 모르거든.	동 (결론·결정·판단 등을) 내리다	下 하
그때가 되면 꼭 저를 보러 돌아오셔야 해요! / 그래, 나 갈게, 안녕!	부 ('꼭 와야 해'·'반드시 끝낼 거야' 이럴 때의) 반드시(꼭, 필히)	一定 일정

'할 수 없다'는 '하기 싫다'의 다른 말일 뿐이다.

②	一起	yìqǐ	这些专辑一起多少钱? / 这个专辑一个人最多能买五张, 您这些太多了。	Zhèxiē zhuānjí yìqǐ duōshaoqián? / Zhège zhuānjí yígerén zuìduō néng mǎi wǔ zhāng, nín zhèxiē tài duō le.
③	中间	zhōngjiān	操场中间被陨石砸了一个坑, 如果当时操场有人, 后果不堪设想。	Cāochǎng zhōngjiān bèi yǔnshí zá le yígekēng, rúguǒ dāngshí cāochǎng yǒurén, hòuguǒ bùkānshèxiǎng.
③	影响	yǐngxiǎng	你现在熬夜会对你明天的考试有影响的。/ 没办法, 时间不够。	Nǐ xiànzài áoyè huì duì nǐ míngtiān de kǎoshì yǒu yǐngxiǎng de. / Méi bànfǎ, shíjiān búgòu.
②	您	nín	您上次也来过吧? / 嗯, 您还记得我?	Nín shàngcì yě láiguo ba? / Ǹg, nín hái jìde wǒ?
③	还	huán	今天你侮辱了我, 你等着瞧, 总有一天我会以牙还牙的。	Jīntiān nǐ wǔrǔle wǒ, nǐ děngzhe qiáo, zǒngyǒuyìtiān wǒ huì yǐyáhuányá de.
③	夏	xià	不是初夏吗? 怎么还这么冷? / 还没到穿短袖的时候。	Búshì chūxià ma? Zěnme hái zhèmelěng? / Háiméi dào chuān duǎnxiù de shíhou.
①	今天	jīntiān	今天的我们已经很难想象没有智能手机的生活了。	Jīntiān de wǒmen yǐjīng hěn nán xiǎngxiàng méiyǒu zhìnéng shǒujī de shēnghuó le.
②	近	jìn	近一百个人竞争这个岗位, 我想被选的话得好好准备了。/ 你肯定行的。	Jìn yìbǎi ge rén jìngzhēng zhège gǎngwèi, wǒ xiǎng bèi xuǎn de huà děi hǎohāo zhǔnbèi le. / Nǐ kěndìng xíng de.
①	下	xià	该怎么下结论呢? / 你问我没用, 我不知道是什么内容。	Gāi zěnme xià jiélùn ne? / Nǐ wèn wǒ méiyòng, wǒ bùzhīdào shì shénme nèiróng.
③	一定	yídìng	到时候一定要回来看我啊! / 嗯, 我走了, 拜拜!	Dàoshíhou yídìng yào huílái kàn wǒ a! / Ǹg, wǒ zǒu le, bàibai!

Chinese is not knowledge. It's a language!

	예문	뜻	한자	
Unit 1	너 이번에 일본 여행 갈 때, 누가 너 통역해줘? / 내 동생, 걔 일본어 전공이야.	전 (누구)를 위하여(대신하여)	給 급	
Unit 2	즐거운 방학이 왔다! / 너 너무 부럽다, 난 방학 때도 또 수업이 있어.	형 (누가 무엇을 하는 것이) 즐겁다(유쾌하다)	快樂 쾌락	
Unit 3	넌 동생한테 장난감 좀 양보하면 안 되니? / 저 아직 덜 놀았어요.	동 (누가 무엇을 누구에게) 양보하다	讓 양	
Unit 4	이 과자 진짜 맛있다, 너 이거 어디서 산 거야? / 맛있지? 이거 내가 직접 만든 거야.	부 ('정말 맛있어·매우 좋아' 이럴 때의) 매우(정말, 진짜)	好 호	
Unit 5	나 못 참겠어, 내 짐 좀 봐주라! / 야, 나도 화장실 가고 싶단 말이야!	동 (집·남의 물건·짐 등을) 지키다(잠깐 봐주다)	看 간	
Unit 6	이걸로 친구들이랑 맛있는 거 사 먹어. / 와, 감사합니다 삼촌!	명 [가족] 숙부·작은아버지·삼촌	叔叔 숙숙	
Unit 7	내가 말하는 거 너 다 알아들었니? / 네, 알아들었습니다.	동 (누가 무엇을) 이해하다(알다)	清楚 청초	
	얘들아, 내일이면 수능이네, 지난 3년 동안 정말 수고 많았다, 다들 내일 시험 잘 보길 기원하마!	명 교사 등이 학생을 부를 때 쓰는 말	同學 동학	
Unit 6	골프 치는 건, 내가 전문이니까, 나한테 맡겨! / 그럼 니 너만 믿을게.	형 (누가 무엇을 하는데) 노련하다(숙련되나)	老 로	
Unit 7	이 조 누가 나눈 거야? / 내가 나눴다, 왜? 문제 있어?	동 ('이등분하다'·'두 번으로 나눠 먹다' 이럴 때의) 나누다(가르다)	分 분	
Unit 8	우리 시간 낭비하지 말고, 빨리 대답해. / 전 진짜 아무것도 모릅니다.	대 [나를 포함한 여러 명의 의미로] 우리	我們 아문	
Unit 9	시간이 없어, 얼른 일어나, 계속 가자. / 나 못 움직이겠어, 조금만 더 쉬자.	동 (누가 앉은 상태에서) 일어서다	起來 기래	
	자기야, 우리가 찍은 사진 다 저장해놨어, 한 장도 안 지웠어.	명 (사진기로 찍은) 사진	照片 조편	
Unit 10	유역비가 지금 엄청 핫하잖아, 듣기론 할리우드 진출도 할 거래. / 응 맞아, 나는 유역비가 잘될 것 같아.	형 (배우·가수·책 등이) 인기가 있다	紅 홍	

❷급	给	gěi	你这次去日本旅游，谁给你做翻译？/ 我妹妹，她是日语专业的。	Nǐ zhècì qù Rìběn lǚyóu, shéi gěi nǐ zuò fānyì? / Wǒ mèimei, tā shì Rìyǔ zhuānyè de.
❷급	快乐	kuàilè	快乐的暑假到喽！/ 好羡慕你，我假期还有课。	Kuàilè de shǔjià dào lou! / Hǎo xiànmù nǐ, wǒ jiàqī háiyǒu kè.
❷급	让	ràng	你就不能把玩具让给你妹妹吗？/ 我还没玩儿够呢。	Nǐ jiù bùnéng bǎ wánjù ràng gěi nǐ mèimei ma? / Wǒ hái méi wánr gòu ne.
❶급	好	hǎo	这饼干好好吃，你在哪儿买的？/ 好吃吧？是我亲手做的。	Zhè bǐnggān hǎo hǎochī, nǐ zài nǎr mǎi de? / Hǎochī ba? Shì wǒ qīnshǒu zuò de.
❶급	看	kān	我憋不住了，帮我看好行李啊！/ 喂，我也想上厕所！	Wǒ biēbùzhù le, bāng wǒ kānhǎo xíngli a! / Wèi, wǒ yě xiǎng shàngcèsuǒ!
❸급	叔叔	shūshu	拿这个跟朋友一起吃顿好的吧。/ 哇，谢谢叔叔！	Ná zhège gēn péngyou yìqǐ chī dùn hǎo de ba. / Wā, xièxie shūshu!
❸급	清楚	qīngchu	我讲的你都清楚了吗？/ 嗯，清楚了。	Wǒ jiǎng de nǐ dōu qīngchu le ma? / Ng, qīngchule.
❶급	同学	tóngxué	同学们，明天就是高考了，这三年大家辛苦了，祝大家明天好好发挥！	Tóngxuémen, míngtiān jiùshì gāokǎo le, zhè sānnián dàjiā xīnkǔ le, zhù dàjiā míngtiān hǎohǎo fāhuī!
❸급	老	lǎo	打高尔夫，我可是个老手，交给我吧！/ 那我就靠你了啊。	Dǎ gāo'ěrfū, wǒ kěshi ge lǎoshǒu, jiāo gěi wǒ ba! / Nà wǒ jiù kào nǐ le a.
❸급	分	fēn	组是谁分的？/ 是我分的，咋了？有问题吗？	Zǔ shì shéi fēn de? / Shì wǒ fēn de, zǎle? Yǒu wèntí ma?
❶급	我们	wǒmen	不要浪费我们的时间，赶紧回答吧。/ 我真的啥都不知道。	Búyào làngfèi wǒmen de shíjiān, gǎnjǐn huídá ba. / Wǒ zhēnde shá dōu bùzhīdào.
❸급	起来	qǐlai	时间不多，快起来，继续走吧。/ 我走不动了，再休息一会儿吧。	Shíjiān bùduō, kuàiqǐlai, jìxù zǒu ba. / Wǒ zǒubudòng le, zài xiūxi yíhuìr ba.
❸급	照片	zhàopiàn	亲爱的，我们拍的照片我都存着呢，一张都没删。	Qīn'àide, wǒmen pāi de zhàopiàn wǒ dōu cún zhe ne, yìzhāng dōu méi shān.
❷급	红	hóng	刘亦菲现在可红了，听说她要进好莱坞。/ 嗯那，我挺看好她的。	Liú Yìfēi xiànzài kě hóng le, tīngshuō tā yào jìn Hǎoláiwù. / Ng nà, wǒ tǐng kànhǎo tā de.

Chinese is not knowledge. It's a language!

Unit	예문	품사	뜻	한자/병음
Unit 1	너는 버스 타는 게 편해 아니면 지하철 타는 게 편해? / 너 좋을 대로 해, 다 비슷비슷해.	형	(무엇이 어떤 일을 하는데 있어) 편리하다	方便 방편
Unit 2	요즘 계란이 너무 비싸네요. / 저는 먹고 싶어도 못 먹네요, 슬픕니다.	명	달걀(계란)	雞蛋 계단
Unit 3	네 이름은 총 몇 획이야? / 세어보기 귀찮다.	양	[한자의 획을 세는 단위] 획	畫 화
Unit 4	오늘 시합은 우리가 무조건 이길 거야! / 그거야 당연하지!	형	(어떤 상황·이치·일·사실 등이) 당연하다(물론이다)	當然 당연
Unit 5	해가 서쪽에서 떴나? 너 오늘 웬일로 모자를 다 썼냐? / 나 늦잠을 자서, 머리 감을 시간이 없었거든.	명	[의류] 모자	帽子 모자
Unit 6	여러분 판다 보신 적 있나요? / 사진에서 봤어요!	대	여러분	大家 대가
Unit 7	저희가 진지하게 의논해 봤는데요, 이번 귀국 기회는 포기하기로 했습니다. / 결정하신 거죠?	형	(누가 무엇에 대해) 진지하다	認真 인진
Unit 8	도움이 필요하면, 언제든지 말씀해 주세요.	동	(물질·정신적으로 누구를) 돕다	幫助 방조
Unit 9	환영합니다 KFC입니다, 무엇을 주문하시겠어요?	동	(누구를) 환영하다·환영받다	歡迎 환영
Unit 10	걔 올해 설에 못 온다고 그랬어, 솔직히 말하면, 나 조금 실망했어.	부	[수량이 아닌 감정·분위기·일의 문제 등에 있어] 다소(조금, 약간)	多少 다소
	난 당신이 아이랑 더 많은 시간을 보냈으면 좋겠어요. / 좋아, 내 이번 일만 마무리하고, 우리 여행 가자.	동	(누가 무엇을) 바라다(희망하다)	希望 희망
	샤오쥔이 우승을 했어. / 난 샤오쥔이 1등 할 줄 알았어!	동	(신뢰·자격·상·명예·권리·원하는 것 등을) 얻다	得 득
	넌 왼쪽으로 가, 난 오른쪽으로 갈게. / 그러고 나선?	동	('왼쪽으로·마트 쪽으로 가다' 이럴 때의 어디로) 향하다(가다)	往 왕
	나 어제 버스를 탔는데, 세 번이나 소리를 질렀는데도 기사 아저씨가 차를 안 세우는 거야. / 못 들으신 건가?	명	(버스·택시 등의) 기사(운전사)	司機 사기

③	方便	fāngbiàn	你说坐公车方便还是坐地铁方便？/ 随你便吧，都差不多。	Nǐ shuō zuò gōngchē fāngbiàn háishi zuò dìtiě fāngbiàn? / Suí nǐ biàn ba, dōu chàbuduō.
②	鸡蛋	jīdàn	最近鸡蛋太贵了。/ 我吃不起呀，伤心。	Zuìjìn jīdàn tài guì le. / Wǒ chībuqǐ ya, shāngxīn.
③	画	huà	你的名字一共有几画？/ 我懒得数。	Nǐ de míngzi yígòng yǒu jǐhuà? / Wǒ lǎnde shǔ.
③	当然	dāngrán	今天比赛我们一定会赢的！/ 那是当然的！	Jīntiān bǐsài wǒmen yídìng huì yíng de! / Nàshì dāngrán de!
③	帽子	màozi	太阳从西边出来了？你今天怎么戴帽子了？/ 我睡懒觉了，没来得及洗头。	Tàiyáng cóng xībian chūlái le? Nǐ jīntiān zěnme dài màozi le? / Wǒ shuì lǎnjiào le, méi láidejí xǐtóu.
②	大家	dàjiā	大家看过熊猫吗？/ 在照片上看过！	Dàjiā kànguo xióngmāo ma? / Zài zhàopiàn shàng kànguo!
③	认真	rènzhēn	我们认真讨论过，还是决定放弃这次回国机会。/ 想好了吗？	Wǒmen rènzhēn tǎolùnguo, háishi juédìng fàngqì zhècì huíguó jīhuì. / Xiǎng hǎo le ma?
②	帮助	bāngzhù	如果需要帮助，您尽管说。	Rúguǒ xūyào bāngzhù, nín jǐnguǎn shuō.
③	欢迎	huānyíng	欢迎光临肯德基，请问要点儿什么？	Huānyíng guānglín Kěndéjī, qǐngwèn yàodiǎnr shénme?
①	多少	duōshǎo	她说今年过年不能回来，说实话，我多少有点失落。	Tā shuō jīnnián guònián bùnéng huílái, shuō shíhuà, wǒ duōshǎo yǒudiǎn shīluò.
②	希望	xīwàng	我希望你能多陪陪孩子。/ 好啊，等我忙完这阵子，我们一起去旅游吧。	Wǒ xīwàng nǐ néng duō péipéi háizi. / Hǎo a, děng wǒ máng wán zhèzhènzi, wǒmen yì qǐ qù lǚyóu ba.
②	得	dé	小俊得了冠军。/ 我就知道他能拿第一！	Xiǎo Jùn dé le guànjūn. / Wǒ jiù zhīdào tā néng ná dìyī!
②	往	wǎng	你往左，我往右。/ 然后呢？	Nǐ wǎng zuǒ, wǒ wǎng yòu. / Ránhòu ne?
③	司机	sījī	我昨天坐公交车，喊了三遍司机也没停车。/ 是没听到吗？	Wǒ zuótiān zuò gōngjiāochē, hǎn le sān biàn sījī yě méi tíngchē. / Shì méi tīng dào ma?

Chinese is not knowledge. It's a language!

Unit	예문	뜻	한자
Unit 1	우리 비행기 몇 시에 출발해? / 눈은 어디에다 두고 다니냐, 티켓에 쓰여 있잖아.	명 비행기(항공기)	飛機 비기
Unit 2	너희 집 인천이니? / 응, 너도 인천 살지 않아?	명 (가족과 살고 있는) 집(자택)	家 가
Unit 3	호텔 예약했어? / 4성급은 너무 비싸서, 3성급으로 예약했어, 괜찮지?	명 호텔	飯店 반점
Unit 4	너 내일 무슨 스케줄 있지 않아? / 아, 맞네, 나 내일 병원에 가야 해.	명 (사람들이 아플 때 가는) 병원	醫院 의원
Unit 5	빵 먹는데 콜라를 안 마시는 게 말이 돼? / 콜라는 무슨, 난 우유 마실 거야.	명 우유(milk)	牛奶 우내
Unit 6	여러분 기억하세요, 생존이 제일입니다(가장 중요합니다)!	명 (어떤 일·행동 등이 가장) 중요함(중요한 것)	第一 제일
	이번 기회를 빌려서, 오늘 연회에 참석해주신 여러분께 다시 한번 감사의 인사를 드립니다. 자, 건배!	전 (누가 무엇에) 의지하여(기대서, 핑계삼아)	借 차
	너 뺏어가지 마, 걔가 나 줄 거라고 말했어. / 언제? 난 왜 몰랐지?	조 [사실 확인 겸 약간 과장된 어투를 나타냄]	呢 니
Unit 7	오늘이 마지막 날이야, 떠나는 게 아쉽네. / 시간 가는 기 진짜 빠르다, 그렇지?	동 (어떤 지점·시간이) 지나가다(경과하다)	過 과
Unit 8	시험 볼 땐 손목시계를 차면 안 됩니다. / 어머나, 깜빡했어요.	명 손목시계	手錶 수표
	첫 페이지부터 140페이지까지, 전부 시험 범위에 포함된다. / 쌤, 저희 좀 살려주세요.	부 ('1쪽부터 3쪽까지' 이럴 때의, 무엇·어디에) 이르기까지	一直 일직
Unit 9	환경을 보호하는 것은 모든 사람에게 책임이 있습니다! / 당신 방금 길가에 침 뱉은 사람 아닌가요?	명 (자연환경·환경보호 이럴 때의) 환경	環境 환경
	네가 데이터를 빼먹은 게 한두 번이 아니잖아! / 죄송합니다, 저 다시 해오겠습니다.	양 [사건·동작의 횟수를 나타내어] 번(회)	回 회
Unit 10	우리 식당이 오늘은 장사가 안 돼서, 하루종일 손님이 몇 명밖에 오지 않았어.	명 (집·가게 등에 온) 손님(고객)	客人 객인

	词	拼音	例句（中文）	例句（拼音）
①급	飞机	fēijī	我们的飞机几点起飞啊？/ 你没长眼啊，机票上写着呢。	Wǒmen de fēijī jǐdiǎn qǐfēi a? / Nǐ méi zhǎng yǎn a, jīpiào shàng xiě zhe ne.
①급	家	jiā	你家在仁川对吗？/ 对啊，你也住那儿吧？	Nǐ jiā zài Rénchuān duì ma? / Duì a, nǐ yě zhù nàr ba?
①급	饭店	fàndiàn	饭店订好了没？/ 四星级太贵了，我订了三星级的，行吧？	Fàndiàn dìnghǎo le méi? / Sìxīngjí tài guì le, wǒ dìngle sānxīngjí de, xíng ba?
①급	医院	yīyuàn	你明天是不是有安排来着？/ 啊，对了，我明天得去趟医院。	Nǐ míngtiān shìbushì yǒu ānpái láizhe? / À, duìle, wǒ míngtiān děi qù tàng yīyuàn.
②급	牛奶	niúnǎi	吃面包不喝可乐怎么行！/ 什么可乐啊，我要牛奶。	Chī miànbāo bùhē kělè zěnmexíng! / Shénme kělè a, wǒ yào niúnǎi.
②급	第一	dìyī	大家记住了，生存第一！	Dàjiā jìzhù le, shēngcún dìyī!
③급	借	jiè	借此机会，我再次感谢大家抽空参加今天的晚宴，来，干杯！	Jiè cǐ jīhuì, wǒ zàicì gǎnxiè dàjiā chōukòng cānjiā jīntiān de wǎnyàn, lái, gānbēi!
①급	呢	ne	你别抢，人家都说好了要给我呢。/ 啥时候啊，我怎么不知道。	Nǐ bié qiǎng, rénjiā dōu shuōhǎo le yào gěi wǒ ne. / Sháshíhou a, wǒ zěnme bùzhīdào.
③급	过	guò	今天是最后一天，舍不得走啊。/ 时间过得真快，是吧？	Jīntiān shì zuìhòu yìtiān, shěbede zǒu a. / Shíjiān guò de zhēn kuài, shì ba?
②급	手表	shǒubiǎo	考试的时候不能戴手表。/ 哎呀，我忘摘了。	Kǎoshì de shíhou bùnéng dài shǒubiǎo. / Āiyā, wǒ wàng zhāi le.
③급	一直	yìzhí	从第一页一直到第140页，都在考试范围之内。/ 老师，饶了我们吧。	Cóng dìyīyè yìzhí dào dì140yè, dōu zài kǎoshì fànwéi zhīnèi. / Lǎoshī, ráo le wǒmen ba.
③급	环境	huánjìng	保护环境，人人有责！/ 你不是刚才随地吐痰的那个吗？	Bǎohù huánjìng, rénrényǒuzé! / Nǐ búshì gāngcái suídì tǔtán de nàge ma?
①급	回	huí	你忘写数据不是一回两回了！/ 对不起，我重新做吧。	Nǐ wàng xiě shùjù búshì yìhuí liǎnghuí le! / Duìbuqǐ, wǒ chóngxīn zuò ba.
③급	客人	kèrén	我们饭店今天生意不太好，一整天只来了几个客人。	Wǒmen fàndiàn jīntiān shēngyi bútàihǎo, yìzhěngtiān zhǐ lái le jǐge kèrén.

Chinese is not knowledge. It's a language!

	예문	품사	뜻	한자/병음
Unit 1	너희 학교 여기에서 멀어? / 나 여기가 어딘지 모르겠어서, 얼마나 먼지 안 먼지도 모르겠어.	명	학교	學校 학교
Unit 2	내가 아니었으면 네가 어떻게 이렇게 잘 할 수 있었 겠냐? / 너 진짜 뻔뻔하다. (너 낯가죽 정말 두껍다)	부	('어떻게 이렇게 성공했겠어' 이럴 때의) 어찌(어떻게)	哪 나
Unit 2	나 걔 편지를 다 찢어버렸어. / 왜, 진짜 결심한 거야?	전	(무엇)을(를)	把 파
Unit 3	역시 집에 있는 게 제일 좋아, 침대에 누우니까 얼마나 편해! / 오늘 피곤해 죽겠어, 얼른 자자.	형	(몸·마음이) 편안하다(쾌적하다)	舒服 서복
Unit 4	넌 몇 반이니? / 저는 고등학교 2학년 9반입니다.	명	('3학년 1반' 이럴 때의, 몇) 반	班 반
Unit 5	이곳의 건물은 비교적 낮은 편인데, 이는 이곳에서 지진이 자주 발생하기 때문이다.	형	(건물·나무 등의 높이가) 낮다	矮 왜
	왜 또 화장실 가는 거야? 너 방금 다녀오지 않았어? / 설사가 나서, 어쩔 수 없어.	명	화장실(변소)	洗手間 세수간
	1시에 밥 먹자. / 나 수업 있어, 다른 사람 찾아.	명	(학교의) 수업	課 과
Unit 6	내일이면 출국인데, 넌 캐리어 하나 없냐? / 가방 하나 메고 가면 돼, 물건도 별로 없어.	명	여행용 가방(트렁크, 캐리어)	行李箱 행리상
Unit 7	그들의 환상적인 공연은 우리의 눈을 즐겁게 했습니다.	동	[비유] ('실컷 눈요기를 하다' 이럴 때처럼, 누구를) 만족시키다	飽 포
Unit 8	너 내 양말 몇 켤레 가져갔어? 빨리 말해! / 음, 세 켤레? 얼마 되지도 않는걸!	양	[젓가락·양말·손 따위의, 쌍으로 된 것을 세는 단위] 쌍·켤레	雙 쌍
	나는 아이슬란드로 오로라를 보러 가고 싶어. / 나도 정말 가고 싶다.	동	(누가 무엇을 하러) 가다	去 거
Unit 9	어제 있었던 일은 더 문제 삼지 말자. / 그건 네 생각이고!	명	('어제·오늘·내일' 이럴 때의) 어제	昨天 작천
Unit 10	실례지만 존함이 어떻게 되시죠? / 저는 이 씨입니다.	명	('김 씨·왕 씨' 이럴 때의) 성(씨)	姓 성

①	学校	xuéxiào	你们学校离这儿远吗？/ 我不知道这是哪儿，我也不知道远不远啊。	Nǐmen xuéxiào lí zhèr yuǎn ma? / Wǒ bùzhīdào zhèshì nǎr, wǒ yě bùzhīdào yuǎnbuyuǎn a.
①	哪	nǎ	如果不是我，你哪能做得这么好啊。/ 你脸皮真厚。	Rúguǒ búshì wǒ, nǐ nǎnéng zuò de zhème hǎo a. / Nǐ liǎnpí zhēn hòu.
③	把	bǎ	我把他写的都给撕了。/ 怎么，真下决心了？	Wǒ bǎ tā xiě de dōu gěi sī le. / Zěnme, zhēn xià juéxīn le?
③	舒服	shūfu	还是在家里最好。躺在床上多舒服啊！/ 今天累死了，快睡觉吧。	Háishi zài jiālǐ zuì hǎo. Tǎng zài chuángshàng duō shūfu a! / Jīntiān lèi sǐ le, kuài shuìjiào ba.
③	班	bān	你是几班的？/ 我是高二九班的。	Nǐ shì jǐ bān de? / Wǒ shì gāoèr jiǔbān de.
③	矮	ǎi	这里的建筑物比较矮，因为这里常发生地震。	Zhèlǐ de jiànzhùwù bǐjiào ǎi, yīnwèi zhèlǐ cháng fāshēng dìzhèn.
③	洗手间	xǐshǒujiān	怎么又去洗手间啊，你不是刚去过吗？/ 拉肚子，没办法。	Zěnme yòu qù xǐshǒujiān a, nǐ búshì gāng qùguo ma? / Lādùzi, méi bànfǎ.
②	课	kè	一点吃饭吧。/ 我有课，找别人去。	Yīdiǎn chīfàn ba. / Wǒ yǒu kè, zhǎo biérén qù.
③	行李箱	xínglǐxiāng	明天就出国了，你怎么连个行李箱都没有？/ 背个书包就行了，东西不多。	Míngtiān jiù chūguó le, nǐ zěnme lián ge xínglǐxiāng dōu méiyǒu? / Bēige shūbāo jiù xíng le, dōngxi bù duō.
③	饱	bǎo	他们精彩的表演让市民们大饱眼福。	Tāmen jīngcǎi de biǎoyǎn ràng shìmín men dàbǎoyǎnfú.
③	双	shuāng	你拿了我几双袜子？快说！/ 呃，三双？也没多少！	Nǐ ná le wǒ jǐshuāng wàzi? Kuài shuō! / È, sānshuāng? Yě méi duōshǎo!
①	去	qù	我想去冰岛看极光。/ 我也好想去呀。	Wǒ xiǎng qù Bīngdǎo kàn jíguāng. / Wǒ yě hǎoxiǎng qù ya.
①	昨天	zuótiān	昨天的事情就不要再计较了。/ 你想得美！	Zuótiān de shìqing jiù búyào zài jìjiào le. / Nǐ xiǎngdeměi!
②	姓	xìng	请问您贵姓？/ 免贵姓李。	Qǐngwèn nín guì xìng? / Miǎn guì xìng Lǐ.

Chinese is not knowledge. It's a language!

Unit 1	오늘 햇볕 진짜 따뜻하다, 우리 나가서 일광욕하자. / 안 갈래, 햇볕에 피부 벗겨지는 거 싫어.	명	('햇빛이 좋다'·'일광욕하다' 이럴 때의) 햇빛(일광)	太陽 태양
Unit 2	천천히 숨을 들이마셨다 내쉬었다하면, 긴장이 좀 풀릴 거예요.	조사	[부사어가 되는 단어·복합어의 뒤에 붙어 부사어로서 동사·형용사를 수식함을 표시함]	地 지
Unit 3	우리 다음에 등불 축제 보러 가자! / 내가 왜 너랑 가야 해?	명	('전등·가로등·형광등·안전등' 이럴 때의) 등(등불)	燈 등
Unit 4	난 흐린 날씨가 싫어, 마음이 이유 모르게 우울해지거든. / 맞아, 느낌에 볼드모트가 올 거 같아.	형	(날씨가 맑지 않고) 흐리다	陰 음
Unit 5	자기야, 다 입었어? / 여보, 이거 좀 작은 거 같은데, 한 치수 큰 거 가져다줘.	동	(옷·양말·신발 등을) 입다·신다	穿 천
Unit 5	쥔융, 나 내일 못 갈 거 같은데, 다음에 봐도 될까? / 그러자, 그럼 언제?	형	[대답으로서] 좋다(괜찮다)	可以 가이
중국어탈피	망했다! 나 여권을 두고 왔어! / 너 미쳤어! 그럼 우린 어쩌라고?	동	('돈·우산·짐·여권' 등의 무엇을) 휴대하다(지니다)	帶 대
	7일 동안 연속으로 일을 했더니, 힘들어 죽겠다. / 7일? 네가 아직 살아있는 게 기적이네.	형	(누가 일 따위로 육체적으로) 힘들다(지치다)	累 루
Unit 6	요즘은 날씨가 변덕이 심해서, 코트를 입으면 덥고, 안 입으면 또 좀 춥네.	부	(어떠)하였으나 또, 그렇지만, 그런데	又 우
Unit 7	바닥이 미끄러우니까, 넘어지지 않도록 조심해!	동	(무엇을) 조심하다(주의를 기울이다)	小心 소심
Unit 8	나 너한테 당부할게, 이거 밖으로 말이 새 나가게 하지 마, 그러면 우리 둘 다 끝장이야. / 나도 알아, 나 아무한테도 말 안 할 거야.	동	(정보·말 등이) 새다(유출되다)	走 주
Unit 8	너 키가 엄청 많이 자라서, 나 하마터면 넌 줄 못 알아볼 뻔했잖아.	동	(사람·동식물이) 자라다(성장하다)	長 장
Unit 9	날씨로 인해, 오늘 시합을 취소하오니, 양해 부탁드립니다.	동	(양해를) 부탁하다	請 청
Unit 10	와, 난 우물 안의 개구리였구나, 네가 나보다 훨씬 더 대단한걸?	전	(무엇) 보다·(무엇)에 비해·(무엇) 대비	比 비

③급	太阳	tàiyáng	今天可暖和了，我们出去晒太阳吧。/ 不去了，不想晒破皮。	Jīntiān kě nuǎnhuo le, wǒmen chūqù shài tàiyáng ba. / Búqù le, bùxiǎng shài pò pí.
③급	地	de	慢慢地吸气呼气，就不会太紧张了。	Mànmande xīqì hūqì, jiù búhuì tài jǐnzhāng le.
③급	灯	dēng	下次我们一起去看灯笼展吧！/ 我才不跟你去呢。	Xiàcì wǒmen yìqǐ qù kàn dēnglóng zhǎn ba! / Wǒ cáibù gēn nǐ qù ne.
②급	阴	yīn	我讨厌阴天，心情莫名地不好。/ 对，感觉伏地魔会来。	Wǒ tǎoyàn yīntiān, xīnqíngmòmíng de bùhǎo. / Duì, gǎnjué Fúdìmó huì lái.
②급	穿	chuān	老公，穿好了吗？/ 老婆，这个有点儿小，帮我拿大一号的吧。	Lǎogōng, chuānhǎo le ma? / Lǎopó, zhège yǒudiǎnr xiǎo, bāng wǒ ná dàyíhào de ba.
②급	可以	kěyǐ	俊勇，我明天去不了了，改天再见行吗？/ 可以啊，什么时候？	Jùnyǒng, wǒ míngtiān qùbuliǎo le, gǎitiān zài jiàn xíng ma? / Kěyǐ a, shénmeshíhou?
③급	带	dài	惨了！我忘了带护照了！/ 你疯了！那我们怎么办？	Cǎn le! Wǒ wàng le dài hùzhào le! / Nǐ fēng le! Nà wǒmen zěnmebàn?
②급	累	lèi	连上了七天班，累死我了。/ 七天？你还活着就是个奇迹。	Lián shàng le qītiān bān, lèi sǐ wǒle. / Qītiān? Nǐ hái huózhe jiùshì ge qíjì.
③급	又	yòu	最近天气忽冷忽热，穿上大衣有些热，不穿又有些冷。	Zuìjìn tiānqì hūlěng hūrè, chuānshàng dàyī yǒuxiē rè, bùchuān yòu yǒuxiē lěng.
③급	小心	xiǎoxīn	地很滑，小心摔倒啊！	Dì hěn huá, xiǎoxīn shuāidǎo a!
②급	走	zǒu	我告诉你，别走漏风声啊，不然我们完蛋了。/ 我明白，我不会跟任何人说的。	Wǒ gàosu nǐ, bié zǒulòu fēngshēng a, bùrán wǒmen wándàn le. / Wǒ míngbai, wǒ búhuì gēn rènhérén shuō de.
③급	长	zhǎng	你长高好多，我差点都认不出来是你。	Nǐ zhǎng gāo hǎo duō, wǒ chàdiǎn dōu rènbuchūlái shì nǐ.
①급	请	qǐng	由于天气原因，取消今天的比赛，敬请谅解。	Yóuyú tiānqì yuányīn, qǔxiāo jīntiān de bǐsài, jìng qǐng liàngjiě.
②급	比	bǐ	哇塞，原来我是井底之蛙，你比我厉害多了！	Wāsāi, yuánlái wǒ shì jǐngdǐzhīwā, nǐ bǐ wǒ lìhai duō le!

Chinese is not knowledge. It's a language!

Unit	예문	품사 / 뜻	한자 / 병음
Unit 1	나도 이제 열 몇 개밖에 안 남았어. / 너 일단 나한테 하나 빌려줘 봐, 오후에 너한테 다시 돌려줄게.	수 [10이하의 불특정한 수를 나타내는] 몇	幾 기
Unit 2	네 방 깨끗이 청소해라, 안 그러면 외출 금지다!	형 (어디·누구·무엇이) 깨끗하다(청결하다)	乾淨 간정
Unit 3	이 선생님, 내일 공개수업 준비 다 됐어요? / 그럼요, 기대하세요!	명 교사(선생님)	老師 로사
Unit 4	내년 K리그는 수원팀이 우승할 거야. / 꿈 깨셔.	동 (무엇을) 얻다(획득하다)	拿 나
Unit 5	나 그냥 해보기만 할게, 너 나 비웃지 마라. / 너 하는 거 봐서.	양 (무엇을) 시험 삼아 해 보다	一下 일하
Unit 6	샤오러, 너 내 휴대폰 못 봤어? / 바로 네 손에 쥐고 있구만.	부 ('바로 이 근처야'·'그거 바로 나한테 있어' 이럴 때의) 바로	就 취
Unit 7	꼬마야, 너 올해 몇 학년이야? / 저 이제 초등학교 5학년이에요, 저를 꼬마라고 부르지 마세요!	명 ('1학년 3반'·'고학년'·'저학년' 이럴 때의) 학년	年級 년급
Unit 8	내 동생 여자친구 생겼다? / 여자애가 참 눈도 없다.	동 ('시험에 붙다'·'좋아하게 되다' 이럴 때의) ~하게 되다	上 상
Unit 9	너희 집 식구는 몇 명이야? / 너 호구조사 하냐? 그걸 왜 물어봐?	양 [식구를 세는 단위] (몇) 명	口 구
Unit 10	엄마 말 좀 들어, 안 그러면 너 후회할 거야. / 하지만 나도 내 생각이 있는걸?	명 [가족] 엄마	媽媽 마마
	빗방울이 차창에 떨어졌고, 바깥 풍경도 금세 흐릿해져 잘 보이지 않았습니다.	명 ('빗방울' 이럴 때의, 액체의) 작은 방울	點 점
	주말이 눈 깜짝할 사이에 지나가 버렸네. / 난 오늘이 월요일이라는 건 생각도 하기 싫어.	명 ('월요일·금요일·한 주·두 주' 이럴 때의) 요일(주)	星期 성기
	이 수박이 더 크고 더 달아, 이걸로 사자.	부 (기존보다 무엇이·무엇을) 더욱(더)	更 갱
	이건 정말 얻기 힘든 기회니까, 너 꼭 붙잡아야 해! / 알았어 알았어, 나 간다.	명 (무엇을 할 수 있는 각종) 기회	機會 기회

①급	几	jǐ	我这儿也就剩下十几个了。/ 你先借我一个，下午再还你。	Wǒ zhèr yě jiù shèngxià shíjǐge le. / Nǐ xiān jiè wǒ yíge, xiàwǔ zài huán nǐ.
③급	干净	gānjìng	把你房间整理干净，不然不许出门！	Bǎ nǐ fángjiān zhěnglǐ gānjìng, bùrán bùxǔ chūmén!
①급	老师	lǎoshī	李老师，明天公开课都准备好了吗？/ 当然了，敬请期待！	Lǐ lǎoshī, míngtiān gōngkāikè dōu zhǔnbèihǎo le ma? / Dāngrán le, jìngqǐngqīdài!
③급	拿	ná	明年K联赛水原队会拿冠军的。/ 别做梦了。	Míngnián K liánsài shuǐyuánduì huì ná guànjūn de. / Bié zuòmèngle.
②급	一下	yíxià	我就试一下，你可别笑话我呀。/ 那就看你的了。	Wǒ jiù shì yíxià, nǐ kě bié xiàohuà wǒ ya. / Nà jiù kàn nǐ de le.
②급	就	jiù	小乐，看到我手机了没？/ 就在你手上拿着呢。	Xiǎo Lè, kàndào wǒ shǒujī le méi? / Jiù zài nǐ shǒu shàng ná zhe ne.
③급	年级	niánjí	小朋友，今年几年级啊？/ 我上小学5年级了，别叫我小朋友！	Xiǎopéngyou, jīnnián jǐniánjí a? / Wǒ shàng xiǎoxué 5 niánjí le, bié jiào wǒ xiǎopéngyou!
①급	上	shàng	我弟弟交上女朋友了。/ 那女的没长眼吗。	Wǒ dìdi jiāoshàng nǚpéngyou le. / Nà nǚde méi zhǎng yǎn ma.
③급	口	kǒu	你家有几口人？/ 你在调查户口啊，干嘛问这些？	Nǐ jiā yǒu jǐkǒurén? / Nǐ zài diàochá hùkǒu a, gànmá wèn zhèxiē?
①급	妈妈	māma	听你妈妈的话吧，不然有你后悔的。/ 但是我也有自己的想法啊。	Tīng nǐ māma de huà ba, bùrán yǒu nǐ hòuhuǐ de. / Dànshì wǒ yě yǒu zìjǐ de xiǎngfǎ a.
①급	点	diǎn	雨点打在车窗上，外面的风景很快看不清了。	Yǔdiǎn dǎzài chēchuāng shàng, Wàimiàn de fēngjǐng hěn kuài kànbuqīng le.
①급	星期	xīngqī	周末一眨眼就过去了。/ 我都不想去想今天是星期一。	Zhōumò yìzhǎyǎn jiù guòqù le. / Wǒ dōu bùxiǎng qù xiǎng jīntiān shì xīngqīyī.
③급	更	gèng	这个西瓜更大更甜，买这个吧。	Zhège xīguā gèng dà gèng tián, mǎi zhège ba.
③급	机会	jīhuì	这是非常难得的机会，你一定要把握好啊！/ 知道了知道了，我走了。	Zhèshì fēicháng nándé de jīhuì, nǐ yídìng yào bǎwò hǎo a! / Zhīdào le zhīdào le, wǒ zǒu le.

Chinese is not knowledge. It's a language!

Unit	예문	품사	뜻	한자/발음
Unit 1	우리가 여기로 이사 왔을 때 사과나무를 하나 심었는데, 지금은 우리 집보다 더 커.	동	(나무·꽃·벼 등의 식물이나 작물을) 심다(씨를 뿌리다)	種 종
Unit 2	너 중국 친구 있어? / 응, 몇 명 있어.	명	[국가] 중국	中國 중국
Unit 3	난 수영 하는 걸 좋아해. / 너 수영 잘해?	동	(무엇을 하는 것을 좋아한다는 의미로) 애호하다	愛好 애호
Unit 4	이 시계 그쪽 거 맞아요? / 그건 샤오장 거예요, 제 껀 저기에 있어요.	조	[수식 관계를 나타내는] (누구·무엇)의	的 적
Unit 4	어린애들도 화초와 나무를 보호해야 한다는 걸 아는데, 넌 어떻게 애들보다 못하냐?	동	(동식물 등을) 아끼고 보호하다	愛 애
Unit 5	너 오늘 나 건들지 마라, 나 아침부터 이웃집이랑 싸웠어.	명	이웃집(이웃 사람)	鄰居 린거
중국어탈피	이 면은 어떻게 해 먹어야 맛있을까요? / 전 아무래도 볶아먹는 게 더 맛있는 거 같아요.	명	(면 요리에 쓰이는) 국수(면)	麵條 면조
Unit 6	나 다 먹었어. / 이렇게 많이 남기다니, 너 다이어트 하니?	동	(누가 음식을) 먹다	吃 흘
Unit 6	여러분의 건강과 행복을 위하여, 건배! / 건배!	전	[목적에 있어] (무엇)을 위하여	爲了 위료
Unit 7	교문으로 들어가서, 왼쪽으로 꺾은 다음, 100m만 더 가면 인문관이에요.	동	[동사의 뒤에 붙어 동작이 밖에서 안으로 들어감을 표시함]	進 진
Unit 8	너 머리 안 길러? 365일 내내 같은 스타일이야. / 난 단발이 좋아.	명	머리카락	頭髮 두발
Unit 8	쟤는 누구야? / 쟤 새로 왔어, 자, 너희 서로 인사해.	대	('누구야?'·'누구 거야?' 이럴 때의) 누구	誰 수
Unit 9	알려줘서 고마워. / 고맙긴, 너 다음부턴 좀 더 조심하도록 해.	동	감사합니다(고맙습니다)	謝謝 사사
Unit 10	나 출근하기 싫어. / 누군들 출근하고 싶겠니.	동	(회사로) 출근하다	上班 상반

③급	种	zhòng	我们搬到这儿的时候种了一棵苹果树，现在长得比我们家还高。	Wǒmen bāndào zhèr de shíhòu zhòng le yìkē píngguǒshù, xiànzài zhǎng de bǐ wǒmen jiā hái gāo.
①급	中国	zhōng-guó	你有中国朋友吗？/ 嗯，有好几个。	Nǐ yǒu Zhōngguó péngyou ma? / Ǹg, yǒu hǎojǐge.
③급	爱好	àihào	我爱好游泳。/ 那你游得怎么样？	Wǒ àihào yóuyǒng. / Nà nǐ yóu de zěnmeyàng?
①급	的	de	这手表是你的吗？/ 那是小张的，我的在那儿。	Zhè shǒubiǎo shì nǐ de ma? / Nàshì Xiǎo Zhāng de, wǒ de zài nàr.
①급	爱	ài	连小朋友都知道要爱护花草树木，你怎么连小孩儿都不如呢！	Lián xiǎopéngyou dōu zhīdào yào àihù huācǎoshùmù, nǐ zěnme lián xiǎoháir dōu bùrú ne!
③급	邻居	línjū	今天你别惹我啊，我一大早就跟邻居吵了一架。	Jīntiān nǐ bié rě wǒ a, wǒ yídàzǎo jiù gēn línjū chǎo le yíjià.
②급	面条	miàn-tiáo	面条怎么做比较好吃？/ 我觉得还是炒着吃比较好。	Miàntiáo zěnmezuò bǐjiào hǎochī? / Wǒ juéde háishi chǎo zhe chī bǐjiào hǎo.
①급	吃	chī	我吃完了。/ 剩这么多，你在减肥吗？	Wǒ chī wán le. / Shèng zhème duō, nǐ zài jiǎnféi ma?
③급	为了	wèile	为了大家的健康和幸福，干杯！/ 干杯！	Wèile dàjiā de jiànkāng hé xìngfú, gānbēi! / Gānbēi!
②급	进	jìn	走进校门以后，往左拐，再走一百米就是人文馆。	Zǒu jìn xiàomén yǐhòu, wǎng zuǒ guǎi, zài zǒu yìbǎimǐ jiùshì rénwénguǎn.
③급	头发	tóufa	你不留头发呀？365天都一个发型。/ 我喜欢短发。	Nǐ bùliú tóufa ya? 365 tiān dōu yíge fàxíng. / Wǒ xǐhuan duǎnfà.
①급	谁	shéi	他是谁？/ 他是新来的，来，你们认识一下。	Tā shì shéi? / Tā shì xīn lái de, lái, nǐmen rènshi yíxià.
①급	谢谢	xièxie	谢谢你提醒我。/ 谢什么，你以后多注意点儿。	Xièxie nǐ tíxǐng wǒ. / Xiè shénme, nǐ yǐhòu duō zhùyì diǎnr.
②급	上班	shàng-bān	我不想上班。/ 谁想上班。	Wǒ bùxiǎng shàngbān. / Shéi xiǎng shàngbān.

Chinese is not knowledge. It's a language!

예문	품사	뜻	한자	병음
죄송해요! 제가 그쪽을 밟았나요? / 괜찮아요, 살짝 스쳤을 뿐이에요.	표현	(미안함에 대한 대답으로) 괜찮다(상관없다)	沒關係	몰관계
쟤는, 아침부터 저녁까지 TV 보는 거 말고는 게임밖에 안 해, 나 화나 죽겠어.	전	(就是와 함께 쓰여, 무엇을) 하지 않으면 (다른 것을)하다	除了	제료
이게 그쪽 연구소에서 개발한 신기술인가요? / 네, 어떠신가요?	형	(기술·경험·소식·제품 등이) 새롭다	新	신
100위안짜리 물건이 한국에 오니까 5만 원까지 뛰어버리네!	양	[화폐 단위] 위안	元	원
쟨 진짜 끝이 없네, 대체 언제까지 말하려고 하는 거야.	동	(어떤 일을) 끝내다(마치다)	了	료
날씨가 너무 추워, 겨울이 진짜 왔나 봐.	명	[계절] 겨울	冬	동
아줌마, 저 빵 두 개 주세요. / 꼬마 친구야, 너 다 먹을 수 있겠어?	수	[數] 2(둘)	兩	량
이거 어떻게 된 일이야? / 저 남자가 여자친구를 물 속으로 밀어 빠뜨렸대.	대	('어떻게 된 일이야'·'어째서 그래' 이럴 때의) 어떻게(어째서)	怎麼	즘마

❶급	没关系	méi-guānxi	对不起！我踩到你了吗？/ 没关系, 只是蹭了一下。	Duìbuqǐ! Wǒ cǎi dào nǐ le ma? / Méiguānxi, zhǐshì cèng le yíxià.
❸급	除了	chúle	他呀, 一天到晚的除了看电视就是玩游戏, 气死我了。	Tā ya, yìtiāndàowǎn de chúle kàn diànshì jiùshì wán yóuxì, qì sǐ wǒ le.
❷급	新	xīn	这是你们研究所开发的新技术吗？/ 嗯, 怎么样？	Zhèshì nǐmen yánjiūsuǒ kāifā de xīn jìshù ma? / Ǹg, zěnmeyàng?
❸급	元	yuán	一百元的东西拿到韩国竟然卖到五万韩币！	Yìbǎiyuán de dōngxi nádào Hánguó jìngrán màidào wǔwàn Hánbì!
❶급	了	liǎo	他真是没完没了, 到底要说到什么时候啊。	Tā zhēnshi méiwánméiliǎo, dàodǐ yào shuōdào shénmeshíhou a.
❸급	冬	dōng	天太冷了, 冬天真的来了。	Tiān tài lěng le, dōngtiān zhēnde lái le.
❷급	两	liǎng	阿姨, 我要两个面包。/ 小朋友, 你吃得完吗？	Āyí, wǒ yào liǎngge miànbāo. / Xiǎopéngyou, nǐ chīdewán ma?
❶급	怎么	zěnme	这是怎么回事啊？/ 那个男的把女朋友推进水里了。	Zhèshì zěnmehuíshì a? / Nàge nánde bǎ nǚpéngyou tuījìn shuǐ lǐ le.

Chinese is not knowledge. It's a language!

#

你虚度的今天,
正是昨天离去的人无限向往的明天。

무슨 일이야? 너 안색이 왜 이렇게 안 좋아? / 모르겠어, 아마 열이 나는 것 같아, 병원에 가봐야겠어.	동 (누가 아파서) 열이 나다	發燒 발소
이건 저희가 새로 출시한 클렌징폼인데요, 한 번 써보세요. / 정말요? 효과가 좋나요?	동 (누가 무엇을) 시험 삼아 해 보다	試 시
이 옷 어때? / 음… 그냥 그래, 다른 옷은 없어?	형 (무엇이) 일반적이다(보통이다)	一般 일반
집에 도착했니? / 아직이요, 이제 막 출발했어요.	부 ('여전히 예쁘다'·'아직 도착 못 했다' 이럴 때의) 여전히(아직)	還 환
기다려, 나 신발 끈 풀렸어. / 내가 묶어줄게.	동 (신발 끈 등, 묶어 있는 것이) 풀리다	開 개
너 황허 그쪽으로는 가봤어? / 아니, 나 장강 쪽밖에 안 가봤는데.	명 [지리] (황허 문명의 발상지인) 황허	黃河 황하
자, 10분 후에 회의 있습니다. / 아니 저분은 좀 일찍 알려주면 어디가 덧나나, 매번 이렇게 급하게 하고 그래요.	명 (여럿이 모여 의논하는) 회의	會 회
걘 아예 안 왔어, 연락도 없었고, 나 진짜 헛걸음했다니까?	부 (노력·희망 등이) 헛되이(쓸데없이)	白 백
너 란란이 춤추는 거 본 적 있어? / 한 번 봤는데, 그닥 잘하는 건 아니더라, 너 차라리 걔한테 가수 될 생각은 하지 말라고 조언해주는 게 나을 것 같아.	동 (누가) 춤을 추다(댄스를 추다)	跳舞 도무
저는 바나나 맛 먹을래요. / 죄송합니다, 빵은 바나나 맛이 없습니다.	명 [식물] 바나나	香蕉 향초

네가 헛되이 보낸 오늘은 어제 죽은 이가 그토록 그리던 내일이다!

❸	发烧	fāshāo	怎么了? 你脸色怎么这么差? / 不知道, 好像发烧了, 得去医院看看。	Zěnme le? Nǐ liǎnsè zěnme zhème chà? / Bùzhīdào, hǎoxiàng fāshāo le, děi qù yīyuàn kànkan.
❸	试	shì	这是我们新出的洗面奶, 试一下吧。 / 真的? 好用吗?	Zhèshì wǒmen xīn chū de xǐmiànnǎi, shì yíxià ba. / Zhēnde? Hǎo yòng ma?
❸	一般	yìbān	这衣服怎么样? / 嗯…一般吧, 没有其他的吗?	Zhè yīfu zěnmeyàng? / Ǹg... Yìbān ba, méiyǒu qítā de ma?
❷	还	hái	到家了吗? / 还没呢, 刚出发。	Dàojiā le ma? / Hái méi ne, gāng chūfā.
❶	开	kāi	等一下, 我鞋带开了。 / 我帮你系呀。	Děngyíxià, wǒ xiédài kāi le. / Wǒ bāng nǐ jì ya.
❸	黄河	huánghé	你去过黄河那边吗? / 没有, 我只看过长江。	Nǐ qùguo Huánghé nàbiān ma? / Méiyǒu, wǒ zhǐ kànguo Chángjiāng.
❶	会	huì	来, 十分钟以后开会。 / 他就不能早点告诉我们, 每次都这么急。	Lái, shí fēnzhōng yǐhòu kāihuì. / Tā jiù bùnéng zǎodiǎn gàosu wǒmen, měicì dōu zhème jí.
❷	白	bái	他根本就没来, 也没联系我, 我白跑了一趟。	Tā gēnběn jiù méi lái, yě méi liánxì wǒ, wǒ bái pǎo le yítàng.
❷	跳舞	tiàowǔ	看过然然跳舞吗? / 看过一次, 但真不怎么样, 你还是劝她别想着当歌手了。	Kànguo Ránrán tiàowǔ ma? / Kànguo yícì, dàn zhēn bù zěnmeyàng, nǐ háishi quàn tā bié xiǎng zhe dāng gēshǒu le.
❸	香蕉	xiāngjiāo	我要吃香蕉味的。 / 不好意思, 面包没有香蕉味的。	Wǒ yào chī xiāngjiāo wèi de. / Bùhǎoyìsi, miànbāo méiyǒu xiāngjiāo wèi de.

Chinese is not knowledge. It's a language!

Unit	예문	품사	뜻	한자/병음
Unit 1	분명히 네가 뭔가 잘못한 걸 거야, 그게 아니면 걔가 어쩜 그렇게까지 화를 내겠어. / 나는 진짜 아니야.	형	(시험문제·누구의 행동 등이) 틀리다(잘못되다)	錯 착
Unit 2	너 여자친구 생일에 선물 뭐 해줄 거야? / 구체적으로 생각해 본 적은 없는데, 아마 꽃을 선물할 것 같아.	명	(각종) 꽃	花 화
Unit 3	야, 너 어디 가려고? / 왜, 나 화장실 갈 건데 너도 따라오려고?	대	('어디 갈 거야?'·'어디에 있어?' 이럴 때의) 어디	哪兒 나아
Unit 3	죄송합니다, 저희도 다른 방법이 없습니다.	명	(무엇을 하기 위한) 방법(수단)	辦法 판법
Unit 4	너 한가하면 나나 보러 와라. / 나 안 갈 건데? 그럴 시간이 있으면 차라리 집에서 게임을 더 하겠다.	동	(누구를) 찾아가다(방문하다)	看 간
Unit 5	제가 보기엔 저 악어는 길이가 한 5m 정도 될 것 같아요. / 제가 봐도 그러네요, 정말 무섭네요.	명	(무엇의) 길이	長 장
중국어탈피	샤오이 어디 있는지 아는 사람? / 걔 체육관에 있을걸?	동	(누가 어느 장소에) 있다	在 재
	넌 네가 실패한 주요 원인이 뭐라고 생각하니? / 난 내가 실패했다고 생각하지 않아.	형	('주요 원인'·'주된 관점' 이럴 때의) 주요한(주된)	主要 주요
Unit 6	이거 어떻게 된 일인지 누구 아는 사람 있어? / 나 알아! 내가 말해줄게!	동	[동사 앞에 쓰여 동작의 적극성을 나타냄]	來 래
Unit 7	쟤 넘어졌어, 어떡하지? / 일단 안아서 일으켜주자.	동	[동사 뒤에서, 위를 향함을 나타냄]	起來 기래
Unit 8	너 그거 알아? 지금 네 뒤에 귀신 있다? / 놀래키지 마, 나 귀신을 제일 무서워한단 말이야.	부	('가장 좋아하는·제일 무서워하는' 이럴 때의) 가장(제일)	最 최
Unit 8	담배 있냐? 나 두 모금만 피우자. / 오늘 마침 안 가지고 왔어.	양	[입에서 나오거나 입에 넣는 것을 셀 때 쓰는 단위] (몇) 입·모금·마디	口 구
Unit 9	너 또 잡담하고 있니? 얼른 네 자리로 돌아가! / 지금 손님도 없잖아요.	동	(누가 심심해서) 잡담하다(한담하다)	聊天 료천
Unit 10	한국의 수출은 중국이 없이는 안 되지. / 맞는 말이야.	동	('네가 없어선 안 돼' 이럴 때의) 없다(결핍하다)	離 리

2급	错	cuò	肯定是你做错了什么，不然她怎么会那么生气。/ 我真没有。	Kěndìng shì nǐ zuò cuò le shénme, bùrán tā zěnme huì nàme shēngqì. / Wǒ zhēn méiyǒu.
3급	花	huā	你想在女朋友生日的时候送什么礼物？/ 我没想过，可能送花吧。	Nǐ xiǎng zài nǚpéngyou shēngrì de shíhou sòng shénme lǐwù? / Wǒ méi xiǎngguo, kěnéng sòng huā ba.
1급	哪儿	nǎr	喂，你要去哪儿？/ 怎么，我上厕所你也要跟着吗？	Wèi, nǐ yào qù nǎr? / Zěnme, wǒ shàngcèsuǒ nǐ yě yào gēn zhe ma?
3급	办法	bànfǎ	不好意思，我们没有其他办法了。	Bùhǎoyìsi, wǒmen méiyǒu qítā bànfǎ le.
1급	看	kàn	你要是闲着没事干就来看我呗。/ 我才不去呢，有那时间我不如在家多玩会儿游戏。	Nǐ yàoshi xiánzhe méishì gàn jiù lái kàn wǒ bei. / Wǒ cái bùqù ne, yǒu nà shíjiān wǒ bùrú zàijiā duō wán huìr yóuxì.
2급	长	cháng	我看那只鳄鱼得有5米长。/ 我看也是，太可怕了。	Wǒ kàn nà zhī èyú děi yǒu 5 mǐ cháng. / Wǒ kàn yěshì, tài kěpà le.
1급	在	zài	有人知道小艺在哪儿吗？/ 她应该在体育馆吧。	Yǒurén zhīdào Xiǎo Yì zài nǎr ma? / Tā yīnggāi zài tǐyùguǎn ba.
3급	主要	zhǔyào	你觉得你失败的主要原因是什么？/ 我没觉得我失败。	Nǐ juéde nǐ shībài de zhǔyào yuányīn shì shénme? / Wǒ méi juéde wǒ shībài.
1급	来	lái	谁知道这是怎么回事？/ 我知道！我来讲！	Shéi zhīdào zhèshì zěnmehuíshì? / Wǒ zhīdào! Wǒ lái jiǎng!
3급	起来	qǐlai	他摔倒了，怎么办？/ 先把他抱起来吧。	Tā shuāidǎo le, zěnmebàn? / Xiān bǎ tā bàoqǐlai ba.
2급	最	zuì	你知道吗？现在你身后有鬼。/ 别吓我，我最怕鬼。	Nǐ zhīdào ma? Xiànzài nǐ shēnhòu yǒu guǐ. / Bié xià wǒ, wǒ zuì pà guǐ.
3급	口	kǒu	有烟吗？我抽两口。/ 今天正好没带。	Yǒu yān ma? Wǒ chōu liǎngkǒu. / Jīntiān zhènghǎo méi dài.
3급	聊天	liáotiān	你又在聊天啊，快回到你位置上去！/ 现在又没客人。	Nǐ yòu zài liáotiān a, kuài huídào nǐ wèizhì shàngqù! / Xiànzài yòu méi kèrén.
2급	离	lí	韩国出口离不开中国。/ 的确是。	Hánguó chūkǒu líbukāi Zhōngguó. / Díquè shì.

Chinese is not knowledge. It's a language!

Unit	예문	품사	뜻	漢
Unit 1	너랑 내가 절교하는 한이 있더라도, 난 이 말은 꼭 해야겠어.	접	('실패하더라도' 이럴 때의) 설사 (무엇) 하더라도·설사 (어떠한 것)이라도	就 취
Unit 2	어느 분이 가장 멀리서 오셨나요? / 저요! 저는 아프리카에서 왔어요!	형	(거리가) 멀다	遠 원
Unit 3	난 또 오늘이 금요일인 줄 알고, 교실 잘못 들어갔잖아, 쪽팔려 죽겠어.	명	('면목이 없다'·'체면이 서다' 이럴 때의) 체면(면목)	臉 검
Unit 3	연습 문제 다 했어? 가지고 와서 나 좀 보여줘 봐. / 아직 조금 남았어요, 조금만 기다려 주세요.	명	(무엇에 대한) 연습(훈련)	練習 련습
Unit 4	저번에 싸운 뒤로, 여자친구가 나랑 말을 한마디도 안 해, 어떡하지? / 뭘 어째. 이미 끝났네, 헤어져.	전	('너랑 싸웠을 때' 이럴 때의, 무엇·누구) 와(과, 랑)	跟 근
Unit 5	걔 진짜 빨리 걷더라. / 나만큼 빨라?	동	(누가) 걷다	走 주
Unit 5	오늘 몇 명이나 오는 거야? 나 너무 적게 한 것 같아. / 열 몇 명 정도? 부족한 건 우리가 나가서 조금 사 오면 되지 뭐.	형	(사람·물건·돈 등이) 적다	少 소
Unit 5	아줌마, 콜라 한 병 주세요! / 음료는 알아서 갖다 드세요.	명	(탄산·주스 등의, 각종) 음료	飲料 음료
Unit 6	너 리리 얘 엄청 특이하다고 생각하지 않아? / 그러게, 가끔은 진짜 얘가 무슨 생각을 하고 있는지 알고 싶다니까.	형	(누구·무엇이) 특이하다	特別 특별
Unit 7	이 펜, 너 네꺼라고 확신해? / 당연하지, 샤오잉이 나한테 준 거야.	동	(누구에게 무엇을) 주다	給 급
Unit 8	나 내일 면접인데, 구두가 없어. / 이런, 내꺼 신어 그럼.	명	가죽 구두	皮鞋 피혜
Unit 9	아주머니, 저 거스름돈 아직 안 주셨어요! / 내 기억력 좀 봐라, 미안해, 여기 있어.	동	(가게 등에서 잔돈을) 거슬러주다(초과한 것을 돌려주다)	找 조
Unit 9	선생님 저 화장실 가고 싶어요. / 이런 건 선생님한테 이야기할 필요 없단다, 그냥 갔다 오렴.	동	(무엇을 하는 것이) 필요하다	用 용
Unit 10	너 장평이랑 PC방 갈 거지? / 대박, 어떻게 알았냐? / 걔가 알려줬지롱.	대	그(그 남자)·그 사람	他 타

2급	就	jiù	就算听完你跟我绝交，我也要把话说清楚。	Jiùsuàn tīngwán nǐ gēn wǒ juéjiāo, wǒ yě yào bǎ huà shuō qīngchu.
2급	远	yuǎn	哪位是从最远的地方来的？/ 我！我从非洲来的！	Nǎwèi shì cóng zuì yuǎn de dìfang lái de? / Wǒ! Wǒ cóng Fēizhōu lái de!
3급	脸	liǎn	我还以为今天星期五，进错了教室，真丢脸。	Wǒ hái yǐwéi jīntiān xīngqīwǔ, jìn cuò le jiàoshì, zhēn diūliǎn.
3급	练习	liànxí	练习题做完了没？拿来给我看看。/ 还差一点点，等会儿。	Liànxí tí zuòwán le méi? Nálái gěi wǒ kànkan. / Hái chà yìdiǎndiǎn, děnghuìr.
3급	跟	gēn	上次吵架后，我女朋友一直不跟我说话，怎么办？/ 什么怎么办？都完了，分手吧。	Shàngcì chǎojià hòu, wǒ nǚpéngyou yìzhí bù gēn wǒ shuōhuà, zěnmebàn? / Shénme zěnmebàn? Dōu wán le, fēnshǒu ba.
2급	走	zǒu	他走路可快了。/ 有我快吗？	Tā zǒulù kě kuài le. / Yǒu wǒ kuài ma?
1급	少	shǎo	今天来几个人啊？我好像做少了。/ 十来个吧，不够的咱们出去买点儿就好了。	Jīntiān lái jǐgerén a? Wǒ hǎoxiàng zuò shǎo le. / Shíláige ba, búgòu de zánmen chūqù mǎidiǎnr jiù hǎo le.
3급	饮料	yǐnliào	阿姨，来瓶可乐吧！饮料自己拿。	Āyí, lái píng kělè ba! Yǐnliào zìjǐ ná.
3급	特别	tèbié	你不觉得丽丽很特别吗？/ 是啊，有时候真想知道她到底在想什么。	Nǐ bùjuéde Lìlì hěn tèbié ma? / Shì a, yǒushíhou zhēn xiǎng zhīdào tā dàodǐ zài xiǎng shénme.
2급	给	gěi	这支笔，你确定是你的吗？/ 当然，这是小英给我的。	Zhèzhībǐ, nǐ quèdìng shì nǐ de ma? / Dāngrán, zhèshì Xiǎo Yīng gěi wǒ de.
3급	皮鞋	píxié	我明天面试，可是没有皮鞋。/ 哎，穿我的吧。	Wǒ míngtiān miànshì, kěshì méiyǒu píxié. / Āi, chuān wǒ de ba.
2급	找	zhǎo	阿姨，你还没找我零钱呢！/ 瞧我这记性，不好意思啊，给你。	Āyí, nǐ hái méi zhǎo wǒ língqián ne! / Qiáo wǒ zhè jìxìng, bùhǎoyìsi a, gěi nǐ.
3급	用	yòng	老师我想去厕所。/ 这不用跟我说，直接去吧。	Lǎoshī wǒ xiǎng qù cèsuǒ. / Zhè búyòng gēn wǒ shuō, zhíjiē qù ba.
1급	他	tā	你要跟张鹏去网吧？/ 哇塞，你怎么知道的？/ 他告诉我的。	Nǐ yào gēn Zhāng Péng qù wǎngbā? / wāsāi, nǐ zěnme zhīdào de? / Tā gàosu wǒ de.

Chinese is not knowledge. It's a language!

예문	뜻	한자
너 맨날 남 탓 좀 하지 마, 분명히 너도 잘못이 있잖아. / 그래그래, 알겠다니까.	대 (내가 아닌) 남(타인)	別人 별인
나는 자수에 꽤 관심이 있어, 시간 되면 학원에 등록을 할까 싶어.	동 (누가 무엇·어디에) 관심이 있다(좋아하다, 흥미가 있다)	感興趣 감흥취
매번 명절 때마다 여기 엄청나게 북적대, 시간 되면 너도 와서 봐봐.	명 ('설·단오절' 이럴 때의) 명절	節日 절일
자전거가 낡기는 했지만, 그럭저럭 탈 만합니다.	동 (무엇이) 비록 (어떠할)지라도	是 시
이 사과 너무 커, 나 혼자서는 못 먹겠어. / 그러면 나한테 좀 나눠줘.	형 (크기·부피·면적·소리 등이) 크다·넓다	大 대
그쪽 손 내밀어 봐. 자 받아. / 이게 뭐야? 뭔데 이렇게 부드럽지!	양 [짝을 이루는 것을 세는 단위] 쪽(짝)	只 지
쟤 별로 안 커 보이잖아, 근데 키가 1m 86이래. / 대박, 진짜 생각지도 못했어.	양 [단위] 미터(m)	米 미
지금 몇 시야? 1시간은 지났지? / 지금 4시 15분이야, 아직 30분밖에 안 지났다고.	양 [시간] 15분	刻 각
너 위층에 올라갈 거야? 올라가는 김에 나 책 좀 가져다줘. / 한 층밖에 안 되는데, 직접 가면 안 되냐?	동 (무엇을 하는 김에 다른 무엇을) 하다	帶 대
누구나 잘못을 범하기 마련인데요, 중요한 건 잘못을 알고 그걸 고치는 거죠.	형 (무엇이 하기) 어렵다(가능성이 희박하다)	難 난
너 말고 안 나온 사람 누구 있어? / 왕밍이 아직 안에 있어요.	명 ('저 사람 외에 안 온 사람?' 이럴 때의, 누구·무엇) 이외	外 외
이 과외 일은 걔가 나한테 소개해 준 거야, 너도 한번 물어봐. / 응, 전화번호 좀 줘봐.	동 (새로운 책·일 등을 누구에게) 소개하다 (추천하다)	介紹 개소
천리앙 아마 길 잘못 들었을걸, 안 그럼 이렇게 늦을 리가 없어. / 누가 길치 아니랄까 봐.	부 ('아마 틀렸을 거야' 이럴 때의) 아마도 (어쩌면 무엇일) 것이다	可能 가능
나 내려가서 빵 사 올 건데, 먹고 싶은 거 있어? / 그럼 나 라면 하나만 사다 줘.	동 (누구·무엇이 높은 곳에서 낮은 곳으로) 내려가다	下 하

③급	别人	biérén	你别老怪别人，明明你也有错。/ 好了好了，我知道了。	Nǐ bié lǎo guài biérén, míngmíng nǐ yě yǒu cuò. / Hǎole hǎole, wǒ zhīdào le.
③급	感兴趣	gǎnxìngqù	我对刺绣比较感兴趣，有时间我想报个学习班。	Wǒ duì cìxiù bǐjiào gǎnxìngqù, yǒu shíjiān wǒ xiǎng bàoge xuéxíbān.
③급	节日	jiérì	每到节日的时候这里可热闹了，到时候你也过来看看。	Měi dào jiérì de shíhou zhèlǐ kě rènao le, dàoshíhou nǐ yě guòlái kànkan.
①급	是	shì	自行车旧是旧，但好歹还能骑。	Zìxíngchē jiù shì jiù, dàn hǎodǎi hái néng qí.
①급	大	dà	这个苹果太大了，我一个人吃不完。/ 那分我一点儿。	Zhège píngguǒ tài dà le, wǒ yígerén chībuwán. / Nà fēn wǒ yìdiǎnr.
③급	只	zhī	把那只手伸出来，给你。/ 这是什么？这么软。	Bǎ nàzhīshǒu shēnchūlái, gěi nǐ. / Zhèshì shénme? Zhèmeruǎn.
③급	米	mǐ	他看起来不怎么高，可竟然有一米八六。/ 哇塞，真没想到。	Tā kàn qǐlái bù zěnme gāo, kě jìngrán yǒu yīmǐ bāliù. / Wāsāi, zhēn méi xiǎngdào.
③급	刻	kè	现在几点了？应该过了一个小时吧？/ 现在四点一刻，才过了半个小时而已。	Xiànzài jǐdiǎn le? Yīnggāi guò le yíge xiǎoshí ba? / Xiànzài sìdiǎn yíkè, cái guò le bànge xiǎoshí éryǐ.
③급	带	dài	你要上楼？顺便帮我带本书吧。/ 就一楼，你就不能自己去啊。	Nǐ yào shàng lóu? Shùnbiàn bāng wǒ dài běn shū ba. / Jiù yìlóu, nǐ jiù bùnéng zìjǐ qù a.
③급	难	nán	谁都难免犯错，关键是知错能改。	Shéi dōu nánmiǎn fàncuò, guānjiàn shì zhīcuònénggǎi.
②급	外	wài	除了你以外还有谁没出来？/ 王明还在里面。	Chúle nǐ yǐwài háiyǒu shéi méi chūlái? / Wáng míng hái zài lǐmian.
②급	介绍	jièshào	这个家教是她介绍给我的，不然你也问问吧。/ 行，电话号给我。	Zhège jiājiào shì tā jièshào gěi wǒ de, bùrán nǐ yě wènwèn ba. / Xíng, diànhuàhào gěi wǒ.
②급	可能	kěnéng	陈亮可能走错路了，不然不可能还没到。/ 不愧是路痴。	Chén Liàng kěnéng zǒu cuò lù le, bùrán bùkěnéng háiméi dào. / Búkuì shì lùchī.
①급	下	xià	我要下去买面包了，你有没有想吃的？/ 那给我买一个方便面吧。	Wǒ yào xiàqù mǎi miànbāo le, nǐ yǒuméiyǒu xiǎng chī de? / Nà gěi wǒ mǎi yíge fāngbiànmiàn ba.

Chinese is not knowledge. It's a language!

Unit 1	귀사의 제안에 충분히 만족합니다, 이대로 진행합시다. / 네, 감사합니다.	동	(누가 누구·무엇에 대해) 만족하다(흡족하다, 마음에 들다)	滿意 만의
Unit 2	어이, 너 무슨 병이라도 있냐? / 넌 약이라도 있냐?	감	[사람을 부를 때] 야!(이봐요!)	餵 위
Unit 3	자, 빨리 하나 골라. / 난 첫 번째 거 고를래!	동	(무엇을) 고르다(선택하다)	選擇 선택
Unit 3	쟤 네 여자친구 아냐? / 다 지난 일이야, 빨리 가자.	명	(과거·현재·미래 중에서) 과거	過去 과거
Unit 4	내가 앞서 말했듯이, 우린 지금 서둘러야 해. / 그럼 우리 지금 바로 시작하자.	명	(책·글·이야기 등의) 앞부분	前面 전면
Unit 5	6호 건물이 어디에 있지? / 바로 네 코앞에 있네.	명	('3호 차·402호' 이럴 때의) (몇) 호	號 호
Unit 5	너 지금 나 보고 이렇게 높은 데서 뛰어내리라는 거야? 나 안 해!	형	(산·나무·건물 등의 높이가) 높다	高 고
	너 약 잘못 먹었지? / 넌 왜 또 나한테 그렇게 말해?	조	[문장 끝에 놓여 의문을 표시하거나 추측의 어기를 나타냄]	吧 파
Unit 6	초조해하지 마, 걔 금방 올 거야. / 내가 안 초조하게 생겼어? 좀 있으면 생방송 시작이라고.	형	(누가) 조급해하다(마음을 졸이다)	著急 저급
Unit 7	올해의 수출율은 작년 대비 11.4% 증가했다, 상황이 아주 좋다.	전	[문어체] (무엇) 보다·(무엇)에 비해·(무엇) 대비	比較 비교
Unit 8	샤오장, 자네 여기서 일한 지 얼마나 됐지? / 대략 5년쯤 되었습니다.	동	(누가) 일을 하다(노동을 하다)	工作 공작
Unit 9	저기요, 혹시 고등학교 1학년 3반 교실이 어딨는지 아세요? / 죄송해요, 저도 신입생이에요.	명	(학교·학원 등에서 수업을 받는) 교실	教室 교실
Unit 9	똑똑하면 꼭 좋은 걸까? / 그럼 내가 너한테 물어볼게, 넌 똑똑해지고 싶어 아니면 바보가 되고 싶어?	형	(누가) 영리하다(똑똑하다)	聰明 총명
Unit 10	나는 살인자들은 감옥에 가둘 필요도 없이, 바로 그 자리에서 사형시켜야 한다고 생각해. / 혹시라도 정당방위면 어쩌고?	동	(누구·무엇을 어디에) 가두다(감금하다)	關 관

③	满意	mǎnyì	对于贵公司的提议我们感到比较满意，就这样进行吧。/ 好的，谢谢。	Duìyú guì gōngsī de tíyì wǒmen gǎndào bǐjiào mǎnyì, jiù zhèyàng jìnxíng ba. / Hǎode, xièxie.
①	喂	wèi	喂，你有病啊！/ 你有药啊。	Wèi, nǐ yǒu bìng a! / Nǐ yǒu yào a.
③	选择	xuǎnzé	来，快选一个。/ 我选择第一个！	Lái, kuài xuǎn yíge. / Wǒ xuǎnzé dìyíge!
③	过去	guòqù	她不是你女朋友吗？/ 都是过去式了，快走吧。	Tā búshì nǐ nǚpéngyou ma? Dōu shì guòqù shì le, kuài zǒu ba.
①	前面	qiánmiàn	就像我前面说的一样，我们一定要抓紧时间。/ 那我们现在就开始吧。	Jiù xiàng wǒ qiánmiàn shuō de yíyàng, wǒmen yídìng yào zhuājǐn shíjiān. / Nà wǒmen xiànzài jiù kāishǐ ba.
①	号	hào	六号楼在哪里啊。/ 就在你眼前。	Liù hào lóu zài nǎlǐ a. / Jiù zài nǐ yǎnqián.
②	高	gāo	你让我从这么高的地方跳下去？我不干！	Nǐ ràng wǒ cóng zhème gāo de dìfang tiàoxiàqù? Wǒ bùgàn!
②	吧	ba	你吃错药了吧？/ 你怎么又这么说我呀。	Nǐ chī cuò yào le ba? / Nǐ zěnme yòu zhème shuō wǒ ya.
③	着急	zháojí	别着急，她一会儿就到了。/ 能不急吗？直播马上就要开始了。	Bié zháojí, tā yíhuìr jiù dào le. / Néng bù jí ma? Zhíbō mǎshàng jiùyào kāishǐ le.
③	比较	bǐjiào	今年的出口率比较去年增长了11.4%，形势一片大好啊。	Jīnnián de chūkǒulǜ bǐjiào qùnián zēngzhǎng le 11.4%, xíngshì yípiàn dàhǎo a.
①	工作	gōngzuò	小张，你在这儿工作多长时间了？/ 大概五年了。	Xiǎo Zhāng, nǐ zài zhèr gōngzuò duōcháng shíjiān le? / Dàgài wǔnián le.
②	教室	jiàoshì	同学，知道高一三班的教室在哪儿吗？/ 对不起啊，我也是新生。	Tóngxué, zhīdào gāoyī sānbān de jiàoshì zài nǎr ma? / Duìbuqǐ a, wǒ yěshì xīnshēng.
③	聪明	cōngming	聪明就一定好吗？/ 那我反过来问你，你想变聪明还是想变笨？	Cōngming jiù yídìng hǎo ma? / Nà wǒ fǎnguòlái wèn nǐ, nǐ xiǎng biàn cōngming háishi xiǎng biàn bèn?
③	关	guān	我觉得杀人犯不用关监狱里，应该当场执行死刑。/ 万一有人是正当防卫呢？	Wǒ juéde shārénfàn búyòng guān jiānyù lǐ, yīnggāi dāngchǎng zhíxíng sǐxíng. / Wànyī yǒurén shì zhèngdāng fángwèi ne?

Chinese is not knowledge. It's a language!

Unit	예문	품사 / 뜻	한자 / 한글
Unit 1	여기서는 얘기 하기가 불편하니까, 우리 자리를 옮기자.	형 (무엇이 상황·형편 등에) 알맞다(적당하다, 적합하다)	方便 방편
Unit 2	저번에 네가 나를 데려갔던 카페가 어디에 있었더라? / 내가 너한테 주소 보내줄게.	대 너(당신)	你 니
Unit 3	이 조각상은 얼마예요? / 이거 얼마 안 해요, 한 100위안 정도?	명 (인물을 본뜬) 형상(그림)	像 상
Unit 3	나 생선 못 먹어, 나 생선 알레르기 있어. / 우리 그럼 다른 거 먹자.	명 물고기(어류, 생선)	魚 어
Unit 4	나 이번 휴가 때는 뉴질랜드 가고 싶어. / 너 돈 있어?	동 ('여행을 가고 싶다'·'밥을 먹고 싶다' 이럴 때의, 무엇을) 하고 싶다	想 상
Unit 5	저거 왕강 아냐? 쟤 왜 저렇게 홀쭉해졌어? / 듣자 하니 20킬로를 뺀 거 같더라.	형 (누가) 마르다(여위다)	瘦 수
Unit 5	이 글자 어떻게 읽어? / 내가 자전도 아니고, 네가 알아서 찾아봐.	명 (글자를 찾을 때 쓰는) 자전(옥편)	字典 자전
Unit 5	나 비웃지 마. / 비웃는 거 아니야, 이런 실수는 누구나 할 수 있어.	동 (누구를) 비웃다	笑 소
Unit 6	너 거기 서! / 샤오시, 내가 잘못했어, 용서해 줘.	[동작의 멈춤이나 정지를 나타냄]	住 주
Unit 7	너 어제 잠 제대로 못 잤어? 안색이 안 좋네 / 네 고양이가 밤새 울었는데, 넌 못 들은 거야?	동 (개·닭·새·귀뚜라미 등의 동물이) 짖다·울다·지저귀다	叫 규
Unit 8	와, 네 오빠 진짜 잘생겼다! / 잘생기긴 개뿔.	조사 [감탄문 뒤에서 감탄 어기를 강조함]	啊 아
Unit 8	네가 네 잘못을 깨달았으면 됐어, 다음에 또 그러면 안 된다는 것만 기억해. / 명심할게.	동 (상황·내용·사람의 성향 등을) 인식하다(인지하다)	認識 인식
Unit 9	당신께 이걸 드리죠, 제 작은 성의이니, 받아주세요! / 받기가 좀 그러네요.	명 (선물에 담겨져 있는 누구의) 성의	意思 의사
Unit 10	오늘 우리 이렇게 열심히 응원했는데, 감동 좀 받았어? / 그럼, 너희 덕분에 우리가 이길 수 있었어.	형 (누가 무엇에) 열정적이다	熱情 열정

	단어	병음	예문(중국어)	예문(병음)
3급	方便	fāng-biàn	这儿说话不方便，我们换个地方吧。	Zhèr shuōhuà bù fāngbiàn, wǒmen huàn ge dìfang ba.
1급	你	nǐ	上回你带我去的那个咖啡厅在哪儿来着? / 我把地址发给你。	Shànghuí nǐ dài wǒ qù de nàge kāfēitīng zài nǎr láizhe? / Wǒ bǎ dìzhǐ fā gěi nǐ.
3급	像	xiàng	这个雕像多少钱? / 没多少钱，100块左右。	Zhège diāoxiàng duōshaoqián? / Méi duōshaoqián, 100 kuài zuǒyòu.
2급	鱼	yú	我不能吃鱼，我吃鱼过敏。/ 那咱们吃别的吧。	Wǒ bùnéng chī yú, wǒ chī yú guòmǐn. / Nà zánmen chī biéde ba.
1급	想	xiǎng	这个假期我想去新西兰。/ 你有钱吗?	Zhège jiàqī wǒ xiǎng qù Xīnxīlán. / Nǐ yǒu qián ma?
3급	瘦	shòu	那不是王刚吗? 他怎么变那么瘦? / 听说他好像减了二十公斤。	Nà búshì Wáng Gāng ma? Tā zěnme biàn nàme shòu? / Tīngshuō tā hǎoxiàng jiǎn le èrshí gōngjīn.
3급	字典	zìdiǎn	这个字怎么念? / 我又不是字典，你自己去查吧。	Zhège zì zěnmeniàn? / Wǒ yòu búshì zìdiǎn, nǐ zìjǐ qù chá ba.
2급	笑	xiào	别笑我了。/ 没笑你，这种错误人人都会犯。	Bié xiào wǒ le. / Méi xiào nǐ, zhèzhǒng cuòwù rénrén dōu huì fàn.
1급	住	zhù	你给我站住! / 小希，我错了，饶了我吧。	Nǐ gěi wǒ zhànzhù! / Xiǎo Xī, wǒ cuò le, ráo le wǒ ba.
1급	叫	jiào	你昨晚没睡好吗? 脸色这么差。/ 你的猫叫了一晚上，你没听见吗?	Nǐ zuówǎn méi shuìhǎo ma? Liǎnsè zhème chà. / Nǐ de māo jiào le yìwǎnshang, nǐ méi tīngjiàn ma?
3급	啊	a	哇，你哥哥好帅啊! / 帅什么!	Wā, nǐ gēge hǎo shuài a! / Shuài shénme!
1급	认识	rènshi	你能认识到自己的错误就行了，记住以后不能再犯了。/ 我会注意的。	Nǐ néng rènshidào zìjǐ de cuòwù jiù xíng le, jìzhù yǐhòu bùnéng zài fàn le. / Wǒ huì zhùyì de.
2급	意思	yìsi	这个送给您，是我的小意思，请收下吧! / 这哪行啊。	Zhège sòng gěi nín, shì wǒ de xiǎoyìsi, qǐng shōuxià ba! / Zhè nǎ xíng a.
3급	热情	rèqíng	今天我们这么热情助威，有没有感动啊? / 当然，多亏你们我们才能赢。	Jīntiān wǒmen zhème rèqíng zhùwēi, yǒuméiyǒu gǎndòng a? / Dāngrán, duōkuī nǐmen wǒmen cáinéng yíng.

Chinese is not knowledge. It's a language!

Unit	예문	품사	뜻	한자/독음
Unit 1	너 지금도 네 여자친구랑 잘 지내? / 나 걔랑 헤어진 지 좀 됐어.	양	[시간·공간의 일정한 구간을 세는 단위]	段 단
Unit 2	너 원래 항상 늦지 않았냐? 오늘은 웬일로 이렇게 일찍 왔어? / 오늘 드디어 알람 소리를 들었거든.	부	늘(항상, 언제나)	經常 경상
Unit 3	나 대신 리우 선생님께 안부 좀 전해줘. / 그래, 물론이지!	동	(누구의) 안부를 묻다(문안을 드리다)	問 문
Unit 4	그 막(필름)을 제거하시면, 바로 쓰실 수 있습니다.	양	[떼어내거나 지울 수 있는 물건을 세는 단위] 겹·막	層 층
Unit 4	호텔의 CCTV를 누군가 건드려, 당일 녹화 내용이 모두 삭제됐습니다.	동	(녹음·영상 등을) 지우다(삭제하다)	洗 세
Unit 5	나 시험에 떨어졌어, 난 안 될 것 같아, 시험 안 볼래. / 이번에 몇 점밖에 차이 안 났잖아, 다음에는 꼭 붙을 거야.	동	('안타깝게 느끼다'·'좋다고 느끼다' 이럴 때의, 어떠하게) 느끼다	覺得 각득
Unit 5	오빠, 나 불렀어? / 사랑하는 동생아, 문 좀 닫아 주지 않으련?	동	(문·창문·서랍 등을) 닫다	關 관
중국어탈피	야, 제초기(예초기)도 없는데 제초를 어떻게 해. / 네 생각은?	명	풀(곡물·채소·수목을 제외한 초본 식물의 총칭)	草 초
Unit 6	이 누런 옷이 도대체 어디가 예쁜 거야? 넌 왜 맨날 이걸 입는 거야?	형	(무엇이) 노랗다(누렇다)	黃 황
Unit 7	형, 형이 내 벨트 가져갔지? / 형제끼리 네꺼 내꺼가 어딨냐?	명	('허리띠·가죽 벨트' 이럴 때의) 벨트	帶 대
Unit 8	다 입었어? / 뭐가 그렇게 급해, 웨딩드레스 입기가 그렇게 쉬운 줄 아니?	형	[무엇이 완성 또는 도달됨을 나타냄]	好 호
Unit 8	전부 얼마죠? / TV, 컴퓨터, 에어컨 다 합쳐서 3만 위안입니다, 카드 결제하실 건가요?	부	(총합을 나타내어) 전부(모두, 총)	一共 일공
Unit 9	얘들아, 우리 농구 하자, 다 빨리 나와. / 안 할래, 피곤해.	표현	(누가) 농구를 하다	打籃球 타람구
Unit 10	재미있지? / 재미없어, 다른 채널 보자.	명	(무엇에 대한) 흥미(재미)	意思 의사

64 | 중국어탈피

3급	段	duàn	你跟你女朋友还好吗？/ 我跟她分手已经有段时间了。	Nǐ gēn nǐ nǚpéngyou hái hǎo ma? / Wǒ gēn tā fēnshǒu yǐjīng yǒu duàn shíjiān le.
3급	经常	jīngcháng	你不是经常迟到吗？怎么今天这么早就来了啊？/ 今天终于听到闹钟声了。	Nǐ búshì jīngcháng chídào ma? Zěnme jīntiān zhème zǎojiù lái le a? / Jīntiān zhōngyú tīng dào nàozhōngshēng le.
2급	问	wèn	帮我向刘老师问好吧。/ 好的，没问题。	Bāng wǒ xiàng Liú lǎoshī wènhǎo ba. / Hǎo de, méi wèntí.
3급	层	céng	你把那层薄膜揭了，就可以用了。	Nǐ bǎ nàcéng bómó jiē le, jiù kěyǐ yòng le.
2급	洗	xǐ	饭店的CCTV被动了手脚，当天的录影都被洗了。	Fàndiàn de CCTV bèi dòng le shǒujiǎo, dāngtiān de lùyǐng dōu bèi xǐ le.
2급	觉得	juéde	我落榜了，我觉得我不行，不考了。/ 这次就差那么几分，下次一定行的。	Wǒ luòbǎng le, wǒ juéde wǒ bùxíng, bù kǎo le. / Zhècì jiù chà nàme jǐ fēn, xiàcì yídìng xíng de.
3급	关	guān	哥，叫我了吗？/ 亲爱的妹妹，把门关一下好吗？	Gē, jiào wǒ le ma? / Qīn'àide mèimei, bǎmén guān yíxià hǎo ma?
3급	草	cǎo	喂，没有除草机怎么除草啊？/ 你说呢？	Wèi, méiyǒu chúcǎojī zěnme chúcǎo a? / Nǐ shuō ne?
3급	黄	huáng	这黄色衣服到底哪里好看？你怎么天天穿它呀？	Zhè huángsè yīfu dàodǐ nǎlǐ hǎokàn? Nǐ zěnme tiāntiān chuān tā ya?
3급	带	dài	哥，是你拿了我的腰带吗？/ 兄弟之间分什么你我？	Gē, shì nǐ nále wǒ de yāodài ma? / Xiōngdì zhījiān fēn shénme nǐ wǒ?
1급	好	hǎo	穿好了吗？/ 急什么，你以为穿婚纱那么容易呀？	Chuānhǎo le ma? / Jí shénme, nǐ yǐwéi chuān hūnshā nàme róngyì ya?
3급	一共	yígòng	一共多少钱？/ 电视、电脑、空调加在一起一共3万块，刷卡吗？	Yígòng duōshaoqián? / Diànshì, diànnǎo, kōngtiáo jiā zài yìqǐ yígòng 3 wàn kuài, shuākǎ ma?
2급	打篮球	dǎlánqiú	兄弟们，打篮球了，赶紧出来。/ 不打了，累。	Xiōngdìmen, dǎ lánqiú le, gǎnjǐn chūlái. / Bùdǎ le, lèi.
2급	意思	yìsi	有意思吧？/ 没意思，看别的台吧。	Yǒuyìsi ba? / Méiyìsi, kàn biéde tái ba.

Chinese is not knowledge. It's a language!

	예문	품사	뜻	한자/병음
Unit 1	여기서 제가 제일 어려요. / 그렇게 보여.	형	(상대적으로 나이가) 어리다	小 소
Unit 2	너 이 게임 해본 적 있어? / 내가 나 게임 안 한다고 말하지 않았나?	조	(무엇을) 한 적이 있다(해본 적이 있다)	過 과
Unit 3	이번 노래 경연에서 그녀의 순서가 비교적 앞쪽이라, 그녀가 많이 긴장할 거 같습니다.	명	(순서의) 앞부분(먼저 부분)	前面 전면
Unit 3	나 우산 안 갖고 왔는데, 어떡하지? / 나도야, 지하철역까지 뛰어가자.	명	우산	傘 산
Unit 4	그래, 그럼 앞으로는 네 성적 가지고 뭐라고 안 할게, 뭐라고 할수록 성적이 더 떨어지네.	형	(성적·결과 등이) 나쁘다(표준에 못 미치다)	差 차
Unit 5	합격 통지 발표됐어? / 아직, 설마 합격 취소된 건 아니겠지?	동	(시험·면접 등의 결과를) 발표하다	下 하
Unit 5	네 남자친구 이름이 뭐였더라? / 나 벌써 다섯 번째 대답하는 거야, 아직도 기억 못 하는 거야?	동	(무엇·누구를 무엇이라) 부르다·불리다	叫 규
Unit 6	다 썼다! 지금 너한테 보내줄게. / 그래, 너 드디어 다 썼구나.	부	마침내(결국, 드디어)	終於 종어
Unit 6	날이 왜 이렇게 흐려? / 큰비가 올 것 같네.	동	[동사 뒤에서, 인상·의견을 나타냄]	起來 기래
Unit 7	이거 다 무료로 주는 거야, 빨리 챙겨.	부	(음식·물건 등을) 공짜로(무료로)	白 백
Unit 8	집에 자식은 너 하나뿐이야? / 아니, 나 남동생 하나 있어.	명	[가족] 남동생	弟弟 제제
Unit 8	장난 좀 그만 쳐, 시간 없어. / 너도 장난치고 있잖아.	명	시간	時間 시간
Unit 9	네 가방 왜 이렇게 무거워? 힘들어 죽겠다. / 하하, 그래서 내가 들겠다고 했잖아.	동	[구체적인 동사를 대신하여 사용]	來 래
Unit 10	숙제 다 했니? / 지금 하고 있잖아.	조	[서술문 끝에서 동작·상황의 진행을 나타냄]	呢 니

①급	小	xiǎo	在这里我最小。/ 看得出来。	Zài zhèlǐ wǒ zuì xiǎo. / Kàndechūlái.
②급	过	guo	你玩过这个游戏吗？/ 我不是说过我不玩游戏吗？	Nǐ wánguo zhège yóuxì ma? / Wǒ búshì shuōguo wǒ bùwán yóuxì ma?
①급	前面	qiánmiàn	这次歌唱比赛她的顺序比较靠前面，我想她应该蛮紧张的。	Zhècì gēchàng bǐsài tā de shùnxù bǐjiào kào qiánmiàn, wǒ xiǎng tā yīnggāi mán jǐnzhāng de.
③급	伞	sǎn	我没带伞，怎么办？/ 我也一样，我们跑到地铁站吧。	Wǒ méi dài sǎn, zěnmebàn? / Wǒ yě yíyàng, wǒmen pǎodào dìtiězhàn ba.
③급	差	chà	行，那我以后不说你成绩了，越说越差。	Xíng, nà wǒ yǐhòu bùshuō nǐ chéngjì le, yuèshuōyuèchà.
①급	下	xià	录取通知下来没？/ 还没呢，不会变卦了吧？	Lùqǔ tōngzhī xiàlái méi? / Hái méi ne, búhuì biànguà le ba?
①급	叫	jiào	你男朋友叫什么来着？/ 我都说了五遍了，还没记住呀？	Nǐ nánpéngyou jiào shénme láizhe? / Wǒ dōu shuō le wǔbiàn le, háiméi jìzhù ya?
③급	终于	zhōngyú	写完了！我现在发给你啊。/ 嗯，你终于写完了呀。	Xiěwán le! Wǒ xiànzài fā gěi nǐ a. / Ǹg, nǐ zhōngyú xiěwán le ya.
③급	起来	qǐlai	天怎么这么黑啊？/ 看起来要下大雨了。	Tiān zěnme zhème hēi a? / Kànqǐlai yào xià dàyǔ le.
②급	白	bái	这都是白送的，赶紧拿着呀。	Zhè dōu shì bái sòng de, gǎnjǐn názhe ya.
②급	弟弟	dìdi	家里就你一个孩子吗？/ 不是，我有个弟弟。	Jiālǐ jiù nǐ yíge háizi ma? / Búshì, wǒ yǒuge dìdi.
②급	时间	shíjiān	你别闹了，快没时间了。/ 你不也在闹嘛。	Nǐ bié nào le, kuài méi shíjiān le. / Nǐ bù yě zài nào ma.
①급	来	lái	你这包怎么这么重？累死我了。/ 呵呵，我不是说过我来嘛。	Nǐ zhè bāo zěnme zhème zhòng? Lèi sǐ wǒ le. / Hēhē, wǒ búshì shuōguo wǒ lái ma.
①급	呢	ne	作业写完了吗？/ 我正在写呢。	Zuòyè xiěwán le ma? / Wǒ zhèngzài xiě ne.

Chinese is not knowledge. It's a language!

예문	뜻	한자/병음
집에 있으니까 진짜 할 게 없어서, 종일 자다가 TV나 보는 게 다야. / 그럼 시간 내서 우리 나가 놀자.	부 (무엇을) 하다가 (무엇을) 하다·(어떠)하다가 (어떠)하다	一會兒 일회아
매년 겨울방학과 여름방학마다 나는 꼬박 이틀 밤낮으로 기차를 타고 집에 돌아가곤 했지. / 너 고향이 어디인데?	동 (누가 차·비행기·기차 등에) 타다	坐 좌
회사에서 매일 크고 작은 미팅이 끊이질 않네, 귀찮아 죽겠어.	동 (모임·행사 등을) 열다(개최하다)	開 개
다음 주에 우리 같이 등산이나 갈까? / 난 등산이 제일 싫어, 갈 거면 너 혼자 가.	동 등산하다(산에 오르다)	爬山 파산
쟤 우쭐거리는 모습 좀 봐, 보기만 해도 짜증나. / 나도 그래.	동 (누가 일이 뜻대로 이루어져) 만족해하거나 뽐내다	得 득
밖에 미세먼지 엄청 심해, 마스크 쓰고 나가. / 마스크 쓰면 너무 답답해!	명 (실내가 아닌) 밖(바깥)	外 외
입원해서 치료를 받았더니 다리가 예전보다 많이 나았어. / 잘됐다! 빨리 돌아와서 우리랑 같이 수업 듣자!	명 (어떤) 과정(경과)	經過 경과
손님들 금방 오신대, 빨리 접시 좀 꺼내와. / 침착하세요, 접시는 이미 다 갖다 놓았어요.	명 (음식 등을 담는) 큰 접시	盤子 반자

❸	一会儿	yíhuìr	在家没事干，整天一会儿睡觉一会儿看电视的。/ 找时间我们出去走走。	Zàijiā méishì gàn, zhěngtiān yíhuìr shuìjiào yíhuìr kàn diànshì de. / Zhǎo shíjiān wǒmen chūqù zǒuzǒu.
❶	坐	zuò	每年寒暑假我都要坐两天两夜的火车回家。/ 你老家哪儿的?	Měinián hánshǔjià wǒ dōu yào zuò liǎngtiānliǎngyè de huǒchē huíjiā. / Nǐ lǎojiā nǎr de?
❶	开	kāi	公司每天大大小小的会议开不完，烦死了。	Gōngsī měitiān dàdàxiǎoxiǎo de huìyì kāibuwán, fán sǐ le.
❸	爬山	páshān	下周我们一起去爬山怎么样? / 我最讨厌爬山，要去自己去。	Xiàzhōu wǒmen yìqǐ qù páshān zěnmeyàng? / Wǒ zuì tǎoyàn páshān, yào qù zìjǐ qù.
❷	得	dé	瞧她得意的样儿，看着就烦。/ 我也是。	Qiáo tā déyì de yàngr, kànzhe jiù fán. / Wǒ yě shì.
❷	外	wài	外面雾霾特厉害，把口罩带上。/ 戴口罩太闷啦。	Wàimiàn wùmái tè lìhai, bǎ kǒuzhào dàishàng. / Dài kǒuzhào tài mēn la.
❸	经过	jīngguò	经过住院治疗，我的腿比以前好多了。/ 太棒了! 快回来跟我们上课吧!	Jīngguò zhùyuàn zhìliáo, wǒ de tuǐ bǐ yǐqián hǎoduōle. / Tàibàngle! Kuài huílái gēn wǒmen shàngkè ba!
❸	盘子	pánzi	客人马上就要来了，快把盘子拿出来。/ 别急，盘子已经放好了。	Kèrén mǎshàng jiùyào lái le, kuài bǎ pánzi náchūlái. / Bié jí, pánzi yǐjīng fànghǎo le.

UNIT 4

今天不走, 明天要跑。

예문	뜻	한자
쟤네 집에 차가 5대 있는데, 그중 3대가 쟤 거래. / 헐 대박, 쟤가 그렇게 부자야?	양 [차량을 세는 단위] (몇) 대	輛 량
너 너무 느닷없이 왔어! / 뭐? 쟤가 나 온다고 말 안 했어?	형 (어떤 상황이) 갑작스럽다(난데없다, 느닷없다)	突然 돌연
대전 가는 표 다 매진이래. / 뭐? 아 안 돼, 너 빨리 다른 방법 좀 생각해 봐.	동 (어떤 일에 대한 방법·해결책 등을) 생각하다	想 상
말해봐, 나 10년 안에 고급 차 한 대 뽑을 수 있을까? / 꿈 깨셔!	형 (품질·수준·정도 등이) 높다(좋다)	高 고
니 잘렸어. / 왜? 무슨 잘못이라도 했어?	전 ('잘리다·지적당하다' 이럴 때의, 누구)에게 당하다	被 피
샤오자오는 뭐 하려고 그렇게 돈을 아끼는 거야? / 돈을 아껴서 아이한테 피아노를 사주려고 그러더라.	전 (누가 무엇을) 하도록하다(시키다)	給 급
그 꽃병 샤오용이 깼어. / 그거 교장 선생님이 제일 아끼는 꽃병 아니야?	전 (누구·무엇에) 의해서 (무엇이 어떻게) 되다	讓 양
담배 피우지 마, 흡연은 네 주변 사람들의 건강에도 영향을 미치잖아. / 나도 아는데, 끊을 수가 없어.	명 건강	健康 건강
창문은 남쪽을 향하는 게 좋아 아니면 동쪽을 향하는 게 좋아? / 음, 난 이런 건 잘 몰라.	동 ('남쪽·오른쪽을 향해 서 있다' 이럴 때의, 어느 방향)을 향하다	向 향
나 어렸을 때 캐나다에서 살았어, 7~8년 정도 살았지. / 근데 영어를 왜 그렇게 못 해?	전 ('캐나다에서 유학했어'·'교외에 살아' 이럴 때의) ~에(에서)	在 재

오늘 걷지 않으면 내일은 뛰어야 한다.

③	辆	liàng	听说他家有五辆车，其中三辆是他的。/ 哇塞，他那么有钱啊?	Tīngshuō tā jiā yǒu wǔliàngchē, qízhōng sānliàng shì tā de. / Wāsāi, tā nàme yǒu qián a?
③	突然	tūrán	你来得也太突然了! / 啊? 他没告诉你我要来吗?	Nǐ lái de yě tài tūrán le! / Á? Tā méi gàosu nǐ wǒ yào lái ma?
①	想	xiǎng	去大田的票全卖光了。/ 啊? 不行，你快想想别的办法。	Qù Dàtián de piào quán mài guāng le. / Á? Bùxíng, nǐ kuài xiǎngxiǎng biéde bànfǎ.
②	高	gāo	你说，我在十年内能不能买上高级轿车? / 做梦!	Nǐ shuō, wǒ zài shínián nèi néngbunéng mǎishàng gāojí jiàochē? / Zuòmèng!
③	被	bèi	我被炒鱿鱼啦。/ 咋的了? 做错什么了吗?	Wǒ bèi chǎoyóuyú la. / Zǎ de le? Zuò cuò shénme le ma?
②	给	gěi	小赵这么省钱干什么啊? / 她要省下钱来给孩子买钢琴。	Xiǎo Zhào zhème shěngqián gànshénme a? / Tā yào shěngxià qián lái gěi háizi mǎi gāngqín.
②	让	ràng	花瓶让小勇给摔碎了。/ 那不是校长最喜欢的花瓶吗?	Huāpíng ràng Xiǎo Yǒng gěi shuāi suì le. / Nà búshì xiàozhǎng zuì xǐhuan de huāpíng ma?
③	健康	jiànkāng	别抽烟，抽烟对你周围人的健康都有影响。/ 我知道，可我就是戒不了。	Bié chōuyān, chōuyān duì nǐ zhōuwéi rén de jiànkāng dōu yǒu yǐngxiǎng. / Wǒ zhīdào, kě wǒ jiùshì jièbuliǎo.
③	向	xiàng	窗户向南好还是向东好? / 呃，我对这方面不是很了解。	Chuānghu xiàng nán hǎo háishi xiàng dōng hǎo? / È, wǒ duì zhè fāngmiàn búshì hěn liǎojiě.
①	在	zài	我小时候住在加拿大，大概住了7,8年。/ 那你英语怎么这么烂?	Wǒ xiǎoshíhou zhùzài Jiānádà, dàgài zhù le 7, 8 nián. / Nà nǐ yīngyǔ zěnme zhème làn?

Chinese is not knowledge. It's a language!

Unit	예문	품사 / 뜻	한자 / 한국어
Unit 1	이번 운동회 구호가 뭐였더라? / '안전이 제일, 시합은 둘째'잖아.	수 [數] 2(둘)	二 이
Unit 2	다 고르셨으면 카운터로 가셔서 계산해주세요.	통 ('학교에 가다'·'어디로 가다'·'수요일에서 금요일까지' 이럴 때의) ~에(~로)·~까지	到 도
Unit 3	못 본 2년 동안, 라오웨이 많이 변했더라. / 왜, 살 더 쪘어?	명 (사람·환경·생각 등의) 변화	變化 변화
	적의 긴 칼이 그의 가슴을 꿰뚫자, 그는 그 자리에서 즉사했습니다. 직접 목도한 사람들의 슬픔과 분함은 이루 말할 수 없었습니다.	통 (양말 따위에 구멍이) 뚫리다·뚫다	穿 천
Unit 4	나는 그냥 걔가 오는 게 달갑지 않은 거야. / 알았어, 내가 바로 전화하면 되잖아.	통 (누가 무엇을 하는 것을) 좋아하다	高興 고흥
Unit 5	걔 떠났어. / 난 아직 작별 인사도 못 했는데!	통 (누가 어디로) 떠나다·(어디를) 떠나다	走 주
	선생님, 선생님 혹시 감기 걸리신 거 아니에요? 어서 집에 가서 쉬세요! / 왜? 너도 집에 일찍 가고 싶지? 어림없다!	통 (누가) 감기에 걸리다(들다)	感冒 감모
Unit 6	나 시간 내서 아랍어를 배우고 싶어. / 아랍어? 엄청 어렵다고 들었는데.	통 (모르는·새로운 것을) 배우다(공부하다)	學習 학습
	내가 너보다 세 살 많거든? / 진짜? 난 네가 나보다 어리다고 생각했는데.	형 (상대적으로 나이가) 많다(연상이다)	大 대
Unit 7	아침엔 다리가 네 개, 점심엔 다리가 두 개, 저녁에 다리가 세 개인 것은? / 사람!	수 [數] 4(넷)	四 사
Unit 8	이 회사의 우유에 문제가 생겼대, 앞으로는 절대 마시지 마.	양 [집·기업·점포 등을 세는 단위]	家 가
	월급 받은 지 얼마나 됐다고, 어떻게 한 번에 이렇게 많이 썼어? / 이번 달에 동료가 결혼했잖아.	통 (누가) 소비하다(돈을 쓰다)	花 화
Unit 9	난 딱 쟤한테만 말했는데, 어떻게 다들 알고 있는 거지? / 세상에 비밀이 어딨어.	부 ('하나뿐이야'·'너만 틀렸어' 이럴 때의) 오직(단지, 다만, ~뿐)	就 취
Unit 10	산에 뭐 마실 거 없나? 나 너무 힘들어. / 조금만 더 올라가면 우물이 하나 있으니까, 거기 가서 좀 쉬자.	양 [주둥이가 있는 물건을 세는 단위]	口 구

❶급	二	èr	这次运动会口号是什么来着? /"安全第一,比赛第二"嘛。	Zhècì yùndònghuì kǒuhào shì shénme láizhe? / "Ānquán dìyī, bǐsài dìèr" ma.
❷급	到	dào	选好了请到柜台付款。	Xuǎnhǎo le qǐng dào guìtái fùkuǎn.
❸급	变化	biàn-huà	两年没见, 老魏变化可大了。/ 怎么了, 又肥了一圈?	Liǎngnián méi jiàn, Lǎo Wèi biànhuà kě dà le. / Zěnmele, yòu féi le yìquān?
❷급	穿	chuān	敌人的长剑穿透了他的胸膛, 他当场就牺牲了, 亲眼目睹的人无不悲愤。	Dírén de cháng jiàn chuān tòu le tā de xiōngtáng, tā dāngchǎng jiù xīshēng le, qīnyǎn mùdǔ de rén wúbùbēifèn.
❶급	高兴	gāo-xìng	我就是不高兴她来。/ 行, 我这就打电话。	Wǒ jiùshì bù gāoxìng tā lái. / Xíng, wǒ zhè jiù dǎdiànhuà.
❷급	走	zǒu	她走了。/ 我还没跟她道别呢!	Tā zǒu le. / Wǒ háiméi gēn tā dàobié ne!
❸급	感冒	gǎn-mào	老师, 您是不是感冒了? 快回家休息吧。/ 怎么, 你也想早点回家啊? 没门儿!	Lǎoshī, nín shìbushì gǎnmào le? Kuài huíjiā xiūxi ba. / Zěnme, nǐ yě xiǎng zǎodiǎn huíjiā a? Méiménr!
❶급	学习	xuéxí	我想抽时间学习阿拉伯语。/ 阿拉伯语? 听说挺难的。	Wǒ xiǎng chōu shíjiān xuéxí Ālābó yǔ. / Ālābó yǔ? Tīngshuō tǐng nán de.
❶급	大	dà	我比你大三岁, 好不好! / 真的? 我以为你比我小呢。	Wǒ bǐ nǐ dà sān suì, hǎobuhǎo! / Zhēnde? Wǒ yǐwéi nǐ bǐ wǒ xiǎo ne.
❶급	四	sì	早上四条腿, 中午两条腿, 晚上三条腿的是什么? / 人!	Zǎoshang sìtiáo tuǐ, zhōngwǔ liǎngtiáo tuǐ, wǎnshang sāntiáo tuǐ de shì shénme? / Rén!
❶급	家	jiā	这家公司的牛奶出了问题, 以后不要再喝了。	Zhè jiā gōngsī de niúnǎi chū le wèntí, yǐhòu búyào zài hē le.
❸급	花	huā	你拿工资才多久, 怎么一下子就花了这么多? / 这个月不是有同事结婚吗。	Nǐ ná gōngzī cái duōjiǔ, zěnme yíxiàzi jiù huā le zhème duō? / Zhègeyuè búshì yǒu tóngshì jiéhūn ma.
❷급	就	jiù	我就告诉了他一个人, 怎么全都知道了? / 世界上哪有秘密啊。	Wǒ jiù gàosu le tā yígerén, zěnme quándōu zhīdào le? / Shìjièshàng nǎ yǒu mìmì a.
❸급	口	kǒu	山上有什么喝的吗? 我太累了。/ 再走一会儿就有一口井, 去那边休息吧。	Shānshàng yǒushénme hēde ma? Wǒ tài lèi le. / Zài zǒu Yíhuìr jiù yǒu yìkǒujǐng, qù nàbiān xiūxi ba.

Chinese is not knowledge. It's a language!

Unit	예문	품사/뜻	한자/병음
Unit 1	나는 밥 먹었어. / 아! 나 그럼 혼자 밥 먹으러 간다?	조 [문장의 끝에서 이미 변화한·새로 출현한 상황을 나타냄]	了 료
Unit 2	여보세요? 나 지금 엘리베이터에 갇혀있는데, 한 시간 뒤에나 나갈 수 있대. / 근데 너 왜 이렇게 침착해?	명 엘리베이터	電梯 전제
Unit 3	네가 쓴 그 글 길어? 너무 길면 못 도와줘. / 안 길어, 500자밖에 안 돼.	형 (길·시간·물건 등 무엇이) 길다	長 장
Unit 4	걔 오늘 오전만 해도 다섯 번이나 왔어, 나가서 좀 만나줘라. / 나 안 나갈 거야.	양 ('여러 번·10회' 이럴 때의) 번(회)	次 차
Unit 4	이번 사건에 대해 하실 말씀 있으십니까? / 성실하게 조사를 해서, 범인을 찾아내겠습니다.	전 ('경제에 관한 이야기' 이럴 때의, 무엇·누구)에 관해(관한)	關於 관어
Unit 5	네가 걔한테 말해, 우리 5분만 더 기다리고, 그 뒤에도 걔가 안 오면 우리 갈 거라고.	접 ('철수에게 말하다' 이럴 때의, 누구) 에게(한테)	跟 근
Unit 5	조상의 지혜는 절대로 잃어버려서는 안 됩니다, 계승해야 합니다.	명 조상(선조)	先 선
수능어탈피	어디야? 빨리 나 데리러 와. / 알았어, 바로 갈게.	부 ('곧 시작해'·'바로 와' 이럴 때의) 곧(바로, 즉시)	馬上 마상
Unit 6	내가 널 얼마나 좋아하는지 알아? / 내가 그걸 어떻게 모르겠어.	부 ('얼마나 좋아?·얼마나 맛있니?' 이럴 때의) 얼마나	多麼 다마
Unit 7	올해만 따져도, 얘가 또 명품 백을 몇 개씩이나 사지 않았니? / 엄마, 상관 마세요.	전 [근거하는 도구·자료·방법 등을 이끌어냄] (무엇)을 가지고서	拿 나
Unit 8	너 쓰촨에 가서 뭐 할 거야? / 난 훠궈도 먹고, 판다도 볼 거야.	명 [동물] 판다	熊貓 웅묘
Unit 8	맨날 누워만 있지 좀 마, 이러는 거 몸에 안 좋아. / 나 오전 내내 운동하고, 지금 겨우 누운 거라고 제발 좀.	동 (누가 건강 등을 위해) 운동을 하다	運動 운동
Unit 9	문 잘 잠갔어? / 큰일 났다, 나 기억이 안 나.	명 문(door)	門 문
Unit 10	우리 형 베이징대학에 붙었다? / 대단하신데? 너도 열심히 해야겠네!	명 [가족] 형(오빠)	哥哥 가가

①급	了	le	我吃了饭了。/ 哦, 那我自己去吃了啊?	Wǒ chī le fàn le. / Ò, nà wǒ zìjǐ qù chī le a?
③급	电梯	diàntī	喂, 我现在被关在电梯里, 一个小时后才能出去。/ 那你怎么还这么冷静?	Wéi, wǒ xiànzài bèi guānzài diàntī lǐ, yíge xiǎoshí hòu cáinéng chūqù. / Nà nǐ zěnme hái zhème lěngjìng?
②급	长	cháng	你那个文章长吗? 太长了就帮不了你了。/ 不长, 就五百个字。	Nǐ nàge wénzhāng cháng ma? Tài cháng le jiù bāngbuliǎo nǐ le. / Bùcháng, jiù wǔbǎigezì.
②급	次	cì	他这一上午就来了五次, 你就出去见见呗。/ 我就不。	Tā zhè yíshàngwǔ jiù lái le wǔcì, nǐ jiù chūqù jiànjiàn bei. / Wǒ jiù bù.
③급	关于	guānyú	关于本次的案件有什么话要说吗? / 我会好好调查, 把犯人揪出来。	Guānyú běncì de ànjiàn yǒushénme huà yào shuō ma? / Wǒ huì hǎohǎo diàochá, bǎ fànrén jiūchūlái.
③급	跟	gēn	你跟他说, 我们再等五分钟, 他再不来我们就走了。	Nǐ gēn tā shuō, wǒmen zài děng wǔfēnzhōng, tā zàibùlái wǒmen jiù zǒu le.
③급	先	xiān	祖先的智慧绝不能丢, 要传承下去。	Zǔxiān de zhìhuì jué bùnéng diū, yào chuánchéng xiàqù.
③급	马上	mǎshàng	在哪里? 快来接我。/ 好的, 我马上过去。	Zài nǎlǐ? Kuài lái jiē wǒ. / Hǎo de, wǒ mǎshàng guòqù.
③급	多么	duōme	你知道我有多么爱你吗? / 我怎么会不知道呢。	Nǐ zhīdào wǒ yǒu duōme ài nǐ ma? / Wǒ zěnme huì bùzhīdào ne.
③급	拿	ná	就拿今年来说吧, 她是不是又买了好几个名牌包? / 妈, 你就别管了。	Jiù ná jīnnián lái shuō ba, tā shìbushì yòu mǎi le hǎojǐge míngpáibāo? / Mā, nǐ jiù bié guǎn le.
③급	熊猫	xióngmāo	你去四川干什么? / 我去吃火锅, 还看熊猫。	Nǐ qù Sìchuān gànshénme? / Wǒ qù chī Huǒguō, hái kàn xióngmāo.
②급	运动	yùndòng	别老躺着, 这样对身体不好。/ 我运动了一上午, 现在才躺下来, 好不好。	Bié lǎo tǎngzhe, zhèyàng duì shēntǐ bù hǎo. / Wǒ yùndòng le yíshàngwǔ, xiànzài cái tǎngxiàlái, hǎobuhǎo.
②급	门	mén	门关好了没有? / 完了, 我想不起来。	Mén guānhǎo le méiyǒu? / Wánle, wǒ xiǎngbuqǐlái.
②급	哥哥	gēge	我哥哥考上北大了。/ 这么牛! 你也得努力啊!	Wǒ gēge kǎoshàng Běidà le. / Zhème niú! Nǐ yě děi nǔlì a!

Chinese is not knowledge. It's a language!

Unit 1	이거 봐, 나뭇잎이 푸르러지고 있어, 곧 봄이 오겠다. / 그렇지, 벌써 3월인데.	형 (잎·산·물·새싹 등이) 푸르다	綠 록
Unit 2	나는 '교양이 없으면 무섭다(무식하면 용감하다)'라는 말을 할 수밖에 없네요.	명 (일반적인) 지식·교양·소양	文化 문화
Unit 3	이 사고는 쌍방 과실입니다.	형 ('양쪽 눈'·'쌍방'·'두 다리' 이럴 때의) 양쪽의·쌍의·두 개의	雙 쌍
Unit 4	저희 회사를 방문하신 귀빈들께 편의를 제공하기 위해서, 모든 분들께 개인 휴게실을 준비했습니다.	명 ('편의를 제공하다'·'편리한 것' 이럴 때의) 편의	方便 방편
	사용한 물건은 제자리에 갖다 놓으세요.	동 [동사 뒤에서 사람·사물 등이 원래 있던 자리로 돌아감을 나타냄]	回 회
Unit 5	천천히들 말씀 나누세요, 전 가서 음식을 내올게요.	동 (상에 밥·음식을) 내놓다	上 상
	몇 시인데 아직도 게임을 하는 거야, 얼른 자! / 내일 학교도 안 가는데 조금만 더 놀게 해주세요.	명 (각종) 게임(놀이)	遊戲 유희
Unit 6	봐라 호텔이 그래도 여관보다 좋지, 비싼 데는 비싼 이유가 있는 거야.	명 (시설이 좋고 큰) 호텔	賓館 빈관
	너희 집 반려동물 있어? / 있지, 우리 집에는 개 두 마리, 고양이 한 마리가 있어.	양 [동물을 세는 단위] 마리	只 지
Unit 7	어디가 불편하세요? 제가 볼 수 있도록 입을 좀 벌려주시겠어요?	명 (사람이나 동물의) 입·부리·주둥이	嘴 취
Unit 8	누가 다리로 날 찼어. / 죄송합니다, 제가 부주의했어요.	명 [신체] 다리	腿 퇴
	그분은 날마다 집안일도 해야 하고 노인도 보살펴야 해서, 많이 힘이 드시죠.	전 [还·也·只와 함께 쓰여] (누구·무엇) 외에도	除了 제료
Unit 9	우리 총 8명이니까, 2명씩 한 조를 하면 딱 맞겠다.	수 [數] 8(여덟)	八 팔
Unit 10	한국은 11월에 수능인데, 중국은 언제예요? / 중국은 6월에 수능을 봐요.	명 ('1월·2월' 이럴 때의) (몇) 월	月 월

	汉字	拼音	例句	Pinyin
③급	绿	lǜ	你看看，树叶开始变绿了，快到春天了。/ 是啊，都三月了。	Nǐ kànkan, shùyè kāishǐ biàn lǜle, kuài dào chūntiānle. / Shì a, dōu sānyuè le.
③급	文化	wénhuà	我只能说没文化，真可怕。	Wǒ zhǐnéng shuō méi wénhuà, zhēn kěpà.
③급	双	shuāng	这起事故双方都有错。	Zhèqǐshìgù shuāngfāng dōu yǒu cuò.
③급	方便	fāngbiàn	为了给来访的贵宾提供方便，我们给每位客人准备了个人休息室。	Wèile gěi láifǎng de guìbīn tígōng fāngbiàn, wǒmen gěi měiwèi kèrén zhǔnbèi le gèrén xiūxishì.
①급	回	huí	请把用过的东西放回原位。	Qǐng bǎ yòngguo de dōngxi fànghuí yuánwèi.
①급	上	shàng	你们慢慢聊哈，我这就上菜。	Nǐmen mànman liáo ha, wǒ zhè jiù shàng cài.
③급	游戏	yóuxì	都几点了还在玩游戏啊，快睡觉！/ 明天不上学，让我多玩会儿吧。	Dōu jǐdiǎn le hái zài wán yóuxì a, kuài shuìjiào! / Míngtiān búshàngxué, ràng wǒ duō wán huìr ba.
②급	宾馆	bīnguǎn	你看宾馆就是比旅馆好啊，贵有贵的好处。	Nǐ kàn bīnguǎn jiùshì bǐ lǚguǎn hǎo a, guì yǒu guì de hǎochù.
③급	只	zhī	你家有宠物吗？/ 有啊，我家有两只狗，一只猫。	Nǐ jiā yǒu chǒngwù ma? / Yǒu a, wǒjiā yǒu liǎngzhīgǒu, yìzhīmāo.
③급	嘴	zuǐ	哪里不舒服？张嘴让我看一下。	Nǎlǐ bùshūfu? Zhāng zuǐ ràng wǒ kàn yíxià.
③급	腿	tuǐ	谁的腿踢着我了。/ 不好意思，我没注意到。	Shéi de tuǐ tīzháo wǒ le. / Bùhǎoyìsi, wǒ méi zhùyì dào.
③급	除了	chúle	她每天除了做家务还要照顾老人，很辛苦。	Tā měitiān chúle zuò jiāwù háiyào zhàogù lǎorén, hěnxīnkǔ.
①급	八	bā	咱们一共八个人，正好两人一组。	Zánmen yígòng bāge rén, zhènghǎo liǎngrén yì zǔ.
①급	月	yuè	韩国十一月高考，中国呢？/ 中国是六月高考。	Hánguó shíyīyuè gāokǎo, Zhōngguó ne? / Zhōngguó shì liùyuè gāokǎo.

Chinese is not knowledge. It's a language!

Unit	예문	품사	뜻	한자
Unit 1	너 해외여행 때 택시 타본 적 있어? / 난 겁이 많아서, 도저히 못 타겠더라.	명	택시	出租車 출조차
Unit 2	버스도 끊겼는데, 어떡하지? / 괜찮아, 우리 집에서 하룻밤 지내면 돼.	동	(시간을) 보내다(지내다)	過 과
Unit 3	졸업까지 두 달 남았는데, 난 아직 졸업 논문을 시작도 못 했어.	전	('A는 B로부터 100m'·'집에서 가깝다'·'시험까지 일주일' 이럴 때의) ~부터·~에서·~까지	離 리
Unit 4	저희 가게 아이스크림은 어딜 가나 환영받아요! / 자신감이 넘치시네요! 제가 한번 먹어봐도 될까요?	대	('어딜 가나' 이럴 때의) 어디도·어디서나	哪兒 나아
Unit 4	너는 이미 다 컸어, 그러니 옳고 그름을 구별할 줄 알아야지.	형	(누군가의 말·의견·행동 등이) 맞다(틀림없다)	是 시
Unit 5	내가 쓰고 싶은 대로 쓰는 거니까, 넌 상관하지 마. / 응, 맘대로 해.	대	('쓰고 싶은 대로 써'·'해야 하는 대로 해' 이럴 때의) (무엇을) 하는 대로 (어떻게) 하다	怎麼 즘마
	저희가 선생님의 요구를 만족시켜 드렸기를 바랍니다. / 저는 충분히 만족했습니다, 감사합니다.	명	(누구에게 하는) 요구	要求 요구
	리신 남자친구 어쩜 그렇게 못생길 수가 있니? / 그래? 난 걔 꽤 귀여운 거 같던데.	형	(누구·무엇이) 귀엽다(사랑스럽다)	可愛 가애
Unit 6	내가 작년 설에 기차역에 갔는데, 진짜 인산인해더라고, 서 있을 자리도 없었어.	명	기차역	火車站 화차참
Unit 7	책 10권을 5명한테 나눠줬는데, 어떻게 한 권만 받은 사람이 있지? / 누가 한 권 더 가져간 거 같아요, 제가 가서 물어볼게요.	동	(일·토지·인원 등을) 분배하다(할당하다)	分 분
Unit 8	내가 너한테 필기 노트 빌려주면, 넌 나한테 뭐 해줄래? / 뽀뽀?	접	[가설을 나타내어] 만일(만약)	如果 여과
Unit 9	넌 한국에서 생활하는 거 어떤 것 같아? / 난 이미 한국 생활에 적응했어, 겁나 좋아.	동	(무엇이) 습관이 되다·(무엇에) 적응이 되다	習慣 습관
	왕강이 방금 해준 이야기는 진짜 감동적이었어. / 감동은 무슨, 재미 하나도 없었어!	명	('엄마가 이야기를 들려줬어' 이럴 때의) 이야기(고사)	故事 고사
Unit 10	양리한테 빨간색 목도리 하나 있지 않아? / 파란색 아니야?	양	[가늘고 긴 물건을 세는 단위]	條 조

❶급	出租车	chūzū-chē	你在国外旅游的时候坐过出租车吗？/ 我胆小，不敢坐。	Nǐ zài guówài lǚyóu de shíhou zuòguò chūzūchē ma? / Wǒ dǎnxiǎo, bùgǎn zuò.
❸급	过	guò	没有公车了，怎么办？/ 没事，在我这过一晚就行了。	Méiyǒu gōngchē le, zěnmebàn? / Méishì, zài wǒ zhè guò yìwǎn jiù xíng le.
❷급	离	lí	离毕业就剩两个月了，我毕业论文还没开始写呢。	Lí bìyè jiù shèng liǎngge yuè le, wǒ bìyè lùnwén háiméi kāishǐ xiě ne.
❶급	哪儿	nǎr	我们店的冰淇淋到哪儿都受欢迎。/ 这么有自信！我可以尝尝吗？	Wǒmen diàn de bīngqílín dào nǎr dōu shòuhuānyíng. / Zhème yǒu zìxìn! Wǒ kěyǐ chángchang ma?
❶급	是	shì	你已经大了，要懂得明辨是与非。	Nǐ yǐjīng dà le, yào dǒngde míng biàn shì yǔ fēi.
❶급	怎么	zěnme	我想怎么写就怎么写，不用你管。/ 嗯，随你便吧。	Wǒ xiǎng zěnme xiě jiù zěnme xiě, búyòng nǐ guǎn. / Ňg, suí nǐ biàn ba.
❸급	要求	yāoqiú	希望我们满足了您的要求。/ 我很满意，谢谢。	Xīwàng wǒmen mǎnzú le nín de yāoqiú. / Wǒ hěn mǎnyì, xièxie.
❸급	可爱	kě'ài	李欣男朋友怎么那么丑？/ 是吗？我觉得他挺可爱的。	Lǐ Xīn nánpéngyou zěnme nàme chǒu? / Shì ma? Wǒ juéde tā tǐng kě'ài de.
❷급	火车站	huǒchē-zhàn	我去年春节去火车站，真是人山人海，都没地方站了。	Wǒ qùnián Chūnjié qù huǒchēzhàn, zhēnshi rénshānrénhǎi, dōu méi dìfang zhàn le.
❸급	分	fēn	把十本书分给了五个人，怎么有人只拿到一本？/ 好像有人多拿了一本，我去问问吧。	Bǎ shíběnshū fēn gěi le wǔge rén, zěnme yǒurén zhǐ nádào yìběn? / Hǎoxiàng yǒurén duō ná le yìběn, wǒ qù wènwen ba.
❸급	如果	rúguǒ	如果我借你笔记，你怎么感谢我？/ 亲你一口？	Rúguǒ wǒ jiè nǐ bǐjì, nǐ zěnme gǎnxiè wǒ? / Qīn nǐ yīkǒu?
❸급	习惯	xíguàn	你觉得韩国生活怎么样？/ 我已经习惯韩国的生活了，挺好的。	Nǐ juéde Hánguó shēnghuó zěnmeyàng? / Wǒ yǐjīng xíguàn Hánguó de shēnghuó le, tǐnghǎode.
❸급	故事	gùshi	王刚刚才讲的故事好感人。/ 感人什么呀，好无聊！	Wáng Gāng gāngcái jiǎng de gùshi hǎo gǎnrén. / Gǎnrén shénme ya, hǎo wúliáo!
❸급	条	tiáo	杨丽不是有一条红色围巾吗。/ 不是蓝色吗？	Yáng Lì búshì yǒu yìtiáo hóngsè wéijīn ma. / Búshì lánsè ma?

Chinese is not knowledge. It's a language!

Unit	예문	품사	뜻	한자/발음
Unit 1	왕판은 걸핏하면 제멋대로 지껄이는데, 진심 걔 주둥이를 꿰매버리고 싶어.	동	[자주 하는 행위·동작을 나타내어] 걸핏하면 (무엇을) 하다	愛 애
Unit 2	이런 상황에선 근의 공식을 써야 해. / 근의 공식이 뭐였지?	전	('이러한 상황에서'·'친구의 도움 하에' 이럴 때의) ~에(에서)	在 재
Unit 3	샤오장 매점에 없던데, 도대체 어디 간 거야. / 찾을 필요 없어, 걔 방금 조금 있다 돌아온다고 전화 왔어.	동	(누구·무엇이 어디에) 없다(존재하지 않다)	沒有, 沒 몰유, 몰
Unit 4	너 안 잘 거야? / 안 잘 거야, 내가 애 돌보고 있을게, 애가 또 열이 날까 봐 걱정돼.	동	(누가 아픈 사람을) 돌보다	看 간
Unit 4	이따가 다시 말해, 나 화장실 갈 거야. / 나 5분만 기다린다.	부	('잠시 후에 다시 해' 이럴 때의) 또(다시)	再 재
Unit 5	야야, 꼬집지 마, 나 아파. / 너 아프라고 꼬집는 거야!	동	(누가) 아프다	疼 동
	내가 작년에 나무를 한 그루 심었어, 이름은 미미야. / 나무에 이름도 있어?	명	[식물] 나무	樹 수
Unit 6	대박, 우리가 안 지 벌써 10년이나 됐어. / 아직 10년 안 됐어, 9년 10개월 됐어.	동	(누가 어떤 사람을) 알다	認識 인식
	마카오의 관광사업은 매우 발달했어요. / 그게 바로 그 사람들의 주요 수입원이죠.	명	('관광업·관광자원' 이럴 때의) 관광(여행)	旅遊 려유
Unit 7	무슨 일 생겼어? / 쟤네 기숙사에서 뭐가 없어진 거 같던데?	동	(어떤 물건이) 없어지다(잃어버리다)	少 소
Unit 8	이게 뭐야? 나한테 줄 선물이야? / 아니, 우리 엄마 아빠한테 드릴 거야.	명	('생일선물·크리스마스 선물' 등의) 선물	禮物 례물
Unit 9	내 생일은 크리스마스이브야, 그래서 매번 남자친구가 얼렁뚱땅 지나갔어.	명	생일(태어난 날)	生日 생일
Unit 9	라오리, 컴퓨터 더 쓰실 거예요? / 아니요, 좀 꺼주세요.	동	(누가 무엇을) 원하다(필요하다)	要 요
Unit 10	너 충전기 있어? 나 핸드폰 배터리가 다 떨어졌어. / 너 그거 아이폰이지? 내꺼는 삼성 거야.	동	(누가 어떤 물건을) 가지고 있다(소유하고 있다)	有 유

80 | 중국어탈피

❶	爱	ài	王盼总是爱说三道四的，真想把她的嘴给缝上。	Wáng Pàn zǒngshì ài shuōsāndàosì de, zhēn xiǎng bǎ tā de zuǐ gěi féngshàng.
❶	在	zài	在这种情况下你应该用求根公式。/ 求根公式是什么来着？	Zài zhèzhǒng qíngkuàng xià nǐ yīnggāi yòng qiúgēngōngshì. / Qiúgēngōngshì shì shénme láizhe?
❶	没有, 没	méiyǒu, méi	小张没在小卖部，到底去哪了。/ 不用找了，她刚才来电话说一会儿回来。	Xiǎo Zhāng méi zài xiǎomàibù, dàodǐ qù nǎ le. / Búyòng zhǎo le, tā gāngcái lái diànhuà shuō yíhuìr huílái.
❶	看	kān	你不睡吗？/ 不了，我看着他，我怕他又发烧。	Nǐ búshuì ma? / Bùle, wǒ kān zhe tā, wǒ pà tā yòu fāshāo.
❷	再	zài	一会儿再说吧，我要上厕所。/ 我就等5分钟。	Yíhuìr zài shuō ba, wǒ yào shàngcèsuǒ. / Wǒ jiù děng 5 fēnzhōng.
❸	疼	téng	哎呀，别掐我，我疼。/ 掐你就是让你疼！	Āiyā, bié qiā wǒ, wǒ téng. / Qiā nǐ jiùshì ràng nǐ téng!
❸	树	shù	我去年种了一棵树，叫咪咪。/ 树还有名字？	Wǒ qùnián zhòng le yìkēshù, jiào Mīmī. / Shù háiyǒu míngzi?
❶	认识	rènshi	哇塞，我们都认识十年了！/ 还没到十年，是九年零十个月。	Wāsāi, wǒmen dōu rènshi shínián le! / Hái méi dào shí nián, shì jiǔnián líng shíge yuè.
❷	旅游	lǚyóu	澳门的旅游事业十分发达。/ 那可是他们的主要收入呢。	Àomén de lǚyóu shìyè shífēn fādá. / Nà kěshi tāmen de zhǔyào shōurù ne.
❶	少	shǎo	出什么事了？/ 她们宿舍好像少了东西。	Chū shénme shì le? / Tāmen sùshè hǎoxiàng shǎo le dōngxi.
❸	礼物	lǐwù	这是什么？给我的礼物？/ 不是，是给我爸妈的。	Zhèshì shénme? Gěi wǒ de lǐwù? / Búshì, shì gěi wǒ bàmā de.
❷	生日	shēngrì	我生日是圣诞夜，所以每次男朋友都混过去了。	Wǒ shēngrì shì Shèngdànyè, suǒyǐ měicì nánpéngyou dōu hùnguòqù le.
❷	要	yào	老李，你还要用电脑吗？/ 不了，帮我关了吧。	Lǎo Lǐ, nǐ háiyào yòng diànnǎo ma? / Bùle, bāng wǒ guān le ba.
❶	有	yǒu	你有充电器吗？我手机没电了。/ 你那是苹果手机吧？我这是三星的。	Nǐ yǒu chōngdiànqì ma? Wǒ shǒujī méi diàn le. / Nǐ nàshì Píngguǒ shǒujī ba? Wǒ zhèshì Sānxīng de.

Chinese is not knowledge. It's a language!

Unit	예문	품사·뜻	한자·병음
Unit 1	네가 인터넷으로 검색해 봐, 어떤 수속을 밟아야 하는지.	동 인터넷을 하다	上網 상망
Unit 2	실례지만 혹시 여기서 원화를 달러로 바꿀 수 있나요? / 3번 창구로 가세요, 그쪽에서 가능합니다.	동 (외국 돈으로) 환전하다	換 환
Unit 3	나 배고파 죽을 것 같아, 우리 가서 뭐 좀 먹자. / 네가 쏘는 거냐?	형 (누가 음식을 먹지 못해) 배고프다(허기지다)	餓 아
Unit 4	땅콩 얼마나 드릴까요? / 30위안어치 주세요, 많아도 다 못 먹어요.	수 [數] 3(셋)	三 삼
Unit 4	나 정말 정말 정말 너 좋아해! / 난 너 안 좋아해.	부 ('매우 맘에 들어'·'아주 좋아' 이럴 때의) 매우(아주, 정말)	特別 특별
Unit 5	이 택배는 몇 개의 도시를 거쳐 오는 거야? / 여기 21개라고 쓰여 있네 뭐.	명 도시(city)	城市 성시
Unit 5	쟝링은 공짜를 너무 좋아해. / 그니까, 그런 애가 제일 싫어.	명 ('공짜를 좋아하다'·'이익을 탐내다' 이럴 때의) 공짜·작은 이익(이득)	便宜 편의
Unit 6	준비됐으면 뛰어내리세요! / 저 안 뛸래요, 그냥 내려갈래요.	동 (무엇을) 준비하다	準備 준비
Unit 6	내 주량? 한 잔밖에 안 돼, 너랑 비교하면 한참 못 미치지.	형 (무엇과 비교해 차이가) 크다	遠 원
Unit 7	이 신발 36사이즈 있나요? / 없습니다, 그게 마지막 한 켤레예요.	명 (옷·신발 등의) 사이즈	號 호
Unit 8	아니면 우리 비교해 보고 다시 결정하자. / 그래, 아직 시간이 조금 있으니까.	동 (A와 B를 서로) 비교하다	比較 비교
Unit 8	이거 봐, 어느 집단에 있든지 간에, 꼭 그렇게 조직의 결정을 따르지 않는 극소수의 몇몇 사람이 있다니까. / 그러니까, 짜증나 죽겠어.	부 ('극히 높다'·'극소수 사람들' 이럴 때의) 극히(매우, 대단히)	極 극
Unit 9	난 메이크업을 잘해, 그래서 영상을 찍어서 유튜브에 올려볼까 해.	동 (무얼 하는 것에 있어) 익숙하다(능숙하다)	會 회
Unit 10	장미를 사는 건 어때? / 요즘은 안개꽃이 유행이던데, 그냥 안개꽃 사자.	대 [의문문에서] 어때?(어때요?)	怎麼樣 즘마양

	汉字	拼音	例句	Pinyin
3급	上网	shàngwǎng	你上网查查，都需要办什么手续。	Nǐ shàngwǎng chácha, dōu xūyào bàn shénme shǒuxù.
3급	换	huàn	请问这里能用韩币换美金吗？/ 去3号窗口吧，那边可以。	Qǐngwèn zhèlǐ néng yòng Hánbì huàn Měijīn ma? / Qù 3 hào chuāngkǒu ba, nàbiān kěyǐ.
3급	饿	è	我都快饿死了，我们去吃点儿什么吧。/ 你请客？	Wǒ dōu kuài è sǐ le, wǒmen qù chīdiǎnr shénme ba. / Nǐ qǐngkè?
1급	三	sān	花生要多少？/ 三十块钱的吧，多了也吃不完。	Huāshēng yào duōshǎo? / Sānshí kuài qián de ba, duō le yě chībuwán.
3급	特别	tèbié	我特别特别特别喜欢你！/ 我不喜欢你。	Wǒ tèbié tèbié tèbié xǐhuan nǐ! / Wǒ bù xǐhuan nǐ.
3급	城市	chéngshì	这快递要经过几个城市啊？/ 这不写着21个嘛。	Zhè kuàidì yào jīngguò jǐgè chéngshì a? / Zhè bù xiězhe 21 gè ma.
2급	便宜	piányi	张玲可爱占小便宜了。/ 可不是，最烦她那种人。	Zhāng Líng kě ài zhàn xiǎo piányi le. / Kěbúshì, zuì fán tā nàzhǒngrén.
2급	准备	zhǔnbèi	准备好了就往下跳！/ 我不跳了，我要下去！	Zhǔnbèi hǎo le jiù wǎngxià tiào! / Wǒ bútiào le, wǒ yào xiàqù!
2급	远	yuǎn	我的酒量？就是一杯倒，跟你比差得远了。	Wǒ de jiǔliàng? Jiùshì yìbēidǎo, gēn nǐ bǐ chà de yuǎn le.
1급	号	hào	这双鞋有36号吗？/ 没有，那是最后一双了。	Zhèshuāngxié yǒu 36 hào ma? / Méiyǒu, nàshì zuìhòu yìshuāng le.
3급	比较	bǐjiào	要不咱们比较一下再做决定吧。/ 好啊，毕竟还有些时间。	Yàobù zánmen bǐjiào yíxià zài zuò juédìng ba. / Hǎo a, bìjìng háiyǒuxiē shíjiān.
3급	极	jí	你看看，不管在哪个集体，就有那么几个极少数的人不配合组织安排。/ 就是嘛，真烦。	Nǐ kànkan, bùguǎn zài nǎge jítǐ, jiù yǒu nàme jǐge jí shǎoshùde rén búpèihé zǔzhī ānpái. / Jiùshì ma, zhēn fán.
1급	会	huì	我很会化妆，所以打算拍拍视频上传到YouTube。	Wǒ hěn huì huàzhuāng, suǒyǐ dǎsuàn pāipāi shìpín shàngchuán dào YouTube.
1급	怎么样	zěnmeyàng	买玫瑰怎么样？/ 最近满天星比较流行，还是买满天星吧。	Mǎi méiguī zěnmeyàng? / Zuìjìn mǎntiānxīng bǐjiào liúxíng, háishi mǎi mǎntiānxīng ba.

Chinese is not knowledge. It's a language!

Unit	예문	품사	뜻	한자/병음
Unit 1	우리 집은 작으니까, 접을 수 있는 테이블로 사자. / 네가 하자는 대로 다 할게.	명	책상(테이블)	桌子 탁자
Unit 2	내가 보기에 너는 네 본분을 잊은 거야. / 내 본분이 뭔데? 네가 결정할 필요가 있나?	동	(할 일·살 것·가져올 것 등을) 잊다(소홀히 하다)	忘記 망기
Unit 3	나 네 노트 좀 빌릴 수 있을까? / 너 또 필기 안 했어?	명	(기록할 수 있는 각종) 노트(공책)·수첩	筆記本 필기본
Unit 4	아이고, 너 옷을 몇 겹을 입은 거냐. 그렇게 춥냐!	양	[중첩되거나 쌓여있는 것을 세는 단위] 층·겹·벌	層 층
Unit 4	내가 너한테 재밌는 얘기 들려줄게. / 난 됐어, 네가 재밌다고 하는 이야기는 하나도 재미없어.	동	(누가) 말하다(이야기하다)	講 강
Unit 5	나 왕복 3시간 걸려. / 진짜로? 아니면 우리 장소를 바꿀까?	명	('2시간·10시간' 이럴 때의) 시간	小時 소시
Unit 5	얘가 주먹을 한 번 날리자 큰 나무 한 그루가 두 동강이 났어! / 허튼소리 마, 어떻게 그럴 수 있어?	양	('나무 한 토막' 등 이럴 때의) 토막(조각)	段 단
Unit 6	말레이시아는 열대 기후라서, 비가 자주 오니까, 모두 비옷 꼭 챙겨와.	명	('온대·열대·녹지대·연해 일대' 이럴 때의) 지대(지역)	帶 대
Unit 6	자자자, 여러분, 좋은 소식이 있어요, 내일 시험입니다! / 난 죽었다.	명	(중간고사·기말고사·자격증 시험 등의) 시험	考試 고시
Unit 7	수업 준비할 때, 모든 건 '실제'로부터 출발해야 한다는 걸 잊지 마.	전	(무엇)에 의거하여(따라서)	從 종
Unit 8	아메리카노 맛있어? / 별로 맛없어, 나는 못 마시겠어.	명	('커피숍·커피 원두·아메리카노 커피' 이럴 때의) 커피	咖啡 가배
Unit 8	공장 쪽에 무슨 문제가 생긴 것 같습니다. / 앗, 진짜? 가서 무슨 상황인지 한 번 알아보고 와.	동	(어떤 상황 등을) 알아보다(조사하다)	了解 료해
Unit 9	다 쓴 사람은 먼저 집에 가렴. / 내가 보기엔 나 오늘 집에 못 갈 거 같아.	동	('다 보다·다 쓰다' 이럴 때의) 다하다(끝나다)	完 완
Unit 10	도와주셔서 정말 감사합니다. / 아니에요, 당연히 해야 하는 일인걸요.	조동사	마땅히 (무엇을) 해야 하다·반드시 (무엇을) 해야 하다	應該 응해

#	단어	병음	예문	병음
① 1급	桌子	zhuōzi	我们家小，咱们买个可以折叠的桌子吧。/ 都听你的。	Wǒmen jiā xiǎo, zánmen mǎige kěyǐ zhédié de zhuōzi ba. / Dōu tīng nǐ de.
③ 3급	忘记	wàngjì	我看你是忘记了你的本分。/ 我的本分是什么？用得着你来决定吗？	Wǒ kàn nǐ shì wàngjì le nǐ de běnfèn. / Wǒ de běnfèn shì shénme? Yòngdezháo nǐ lái juédìng ma?
③ 3급	笔记本	bǐjìběn	借我一下你的笔记本好吗？/ 你又没做笔记啊？	Jièwǒ yíxià nǐ de bǐjìběn hǎo ma? / Nǐ yòu méi zuò bǐjì a?
③ 3급	层	céng	哎哟，你都穿了几层衣服啊，有那么冷吗！	Āiyō, nǐ dōu chuān le jǐ céng yīfu a, yǒu nàme lěng ma!
③ 3급	讲	jiǎng	我给你讲个笑话。/ 我不要，你的笑话一点儿都不好笑。	Wǒ gěi nǐ jiǎng ge xiàohuà. / Wǒ búyào, nǐ de xiàohuà yìdiǎnr dōu bùhǎoxiào.
② 2급	小时	xiǎoshí	我来回要三个小时。/ 真的假的，要不咱们换个地方？	Wǒ láihuí yào sānge xiǎoshí. / Zhēndejiǎde, yàobù zánmen huànge dìfang?
③ 3급	段	duàn	他一拳就把一块大木头劈成两段了！/ 别扯了，怎么可能？	Tā yìquán jiù bǎ yíkuài dàmùtou pīchéng liǎngduàn le! / Bié chě le, zěnme kěnéng?
③ 3급	带	dài	马来西亚是热带气候，会经常下雨，大家千万要带好雨衣啊。	Mǎláixīyà shì rèdài qìhòu, huì jīngcháng xiàyǔ, dàjiā qiānwàn yào dài hǎo yǔyī a.
② 2급	考试	kǎoshì	来来来，同志们，有好消息，明天要考试啦！/ 我死定了。	Lái lái lái, tóngzhìmen, yǒu hǎo xiāoxi, míngtiān yào kǎoshì la! / Wǒ sǐ dìng le.
② 2급	从	cóng	备课的时候，千万别忘了一切从实际出发。	Bèikè de shíhou, qiānwàn bié wàng le yíqiè cóng shíjì chūfā.
② 2급	咖啡	kāfēi	美式咖啡好喝吗？/ 不太好喝，我喝不惯。	Měishì kāfēi hǎohē ma? / Bútài hǎohē, wǒ hēbúguàn.
③ 3급	了解	liǎojiě	工厂那边好像出事了！/ 啊，真的吗？你去了解一下是什么情况。	Gōngchǎng nàbiān hǎoxiàng chūshì le! / Á, zhēnde ma? Nǐ qù liǎojiě yíxià shì shénme qíngkuàng.
② 2급	完	wán	谁先写完谁先走。/ 我估计我今天回不去了。	Shéi xiān xiěwán shéi xiān zǒu. / Wǒ gūjì wǒ jīntiān huíbúqù le.
③ 3급	应该	yīnggāi	真的很感谢你的帮助。/ 没事，都是应该的。	Zhēnde hěn gǎnxiè nǐ de bāngzhù. / Méishì, dōu shì yīnggāi de.

Chinese is not knowledge. It's a language!

저 오전에 돈 보냈는데, 물건은 언제 보내주나요? / 오후에 발송합니다.	명 ('오전·오후' 이럴 때의) 오전	上午 상오
말 할 때는 근거가 있어야지, 넌 뭘 근거로 내 품행이 좋지 않다고 말하는 건데? / 네가 무슨 짓을 했는지는, 네가 속으로 더 잘 알 텐데.	명 ('사실적·과학적 근거' 이럴 때의) 근거	根據 근거
너 발 냄새 왜 이렇게 심해, 빨리 씻고 와! / 나 방금 씻은 거야.	명 [신체] 발	腳 각
대박, 100명이 넘는 사람이 참가 신청을 했어! / 정말 생각지도 못했어!	수 [數] 100(백)	百 백
샤오시, 얼른 휴대폰 꺼내! / 선생님, 저 다시는 휴대폰 가지고 놀지 않겠다고 약속할게요.	동 (누구·무엇을 안에서 밖으로) 꺼내다	出 출
문이 반 쯤 열려있어, 꽉 안 닫힌 것 같아. / 와, 네가 발견해서 다행이다.	부 ('문이 반쯤 열리다' 이럴 때의) 반쯤·불완전하게	半 반
너 글씨 좀 크게 쓰면 안 되겠니? 작아서 알아보지도 못하겠다. / 이러면? 충분하지?	조사 [결과·정도를 표시하는 보어를 연결하는 역할을 함]	得 득
질문 있는 학생 있나요? 없으면 수업 끝냅시다.	명 (궁금한 것 등에 대한) 질문	問題 문제

①급	上午	shàngwǔ	我上午汇款了，什么时候发货呀？/ 下午就发货。	Wǒ shàngwǔ huìkuǎn le, shénmeshíhou fāhuò ya? / Xiàwǔ jiù fāhuò.
③급	根据	gēnjù	讲话要有根据呀，你凭什么说我品行不好？/ 你干了什么，你心里清楚。	Jiǎnghuà yào yǒu gēnjù ya, nǐ píngshénme shuō wǒ pǐnxíng bùhǎo? / Nǐ gàn le shénme, nǐ xīnlǐ qīngchu.
③급	脚	jiǎo	你脚怎么这么臭啊，快去洗洗！/ 我刚洗的。	Nǐ jiǎo zěnme zhème chòu a, kuài qù xǐxǐ! / Wǒ gāng xǐ de.
②급	百	bǎi	哇塞，一百多个人申请参加！/ 真没想到！	Wāsāi, yìbǎi duō gè rén shēnqǐng cānjiā! / Zhēn méi xiǎngdào!
②급	出	chū	小希，快把手机拿出来！/ 老师，我发誓我再也不玩手机了。	Xiǎo Xī, kuài bǎ shǒujī náchūlái! / Lǎoshī, wǒ fāshì wǒ zàiyě bùwán shǒujī le.
③급	半	bàn	门好像半开着，没闭紧。/ 哇，幸亏你看到了。	Mén hǎoxiàng bàn kāizhe, méi bì jǐn. / Wā, xìngkuī nǐ kàndào le.
②급	得	de	你能不能把字写大一点，小得都看不清了。/ 这样呢？够大了吧？	Nǐ néngbunéng bǎ zì xiě dà yìdiǎn, xiǎo de dōu kànbuqīng le. / Zhèyàng ne? Gòu dà le ba?
②급	问题	wèntí	哪位同学还有问题？没有就下课了。	Nǎ wèi tóngxué háiyǒu wèntí? Méiyǒu jiù xiàkè le.

UNIT 5

当你梦想成真, 你也会成为别人的梦想。

예문	뜻	한자
나 좋은 기회를 하나 놓쳤어. / 괜찮아, 다음에 더 좋은 기회가 있을 거야.	동 (좋은 기회·차 등을) 놓치다	錯착
내가 너한테 리치 그렇게 많이 먹지 말랬지? 그거 봐라 배탈 났잖아.	동 (누구에게 무엇에 대해) 제 마음대로 하게 하다	叫규
이번에 난 부모님께 집을 한 채 사드렸어, 그리고 난, 예전 집에서 살아. / 와, 진짜 대단하다 너.	형 이전의(과거의)	舊구
오늘 시험이 있는데, 너 복습은 다 했어? / 뭐? 오늘 시험이야?	동 (배운 내용을) 복습하다	複習복습
만약 문제가 생긴다면, 당신은 어떻게 해결하실 건가요? / 음... 그게... 즉... 즉시 해결하겠습니다!	동 (좋지 않은 일·문제 등이) 발생하다(닥치다)	來래
이건 사적인 문제이기 때문에, 함부로 말하면 안 돼요.	접 왜냐하면(무엇이기 때문에) ~ 그래서(그러므로)	因爲… 所以…
이 선을 넘으면, 네가 지는 거야. / 그럼 시작하자.	동 (무엇을) 넘다(건너다)	越월
물가가 진짜 점점 오르네. / 맞아, 이 아이스크림 10년 전엔 1위안밖에 안 했었는데, 지금은 너무 비싸.	형 (물건·음식·서비스 등이) 비싸다	貴귀
10분 남았을 때 알람이 세 번 울릴 거예요. / 알았어요, 저 꼭 제시간에 일어날게요.	양 [단위] (몇) 차례(번)	下하
내가 운전할게! / 야아! 제발 하지 마, 너 어제 면허증 딴 거 아니야?	동 (차·버스·기차 등을) 운전하다	開개

당신이 꿈을 이루면 이젠 당신이 누군가의 꿈이 될 것이다.

2급	错	cuò	我错过了一次好机会。/ 没事儿，下次还会有更好的机会的。	Wǒ cuòguò le yícì hǎo jīhuì. / Méishìr, xiàcì hái huì yǒu gènghǎo de jīhuì de.
1급	叫	jiào	我叫你别吃那么多荔枝了，闹肚子了吧。	Wǒ jiào nǐ bié chī nàme duō lìzhī le, nào dùzi le ba.
3급	旧	jiù	这次我给爸妈买了新房子，我呢，就住在旧房子。/ 哇塞，真佩服你啊！	Zhècì wǒ gěi bà mā mǎi le xīn fángzi, wǒ ne, jiù zhù zài jiù fángzi. / Wāsāi, zhēn pèifú nǐ a!
3급	复习	fùxí	今天有考试，你复习好了吗？/ 什么？今天考试啊？	Jīntiān yǒu kǎoshì, nǐ fùxí hǎo le ma? / Shénme? Jīntiān kǎoshì a?
1급	来	lái	如果问题来了，你怎么解决？/ 呃，那个……及……及时解决！	Rúguǒ wèntí lái le, nǐ zěnme jiějué? / È, nàge… jí… jíshí jiějué!
2급	因为… 所以…	yīnwèi~ suǒyǐ~	因为这是私人问题，所以我不能随便说。	Yīnwèi zhèshì sīrén wèntí, suǒyǐ wǒ bùnéng suíbiàn shuō.
3급	越	yuè	你越过这条线，就算你输。/ 那开始吧。	Nǐ yuèguò zhètiáoxiàn, jiùsuàn nǐ shū. / Nà kāishǐ ba.
2급	贵	guì	物价真是越来越高了。/ 对啊，这个雪糕十年前才1块，现在老贵了。	Wùjià zhēnshi yuèláiyuè gāo le. / Duìa, zhège xuěgāo shínián qián cái 1 kuài, xiànzài lǎo guì le.
1급	下	xià	剩十分钟的时候闹钟会响三下。/ 好，我一定按时起床。	Shèng shí fēnzhōng de shíhou nàozhōng huì xiǎng sānxià. / Hǎo, wǒ yídìng ànshí qǐchuáng.
1급	开	kāi	我来开车！/ 哎！你可别，你不是昨天才拿的驾照吗？	Wǒ lái kāichē! / Āi! Nǐ kě bié, nǐ búshì zuótiān cái ná de jiàzhào ma?

Chinese is not knowledge. It's a language!

Unit 1	넌 언제 네 여자친구가 제일 좋아? / 데이트할 때 내 손 잡고 안 놓을 때.	동 ('손을 놓다'·'새를 놓아주다'·'석방하다' 이럴 때의) 놓아주다(풀어주다)	放 방
Unit 2	이 포장지는 너무 쉽게 찢어져요, 하나 바꾸게요. / 그래, 내가 가서 가져올게.	형 (무엇이 어떠하기) 일쑤다(쉽다)	容易 용이
Unit 3	인민폐 100위안이면 한국 돈으로 얼마지? / 내가 환율 알아볼 게.	양 [돈을 세는 단위] 위안(元)	塊 괴
Unit 4	실례지만 지하철역이 어디에 있나요? / 동쪽으로 300m 정도 가면 있어요.	명 (기차·버스·택시 등의) 정차역·정거장	站 참
Unit 4	나 쉴 거야, 그만 봐라. / 5분만 더 볼게.	동 (누가) 휴식하다(쉬다)	休息 휴식
Unit 5	여기 녹차 케이크 있어요? / 오늘은 다 팔렸어요, 내일 다시 오세요.	접미사 [这·那·哪 뒤에서 장소를 나타냄]	裏 리
Unit 5	국내선 타는데 무슨 여권이 필요해, 신분증만 있으면 돼! / 아 진짜? 나 비행기 타본 적 없잖아.	명 (해외여행에 필요한) 여권	護照 호조
Unit 6	새로운 공사가 곧 시작될 테니, 자재가 다 준비됐는지 확인해 보세요.	동 (새로운 일에) 착수하다	開始 개시
Unit 6	절대로 우리 엄마가 아시지 않게 조심해. / 알았어, 비밀 지켜줄게.	동 (무엇을) 수의하다(조심하다)	注意 주의
Unit 7	샤오리는 언제 온다니? 원래는 걔 얼굴이나 보고 가려고 했는데, 시간이 안 될 것 같네.	명 ('언제·적당한 때' 이럴 때의) 때(시기)·시각	時候 시후
Unit 8	너 오늘 어디서 잘 생각이야? / 너희 집에서.	동 (누가 어디에) 머무르다(숙박하다)	住 주
Unit 8	다음으로 저희는 중한 외교 문제에 대해 토론해보도록 하겠습니다.	전 ('사드에 대하여' 이럴 때의, 무엇)에 대하여(관하여)	就 취
Unit 9	책상 저쪽 너무 지저분한데, 너 닦은 거야 뭐야? / 그럴 리가요, 제가 방금 닦았어요.	명 (무엇의) 한쪽(한편, 한 면)	一邊 일변
Unit 10	너 그날 저녁에 왜 혼자 갔어? / 나 배가 아파서, 너네한테 인사할 겨를도 없었어.	명 저녁(밤)	晚上 만상

③	放	fàng	你什么时候最喜欢你的女朋友？/ 约会时牵着我的手不放的时候。	Nǐ shénmeshíhou zuì xǐhuan nǐ de nǚpéngyou? / Yuēhuì shí qiān zhe wǒ de shǒu bùfàng de shíhou.
③	容易	róngyì	那个包装袋容易破，咱们换一个吧。/ 好吧，我去拿。	Nàge bāozhuāngdài róngyì pò, zánmen huàn yíge ba. / Hǎoba, wǒ qù ná.
①	块	kuài	100块人民币可以换多少韩币？/ 我查查汇率。	100 kuài rénmínbì kěyǐ huàn duōshao hánbì? / Wǒ chácha huìlǜ.
③	站	zhàn	请问地铁站在哪儿？/ 往东走三百米左右就到了。	Qǐngwèn dìtiě zhàn zài nǎr? / Wǎng dōng zǒu sānbǎimǐ zuǒyòu jiù dào le.
②	休息	xiūxi	我要休息了，别看了。/ 我再看5分钟。	Wǒ yào xiūxi le, bié kàn le. / Wǒ zài kàn 5 fēnzhōng.
①	里	li	这里有绿茶蛋糕吗？/ 今天没有了，明天再来吧。	Zhè li yǒu lǜchá dàngāo ma? / Jīntiān méiyǒu le, míngtiān zài lái ba.
③	护照	hùzhào	坐国内航班哪需要护照啊，有身份证就可以！/ 真的？我不是没坐过飞机嘛。	Zuò guónèi hángbān nǎ xūyào hùzhào a, yǒu shēnfènzhèng jiù kěyǐ! / Zhēnde? Wǒ búshì méi zuòguo fēijī ma.
②	开始	kāishǐ	新工程快要开始了，看看材料都准备好了没有。	Xīn gōngchéng kuàiyào kāishǐ le, kànkan cáiliào dōu zhǔnbèi hǎo le méiyǒu.
③	注意	zhùyì	注意千万不能让我妈知道。/ 我知道，我会保密的。	Zhùyì qiānwàn bùnéng ràng wǒmā zhīdào. / Wǒ zhīdào, wǒ huì bǎomì de.
①	时候	shíhou	小李什么时候来啊，本来想见她一面再走的，看来来不及了。	Xiǎo Lǐ shénmeshíhou lái a, běnlái xiǎng jiàn tā yímiàn zài zǒu de, kànlái láibují le.
①	住	zhù	你打算今天住哪儿？/ 你家。	Nǐ dǎsuàn jīntiān zhù nǎr? / Nǐ jiā.
②	就	jiù	下面我们就中韩外交问题进行讨论。	Xiàmian wǒmen jiù Zhōng Hán wàijiāo wèntí jìnxíng tǎolùn.
③	一边	yìbiān	桌子那一边好脏，你有没有擦啊？/ 怎么会，我刚刚擦过了。	Zhuōzi nà yìbiān hǎo zāng, nǐ yǒuméiyǒu cā a? / Zěnmehuì, wǒ gānggāng cāguo le.
②	晚上	wǎnshang	那天晚上你怎么自己走了？/ 我肚子疼，没来得及跟你们打招呼。	Nèitiān wǎnshang nǐ zěnme zìjǐ zǒu le? / Wǒ dùzi téng, méi láidejí gēn nǐmen dǎzhāohu.

Chinese is not knowledge. It's a language!

Unit 1	걔 여자친구는 너무 못생겼어, 걔의 짝이 되기엔 부족해. / 걔 여자친구가 너랑 무슨 상관이야.	형 (무엇이) 나쁘다(좋지 않다)	難 난
Unit 2	나 오늘 5리 길을 걸었더니, 힘들어 죽겠어. / 너 왜 차를 안 탔어?	형 ('피곤해 죽겠다' 이럴 때처럼, 상황·상태가 어떠)해서 죽을 지경이다	壞 괴
Unit 3	쟤는 늘 혼자서 밥을 먹는데, 친구가 없는 것 같아. / 그럼 우리가 함께 먹어줄까?	부 늘(항상, 언제나)	總是 총시
Unit 4	너 이 재킷 얼마나 예쁜지 한 번 봐봐, 또 마침 세일 중이니까, 얼른 사버려.	부 [감탄문에서] 얼마나	多 다
Unit 5	나 내일 10시에 비행기에서 내려! 나 데리러 오는 거 잊지 마!	동 ('외빈을 영접하다'·'친구를 맞이하다' 이럴 때의) 맞이하다(영접하다)	接 접
Unit 5	저희 할아버지는 약주를 마시는 걸 좋아하셨지만, 주량이 세지는 않으셨어요.	동 (누가 무엇을 하는 것을) 좋아하다(즐기다)	好 호
Unit 5	그녀의 연기에 대한 열정은, 누구도 막을 수 없습니다.	명 ('뜨거운 열정'과 같이 어떤 일에 대한) 열정	熱情 열정
Unit 5 (중국어탈피)	내일 크리스마스 아니었어? / 무슨 소리야, 오늘 이제 겨우 19일이야, 크리스마스까지 아직 한참 남았어.	부 (누구·무엇이) 아니다	不 불
Unit 6	이봐, 회의 곧 시작하는데, 자네는 왜 아직도 안 오는 거야? / 저 지금 가는 길입니다!	명 (여러 명이 모여 진행하는) 회의	會議 회의
Unit 7	나는 제일 높은 층에서 작업해, 굉장히 위험하니까, 따라오지 마.	동 (누가 무슨) 작업을 하다	作業 작업
Unit 8	너 또 지각이니? 이번 달만 해도 벌써 세 번째야! / 선생님, 오늘은 정말 지하철이 늦게 왔어요.	동 (수업·약속 등에) 지각하다	遲到 지도
Unit 8	이게 마지막 관문이야, 너 조금만 더 버텨봐.	명 [비유] (어떤 일의 주요한) 난관(고비)	關 관
Unit 9	밀가루는 한 봉지면 충분하겠지? / 좀 더 사자, 모자랄까 봐 걱정돼.	양 [포장한 것을 세는 단위] 포·꾸러미·봉지	包 포
Unit 10	내일이면 2025년인데, 소감이 어때? / 에이, 뭐 특별할 것도 없어.	양 ('2017년·2018년' 이럴 때의) (몇) 년	年 년

③급	难	nán	他女朋友太难看了，配不上他。/ 他的女朋友关你屁事啊。	Tā nǚpéngyou tài nánkàn le, pèibushàng tā. / Tā de nǚpéngyou guān nǐ pì shì a.
③급	坏	huài	我今天连走了5里路，累坏了。/ 你怎么没坐车？	Wǒ jīntiān lián zǒu le 5 lǐ lù, lèi huài le. / Nǐ zěnme méi zuòchē?
③급	总是	zǒngshì	他总是一个人吃饭，好像没什么朋友。/ 那我们过去啊？	Tā zǒngshì yígerén chīfàn, hǎoxiàng méi shénme péngyou. / Nà wǒmen guòqù a?
①급	多	duō	你看这夹克多好看，又正好打折，赶紧买了吧。	Nǐ kàn zhè jiākè duō hǎokàn, yòu zhènghǎo dǎzhé, gǎnjǐn mǎi le ba.
③급	接	jiē	明天我十点下飞机！记得来接我呀！	Míngtiān wǒ shídiǎn xià fēijī! jìde lái jiē wǒ ya!
①급	好	hào	我爷爷好喝酒，不过酒量不是很好。	Wǒ yéye hào hējiǔ, búguò jiǔliàng búshì hěnhǎo.
③급	热情	rèqíng	她对演艺事业的热情，谁也拦不住。	Tā duì yǎnyì shìyè de rèqíng, shéi yě lánbúzhù.
①급	不	bù	明天不是圣诞节吗？/ 你想什么呢，今天才十九号，离圣诞节远着呢。	Míngtiān búshì Shèngdànjié ma? / Nǐ xiǎng shénme ne, jīntiān cái shíjiǔ hào, lí Shèngdànjié yuǎnzhe ne.
③급	会议	huìyì	喂，会议马上就要开始了，你怎么还不来？/ 我在路上呢！	Wéi, huìyì mǎshàng jiùyào kāishǐ le, nǐ zěnme háibulái? / Wǒ zài lùshàng ne!
③급	作业	zuòyè	我在最高楼层作业，很危险，别跟上来。	Wǒ zài zuìgāo lóucéng zuòyè, hěn wēixiǎn, bié gēnshànglái.
③급	迟到	chídào	你又迟到了？这个月已经是第三次了！/ 老师，今天真的是地铁来晚了。	Nǐ yòu chídào le? Zhègeyuè yǐjīng shì dìsāncì le! / Lǎoshī, jīntiān zhēnde shì dìtiě lái wǎn le.
③급	关	guān	这是最后一关，你再坚持一下。	Zhèshì zuìhòu yìguān, nǐ zài jiānchí yíxià.
③급	包	bāo	面粉一包就够了吧？/ 再多买点儿吧，怕不够。	Miànfěn yìbāo jiù gòu le ba? / Zài duō mǎidiǎnr ba, pà búgòu.
①급	年	nián	明天起就是2025年了，有什么感想吗？/ 哎，没什么特别的。	Míngtiān qǐ jiùshì 2025 nián le, yǒushénme gǎnxiǎng ma? / Āi, méishénme tèbiéde.

Chinese is not knowledge. It's a language!

Unit	예문	품사	뜻	한자
Unit 1	이 편지 누구한테 줄 거야? / 누구일 거 같아? 당연히 너지!	명	('편지를 쓰다'·'추천서' 이럴 때의) 편지 (서신)	信 신
Unit 2	너 누구랑 채팅하고 있냐? / 내 남자친구랑. 보지 마!	명	남자(남성)	男 남
Unit 3	지금 화장실에 가도 되나요? / 비행기가 곧 이륙할 테니, 자리로 돌아가 주세요.	동	(비행기·로켓 등이) 이륙하다	起飛 기비
Unit 4	벌써 9월인데 아직도 이렇게 덥네. / 그러니까, 늦더위 너무 무섭다.	부	[생각보다 시간·속도 등이 빠름을 나타내어] 이미(벌써)	都 도
Unit 4	우리 할머니가 몸이 아직 완전히 회복되지 않으셔서, 내가 집에서 간호를 해드려야 해.	명	신체(몸)	身體 신체
Unit 5	혹시 종교 있으세요? / 아뇨, 저는 신 같은 건 안 믿고 그냥 저 자신을 믿습니다.	명	('불교·이슬람교·기독교' 이럴 때의, 무슨) 교(종교)	教 교
Unit 5	아이고, 밖에 겁나 춥다, 배웅 안 해줘도 괜찮아. / 그럼 대문까지만 나갈게!	동	(어디로 떠나는 사람을) 배웅하다	送 송
Unit 6	이 스웨터는 얼마예요? / 원래 150위안인데 지금 세일해서 90위안에 팔아요.	대	(수·양·가격이) 얼마(몇)	多少 다소
Unit 6	비행기표 좀 바꿀 수 있을까요? / 그럼요, 근데 오후 비행기는 없는데, 내일 것도 괜찮으세요?	명	('오전·오후' 이럴 때의) 오후	下午 하오
Unit 7	또 이런 문제가 발생했어, 이번에는 반드시 확실하게 해결해야 해.	동	(누가 무엇을) 해결하다(처리하다)	解決 해결
Unit 8	크리스마스이브에 왜 사과를 주는 거야? / '사과'에 있는 '苹(핑)'이랑 '평안'에 있는 '平(핑)'이랑 발음이 같잖아.	명	[과일] 사과	蘋果 빈과
Unit 8	맛있는 요리도 미처 준비 못했네, 차린 게 별로 없지만, 많이 먹어. / 아줌마, 뭘 이리 많이 차리셨어요, 감사합니다. 그럼 잘 먹겠습니다.	관용	(상대방의 호의에 대해) 사양하지 않다	不客氣 불객기
Unit 9	샤오훙, 나 너한테 부탁 하나만 할게. / 말해.	양	('한 가지 일'·'일 두 건' 이럴 때의) 가지(건)	件 건
Unit 10	너 나한테 화내봤자 소용없어, 회사에서 이미 결정한 일이잖아. / 알았어, 너 후회하지 마라.	전	(누구)에게·(누구를) 향하여	對 대

94 | 중국어탈피

③급	信	xìn	这信是给谁的啊？/ 你说呢？当然是你啊！	Zhè xìn shì gěi shéi de a? / Nǐ shuō ne? Dāngrán shì nǐ a!
②급	男	nán	你在跟谁聊天？/ 跟我男朋友，不许看！	Nǐ zài gēn shéi liáotiān? / Gēn wǒ nánpéngyou, bùxǔkàn!
③급	起飞	qǐfēi	现在能去卫生间吗？/ 飞机马上就要起飞了，请回到座位上。	Xiànzài néng qù wèishēngjiān ma? / Fēijī mǎshàng jiùyào qǐfēi le, qǐng huídào zuòwèi shàng.
①급	都	dōu	都9月份了还这么热。/ 可不是嘛，秋老虎太可怕了。	Dōu 9 yuèfèn le hái zhème rè. / Kěbúshì ma, qiūlǎohǔ tài kěpà le.
②급	身体	shēntǐ	我奶奶身体还没有完全恢复，我得在家看着。	Wǒ nǎinai shēntǐ hái méiyǒu wánquán huīfù, wǒ děi zàijiā kānzhe.
③급	教	jiào	你有宗教吗？/ 没有，我不信什么神，我信我自己。	Nǐ yǒu zōngjiào ma? / Méiyǒu, wǒ búxìn shénme shén, wǒ xìn wǒzìjǐ.
②급	送	sòng	哎呀，外面怪冷的，不用送我。/ 那我就送你到门口！	Āiyā, Wàimiàn guài lěng de, búyòng sòng wǒ. / Nà wǒ jiù sòng nǐ dào ménkǒu!
①급	多少	duōshao	这件毛衣多少钱？/ 原价是一百五，现在打折卖九十。	Zhèjiànmáoyī duōshaoqián? / Yuánjià shì yìbǎiwǔ, xiànzài dǎzhé mài jiǔshí.
①급	下午	xiàwǔ	能改签吗？/ 可以啊，不过下午的飞机已经没有了，明天的行吗？	Néng gǎiqiān ma? / Kěyǐ a, búguò xiàwǔ de fēijī yǐjīng méiyǒu le, míngtiān de xíng ma?
③급	解决	jiějué	又出现这个问题了，这次一定得彻底解决。	Yòu chūxiàn zhège wèntí le, zhècì yídìng děi chèdǐ jiějué.
①급	苹果	píngguǒ	圣诞夜为什么要送苹果？/ "苹果"的"苹"跟"平安"的"平"是谐音啊。	Shèngdànyè wèishénme yào sòng píngguǒ? / "Píngguǒ" de "píng" gēn "píng'ān" de "píng" shì xiéyīn a.
①급	不客气	búkèqi	我也没来得及准备啥好菜，你别嫌弃，多吃点儿。/ 阿姨，已经很多了，谢谢您，那我不客气了。	Wǒ yě méi láidejí zhǔnbèi shá hǎocài, nǐ bié xiánqì, duō chīdiǎnr. / Āyí, yǐjīng hěnduō le, xièxie nín, nà wǒ búkèqi le.
②급	件	jiàn	小红，我求你一件事。/ 你说吧。	Xiǎo Hóng, wǒ qiú nǐ yíjiànshì. / Nǐ shuō ba.
②급	对	duì	你对我发脾气没用，公司已经决定了。/ 行，你别后悔。	Nǐ duì wǒ fā píqi méiyòng, gōngsī yǐjīng juédìng le. / Xíng, nǐ bié hòuhuǐ.

Chinese is not knowledge. It's a language!

예문	뜻	한자/한글
너 다시 생각해 보는 게 어때, 이러는 건 좋지 않아. / 난 꼭 유학 갈 거야!	부 ('잘 상의해 보는 게 좋아' 이럴 때의, 어떻게) 하는 편이 더 좋다	還是 환시
청소년들은 신체 단련에 많은 관심을 기울여야 한다, 그래야만 미래에 건강한 육체를 가질 수 있다.	동 (누가 몸·마음을) 단련하다	鍛鍊 단련
우리 둘이 한 방에 살기엔, 너무 좁지 않아? / 왜 '우리 둘'이야?	명 ('안방·작은방' 이럴 때의) 방	房間 방간
회의 결과는 어땠어? 그 일은 잘 처리됐지? / 시간 관계로, 최종 결론을 내리지 못했어.	명 (원인·이유·조건 등을 나타내는) 관계	關係 관계
샤오융이 미국 간 지 얼마나 됐지? / 벌써 2년 됐지, 그런데 내가 듣기로는 걔 돌아올 거라던데.	명 (경과한) 시간(동안)	久 구
이 일은 나한테 맡겨! / 좋아.	동 (누가 어떤) 일을 맡다(책임지다)	包 포
이 김밥 네가 직접 만든 거야? / 응, 내가 직접 만든 거야.	동 ('옷·가구를 만들다' 이럴 때의) 만들다	做 주
말을 할 때는 격에 맞아야 해요, 장소도 가려서 해야 하고요.	동 (말·행동 등이) 적당하다(알맞다)	得 득
난 그 애가 그랬다고 생각하지 않아. / 그게 무슨 소리야, 그럼 내가 그랬다는 거야?	동 (무엇을 무엇이라고) 여기다(생각하다)	認爲 인위
이쪽은 제 동료, 이빈입니다. / 아, 안녕하세요, 저는 장샤이입니다.	명 (같이 일하는 사이인) 동료	同事 동사
오늘 너무 바빠서 죽을 지경이야, 네가 좀 와서 도와 주라.	동 (누구를) 돕다(거들어주다)	幫忙 방망
감기 걸렸으면 약을 먹어라. / 괜찮아, 며칠만 참으면 알아서 낫겠지 뭐.	명 ('감기약·위장약·소화제' 등, 아플 때 먹는) 약	藥 약
장핑은 어떻게 맨날 저런 이상한 옷만 입는 거야? / 그러니까, 난 쟤가 무슨 생각을 하는지 모르겠어.	명 옷(의복)	衣服 의복
너 서울에 있는 하늘공원 가봤어? / 응, 근데 사람이 너무 많아서, 다시 가고 싶진 않아.	명 ('어린이대공원·하늘공원' 이럴 때의) 공원	公園 공원

③	还是	háishi	你还是好好想想吧，这样不好。/ 我就是要出国留学！	Nǐ háishi hǎohǎo xiǎngxiǎng ba, zhèyàng bùhǎo. / Wǒ jiùshì yào chūguó liúxué!
③	锻炼	duànliàn	青少年应该多注意锻炼身体，这样将来才能有一个健康的体魄。	Qīngshàonián yīnggāi duō zhùyì duànliàn shēntǐ, zhèyàng jiānglái cáinéng yǒu yíge jiànkāng de tǐpò.
②	房间	fángjiān	咱俩住一个房间，太小了吧。/ 为什么是"咱俩"啊？	Zánliǎ zhù yíge fángjiān, tài xiǎo le ba. / Wèishénme shì "zánliǎ" a?
③	关系	guānxì	会议结果怎么样？那件事处理好了吧？/ 由于时间关系，我们没得出最后结论。	Huìyì jiéguǒ zěnmeyàng? Nàjiànshì chǔlǐhǎo le ba? / Yóuyú shíjiān guānxì, wǒmen méi déchū zuìhòu jiélùn.
③	久	jiǔ	小勇去美国多久了？/ 已经两年了，不过我听说他要回来了。	Xiǎo Yǒng qù Měiguó duōjiǔ le? / Yǐjīng liǎngnián le, búguò wǒ tīngshuō tā yào huílái le.
③	包	bāo	这事儿就包在我身上了！/ 好啊。	Zhèshìr jiù bāozài wǒ shēnshang le! / Hǎo a.
①	做	zuò	这些紫菜包饭是你做的吗？/ 是，是我包的。	Zhèxiē Zǐcàibāofàn shì nǐ zuò de ma? / Shì, shì wǒ bāo de.
②	得	dé	说话一定要得体，还要注意场合。	Shuōhuà yídìngyào détǐ, háiyào zhùyì chǎnghé.
③	认为	rènwéi	我并不认为是他做的。/ 你什么意思啊，难道是我做的？	Wǒ bìngbúrènwéi shì tā zuò de. / Nǐ shénme yìsi a, nándào shì wǒ zuò de?
③	同事	tóngshì	这是我同事，李斌。/ 啊，你好，我是张帅。	Zhèshì wǒ tóngshì, Lǐ Bīn. / A, nǐhǎo, wǒ shì Zhāng Shuài.
③	帮忙	bāngmáng	我今天忙死了，你过来帮忙吧。	Wǒ jīntiān máng sǐ le, nǐ guòlái bāngmáng ba.
②	药	yào	感冒了就吃药。/ 没事，忍几天自己就好了。	Gǎnmào le jiù chī yào. / Méishì, rěn jǐtiān zìjǐ jiù hǎo le.
①	衣服	yīfu	张平怎么每天都穿那种奇奇怪怪的衣服呀。/ 可不是，都不知道他在想什么。	Zhāng Píng zěnme měitiān dōu chuān nàzhǒng qíqíguàiguài de yīfu ya. / Kěbúshì, dōu bùzhīdào tā zài xiǎng shénme.
③	公园	gōngyuán	你去过首尔的天空公园吗？/ 有，可是人太多了，不想再去了。	Nǐ qùguo Shǒu'ěr de Tiānkōnggōngyuán ma? / Yǒu, kěshì rén tài duō le, bùxiǎng zài qù le.

Chinese is not knowledge. It's a language!

Unit	예문	뜻	한자
Unit 1	나 글쓰기가 주제에서 벗어난 것 같아, 점수 깎이겠지? / 빵점만 안 맞아도 다행이지.	명 (토론·작문 등 글의) 주제(제목, 테마)	題 제
Unit 2	생일 축하해! / 어? 오늘 내 생일 아닌데?	통 ('생일 축하해'·'성공을 기원합니다' 이럴 때의) 축하하다·기원하다	祝 축
Unit 3	손님 왔잖아, 누워만 있지 말고, 어서 일어나. / 어? 3시에 온다고 하지 않았어?	통 (누가 누운 상태에서 몸을 일으켜) 일어나다·일어나 앉다	起來 기래
Unit 4	밤이 깊어지자, 마을은 조용했고, 마을 어귀의 누렁이도 이미 잠이 들었습니다.	형 (누가·어느 공간 등이) 잠잠하다(조용하다)	安靜 안정
Unit 5	오늘 퇴근하고 뭐 할 생각이야? / 딱히 별일 없는데, 아니면 우리 맥주 한잔하러 가는 거 어때?	명 [주류] 맥주	啤酒 비주
Unit 5	요즘 무슨 새로운 뉴스 있어? / 샤오장이 결혼한대.	명 새로운 일(소식)	新聞 신문
Unit 5	뭐라고? 나는 왜 A가 맞는 거 같지? / 내가 다시 한 번 설명해줄게, 잘 들어봐.	대 ['뭐라고? 그거 아닌 것 같은데'와 같이 상대방의 말에 동의하지 않음을 나타냄]	什麼 십마
Unit 5	누가 잡담하는 거야? 얼른 입 다물어라.	동 (누가) 잡담하다(한담하다)	說話 설화
Unit 6	최근에 전국적으로 대학원 입시 붐이 일었어. / 취업난 때문이야?	명 (운동·행동·문화 등의) 유행(붐)	熱 열
Unit 7	얼른 어머니께 전화 드려, 어머니는 틀림없이 네 전화를 기다리고 계실 거야.	부 ('빨리 전화해·얼른 먹어' 이럴 때의) 빨리(얼른)	快 쾌
Unit 8	나 수영하고 싶어, 빨리 여름이 왔으면 좋겠다. / 수영장 가면 되는 거 아니야?	동 [체육] (누가) 수영을 하다	游泳 유영
Unit 8	이 소고기 진짜 신선해! 얼른 먹자! / 와, 한국인들은 소고기를 날로 먹네! 대단하다!	형 (야채·과일·음식물·꽃·고기 등이) 싱싱하다(신선하다)	新鮮 신선
Unit 9	네 수준으로 달리기에서 날 이기겠다고? / 기다려라, 언젠가는 내가 너를 뛰어넘을 테니까.	명 (누구·무엇의) 수준(레벨)	水平 수평
Unit 10	10분만 더 기다려주라, 아니, 딱 5분만! / 너 참 뻔뻔도 하다, 너 벌써 30분이나 늦었어!	명 [시간 표시에 있어] (몇) 분	分鐘 분종

	词	拼音	例句	拼音
2급	题	tí	我作文跑题了，肯定会扣分吧。/ 不得零分就不错了。	Wǒ zuòwén pǎotí le, kěndìng huì kòu fēn ba. / Bùdé língfēn jiù búcuò le.
3급	祝	zhù	祝你生日快乐! / 嗯? 今天不是我生日呀?	Zhù nǐ shēngrìkuàilè! / Ńg? Jīntiān búshì wǒ shēngrì ya?
3급	起来	qǐlai	来客人了，别躺着，赶紧起来。/ 啊，不是说三点来吗。	Lái kèrén le, bié tǎngzhe, gǎnjǐn qǐlai. / Á, búshì shuō sān diǎn lái ma.
3급	安静	ānjìng	夜已深，村子里一片安静，村头的小黄狗也已经睡了。	Yè yǐ shēn, cūnzi lǐ yípiàn ānjìng, cūntóu de xiǎohuánggǒu yě yǐjīng shuì le.
3급	啤酒	píjiǔ	今天下班后打算干啥? / 没什么事儿，要不咱们去喝啤酒怎么样?	Jīntiān xiàbān hòu dǎsuàn gàn shá? / Méi shénme shìr, yàobù zánmen qù hē píjiǔ zěnmeyàng?
3급	新闻	xīnwén	最近有什么新闻吗? / 小张要结婚了。	Zuìjìn yǒu shénme xīnwén ma? / Xiǎo Zhāng yào jiéhūn le.
1급	什么	shénme	什么? 我怎么觉得应该选A呢。/ 我再给你讲一遍，你听好了啊。	Shénme? Wǒ zěnme juéde yīnggāi xuǎn A ne. / Wǒ zài gěi nǐ jiǎng yíbiàn, nǐ tīnghǎo le a.
2급	说话	shuōhuà	谁在下面说话? 快把嘴闭上。	Shéi zài xiàmian shuōhuà? Kuài bǎ zuǐ bìshàng.
1급	热	rè	最近全国都掀起了考研热。/ 是因为就业难吗?	Zuìjìn quánguó dōu xiānqǐ le kǎoyán rè. / Shì yīnwèi jiùyè nán ma?
2급	快	kuài	快给妈妈打个电话吧，她肯定等着你的电话呢。	Kuài gěi māma dǎ ge diànhuà ba, tā kěndìng děngzhe nǐ de diànhuà ne.
2급	游泳	yóuyǒng	我想游泳了，马上到夏天就好了。/ 去游泳馆游不就行了吗?	Wǒ xiǎng yóuyǒng le, mǎshàng dào xiàtiān jiù hǎo le. / Qù yóuyǒngguǎn yóu bújiù xíng le ma?
3급	新鲜	xīnxiān	这牛肉真新鲜! 赶紧吃吧! / 哇塞，韩国人吃生牛肉啊! 真厉害!	Zhè niúròu zhēn xīnxiān! Gǎnjǐn chī ba! / wāsāi, Hánguó rén chī shēng niúròu a! Zhēn lìhai!
3급	水平	shuǐpíng	就你这水平还想跑过我? / 你等着，总有一天我会超过你的。	Jiù nǐ zhè shuǐpíng hái xiǎng pǎo guò wǒ? / Nǐ děngzhe, zǒngyǒu yìtiān wǒ huì chāoguò nǐ de.
1급	分钟	fēnzhōng	再等我十分钟，不，就五分钟! / 你好意思吗，你都已经晚了半个小时了!	Zài děng wǒ shí fēnzhōng, bù, jiù wǔ fēnzhōng! / Nǐ hǎoyìsi ma, nǐ dōu yǐjīng wǎn le bàn ge xiǎoshí le!

Chinese is not knowledge. It's a language!

Unit	예문	품사	뜻	한자
Unit 1	너희들이 없었다면 오늘의 성과도 없었을 거야. / 울지말고, 빨리 촛불이나 불어.	명	(어떤 일·프로젝트 등에의) 성과	成績 성적
Unit 2	나 추워 죽겠어. / 너 그렇게 얇게 입었는데, 안 춥고 배기겠냐?	형	(어떤 공간·날씨가 따뜻하지 않고) 춥다	冷 랭
Unit 3	4분의 3을 소수로 환산하면 얼마일까요? / 0.75입니다.	명	[수학] 소수점	點 점
Unit 4	다른 분들 더 하실 말씀 있으신가요? 없으시면 여기서 끝내겠습니다. / 잠시만요! 저 할 말 있어요!	대	[사람·사물에 쓰여] 기타(그 외)	其他 기타
Unit 5	이 문제는 도대체 어떻게 푸는 걸까? / 너무 복잡하게 생각하지 마, 사실 엄청 간단한 거야.	형	(어떤 일·문제·절차·이야기 등 무엇이) 간단하다	簡單 간단
Unit 5	나 오늘 꼭 모형을 완성할 거야. / 그럼 나 먼저 간다, 바이바이.	동	('임무를 완수하다'·'프로젝트를 완성하다' 이럴 때의) 완성하다(완수하다)	完成 완성
Unit 6	너 이게 뭔지 아니? / 아니, 한참 쳐다봤는데도, 뭔지 알 수가 없네.	명	(구체적·추상적인) 것(물건)	東西 동서
Unit 6	샤오징이 방금까지 완전 꿀잠을 자고 있었는데, 내가 시끄럽게 해서 깼어. / 걔가 너 욕하지 않던?	형	(무엇이) 즐겁다(유쾌하다)	甜 첨
Unit 7	그의 병세는 어느 정도 호전되었지만, 아직 경계심을 늦춰서는 안 됩니다.	형	('상당한 규모'·'어느 정도 개선되었다' 이럴 때의) 상당한(꽤, 어느 정도의)	一定 일정
Unit 7	이 집 요리는 너무 짜서, 더는 못 먹겠어요. / 저도요, 다신 안 올 거예요.	형	(맛·추위·더위 등이) 심하다(지나치다)	可以 가이
Unit 8	이거 무거워 보이네, 나한테 줘봐. / 이거 엄청 무거운 거야, 너 꼭 두 손으로 잡아야 해!	동	(움직이는 물체를 손으로) 잡다(받다)	接 접
Unit 8	얘가 아직 애라서, 철이 없어요. / 엄마, 저 스무 살이에요!	명	(어린) 아이	孩子 해자
Unit 9	나 하마터면 저 돌멩이에 걸려 넘어질 뻔했어, 너희도 조심해.	대	('그·저것, 그·저 사람' 이럴 때의) 그(저)	那 나
Unit 10	난 강아지를 좋아해. / 나도 좋아해, 우리 하나 입양할까?	명	[동물] 개(dog)	狗 구

	단어	병음	예문	병음
③급	成绩	chéngjì	没有你们我也不会有今天的成绩。/ 别哭了，快吹蜡烛吧。	Méiyǒu nǐmen wǒ yě búhuì yǒu jīntiān de chéngjì. / Bié kū le, kuài chuī làzhú ba.
①급	冷	lěng	冻死我了。/ 你穿那么少，能不冷吗。	Dòng sǐ wǒ le. / Nǐ chuān nàme shǎo, néngbù lěng ma.
①급	点	diǎn	四分之三(3/4)换成小数是多少？/ 是零点七五(0.75)。	Sì fēn zhī sān (3/4) huànchéng xiǎoshù shì duōshǎo? / Shì líng diǎn qīwǔ (0.75).
③급	其他	qítā	其他人还有话说吗？没有的话我们就结束吧。/ 等一下！我有话要说！	Qítā rén háiyǒu huà shuō ma? Méiyǒu dehuà wǒmen jiù jiéshù ba. / Děngyíxià! Wǒ yǒu huà yào shuō!
③급	简单	jiǎndān	这题到底怎么做啊？/ 别想得太复杂，其实很简单。	Zhè tí dàodǐ zěnme zuò a? / Bié xiǎng de tài fùzá, qíshí hěn jiǎndān.
③급	完成	wánchéng	我今天要完成模型。/ 那我先走啦，拜拜。	Wǒ jīntiān yào wánchéng móxíng. / Nà wǒ xiān zǒu la, bàibai.
①급	东西	dōngxi	你知道这是啥东西吗？/ 不知道，都看了半天了，也没看出来是什么。	Nǐ zhīdào zhèshì shá dōngxi ma? / Bùzhīdào, dōu kàn le bàntiān le, yě méi kànchulai shì shénme.
③급	甜	tián	小景刚才睡得正甜，被我吵醒了。/ 她没骂你啊？	Xiǎo Jǐng gāngcái shuì de zhèng tián, bèi wǒ chǎo xǐng le. / Tā méi mà nǐ a?
③급	一定	yídìng	他的病情有了一定的好转，但还不能放松警惕。	Tā de bìngqíng yǒu le yídìng de hǎozhuǎn, dàn háibùnéng fàngsōng jǐngtì.
②급	可以	kěyǐ	这家的菜咸得可以呀，我可吃不下了。/ 我也是，再也不来了。	Zhè jiā de cài xián de kěyǐ ya, wǒ kě chībuxià le. / Wǒ yěshì, zài yě bù lái le.
③급	接	jiē	这看上去好重啊，给我吧。/ 这可重了，你一定要用双手接啊！	Zhè kànshàngqù hǎo zhòng a, gěi wǒ ba. / Zhè kě zhòng le, nǐ yídìng yào yòng shuāngshǒu jiē a!
②급	孩子	háizi	她还是个孩子，还不懂事。/ 妈，我都二十岁了！	Tā háishi ge háizi, hái bùdǒngshì. / Mā, wǒ dōu èrshí suì le!
①급	那	nà	我差点儿被那块石头绊倒了，你们也小心点儿。	Wǒ chàdiǎnr bèi nàkuàishítou bàndǎo le, nǐmen yě xiǎoxīndiǎnr.
①급	狗	gǒu	我喜欢小狗。/ 我也喜欢，咱们领养一个呀。	Wǒ xǐhuan xiǎogǒu. / Wǒ yě xǐhuan, zánmen lǐngyǎng yíge ya.

Chinese is not knowledge. It's a language!

Unit	예문	뜻	한자
Unit 1	일할 때는 여러 방면을 고려해야 해, 한 가지 문제만 봐서는 안 된다고. / 알았어, 내가 좀 더 개선할게.	동 (무엇을) 고려하다(주의하다)	照顧 조고
Unit 2	날이 어두워지기 전에 배송되나요? / 6시 전에 도착합니다, 걱정하지 마세요.	형 (어떤 장소·날이) 어둡다	黑 흑
Unit 3	너 1편 본 적 있냐? / 나 지금 중국에서 산 지 10년째인데, 여태껏 한 번도 못 봤어.	양 [중국의 화폐 단위] 펀(1/100위안)	分 분
Unit 4	버스 타는 게 지하철 타는 것보다 빠른 거 아니었어? / 지금 퇴근 시간이라, 버스를 타면 틀림없이 엄청 막힐 거야.	명 ('버스·지하철·택시' 이럴 때의) 지하철	地鐵 지철
Unit 4	이거 다 널 위한 선물이야, 생일 축하해! / 고마워!	전 [행위의 대상을 나타내어] (누구)에게·(누구를) 위하여	爲 위
Unit 5	그쪽은 부모님이랑 함께 사세요? / 아니요, 저 혼자 살아요.	명 ('누구와 같은 곳에 살다' 이럴 때의) 한 곳(같은 곳)	一起 일기
Unit 5	너 내 동생한테 접근해서 도대체 뭘 하려는 거야, 너 이상한 마음 품으면 나한테 두들겨 맞을 줄 알아. / 제가 어찌 감히요.	동 (누구·무엇이 누구·어디에) 접근하다(가까이 가다)	近 근
Unit 6	왼쪽은 '날 일(日)' 하나, 오른쪽은 '달 월(月)' 하나인 것은 무슨 글자일까? / 내일 할 때 '명(明)'이잖아!	명 왼쪽(왼편)	左邊 좌변
Unit 6	저 멀리서 왔는데, 좀 봐주실 수 있을까요? / 죄송합니다, 미리 예약하셨어야죠, 다음에 다시 오세요.	부 매우(아주)	老 로
Unit 7	장리는 낮에는 식당에서 일하고, 저녁엔 또 집에서 번역일을 하느라, 진짜 고생이 많아. / 걔한테 좀 쉬라 그래.	부 또한(더하여)	又 우
Unit 8	손자야, 젊을 때부터 건강 관리를 잘해야 한다, 안 그러면 늙어서 할아버지처럼 고생해요.	형 (누가) 젊다(어리다)	年輕 년경
Unit 8	왜 나보고 양복을 입으라는 거야? / 오늘 면접인데, 그럼 다른 거 입게?	명 (주로 유럽을 가리켜) 서양	西 서
Unit 9	더워 죽겠네, 넌 왜 에어컨 안 켜는 거야! / 우리 집에 에어컨 없단 말이야.	동 (기계·전등 등을) 켜다	開 개
Unit 10	네가 얘기 안 해줬으면, 나 하마터면 오늘 우리 약속 있는 거 까먹을 뻔했어. / 그건 네가 나를 중요하게 생각하지 않아서 그래.	부 ('하마터면 놓칠 뻔했어' 이럴 때의) 하마터면	幾乎 기호

	词	拼音	例句	Pinyin
3급	照顾	zhàogù	做事你得照顾方方面面，不能光想一个问题。/ 知道了，我再改善一下。	Zuòshì nǐ děi zhàogù fāngfāngmiànmiàn, bùnéng guāng xiǎng yíge wèntí. / Zhīdào le, wǒ zài gǎishàn yíxià.
2급	黑	hēi	天黑之前能送过来吗？/ 六点之前就到了，放心吧。	Tiānhēi zhīqián néng sòngguòlái ma? / Liùdiǎn zhīqián jiù dào le, fàngxīn ba.
3급	分	fēn	你看过一分钱吗？/ 我在中国住了10年，从没看过。	Nǐ kànguo yìfēnqián ma? / Wǒ zài Zhōngguó zhùle 10 nián, cóng méi kànguo.
3급	地铁	dìtiě	坐公车不是比坐地铁快吗？/ 现在是下班时间，坐公车肯定很堵。	Zuò gōngchē búshì bǐ zuò dìtiě kuài ma? / Xiànzài shì xiàbān shíjiān, zuò gōngchē kěndìng hěn dǔ.
3급	为	wèi	这些都是为你准备的礼物，生日快乐！/ 谢谢！	Zhèxiē dōu shì wèi nǐ zhǔnbèi de lǐwù, shēngrìkuàilè! / Xièxie!
2급	一起	yìqǐ	你跟父母住在一起吗？/ 不，我自己住。	Nǐ gēn fùmǔ zhù zài yìqǐ ma? / Bù, wǒ zìjǐ zhù.
2급	近	jìn	你接近我妹妹到底想干什么，你心怀不轨小心我收拾你。/ 我哪敢啊。	Nǐ jiējìn wǒ mèimei dàodǐ xiǎng gànshénme, nǐ xīnhuáibùguǐ xiǎoxīn wǒ shōushí nǐ. / Wǒ nǎgǎn a.
2급	左边	zuǒbian	左边一个"日"，右边一个"月"是什么字？/ 明天的"明"！	Zuǒbian yíge "rì", yòubiān yíge "yuè" shì shénmezì? / Míngtiān de "míng"!
3급	老	lǎo	我大老远来的，能通融一下吗？/ 不好意思，您应该提前预约，下次再来吧。	Wǒ dàlǎoyuǎn lái de, néng tōngróng yíxià ma? / Bùhǎoyìsi, nín yīnggāi tíqián yùyuē, xiàcì zài lái ba.
3급	又	yòu	张丽白天在饭店打工，晚上又在家里做翻译，非常辛苦。/ 让她休息一会儿吧。	Zhāng Lì báitiān zài fàndiàn dǎgōng, wǎnshang yòu zài jiālǐ zuò fānyì, fēicháng xīnkǔ. / Ràng tā xiūxi Yíhuìr ba.
3급	年轻	niánqīng	孙子啊，你年轻的时候可要注意身体啊，要不然老了就会跟爷爷一样受苦。	Sūnzi a, nǐ niánqīng de shíhou kě yào zhùyì shēntǐ a, yàoburán lǎo le jiù huì gēn yéye yíyàng shòukǔ.
3급	西	xī	干嘛要我穿西装啊？/ 今天有面试，难道穿别的？	Gànmá yào wǒ chuān xīzhuāng a? / Jīntiān yǒu miànshì, nándào chuān biéde?
1급	开	kāi	热死我了，你怎么不开空调啊！/ 我家哪有空调啊。	Rè sǐ wǒ le, nǐ zěnme bùkāi kōngtiáo a! / Wǒjiā nǎ yǒu kōngtiáo a.
3급	几乎	jīhū	要不是你提醒我，我几乎忘了今天我们有约。/ 那是因为你不在乎我。	Yàobúshì nǐ tíxǐng wǒ, wǒ jīhū wàng le jīntiān wǒmen yǒu yuē. / Nàshì yīnwèi nǐ búzàihu wǒ.

Chinese is not knowledge. It's a language!

나 발목을 삐어서, 계단 올라갈 때 힘들어 죽겠어. / 그렇겠네, 하필 외국어동(棟)은 엘리베이터도 없잖아.	통 (산·나무·계단 등을) 오르다	上 상
일, 십, 백, 천, 만… / 너 지금 한 자리씩 세고 있는 거야?	수 [數] 1,000(천)	千 천
너 아직도 나랑 겨루고 싶냐, 내가 손이 나가기 시작하면 너는 2분도 채 못 버티거든.	통 (누가 누구와) 비교하다(겨루다)	比 비
갑자기 바나나가 먹고 싶네, 근처에 과일 가게 있어? / 이런 곳에 있겠니? 조금만 참아.	명 (사과·배·귤 등의) 과일	水果 수과
우린 갈 길이 아직 멀어, 너 정신 바짝 차려. / 알아, 그래도 가끔은 쉬어줘야지, 안 그러면 어떻게 멀리 갈 수 있겠어.	명 ('갈 길이 멀다'·'10리 길을 가다' 이럴 때의) 노정(여정)	路 로
아들, 엄마가 아침 다 준비해뒀어, 꼭 먹어. / 알겠어요.	조동 (무엇을 꼭) 해야 하다	要 요
이 침대는 누가 가져온 거죠? 빨리 도로 가져가세요.	통 (짐·물건 등을) 옮기다	搬 반
저 가게 지금 빅세일 하고 있어, 뭘 사든 다 1+1이야. / 그럼 인터넷보다도 싸네, 빨리 가보자.	통 (무엇을) 팔다(판매하다)	賣 매

❶급	上	shàng	我崴着脚了，上楼可费劲了。/ 可不是啊，偏偏外语楼还没有电梯。	Wǒ wǎizhaojiǎo le, shàng lóu kě fèijìn le. / Kěbúshì a, piānpiān wàiyǔlóu hái méiyǒu diàntī.
❷급	千	qiān	个、十、百、千、万……/ 你在一位一位地数吗？	Gè, shí, bǎi, qiān, wàn…… / Nǐ zài yíwèi yíwèi de shǔ ma?
❷급	比	bǐ	你还要跟我比呀，我只要一出手你就挺不了两分钟。	Nǐ háiyào gēnwǒ bǐ ya, wǒ zhǐyào yìchūshǒu nǐ jiù tǐngbùliǎo liǎngfēnzhōng.
❶급	水果	shuǐ-guǒ	突然好想吃香蕉，附近有水果店吗？/ 就这地方能有吗？你还是忍一忍吧。	Tūrán hǎo xiǎng chī xiāngjiāo, fùjìn yǒu shuǐguǒdiàn ma? / Jiù zhè dìfang néng yǒu ma? Nǐ háishi rěnyìrěn ba.
❷급	路	lù	我们要走的路还长着呢，你打起精神啊。/ 我明白，不过偶尔也得歇歇吧，不然哪能走得远啊。	Wǒmen yào zǒu de lù hái cháng zhe ne, nǐ dǎqǐ jīngshén a. / Wǒ míngbai, búguò ǒu'ěr yě děi xiē xiē ba, bùrán nǎnéng zǒu de yuǎn a.
❷급	要	yào	儿子，妈妈把早饭准备好了，一定要吃啊。/ 知道啦。	Érzi, māma bǎ zǎofàn zhǔnbèihǎo le, yídìng yào chī a. / Zhīdào la.
❸급	搬	bān	这张床是谁搬来的？快把它搬回去。	Zhè zhāng chuáng shì shéi bānlái de? Kuài bǎ tā bānhuíqù.
❷급	卖	mài	那家现在大甩卖，买什么都是买一送一。/ 那比网上便宜呀，赶紧去看看吧。	Nà jiā xiànzài dàshuǎimài, mǎi shénme dōu shì mǎiyīsòngyī. / Nà bǐ wǎngshàng piányi ya, gǎnjǐn qù kànkan ba.

Chinese is not knowledge. It's a language!

UNIT 6

不是因为学不好而不学,
而是因为不学所以学不好。

넌 미국엔 뭐하러 가? 언제 돌아와? / 유학 가지, 언제 돌아올지는 모르겠어.	동 (누가 다른 나라에서) 유학하다	留學 류학
뭐라고? 난 이번 일에 관해서 아무것도 모르는데, 왜 나보고 결정을 하라는 거야?	명 (무엇에 대한) 결정(결의)	決定 결정
우리 집에 우산 여러 개 있는데, 하나 빌려줘? / 응응, 하나 빌려줘.	양 [손으로 잡을 수 있는 물건을 세는 단위로] 웅큼·줌·다발·자루	把 파
그만 좀 두리번거려, 걔 안 올 거야. / 너희들 먼저 들어가, 난 좀 더 기다릴게.	동 (무엇·어디를) 보다(바라보다)	張 장
다음 주 모임 때 누구누구 와? / 리위아이랑 장치엔, 맞다, 장치엔은 남편이랑 같이 온대.	명 [나른 사람의 남편을 부르는 호칭]	先生 선생
우린 끊임없이 발전해 나가야 해요, 그렇지 않으면 앞으로 시대의 흐름을 따라가지 못할 수 있습니다.	동 (앞으로) 나아가다(전진하다)	進 진
너 생일날 뭐 먹었어? / 별거 없었어, 불고기나 좀 먹고 말았어.	조 [동작의 대상·시간·장소·방식 등을 강조함]	的 적
날씨 진짜 좋다, 우리 공원에 산책하러 가는 거 어때? / 좋아, 안 간지 오래됐네.	명 날씨(기상 상태)	天氣 천기
수작 부리지 마, 그러다 너 나한테 크게 당한다.	동 (누가 부정한 방법·속임수·수작을) 부리다(쓰다)	玩 완
그자는 뒤에서 무슨 꿍꿍이를 꾸미는 걸 좋아하니까, 조심해야 해.	명 못된 수작(술책)	壞 괴

공부는 못해서 안 하는 게 아니라 안 하니까 못하는 것이다.

3급	留学	liúxué	你去美国干嘛? 什么时候回来? / 去留学啊, 不知道什么时候回来。	Nǐ qù Měiguó gànmá? Shénmeshíhou huílái? / Qù liúxué a, bùzhīdào shénmeshíhou huílái.
3급	决定	juédìng	什么? 我对这件事什么都不知道, 为什么要我做决定?	Shénme? Wǒ duì zhèjiànshì shénme dōu bùzhīdào, wèishénme yào wǒ zuò juédìng?
3급	把	bǎ	我家有好几把伞, 借你吧? / 嗯嗯, 借我一个。	Wǒjiā yǒu hǎo jǐ bǎ sǎn, jiè nǐ ba? / Ǹgng, jiè wǒ yíge.
3급	张	zhāng	别东张西望了, 他是不会来的。/ 你们先进去吧, 我再等一会儿。	Bié dōngzhāngxīwàng le, tā shì búhuì lái de. / Nǐmen xiān jìnqù ba, wǒ zài děng yíhuìr.
1급	先生	xiān-sheng	下周聚会都谁来? / 李媛还有张倩, 对了, 张倩说要带她先生一起来。	Xiàzhōu jùhuì dōu shéi lái? / LǐYuán háiyǒu Zhāng Qiàn, duìle, Zhāng Qiàn shuō yào dài tā xiānsheng yìqǐlái.
2급	进	jìn	我们要不断前进, 不然以后跟不上时代的步伐。	Wǒmen yào búduàn qiánjìn, bùrán yǐhòu gēnbushàng shídài de bùfá.
1급	的	de	你生日那天吃的什么? / 也没什么, 就是吃了点烤肉。	Nǐ shēngrì nàtiān chī de shénme? / Yě méishénme, jiùshì chīlediǎn kǎoròu.
1급	天气	tiānqì	天气真好, 咱们去公园走走怎么样? / 好啊, 好久没去了。	Tiānqì zhēn hǎo, zánmen qù gōngyuán zǒuzǒu zěnmeyàng? / Hǎo a, hǎojiǔ méi qù le.
2급	玩	wán	别玩儿花样, 不然有你好看的。	Bié wánr huāyàng, bùrán yǒu nǐ hǎokàn de.
3급	坏	huài	他这个人喜欢暗中使坏, 你要小心点。	Tā zhègerén xǐhuan ànzhōngshǐ huài, nǐ yào xiǎoxīndiǎn.

Chinese is not knowledge. It's a language!

Unit	예문	품사	뜻	한자
Unit 1	네 생각엔 쟤 내일 올 것 같아? / 쟤 오늘 그렇게 화를 냈는데, 안 오지 않을까?	조동사	(누구·무엇이 어떻게 할·어떠할) 가능성이 있다	能 능
Unit 2	퇴근하고 뭐 할 생각이야? / 난 운동하러 가려고, 너는?	동	('산책할 거야'·'여행 갈 거야' 이럴 때의, 무엇을) 할 계획이다(생각이다)	打算 타산
Unit 3	너는 중국어를 어쩜 이렇게 유창하게 하니? / 저 중국에서 2년 살았어요.	명	[언어] 중국어	中文 중문
Unit 3	오늘 수요일이지? / 응, 1교시가 수학이야, 짜증 나.	명	('1교시·3교시' 이럴 때의, 몇) 교시	課 과
Unit 4	너 이렇게 해서 너희 부모님께 어떻게 떳떳할 수 있겠어? / 난 그냥 숙제를 안 했을 뿐인데.	조	[문장 끝에서 반문을 나타냄]	嗎 마
Unit 5	쟤 항상 웃고 있잖아, 얼마나 귀엽니! / 너 눈깔 삐었냐? 쟤가 뭐가 귀여워.	동	('얼굴에 웃음을 띠다'·'말에 가시가 있다' 이럴 때의) 드러내다(띠다)	帶 대
수강어탈피	걔랑 비교하면 넌 한참 멀었어, 넌 일단 기초부터 시작하자. 내가 도와줄게.	전	('철수와 비교하다' 이럴 때의, 누구·무엇) 과(와)	和 화
Unit 6	너 이거 다 끝내기 전까진 집에 못 가, 알겠니? / 아, 왜요, 오늘 저녁에 약속 있단 말이에요.	동	(누가 무엇을) 이해하다(알다)	明白 명백
Unit 6	이거 교수님이 낸 문제 맞아? 왜 이렇게 개판이야? / 그러니까, 조교가 낸 거 아닌지 의심스러워.	동	(시험문제·세목·의견 등을) 내다	出 출
Unit 7	너 아직 기억하니? / 뭘? / 한국이 월드컵 4강에 진출했던 그 날 말이야.	동	(누가 무엇) 기억하고 있다	記得 기득
Unit 8	그 도둑놈 감시하고 있는 사람은 있어? / 그럼, 내가 다 손 써 놨지.	동	(교도관 등이 죄수를) 감시하다(주시하다)	看 간
Unit 9	고양이가 키우기 쉬울까 아니면 강아지가 키우기 쉬울까? / 고양이 키우는 사람들은 죄다 '냥집사'라고 하잖아, 고양이는 진짜 키우기 까다로워 쉽지 않을 거야.	명	[동물] 고양이	貓 묘
Unit 9	난 늘 건강했어, 요 몇 년 동안 감기도 한 번 안 걸려 봤는걸.	형	(누가 아픈 곳 없이) 건강하다	好 호
Unit 10	네가 오든지, 아니면 내가 가든지, 하나를 선택해.	접	[선택 관계를 나타내어] (무엇)이 아니면 (무엇)이다	或者 혹자

❶급	能	néng	你说他明天能来吗? / 他今天那么生气, 估计不会来了吧。	Nǐ shuō tā míngtiān néng lái ma? / Tā jīntiān nàme shēngqì, gūjì búhuì lái le ba.
❸급	打算	dǎsuàn	下班后打算干什么? / 我要去健身, 你呢?	Xiàbān hòu dǎsuàn gànshénme? / Wǒ yào qù jiànshēn, nǐ ne?
❸급	中文	zhōngwén	你中文说得怎么这么好? / 我在中国呆过两年。	Nǐ Zhōngwén shuō de zěnme zhème hǎo? / Wǒ zài Zhōngguó dāi guò liǎng nián.
❷급	课	kè	今天星期三吧? / 嗯, 第一节课是数学, 好烦啊。	Jīntiān xīngqīsān ba? / Ng, dìyī jié kè shì shùxué, hǎo fán a.
❶급	吗	ma	你这样对得起你父母吗? / 我不就没写作业吗?	Nǐ zhèyàng duìdeqǐ nǐ fùmǔ ma? / Wǒ bújiù méi xiě zuòyè ma?
❸급	带	dài	她总是面带笑容, 真可爱! / 你是不是眼瞎了? 她哪里可爱了。	Tā zǒngshì miàndài xiàoróng, zhēn kě'ài! / Nǐ shìbushì yǎn xiā le? Tā nǎli kě'ài le.
❶급	和	hé	和他比你差远了, 你先从基础开始吧。我帮你。	Hé tā bǐ nǐ chà yuǎn le, nǐ xiān cóng jīchǔ kāishǐ ba. Wǒ bāng nǐ.
❸급	明白	míngbai	你做完这个之前不能回家, 明白吗? / 啊, 为什么啊, 我今晚有约呢。	Nǐ zuòwán zhège zhīqián bùnéng huíjiā, míngbai ma? / A, wèishénme a, wǒ jīnwǎn yǒu yuē ne.
❷급	出	chū	这是教授出的题吗? 怎么这么差。 / 可不是, 我怀疑是助教出的。	Zhèshì jiàoshòu chū de tí ma? Zěnme zhème chà. / Kěbúshì, wǒ huáiyí shì zhùjiào chū de.
❸급	记得	jìde	你还记得吗? / 什么? / 韩国打进世界杯四强的那天。	Nǐ hái jìde ma? / Shénme? / Hánguó dǎ jìn Shìjièbēi sì qiáng de nàtiān.
❶급	看	kān	有人看着那小偷吗? / 当然, 我都安排好了。	Yǒurén kān zhe nà xiǎotōu ma? / Dāngrán, wǒ dōu ānpái hǎo le.
❶급	猫	māo	小猫好养还是小狗好养? / 养猫的不都是铲屎官吗, 猫应该不太好养吧。	Xiǎomāo hǎoyǎng háishi xiǎogǒu hǎoyǎng? / Yǎng māo de bù dōushì chǎnshǐguān ma, māo yīnggāi bútài hǎoyǎng ba.
❶급	好	hǎo	我的身体一向很好, 这几年连感冒都没得过。	Wǒ de shēntǐ yíxiàng hěnhǎo, zhèjǐnián lián gǎnmào dōu méidéguo.
❸급	或者	huòzhě	或者你来, 或者我去, 选一个吧。	Huòzhě nǐ lái, huòzhě wǒ qù, xuǎn yíge ba.

Chinese is not knowledge. It's a language!

Unit	예문	품사	뜻	한자/한국어
Unit 1	너희 방금 그 소리 들었어? / 무슨 소리? 여기 우리 밖에 없는데.	명	('방금 전까지' 이럴 때의) 방금	剛才 강재
Unit 2	이 소설 뒷부분은 무슨 내용이야? / 나 까먹었어, 기억이 안 나.	명	(책·글·이야기 등의) 뒷부분(다음 부분)	後面 후면
Unit 3	나 오후에 귤을 열 몇 개 먹었더니, 배불러 죽겠어. / 뭐? 너 나랑 맛있는 거 먹기로 했잖아.	조사	('열 개 쯤'·'스무 개가량' 이럴 때의) 가량(쯤)	來 래
Unit 4	이 일에 대해, 사람들마다 각자 인식이 서로 다릅니다.	명	(상황·내용·사람의 성향 등의) 인식(인지)	認識 인식
Unit 4	내 생각에 난 그래도 비교적 얌전한 거 같아. / 네가 얌전하다고?	부	('비교적 작다·비교적 밝다' 이럴 때의) 비교적	比較 비교
Unit 5	저는 셔츠 두 벌, 바지 하나를 샀어요, 아, 그리고 신발도 한 켤레 샀고요.	부	(A뿐만 아니라) 또(게다가)	還 환
Unit 5	뭐라고? 너 또 코트를 샀다고? 너 대여섯 벌 있지 않아? / 그건 작년 스타일이잖아.	대	뭐라고?(어쨌다고?)	怎麼 즘마
Unit 6	어제 집에 가는 길에, 어떤 사람이 나를 따라오고 있는 걸 봤잖아, 나 놀라서 바로 집까지 뛰어 갔어.	동	(새로운 사실·물건·일·문제 등 무엇을) 발견하다·알아채다	發現 발현
Unit 6	내가 문제 하나 낼게. 거북이가 느릴까 토끼가 느릴까? / 난 네가 도대체 왜 이런 걸 물어보는지 모르겠다.	형	(속도·동작 등이) 느리다	慢 만
Unit 7	내가 뭘 근거로 널 믿어야 하는데? / 난 여태껏 널 속인 적 없었잖아.	동	(누구 또는 무엇) 믿다	信 신
Unit 8	네가 나를 제일 아끼는 거 알아. / 또 뭘 부탁하려고 그래?	동	(누가 누구·무엇을) 매우 아끼다·귀여워하다·사랑하다	疼 동
Unit 8	우리 집 벽에는 중국 지도가 붙어있어서, 할 일이 없을 때면 쳐다보곤 해요.	명	('세계지도·한국 지도' 이럴 때의) 지도	地圖 지도
Unit 9	아픈 게 내 탓도 아닌걸. / 어떻게 네 탓이 아니야, 푹 쉬라니까 말도 안 듣고선.	동	(누가) 병이 나다	生病 생병
Unit 10	너 나한테 안 알려줘도 괜찮아, 나도 어차피 알 수 있는 방법이 있으니까. / 좋아요, 제가 알려드릴게요.	부	어차피(결국, 아무튼, 어쨌든)	總是 총시

110 | 중국어탈피

❸	刚才	gāng-cái	你们听到刚才的声音了吗？/ 什么声音？这里只有我们啊。	Nǐmen tīngdào gāngcái de shēngyīn le ma? / Shénme shēngyīn? Zhèlǐ zhǐyǒu wǒmen a.
❶	后面	hòumiàn	这书后面是什么内容啊？/ 我忘了，想不起来。	Zhè shū hòumiàn shì shénme nèiróng a? / Wǒ wàng le, xiǎngbuqǐlái.
❶	来	lái	我下午吃了十来个桔子，快撑死了。/ 啊？不是说好了跟我吃好吃的吗。	Wǒ xiàwǔ chī le shíláige júzi, kuài chēng sǐ le. / Á? búshì shuō hǎo le gēn wǒ chī hǎochīde ma.
❶	认识	rènshi	对这件事，大家有着不同的认识。	Duì zhèjiàn shì, dàjiā yǒuzhe bùtóng de rènshi.
❸	比较	bǐjiào	我觉得我还是比较文静的。/ 你那叫文静？	Wǒ juéde wǒ háishi bǐjiào wénjìng de. / Nǐ nà jiào wénjìng?
❷	还	hái	我买了两件衬衫，一条裤子，啊，还有一双鞋。	Wǒ mǎi le liǎngjiàn chènshān, yìtiáo kùzi, a, háiyǒu yìshuāngxié.
❶	怎么	zěnme	怎么，你又买大衣了？你不是有五、六件吗？/ 那都是去年的款式了。	Zěnme, nǐ yòu mǎi dàyī le? Nǐ búshì yǒu wǔ、liùjiàn ma? / Nà dōushì qùnián de kuǎnshì le.
❸	发现	fāxiàn	昨天回家的路上，我发现有个人跟着我，吓得我直接跑回家了。	Zuótiān huíjiā de lùshàng, wǒ fāxiàn yǒuge rén gēn zhe wǒ, xià de wǒ zhíjiē pǎo huíjiā le.
❷	慢	màn	给你出道题，乌龟慢还是兔子慢？/ 我真不知道你为啥要问这种问题。	Gěi nǐ chū dào tí, wūguī màn háishi tùzi màn? / Wǒ zhēn bùzhīdào nǐ wèishá yào wèn zhè zhǒng wèntí.
❸	信	xìn	我凭什么信你啊？/ 凭我从来没骗过你。	Wǒ píng shénme xìn nǐ a? / Píng wǒ cónglái méi piànguo nǐ.
❸	疼	téng	我知道你最疼我。/ 又想求我什么事？	Wǒ zhīdào nǐ zuì téng wǒ. / Yòu xiǎng qiú wǒ shénme shì?
❸	地图	dìtú	我墙上贴着中国地图，没事儿就看看。	Wǒ qiángshàng tiēzhe Zhōngguó dìtú, méishìr jiù kànkan.
❷	生病	shēngbìng	生病又不怪我。/ 怎么不怪你，让你好好休息你不听。	Shēngbìng yòu búguàiwǒ. / Zěnme búguàinǐ, ràng nǐ hǎohǎo xiūxi nǐ bùtīng.
❸	总是	zǒngshì	你不告诉我没关系，我总是有办法知道的。/ 好，我告诉你。	Nǐ búgàosu wǒ méiguānxi, wǒ zǒngshì yǒu bànfǎ zhīdào de. / Hǎo, wǒ gàosu nǐ.

Chinese is not knowledge. It's a language!

Unit 1	아이는 곁에 앉아 조용히 책을 읽으며, 울지도 떼를 쓰지도 않았어.	명 (누구·무엇의) 옆(곁)	一邊 일변
Unit 2	무슨 일을 하든 여러 번 생각하고 행동해야 해.	수 (한두 번이 아닌) 여러 번	三 삼
Unit 3	괜찮아, 긴장하지 말고, 느긋하게 해. / 네가 뭘 알아? 나 이렇게 오랫동안 준비했어, 절대 실패하면 안돼.	동 (상대의 말·글·문제 등을) 이해하다(알다)	懂 동
Unit 4	냉장고에 먹을 게 없네. / 며칠 전만 해도 꽉꽉 차 있었잖아, 네가 다 먹어버린 거야?	동 (누구·무엇이) 없다(가지고 있지 않다)	沒有, 沒 몰유, 몰
Unit 5	어? 우리 자주 가던 식당이 왜 없어졌지? / 너 몰랐냐? 거기 문 닫은 지 꽤 됐잖아!	동 (식당·가게 등이) 폐업하다(문을 닫다)	關 관
	저희가 준비한 저녁 식사이니, 다들 마음껏 드세요. / 네, 감사합니다.	동 (경어로써, '어서 드세요' 이럴 때의) 들다(드시다)	用 용
	무슨 일인데 그렇게 즐겁게 웃어? / 우리 아들 삼성에 합격했어!	동 (소리 없이, 또는 소리를 내어) 웃다	笑 소
Unit 6	자, 네가 한 번 맛봐. / 소금이 너무 적게 들어간 거 아니야? 조금 싱겁네.	동 (필요한·있어야 할 것·사람 등이) 부족하다(모자라다)	少 소
	목소리 좀 낮춰, 누가 듣겠어.	전 (무엇에) 의하여(인해)	叫 규
Unit 7	신청이 28일까지였네, 나도 서둘러야겠다.	명 ('12월 1일, 5월 15일' 이럴 때의) (몇) 일	號 호
Unit 8	얼른 돌아가세요, 당신 부인께 일이 생겼어요. / 무슨 일인데요?	동 (어떤 일이) 발생하다	出 출
	나 공항에서 아르바이트 해. / 면세점에서?	명 ('인천공항·김포공항' 이럴 때의) 공항	機場 기장
Unit 9	너 지난번에 나한테 담배 끊기로 약속했던 것 기억하지. / 아이고, 내가 깜빡했네.	동 (지난 일을) 잊어버리다	忘記 망기
Unit 10	이 옷 너무 낡았다, 버리자. / 안 돼, 이거 내가 제일 좋아하는 옷이란 말이야, 절대 안 돼.	형 (옷·신발·우산 등이) 낡다(오래되다)	舊 구

③급	一边	yìbiān	他坐在一边静静地看书，不哭也不闹。	Tā zuò zài yìbiān jìngjìngde kànshū, bùkū yě búnào.
①급	三	sān	做什么都要三思而后行。	Zuò shénme dōu yào sānsī ér hòu xíng.
②급	懂	dǒng	没事，别紧张，放轻松。/ 你懂什么？我准备这么久，绝不能失败。	Méishì, bié jǐnzhāng, fàng qīngsōng. / Nǐ dǒng shénme? Wǒ zhǔnbèi zhème jiǔ, juébunéng shībài.
①급	没有，没	méiyǒu, méi	冰箱里没啥吃的了。/ 前几天不还是满的吗？你都吃了？	Bīngxiāng lǐ méi shá chīde le. / Qiánjǐtiān bù háishi mǎnde ma? Nǐ dōu chī le?
③급	关	guān	哎？我们常去的那家饭店怎么没了？/ 你不知道吗？那家关了很久了！	Ái? Wǒmen cháng qù de nàjiā fàndiàn zěnme méi le? / Nǐ bùzhīdào ma? Nà jiā guān le hěn jiǔ le!
③급	用	yòng	这是我们准备的晚餐，大家请慢用。/ 好，谢谢。	Zhèshì wǒmen zhǔnbèi de wǎncān, dàjiā qǐng mànyòng. / Hǎo, xièxie.
②급	笑	xiào	什么事笑得这么开心？/ 我儿子被三星录取(录用)了！	Shénme shì xiào de zhème kāixīn? / Wǒ érzi bèi Sānxīng lùqǔ le!
①급	少	shǎo	来，你尝尝。/ 是不是盐放少了？有点儿淡。	Lái, nǐ chángchang. / Shìbushì yán fàng shǎo le? Yǒudiǎnr dàn.
①급	叫	jiào	小声点儿，别叫人听见。	Xiǎoshēngdiǎnr, bié jiào rén tīngjiàn.
①급	号	hào	报名就到二十八号为止啊，我得赶紧了。	Bàomíng jiù dào èrshíbā hào wéizhǐ a, wǒ děi gǎnjǐn le.
②급	出	chū	你赶紧回去吧，你老婆出事了。/ 什么事？	Nǐ gǎnjǐn huíqù ba, nǐ lǎopó chūshì le. / Shénmeshì?
②급	机场	jīchǎng	我在机场打工。/ 在免税店吗？	Wǒ zài jīchǎng dǎgōng. / Zài miǎnshuìdiàn ma?
③급	忘记	wàngjì	你记得你上次答应我戒烟的。/ 哎呀，我忘记了。	Nǐ jìde nǐ shàngcì dāyìng wǒ jièyān de. / Āiyā, wǒ wàngjì le.
③급	旧	jiù	这件衣服太旧了，扔了吧。/ 不要，这是我最喜欢的衣服，绝对不行。	Zhè jiàn yīfu tài jiù le, rēng le ba. / Búyào, zhèshì wǒ zuì xǐhuan de yīfu, juéduì bùxíng.

Chinese is not knowledge. It's a language!

Unit	예문	품사	뜻	한자/한글
Unit 1	나 요즘 리링이랑 관계가 조금 소원해. / 저번에 그 일 때문에 그래?	형	(사람 간의 사이가) 소원하다(멀다)	遠 원
Unit 2	전 지금 뭘 하면 좋을까요? / 아무것도 하실 필요 없으세요, 그냥 좀 쉬세요.	명	지금(현재)	現在 현재
Unit 3	넌 어느 계절을 가장 좋아해? / 난 가을이 제일 좋아, 가을 하늘은 높고 날씨도 시원하니, 얼마나 좋아.	명	(봄·여름·가을·겨울의) 계절	季節 계절
Unit 4	요즘 뭐 좋은 음악 있어? / 주걸륜 신곡 들어봤어? 엄청 좋아.	명	음악	音樂 음악
Unit 5	샤오리 얼마나 매력 있는지 좀 봐라, 너도 좀 배울 수 없냐? / 그게 배울 수 있는 거야?	동	('매력이 있다·용기가 있다' 이럴 때의) 있다	有 유
Unit 5	요즘 같은 시대에 누가 연필을 쓰냐? 다 샤프 쓰지. / 나 쓰는데? 난 되게 좋은데.	명	[문구] 연필	鉛筆 연필
Unit 6	리신, 빨리 나와서 밥 먹어! / 엄마, 저 안 먹는다고 했잖아요.	부	(누가 무엇을) 하지 않다	不 불
Unit 6	너 꼭 제때 끝내놔. 시간 되면 내가 와서 검사할 거니까.	동	(무엇을) 검사하다(조사하다)	檢查 검사
Unit 6	일어나, 너 알람 벌써 다섯 번이나 울렸어!	동	(잠에서) 일어나다(기상하다)	起床 기상
Unit 7	비계를 먹으면 살찌기 쉬우니까, 그냥 살코기 먹자. / 다 고기야, 별 차이 없어.	형	(돼지고기·소고기 따위에서) 비계가 적다	瘦 수
Unit 8	난 주로 부모님이 주신 용돈으로 살아. / 넌 곧 서른인 애가 아직도 무슨 용돈을 받아 써.	부	('주말엔 주로 집에 가지' 이럴 때의) 주로(대부분)	主要 주요
Unit 8	나 방금 집에 와서 답지를 보면서 점수를 예상해 봤는데, 다행히 나 꽤 잘 본 것 같아.	전	(무엇에) 근거하여	根據 근거
Unit 9	공연이 2주밖에 안 남았으니까, 더 열심히 연습해야 해! / 하루에 8시간씩이나 연습하는데, 뭘 더 어떻게 연습하란 말이야?	동	(누가 무엇을) 연습하다	練習 련습
Unit 10	죄송합니다, 이 옷은 세일 상품이라, 교환이 안 됩니다. / 못 바꿔주겠으면, 환불이라도 해주세요.	동	(무엇을) 교환하다(바꾸다)	換 환

	词	拼音	例句（中文）	例句（拼音）
2급	远	yuǎn	我跟李玲最近的关系比较疏远。/ 是因为上次的事吗?	Wǒ gēn Lǐ Líng zuìjìn de guānxi bǐjiào shūyuǎn. / Shì yīnwèi shàngcì de shì ma?
1급	现在	xiànzài	我现在做什么好呢？/ 什么都不用做，歇着吧。	Wǒ xiànzài zuò shénme hǎo ne? / Shénme dōu búyòng zuò, xiēzhe ba.
3급	季节	jìjié	你最喜欢哪个季节？/ 我最喜欢秋天，秋高气爽，多好啊。	Nǐ zuì xǐhuan nǎge jìjié? / Wǒ zuì xǐhuan qiūtiān, qiūgāoqìshuǎng, duō hǎo a.
3급	音乐	yīnyuè	最近有什么好听的音乐吗？/ 周杰伦的新歌听过吗？很好听。	Zuìjìn yǒushénme hǎotīng de yīnyuè ma? / Zhōu Jiélún de xīngē tīngguo ma? hěn hǎotīng.
1급	有	yǒu	看人家小丽多有魅力，你就不能学学？/ 这是能学的吗？	Kàn rénjiā Xiǎo Lì duō yǒu mèilì, nǐ jiù bùnéng xuéxué? / Zhèshì néng xué de ma?
2급	铅笔	qiānbǐ	现在谁还用铅笔啊，用的都是自动铅笔。/ 我就用啊，我觉得挺好的。	Xiànzài shéi hái yòng qiānbǐ a, yòng de dōushì zìdòng qiānbǐ. / Wǒ jiù yòng a, wǒ juéde tǐnghǎode.
1급	不	bù	李鑫，快出来吃饭！/ 妈，我都说我不吃了。	Lǐ Xīn, kuài chūlái chīfàn! / Mā, wǒ dōu shuō wǒ bùchī le.
3급	检查	jiǎnchá	你一定要按时做完啊，时间一到我会来检查的。	Nǐ yídìng yào ànshí zuòwán a, shíjiān yídào wǒ huì lái jiǎnchá de.
2급	起床	qǐchuáng	起床了，你的闹钟都响了五次了！	Qǐchuáng le, nǐ de nàozhōng dōu xiǎngle wǔcì le!
3급	瘦	shòu	吃肥肉容易胖，还是吃点瘦肉吧。/ 都是肉，没什么区别。	Chī féiròu róngyì pàng, háishi chīdiǎn shòuròu ba. / Dōu shì ròu, méishénme qūbié.
3급	主要	zhǔyào	我主要靠我爸妈给我的零花钱生活。/ 你都快三十了，还跟父母要零花钱呢。	Wǒ zhǔyào kào wǒ bàmā gěi wǒ de línghuāqián shēnghuó. / Nǐ dōu kuài sānshí le, hái gēn fùmǔ yào línghuāqián ne.
3급	根据	gēnjù	刚才我回家后根据答案测算了一下我的成绩，还好我考得不错。	Gāngcái wǒ huíjiā hòu gēnjù dá'àn cèsuàn le yíxià wǒ de chéngjì, hái hǎo wǒ kǎo de búcuò.
3급	练习	liànxí	演出只剩两个礼拜了，要抓紧时间练习啊！/ 每天练8个小时，还要怎么练？	Yǎnchū zhǐ shèng liǎngge lǐbài le, yào zhuājǐn shíjiān liànxí a! / Měitiān liàn 8ge xiǎoshí, háiyào zěnme liàn?
3급	换	huàn	不好意思，这件衣服是打折商品，不能换。/ 你们不给我换，就给我退钱！	Bùhǎoyìsi, zhè jiàn yīfu shì dǎzhé shāngpǐn, bùnéng huàn. / Nǐmen bù gěi wǒ huàn, jiù gěi wǒ tuì qián!

Chinese is not knowledge. It's a language!

Unit 1	아주머니, 제가 꼭 다시 뵈러 올게요. / 그래, 나도 기다리마.	조동사 [실현 가능성이 있음을 나타내어] (누가 무엇을) 할 것이다	會 회
Unit 2	너 누구랑 채팅하고 있어? / 내 남자친구랑, 보지 마!	동 (온라인으로 하는) 채팅	聊天 료천
Unit 3	너 도대체 언제 나한테 말할 건데? / 아직 때가 아니야!	동 (누구에게 어떤 사실·소식 등을) 알리다 (말하다)	告訴 고소
Unit 4	나 아침에 밥을 안 먹었더니, 배고파 죽겠어. / 누가 너더러 먹지 말랬냐, 쌤통이다.	명 ('아침·점심·저녁' 이럴 때의) 아침	早上 조상
Unit 5	그 당시 군대에서는 사병이 군도를 차는 것을 허용했습니다.	동 (시계·훈장·장갑·칼 따위를 몸에) 차다·달다·끼다	帶 대
Unit 6	이런 쉬운 일 따위로는 절대로 걔가 해결하기 힘든 상황에 빠뜨릴 수 없어. / 그렇더라도 걔가 무슨 슈퍼맨은 아니잖아.	동 (무엇이 누구를) 어렵게 하다(곤란하게 하다)	難 난
	나 이미 네 물음에 대답했어, 가도 되지?	동 (문제·물음에 대해) 대답하다	回答 회답
	누구의 잘못인지를 따지기 전에, 일단 일을 먼저 해결하고 나서 이야기합시다.	명 (누구의 실수 등으로 인한) 잘못(틀림, 착오)	錯 착
	그놈이 정말로 다시 돌아올 수도 있어, 너 무섭지 않아? 어서 가자. / 나 무기 있어, 겁나지 않아.	형 (무엇을 하는 것이) 가능하다	可能 가능
Unit 7	네가 무슨 선택을 하든, 우린 너의 의견을 존중해. / 다들 감사합니다.	명 (무엇에 대한) 선택	選擇 선택
Unit 8	나 박사 시험 준비하려고. / 좋네, 너한테 되게 잘 어울려.	동 (무엇을) 하려고 하다(할 작정이다)	準備 준비
Unit 9	다음에 또 너 보러 가도 괜찮아? / 그럼, 오기 전에 얘기만 해.	명 ('다음번·다음 문제' 이럴 때의) 다음	下 하
	너 왜 우리 말 엿듣고 그러니? / 누가 엿들었다고 그래? 나 눈곱만큼도 못 들었어.	수 [수량이 아주 적음을 나타냄]	半 반
Unit 10	진홍이 남편은 뭐 하는 사람이래? / 가수라고 듣긴 했는데, 그것도 전해 들은 거 뿐이야.	명 ('아내·남편' 이럴 때의) 남편	丈夫 장부

①급	会	huì	阿姨，我一定会回来看你的。/ 好，我等着你。	Āyí, wǒ yídìng huì huílái kàn nǐ de. / Hǎo, wǒ děngzhe nǐ.
③급	聊天	liáotiān	你在跟谁聊天？/ 跟我男朋友，不许看！	Nǐ zài gēn shéi liáotiān? / Gēn wǒ nánpéngyou, bùxǔ kàn!
②급	告诉	gàosu	你到底什么时候告诉我？/ 还没到时候呢！	Nǐ dàodǐ shénmeshíhou gàosu wǒ? / Háiméi dào shíhou ne!
②급	早上	zǎoshang	我早上没吃饭，饿死我了。/ 谁让你没吃的，活该。	Wǒ zǎoshang méi chīfàn, è sǐ wǒ le. / Shéi ràng nǐ méi chī de, huógāi.
③급	带	dài	当时军队里允许士兵们佩带军刀。	Dāngshí jūnduì lǐ yǔnxǔ shìbīngmen pèidài jūndāo.
③급	难	nán	这种小事儿绝对难不住他。/ 他可不是什么超人。	Zhèzhǒng xiǎoshìr juéduì nánbuzhù tā. / Tā kě búshì shénme chāorén.
③급	回答	huídá	我已经回答了你的问题，可以走了吧？	Wǒ yǐjīng huídá le nǐ de wèntí, kěyǐ zǒu le ba?
②급	错	cuò	不要计较是谁的错，先把事情解决了再说吧。	Búyào jìjiào shì shéi de cuò, xiān bǎ shìqing jiějué le zàishuō ba.
②급	可能	kěnéng	他完全可能再回来，你就不害怕吗？赶紧走吧。/ 我有武器，不怕的。	Tā wánquán kěnéng zài huílái, nǐ jiù búhàipà ma? Gǎnjǐn zǒu ba. / Wǒ yǒu wǔqì, búpà de.
③급	选择	xuǎnzé	无论你做什么选择，我们都尊重你的决定。/ 谢谢你们。	Wúlùn nǐ zuò shénme xuǎnzé, wǒmen dōu zūnzhòng nǐ de juédìng. / Xièxie nǐmen.
②급	准备	zhǔnbèi	我准备考博士。/ 好，挺适合你的。	Wǒ zhǔnbèi kǎo bóshì. / Hǎo, tǐng shìhé nǐ de.
①급	下	xià	我下次再去找你行吗？/ 行，来之前说一声就好了。	Wǒ xiàcì zài qù zhǎo nǐ xíng ma? / Xíng, lái zhīqián shuōyìshēng jiù hǎo le.
③급	半	bàn	你怎么偷听我们说话？/ 谁偷听了？我连半个字都没听到。	Nǐ zěnme tōutīng wǒmen shuōhuà. / Shéi tōutīng le? wǒ lián bànge zì dōu méi tīngdào.
②급	丈夫	zhàngfu	金红丈夫是做什么的？/ 听说是歌手，不过只是传闻而已。	Jīn Hóng zhàngfu shì zuò shénme de? / Tīngshuō shì gēshǒu, búguò zhǐshì chuánwén éryǐ.

Chinese is not knowledge. It's a language!

Unit	예문	품사/뜻	한자/한글
Unit 1	오늘 바람이 엄청 심하게 부는데, 우리 그래도 가? / 네가 결정해라!	동 바람이 불다	颳風 괄풍
Unit 2	이 노트북 어디서 났어? / 우리 아빠가 주신 졸업 선물이야. 어때?	명 [컴퓨터] 노트북	筆記本 필기본
Unit 3	걔는 그때 날 온갖 방법으로 괴롭혔어, 지금 와서 사정해 봤자, 턱도 없어.	수 [비유] 온갖(많은 수)	百 백
Unit 4	다들 조금씩 돈을 모아서 걔를 돕고 싶어 하니까, 걔도 아마 학교에 계속 다닐 수 있을 거야.	동 (누가 무엇을 하기를) 원하다(바라다)	願意 원의
Unit 4	법정 기념일 말고도, 우리 회사는 생일에도 휴가를 하루 줘. / 복지가 그렇게 좋아?	명 (국경일 따위의 법정) 기념일	節日 절일
Unit 5	내가 보기엔 이 글자는 절대로 네가 쓴 게 아니야, 너무 잘 썼잖아. / 너 매를 버는구나.	동 (어떠한 사실·상황 등이 어떠하다고) 생각하다(판단하다)	看 간
Unit 5	선생님께서 특별히 이번 시험이 중요하다고 하시면서, 우리한테 열심히 준비하라고 하셨어.	부 ('특별히 알아보다'·'일부러 물어보다' 이럴 때의) 특별히(일부러)	特別 특별
Unit 6	재테크에 관해서는 내가 전문가지! / 샤오리, 너 잘 생각하고 말해라?	전 ('전국에서'·'이 기간 내에' 이럴 때의) ~에(에서)	在 재
Unit 6	나 딸 낳았어! / 예쁜 공주님이네! 축하해!	명 [가족] 딸	女兒 녀아
Unit 7	당신의 따뜻한 환대에 감사드립니다. / 별말씀을요, 당연한 일인걸요. 다음에 또 오세요.	형 (누가) 친절하다	熱情 열정
Unit 8	너 친구 굶기지 마, 친구한테 뭐 먹으면서 기다리게 해도 되잖아. / 먹고 왔대.	동 (누구를) 굶기다·(누가) 굶주리다	餓 아
Unit 8	너희 집 여기서 얼마나 멀어? / 별로 안 멀어, 바로 저 산기슭 쪽이야.	명 (무엇의) 아랫부분(굽·발·다리·기슭)	腳 각
Unit 9	이 일을 넌 절대 그만두면 안 돼, 그만두면 넌 후회하게 될 거야.	명 (누가 하는) 일(업무)	工作 공작
Unit 10	누가 앉으라고 했어? 빨리 일어나!	동 (누가) 서다(일어서다)	站 참

3급	刮风	guā-fēng	今天刮好大的风啊,咱们还去吗?/你决定吧!	Jīntiān guā hǎo dà de fēng a, zánmen hái qù ma? / Nǐ juédìng ba!
3급	笔记本	bǐjìběn	这笔记本是哪儿来的?/是我爸给我的毕业礼物,怎么样?	Zhè bǐjìběn shì nǎr lái de? / Shì wǒ bà gěi wǒ de bìyè lǐwù, zěnmeyàng?
2급	百	bǎi	想当初他百般刁难我,现在来求我,门儿都没有。	Xiǎng dāngchū tā bǎibāndiāonàn wǒ, xiànzài lái qiú wǒ, ménr dōu méiyǒu.
3급	愿意	yuànyì	大家都愿意拿点钱出来支援他,他应该可以继续读书了。	Dàjiā dōu yuànyì ná diǎn qián chūlái zhīyuán tā, tā yīnggāi kěyǐ jìxù dúshū le.
3급	节日	jiérì	法定节日外,生日的时候我们公司也给放一天假。/福利这么好?	Fǎdìng jiérì wài, shēngrì de shíhou wǒmen gōngsī yě gěi fàng yìtiān jià. / Fúlì zhème hǎo?
1급	看	kàn	我看这字绝对不是你写的,写得也太好看了。/你找打呀。	Wǒ kàn zhè zì juéduì búshì nǐ xiě de, xiě de yě tài hǎokàn le. / Nǐ zhǎo dǎ ya.
3급	特别	tèbié	老师特别指出这次的考试很重要,要我们好好准备。	Lǎoshī tèbié zhǐchū zhècì de kǎoshì hěn zhòngyào, yào wǒmen hǎohǎo zhǔnbèi.
1급	在	zài	在理财方面我可是个专家!/小丽,你想好了再说呀。	Zài lǐcái fāngmiàn wǒ kěshìge zhuānjiā! / Xiǎo Lì, nǐ xiǎnghǎo le zàishuō ya.
1급	女儿	nǚ'ér	我生了女儿!/是可爱的小公主啊!恭喜你!	Wǒ shēng le nǚ'ér! / Shì kě'ài de xiǎogōngzhǔ a! Gōngxǐ nǐ!
3급	热情	rèqíng	谢谢您的热情招待。/哪里哪里,应该的。下次再来吧。	Xièxie nín de rèqíng zhāodài. / Nǎlǐ nǎlǐ, yīnggāi de. Xiàcì zài lái ba.
3급	饿	è	你别让朋友饿着,让他边吃边等也好啊。/他说他吃过了。	Nǐ bié ràng péngyou èzhe, ràng tā biānchībiāndēng yě hǎo a. / Tā shuō tā chīguo le.
3급	脚	jiǎo	你家离这儿有多远?/没多远,我家就在那个山脚。	Nǐ jiā lí zhèr yǒu duō yuǎn? / Méi duō yuǎn, wǒ jiā jiù zài nàge shānjiǎo.
1급	工作	gōngzuò	这个工作你可千万不能辞啊,不然有你后悔的。	Zhège gōngzuò nǐ kě qiānwàn bùnéng cí a, bùrán yǒu nǐ hòuhuǐ de.
3급	站	zhàn	谁让你坐下的?站起来!	Shéi ràng nǐ zuòxià de? Zhànqǐlái!

Chinese is not knowledge. It's a language!

Unit 1	네가 날 속일 줄은 정말 몰랐다. / 내 설명 좀 들어 줘, 너 속인 적 없다고 했잖아.	동 (무엇에 대해) 추측하다(무엇일 거라고 여기다)	想 상
Unit 2	나는 9층까지 올라간 후, 더는 올라갈 수가 없었어.	양 [단계·항목을 나누는 단위] 층·단계	層 층
Unit 3	나 말도 끝나지 않았는데, 넌 벌써 병을 깨뜨리냐? 넌 그게 얼마나 비싼 건지 알기나 해!	명 (무엇을 담을 수 있는 각종) 병	瓶子 병자
Unit 4	'6'은 중국에서 길한 숫자야. / '8'도 그렇지?	수 [數] 6(여섯)	六 륙
Unit 5	치엔치엔, 빨리 텔레비전 좀 틀어 봐, 무한도전 곧 시작해. / 야, 나 지금 바빠!	명 텔레비전	電視 전시
Unit 5	이거 나 새로 산 옷이야, 이쁘지 않아? / 네가 고른 거지? 내가 너 혼자서 옷 사지 말랬잖아.	부 ('새로 산 옷·방금 온 사람' 이럴 때의) 방금(갓, 새로이)	新 신
Unit 6	이 기회에, 난 푹 쉬어야겠다. / 나도, 난 이불 속에 누워서 안 일어날 거야.	전 ('집에 가는 김에'·'이번 기회에' 이럴 때의, 무엇을) 하는 김에(틈타)	就 취
Unit 6	쟤 낙타 닮은 거 같아, 너무 웃겨. / 난 네가 더 닮은 것 같은데.	동 (무엇이 다른 무엇과) 닮다(비슷하다)	像 상
Unit 6	나 축구 경기 보는 거 좋아하는데, 같이 보러 가자. / 좋아, 언제 갈까?	동 (취미로서 무엇을) 좋아하다(애호하다)	愛 애
Unit 7	너희들은 포위됐다, 무기를 내려놓아라.	동 (연기·불꽃·사람 등이 어떤 곳을) 에워싸다(둘러싸다)	包 포
Unit 8	겨울엔 어디로 여행 가는 게 좋을까? / 러시아 어때?	동 (누가 어디를) 여행하다(관광하다)	旅遊 려유
Unit 8	이 나라의 경제는 빠른 속도로 발전했죠, 미래에 있어서의 발전 가능성은 가늠할 수 없을 정도로 큽니다.	동 [비유] (사업·경제 따위가) 비약적으로 발전하다	起飛 기비
Unit 9	너 전역할 때 네 여자친구한테 신발 사줬냐? / 아니, 신발 필요 없다던데.	명 (각종) 신발	鞋 혜
Unit 10	넌 어떻게 이렇게 짧은 단락도 못 외우냐? 진짜 멍청하다!	양 ('글의 한 단락'·'이야기의 한 부분' 이럴 때의) 단락(대목)	段 단

중국어탈피

❶급	想	xiǎng	真没想到你会骗我。/ 你听我解释，我真没骗你。	Zhēn méi xiǎngdào nǐ huì piàn wǒ. / Nǐ tīng wǒ jiěshì, wǒ zhēn méi piàn nǐ.
❸급	层	céng	我爬到九层后，再也爬不上去了。	Wǒ pádào jiǔcéng hòu, zàiyě pábushàngqù le.
❸급	瓶子	píngzi	我话还没说完，你就把瓶子摔碎了啊，你知道那个多贵吗!	Wǒ huà háiméi shuōwán, nǐ jiù bǎ píngzi shuāisuì le a, nǐ zhīdào nàge duō guì ma!
❶급	六	liù	"六"在中国是一个吉祥的数字。/ "八"也是吧?	"Liù" zài Zhōngguó shì yíge jíxiáng de shùzì. / "Bā" yě shì ba?
❶급	电视	diànshì	倩倩，快把电视打开，无限挑战要开始了。/ 哎呀，我正忙着呢。	Qiànqian, kuài bǎ diànshì dǎkāi, Wúxiàntiǎozhàn yào kāishǐ le. / Āiyā, wǒ zhèng máng zhe ne.
❷급	新	xīn	这是我新买的衣服，漂亮不? / 你自己选的吧? 我说你别自己去买衣服。	Zhèshì wǒ xīn mǎi de yīfu, piàoliang bu? / Nǐ zìjǐ xuǎn de ba? Wǒ shuō nǐ bié zìjǐ qù mǎi yīfu.
❷급	就	jiù	就着这机会，我要好好休息休息。/ 我也是，我就躺在被窝里不起来了。	Jiùzhe zhè jīhuì, wǒ yào hǎohǎo xiūxi xiūxi. / Wǒ yě shì, wǒ jiù tǎng zài bèiwōlǐ bùqǐlái le.
❸급	像	xiàng	他长得像骆驼一样，太逗了。/ 我看你长得更像。	Tā zhǎng de xiàng luòtuó yíyàng, tài dòu le. / Wǒ kàn nǐ zhǎng de gèng xiàng.
❶급	爱	ài	我爱看球赛，咱们去看球赛吧。/ 好啊，什么时候去?	Wǒ ài kàn qiúsài, zánmen qù kàn qiúsài ba. / Hǎo a, shénmeshíhou qù?
❸급	包	bāo	你们被包围了，放下你们的武器。	Nǐmen bèi bāowéi le, fàngxià nǐmen de wǔqì.
❷급	旅游	lǚyóu	你说冬天去哪儿旅游比较好呢? / 俄罗斯怎么样?	Nǐ shuō dōngtiān qù nǎr lǚyóu bǐjiào hǎo ne? / Éluósī zěnmeyàng?
❸급	起飞	qǐfēi	这个国家的经济以迅猛的速度起飞了，未来的发展不可估量。	Zhège guójiā de jīngjì yǐ xùnměng de sùdù qǐfēi le, wèilái de fāzhǎn bùkěgūliang.
❸급	鞋	xié	你退伍的时候给你女朋友买鞋了吗? / 没有，她不要鞋子。	Nǐ tuìwǔ de shíhou gěi nǐ nǚpéngyou mǎi xié le ma? / Méiyǒu, tā búyào xiézi.
❸급	段	duàn	你怎么连这么一小段也背不出来啊，笨死了!	Nǐ zěnme lián zhème yìxiǎoduàn yě bèibuchūlái a, bèn sǐ le!

Chinese is not knowledge. It's a language!

너 오늘 배운 내용 기억해야 해, 다음에 내가 너 시험 볼 거야. / 복습 잘 하겠습니다.	[동작·기억 등의 견고함이나 안정됨을 나타냄]	住 주
나 자전거 탈 줄 몰라. / 내가 가르쳐 줄게!	명 자전거	自行車 자행차
네가 따라가고 싶으면, 따라가도록 해. 난 괜찮아. / 나 안 가고 싶어, 너 화난 거 아니지?	접 ('만약에 집에 간다면' 이럴 때의) 만약에	要 요
이 번역 작업은 대체 언제 끝나는 거야, 짜증 나 죽겠네. / 아직 멀었어, 계속 힘내자.	동 (누가 무엇을) 마치다(끝내다)	結束 결속
샤오진 있나요? / 샤오진 이미 갔어요, 하지만 저에게 전달해 드릴 말씀을 남겼어요.	부 ('이미 떠났다·벌써 끝냈다' 이럴 때의) 이미(벌써)	已經 이경
능력으로 말하자면, 그래도 내가 너보다 쪼끔은 낫지. / 누가 그래?	동 (누구·무엇)에 대해 말하다(논하다)	講 강
사회자는 사회의 각종 이슈를 소개했고, 그중에는 요즘 관심사인 노인의 사회 복지 문제도 포함되어 있었다.	동 ('상황을 설명하다'·'경험을 소개하다' 이럴 때의) 설명하다(소개하다, 이해시키다)	介紹 개소
나 너한테 질문 하나 해도 돼? / 당연하지, 뭐든 물어봐.	동 (무엇에 대해) 묻다(질문하다)	問 문

❶급	住	zhù	你要记住今天学的内容，下次我考你。/ 我会好好复习的。	Nǐ yào jìzhù jīntiān xué de nèiróng, xiàcì wǒ kǎo nǐ. / Wǒ huì hǎohǎo fùxí de.
❸급	自行车	zìxíng-chē	我不会骑自行车。/ 我教你！	Wǒ búhuì qí zìxíngchē. / Wǒ jiāo nǐ!
❷급	要	yào	你要想跟着去，你就去。我没关系。/ 我没想去，你是不是生气了？	Nǐ yào xiǎng gēnzhe qù, nǐ jiù qù. Wǒ méiguānxi. / Wǒ méi xiǎng qù, nǐ shìbushì shēngqì le?
❸급	结束	jiéshù	这个翻译作业到底什么时候结束啊，真烦。/ 还差得远呢，继续努力吧。	Zhège fānyì zuòyè dàodǐ shénmeshíhou jiéshù a, zhēn fán. / Hái chà de yuǎn ne, jìxù nǔlì ba.
❷급	已经	yǐjīng	小金在吗？/ 她已经走了，不过她留了话。	Xiǎo Jīn zài ma? / Tā yǐjīng zǒu le, búguò tā liú le huà.
❸급	讲	jiǎng	讲到能力嘛，还是我比你能干那么一点儿。/ 谁说的！	Jiǎng dào nénglì ma, háishi wǒ bǐ nǐ nénggàn nàme yìdiǎnr. / Shéi shuō de!
❷급	介绍	jièshào	主持人介绍了社会上的各种焦点问题，包括最近比较受瞩目的老人社会福利问题。	Zhǔchí rén jièshào le shèhuìshàng de gèzhǒng jiāodiǎn wèntí, bāokuò zuìjìn bǐjiào shòu zhǔmù de lǎorén shèhuì fúlì wèntí.
❷급	问	wèn	我问你一个问题可以吗？/ 可以啊，随便问。	Wǒ wèn nǐ yíge wèntí kěyǐ ma? / Kěyǐ a, suíbiàn wèn.

UNIT 7

九次失败是九次努力的证明。

예문	뜻	한자/병음
빨리 장리한테 전화해서 오라고 해. / 뭐야, 뭔데 그렇게 급해?	표현 (누구에게) 전화를 하다(걸다)	打電話 타전화
너 쟤를 이 정도로 용서한다고? 너무 봐주는 거잖아.	동 (누구를) 편하게 해주다(잘 해주다)·너그럽게 봐 주다	便宜 편의
그럼 우리 한 번 정리해보죠, 오늘 총 5개의 규칙을 정한 거예요, 맞죠? / 6가지예요.	양 [항목으로 나뉜 것을 세는 단위] (몇) 항목·(몇) 가지	條 조
공원에 가려면 어느 길로 가야 하나요? / 제가 함께 가 드릴게요, 설명하려면 복잡해서요.	명 ('어디로 가는 길'·'도로공사' 이럴 때의) 길(도로)	路 로
우리 할머니는 나를 특히 아끼셔, 내가 집에 내려갈 때마다 할머니는 맛있는 걸 많이 해주시지.	명 [가족] 할머니	奶奶 내내
실례지만 그쪽은 성함이 어떻게 되시죠? / 저는 김명석이라고 합니다. 명석 또는 라오진으로 불러주세요.	접 [동등한 관계를 나타내어] (무엇)이거나 (무엇)이다	或者 혹자
너 나중에 뭐 할 거야? / 몰라, 우선 졸업부터 하고 얘기하자.	명 ('오늘 이후로'·'1년 이후' 이럴 때의) 이후	以後 이후
남쪽 쌀이랑 북쪽 쌀이랑 무슨 차이가 있나요? / 남쪽 쌀은 느낌이... 뭐랄까... 좀 흩어져요.	명 (남방·남쪽이 아닌) 북방(북쪽)	北方 북방
너 방금 유럽에서 왔잖아, 신선했던 일들 좀 얘기해봐. / 좋지, 이리 와.	형 (일·이야기·문화 등이) 신선하다(신기하다, 보기 드물다)	新鮮 신선
선생님이 내일부터 9시에 수업 시작한대. / 하느님 감사합니다! 드디어 한 시간 더 잘 수 있겠네.	수 [數] 9(아홉)	九 구

아홉 번 실패했다는 건 아홉 번 노력했다는 증거다.

❶	打电话	dǎdiàn-huà	快打电话把张丽叫过来。/ 咋的了，什么事儿这么急。	Kuài dǎdiànhuà bǎ Zhāng Lì jiào guòlái. / Zǎde le, shénmeshìr zhème jí.
❷	便宜	piányi	你就这样原谅他？太便宜他了吧。	Nǐ jiù zhèyàng yuánliàng tā? Tài piányi tā le ba.
❸	条	tiáo	那我们整理一下，今天一共定了五条规则，对不对？/ 是六条。	Nà wǒmen zhěnglǐ yíxià, jīntiān yígòng dìng le wǔtiáo guīzé, duìbuduì? / Shì liùtiáo.
❷	路	lù	去公园要走哪一条路？/ 我带你去吧，说起来有点儿复杂。	Qù gōngyuán yào zǒu nǎyītiáo lù? / Wǒ dài nǐ qù ba, shuōqǐlái yǒudiǎnr fùzá.
❸	奶奶	nǎinai	我奶奶特别爱我，我每次回老家的时候奶奶都会给我做好吃的。	Wǒ nǎinai tèbié ài wǒ, wǒ měicì huí lǎojiā de shíhou nǎinai dōu huì gěi wǒ zuò hǎochī de.
❸	或者	huòzhě	请问您叫什么名字？/ 我叫金明硕。你可以叫我明硕或者老金。	Qǐngwèn nín jiào shénme míngzi? / Wǒ jiào Jīn Míngshuò. Nǐ kěyǐ jiào wǒ Míngshuò huòzhě Lǎo Jīn.
❸	以后	yǐhòu	以后你要做什么？/ 不知道，先毕业再说吧。	Yǐhòu nǐ yào zuò shénme? / Bùzhīdào, xiān bìyè zàishuō ba.
❸	北方	běifāng	南方大米跟北方大米有什么不一样？/ 南方大米感觉…怎么说呢…有点儿散。	Nánfāng dàmǐ gēn běifāng dàmǐ yǒushénme bù yíyàng? / Nánfāng dàmǐ gǎnjué… Zěnme shuō ne… Yǒudiǎnr sǎn.
❸	新鲜	xīnxiān	你刚从欧洲回来，给我们讲些新鲜事儿吧。/ 好啊，来来。	Nǐ gāng cóng Ōuzhōu huílái, gěi wǒmen jiǎng xiē xīnxiān shìr ba. / Hǎo a, láilái.
❶	九	jiǔ	老师说从明天起九点开始上课。/ 谢天谢地，终于可以多睡一个小时了。	Lǎoshī shuō cóng míngtiān qǐ jiǔdiǎn kāishǐ shàngkè. / Xiètiānxièdì, zhōngyú kěyǐ duō shuì yíge xiǎoshí le.

Chinese is not knowledge. It's a language!

Unit	예문	품사	뜻	한자/병음
Unit 1	우리 다른 방법을 생각해봐도 좋을 것 같아요. / 그것도 좋죠, 아직 시간이 있으니까요.	동	('생각해볼·선택할 가치가 있어' 이럴 때의, 무엇을 할) 가치가 있다	可以 가이
Unit 2	이사하는 건 진짜 성가셔. / 난 다음 달에 이사하기로 했어, 요즘 아주 바빠죽겠어.	동	(집·사무실 등을 새로운 곳으로) 이사하다	搬 반
Unit 3	나 내일 출국하는데, 우리 집 강아지 좀 돌봐 줄 수 있어? / 넌 왜 이제서야 말하니?	동	(누구를) 돌보다(보살피다)	照顧 조고
Unit 4	오늘 오후에 수영 수업이 있는데요, 수영복은 다 챙겨 오셨나요? / 네, 챙겨 왔습니다.	명	[체육] 수영	游泳 유영
Unit 4	그들은 연속해서 20바퀴를 돌아야 하며 중간에 쉴 수 없습니다.	명	('중간에서 갈아타' 이럴 때의) 중간	中間 중간
Unit 5	아들아, 지금이 몇 시인데 큰 소리로 노래를 부르니? 빨리 자! / 내일 토요일이잖아요, 조금만 더 놀면 안 돼요?	동	('목청껏 노래하다·울다' 이럴 때의) 거리낌 없이(제멋대로) 하다	放 방
중국어탈피	너희랑 함께 가는 사람은 몇 명이야? / 세 명.	부	(누구와) 함께(같이)	一起 일기
중국어탈피	너 학교 어떻게 가? / 나? 자전거 타고, 너는? / 나는 오토바이 타고 가.	동	(동물·자전거·오토바이에) 타다(올라타다)	騎 기
Unit 6	이야, 이 책은 CD도 붙어 있네. / 그럼 뭐해, 이 노트북은 CD 못 넣어.	동	(어디에 무엇이) 달리다(붙어 있다)	帶 대
Unit 7	뭐라고? 너 다시 한번 말해 볼래? / 나 군대 가.	대	['뭐라고? 네가 스파이라고?'와 같이 놀람과 불만을 나타냄]	什麼 십마
Unit 8	오늘부터, 나 다이어트 할 거야! / 또 시작이네.	전	('오늘부터 시작'·'여기부터 저기까지' 이럴 때의) ~부터	從 종
Unit 8	엄마, 저 게임 해도 돼요? / 숙제 다 했어?	동	(누가 컴퓨터·게임·핸드폰·공놀이 등을) 하다	玩 완
Unit 9	날씨가 추웠다 더웠다 하니까, 마땅히 뭘 입어야 할지 모르겠어.	형	(어느 공간·날씨 등이) 덥다	熱 열
Unit 10	밀수품이 암시장에서 거래되고 있어요. / 그럼 신고해야 하는 거 아니에요?	형	('암시장·마피아'와 같이) 불법의(은밀한)	黑 흑

2급	可以	kěyǐ	我们可以再想想别的办法。/ 也行，还有时间。	Wǒmen kěyǐ zài xiǎngxiǎng biéde bànfǎ. / Yě xíng, háiyǒu shíjiān.
3급	搬	bān	搬家可麻烦了。/ 我下个月就要搬了，最近忙死了。	Bānjiā kě máfan le. / Wǒ xiàge yuè jiùyào bān le, zuìjìn máng sǐ le.
3급	照顾	zhàogù	我明天出国，你能帮我照顾一下我家小狗吗？/ 你怎么现在才说？	Wǒ míngtiān chūguó, nǐ néng bāng wǒ zhàogù yíxià wǒjiā xiǎogǒu ma? / Nǐ zěnme xiànzài cái shuō?
2급	游泳	yóu-yǒng	今天下午有游泳课，泳衣都带了吗？/ 带了。	Jīntiān xiàwǔ yǒu yóuyǒng kè, yǒngyī dōu dài le ma? / Dài le.
3급	中间	zhōng-jiān	他们要连跑二十圈，中间不能休息。	Tāmen yào lián pǎo èrshíquān, zhōngjiān bùnéng xiūxi.
3급	放	fàng	儿子啊，都几点了还放声歌唱啊。快睡觉！/ 明天是星期六啊，多玩一会儿不行吗？	Érzi a, dōu jǐdiǎn le hái fàngshēng gēchàng a. Kuài shuìjiào! / Míngtiān shì xīngqīliù a, duō wán yíhuìr bùxíng ma?
2급	一起	yìqǐ	跟你们一起去的有几个人？/ 三个。	Gēn nǐmen yìqǐ qù de yǒu jǐgerén? / Sānge.
3급	骑	qí	你怎么上学？/ 我？骑自行车，你呢？/ 我骑摩托车上学。	Nǐ zěnme shàngxué? / Wǒ? Qí zìxíngchē, nǐ ne? / Wǒ qí mótuōchē shàngxué.
3급	带	dài	哇塞，这本书还带光盘呢！/ 那有什么用，这笔记本是放不了光盘的。	Wāsài, zhèběnshū hái dài guāngpán ne! / Nà yǒushénme yòng, zhè bǐjìběn shì fàngbùliǎo guāngpán de.
1급	什么	shén-me	什么？你再说一遍？/ 我要参军了。	Shénme? Nǐ zài shuō yíbiàn? / Wǒ yào cānjūn le.
2급	从	cóng	从今天开始，我要减肥！/ 又来了。	Cóng jīntiān kāishǐ, wǒ yào jiǎnféi! / Yòu lái le.
2급	玩	wán	妈，我可以玩游戏吗？/ 作业写完了吗？	Mā, wǒ kěyǐ wán yóuxì ma? / Zuòyè xiě wán le ma?
1급	热	rè	这天气忽冷忽热的，都不知道该穿什么了。	Zhè tiānqì hūlěnghūrè de, dōu bùzhīdào gāi chuān shénme le.
2급	黑	hēi	走私货在黑市交易。/ 那不得报警啊？	Zǒusīhuò zài hēishì jiāoyì. / Nà bù děi bàojǐng a?

Chinese is not knowledge. It's a language!

Unit	예문	품사 · 뜻	한자
Unit 1	너 이 노래 들어봤어? / 들어본 적 있는 것 같아, 귀에 익은데.	동 (말·노래 등의 소리를) 듣다	聽 청
Unit 2	네가 나한테 뭐를 그리라고 했더라? / 수평선!	명 ('수평선·수평거리' 이럴 때의) 수평	水平 수평
Unit 3	당신이란 사람은 어쩜 이렇게 사리 분별을 못하나요, 당신 또 이러면 저는 뚱 어르신더러 오셔서 말씀하시게 할 거예요.	동 (어떤 사람의 좋지 않은 행동에 대해서) 나무라다(비난하다)	說話 설화
Unit 3	장레이는 코가 너무 낮아, 좀 고치면 더 괜찮을 거 같은데. / 다른 사람 코가 어찌 됐든, 네가 뭔 상관이야?	명 ('눈·코·입' 이럴 때의) 코	鼻子 비자
Unit 4	걔는 여자를 10여 명이나 사귀어 봤어, 아주 선수야.	수 ('10일 남짓'·'10여 개' 이럴 때의) 남짓(여)	多 다
Unit 5	어렸을 때 기억엔, 눈만 오면 달려 나가서 눈사람 만들었는데. / 지금은 눈이 오면 나가기 싫어지지?	동 (비·눈 등이) 내리다(오다)	下 하
Unit 5	케이크가 너무 달아서, 두 입을 먹자 바로 물려버렸어.	형 (음식이) 달다(달콤하다)	甜 첨
Unit 5	아멍, 나 대신 전화 좀 받아줘. / 너희 아버지셔! 나 안 받을 거야!	동 (누가 전화를) 받다	接 접
Unit 6	이 문제는 분명히 일정한 규칙성이 있을 거야, 잘 생각해봐. / 오! 알아냈어!	형 (무엇이) 일정하다(규칙적이다)	一定 일정
Unit 7	나 너랑 친구 하고 싶어. / 난 아직 너랑 덜 친해진 거 같은데.	동 (누구와 어떤 관계를) 맺다(결성하다)	做 주
Unit 8	대충 써주세요, 그렇게 자세히 안 적으셔도 됩니다. / 그럼 이런 것은 적지 않아도 될까요?	형 (누가 무엇을) 대충하다(세심하지 않게 하다)	簡單 간단
Unit 8	나 조금만 주라. / 내가 왜?	양 ('조금만 줘'·'조금 먹어' 이럴 때의) 조금	一點兒 일점아
Unit 9	나 인터넷 쇼핑몰 하나 열고 싶어. / 너 다시 한번 생각해보지 그래, 요즘 인터넷 쇼핑몰 너무 많아.	동 (상점·회사 등을) 개업하다(열다)	開 개
Unit 10	201호 병실에 있는 환자 안정됐나? / 네, 밤새 뒤척거리시더니, 이제 많이 안정되셨습니다.	형 (심신이) 안정되다(평온하다)	安靜 안정

①급	听	tīng	你听过这首歌吗？/ 好像听过，好耳熟。	Nǐ tīngguò zhè shǒu gē ma? / Hǎoxiàng tīngguo, hǎo ěrshú.
③급	水平	shuǐ-píng	你让我画什么来着？/ 水平线！	Nǐ ràng wǒ huà shénme láizhe? / Shuǐpíngxiàn!
②급	说话	shuō-huà	你这个人怎么这么不讲理呀，你再这样我要让董爷说话了。	Nǐ zhège rén zěnme zhème bù jiǎnglǐ ya, nǐ zài zhèyàng wǒ yào ràng Dǒngyé shuōhuà le.
③급	鼻子	bízi	张磊的鼻子太塌了，整整会好点儿。/ 人家的鼻子怎么样，要你管吗？	Zhāng Lěi de bízi tài tā le, zhěngzhěng huì hǎodiǎnr. / Rénjiā de bízi zěnmeyàng, yào nǐ guǎn ma?
①급	多	duō	他交过十多个女朋友，是个老手。	Tā jiāoguo shíduō ge nǚpéngyou, shì ge lǎoshǒu.
①급	下	xià	还记得小时候，一下雪就跑出去堆雪人。/ 现在一下雪就不想出门了吧？	Hái jìde xiǎoshíhou, yíxiàxuě jiù pǎo chūqù duī xuěrén. / Xiànzài yíxiàxuě jiù bùxiǎng chūmén le ba?
③급	甜	tián	蛋糕太甜了，吃两口就腻了。	Dàngāo tài tián le, chī liǎngkǒu jiù nì le.
③급	接	jiē	阿蒙，帮我接一下电话。/ 是你爸！我不接！	Ā Méng, bāng wǒ jiē yíxià diànhuà. / Shì nǐ bà! Wǒ bùjiē!
③급	一定	yídìng	这题肯定有一定的规则，好好想想。/ 啊，想到了！	Zhè tí kěndìng yǒu yídìng de guīzé, hǎohǎo xiǎngxiǎng. / A, xiǎngdào le!
①급	做	zuò	我想跟你做朋友。/ 我觉得我们还不熟。	Wǒ xiǎng gēn nǐ zuò péngyou. / Wǒ juéde wǒmen hái bùshú.
③급	简单	jiǎn-dān	您就简单写一下，不用写得那么详细。/ 那这些都可以不写吗？	Nín jiù jiǎndān xiě yíxià, búyòng xiě de nàme xiángxì. / Nà zhèxiē dōu kěyǐ bùxiě ma?
①급	一点儿	yìdiǎnr	给我一点儿呗。/ 凭什么呀？	Gěi wǒ yìdiǎnr bei. / Píng shénme ya?
①급	开	kāi	我打算开个网店。/ 你再想想吧，最近网店太多了。	Wǒ dǎsuàn kāi ge wǎngdiàn. / Nǐ zài xiǎngxiǎng ba, zuìjìn wǎngdiàn tài duō le.
③급	安静	ānjìng	201号病房的病人安静下来了吗？/ 是的，折腾了一夜，现在稳定多了。	201 hào bìngfáng de bìngrén ānjìng xiàlái le ma? / Shìde, zhēteng le yíyè, xiànzài wěndìng duō le.

Chinese is not knowledge. It's a language!

Unit 1	자, 우리 다 같이 큰 소리로 읽어보자.	동 (책·신문·편지 등을) 읽다(보다)	讀 독
Unit 2	중요한 것은, 네가 매일 꾸준히 재활을 해야 된다는 거야, 절대 게으름을 피워서는 안 돼.	명 중요한 점·일·문제	問題 문제
Unit 3	너는 무슨 차 좋아해? / 나는 차 마시는 거 안 좋아해, 난 커피 마시는 걸 좋아해.	명 (녹차·홍차 등의) 차	茶 차
Unit 4	매주 수요일마다 나는 치과에 가야 해. / 엥? 이 때우는 게 그렇게 귀찮은 일인 거였어?	부 ('매년·해마다' 이럴 때의) 매(~마다)	每 매
Unit 5	너 유재석 씨 싸인 받았어? / 응, 나 유재석 씨랑 악수도 했어, 나 감동 먹었잖아.	조사 [문장 끝에서 의문을 나타냄]	嗎 마
Unit 5	두 숫자의 합을 구해야지, 빼기가 아니라. / 응? 어떻게 더하기를 빼기로 봤지?	명 (숫자의) 합(합계)	和 화
중국어탈피	이분이 누구신지 여쭤봐도 될까요? / 아, 그분은 그냥 지나가는 사람이세요.	양 [사람을 셀 때 쓰는 단위로 '个'보다 높임말로 쓰임] (몇) 분	位 위
	라오쏭은 축구를 잘 못 하셔, 발로하는 건 다 못하셔.	표현 축구를 하다	踢足球 척족구
Unit 6	와, 저 사람 진짜 잘생겼다. / 잘생기기만 하면 뭐하냐, 인품이 너무 별로야.	형 (누구의 성품 등이) 불량하다(나쁘다, 비열하다)	壞 괴
Unit 7	내가 공항까지 데려다줄게. / 괜찮아, 리무진버스 타면 20분이면 가.	동 (누가 누구를 어디에) 데려다주다	送 송
Unit 8	나 이제 드디어 혼자 외출할 수 있게 됐어! / 다리 완전히 나은 거야?	동 (누가·무엇이 안에서 밖으로) 나오다	出 출
Unit 9	이 칼 왜 고기가 잘 안 썰어 지지? 너 나 이거 칼 좀 날카롭게 갈아줘.	형 (칼이) 날카롭다	快 쾌
Unit 9	너 왜 그래? 화났어? / 쟤가 나를 계속 귀찮게 하잖아, 짜증 나게!	동 (누가) 화를 내다·화가 나다	生氣 생기
Unit 10	좋습니다, 모두 준비되었습니다. 이제 조건을 이야기해볼까요. / 네, 좋습니다.	동 (누가 무엇을) 상의하다(의논하다)	講 강

❶급	读	dú	来，我们一起大声读一遍。	Lái, wǒmen yìqǐ dàshēng dú yíbiàn.
❷급	问题	wèntí	重要的问题是，你要每天坚持复健，绝不能偷懒。	Zhòngyào de wèntí shì, nǐ yào měitiān jiānchí fùjiàn, jué bùnéng tōulǎn.
❶급	茶	chá	你喜欢什么茶？/ 我不喜欢喝茶，我喜欢喝咖啡。	Nǐ xǐhuan shénme chá? / Wǒ bùxǐhuan hē chá, wǒ xǐhuan hē kāfēi.
❷급	每	měi	每周三我都得去看牙科。/ 啊？补牙这么麻烦吗？	Měi zhōusān wǒ dōu děi qù kàn yákē. / A? Bǔyá zhème máfanma?
❶급	吗	ma	你拿到刘在石的签名了吗？/ 嗯，他还跟我握了手，把我激动的呀。	Nǐ nádào Liú Zàishí de qiānmíng le ma? / Ǹg, tā hái gēn wǒ wò le shǒu, bǎ wǒ jīdòng de ya.
❶급	和	hé	要算两个数的和，不是差。/ 啊？我怎么把加号看成减号了呀。	Yào suàn liǎngge shù de hé, búshì chā. / Á? Wǒ zěnme bǎ jiāhào kànchéng jiǎnhào le ya.
❸급	位	wèi	能问一下这位先生是谁吗？/ 哦，他只是个路人。	Néng wèn yíxià zhè wèi xiānsheng shì shéi ma? / Ò, tā zhǐshìge lùrén.
❷급	踢足球	tīzúqiú	老宋不会踢足球，只要是用脚玩儿的他都不会。	Lǎo Sòng búhuì tīzúqiú, zhǐyào shì yòng jiǎo wánr de tā dōu búhuì.
❸급	坏	huài	哇，他好帅啊。/ 光帅有什么用，人品可坏了。	Wā, tā hǎo shuài a. / Guāng shuài yǒushénme yòng, rénpǐn kě huàile.
❷급	送	sòng	我送你去机场吧。/ 不用了，坐大巴二十分钟就到了。	Wǒ sòng nǐ qù jīchǎng ba. / Búyòng le, zuò dàbā èrshí fēnzhōng jiù dào le.
❷급	出	chū	我终于可以自己出门啦！/ 腿完全好了吗？	Wǒ zhōngyú kěyǐ zìjǐ chūmén la! / Tuǐ wánquán hǎo le ma?
❷급	快	kuài	这把刀怎么切不了肉呢，你帮我把刀磨快点儿。	Zhèbǎdāo zěnme qiēbuliǎo ròu ne, nǐ bāng wǒ bǎ dāo mó kuài diǎnr.
❸급	生气	shēngqì	你怎么了？生气了？/ 他一直在烦我，气死了！	Nǐ zěnmele? Shēngqì le? / Tā yìzhí zài fán wǒ, qì sǐ le!
❸급	讲	jiǎng	好的，一切都准备好了，现在我们讲讲条件吧。/ 嗯，好的。	Hǎode, yíqiè dōu zhǔnbèi hǎo le, xiànzài wǒmen jiǎngjiǎng tiáojiàn ba. / Ǹg, hǎo de.

Chinese is not knowledge. It's a language!

Unit 1	와, 여기 고층 빌딩 왜 이렇게 많아? / 어휴, 누가 촌놈 아니랄까 봐.	명	(2층 이상의) 건물(층집)	樓 루
Unit 2	너네는 공부 잘하는 애들을 뭐라고 불러? / 중국에서? 보통 '공부왕'이라고 하지.	명	(시험에 대한) 성적(결과)	成績 성적
Unit 3	떨쳐 일어나라, 노예로 살고 싶지 않은 사람들이여.	동	(사람들이 항쟁을 위해) 떨쳐 일어나다	起來 기래
Unit 3	네 옷 뒤에 쓰여있는 건 뭐야? / 나도 몰라, 나 독일어 못하거든.	명	[앞에 대하여] 뒤·뒤쪽·뒷면	後面 후면
Unit 4	나 다음 주에 미국에 가. / 대박, 비자 받으셨어요?	조동	(누가 무엇을) 하려고 한다·할 것이다	要 요
Unit 5	어? 나도 이 가방 있어! / 요즘 이거 유행이잖아, 사람들이 다 메고 다니더라.	명	('백팩·핸드백' 등의) 가방	包 포
Unit 5	냉장고에 있던 케이크 누가 먹었어? / 내가 먹었다. 어쩔래?	명	('치즈케이크·초코케이크' 이럴 때의) 케이크	蛋糕 단고
Unit 6	이번 국정농단 사태에 있어, 법원은 리정하오 전직 대통령에게 무기징역을 선고했습니다.	동	(누가 무엇을) 결정하다(결심하다)	決定 결정
Unit 6	여기 종업원 정말 싸가지 없어. / 그러니까, 음식을 잘못 내왔으면서 사과도 안 하네.	명	(음식점·주점의) 종업원	服務員 복무원
Unit 7	그쪽은 언제 졸업하셨어요? / 올해가 2020년이죠? 그럼 작년이네요.	명	작년(지난해)	去年 거년
Unit 8	네가 교단에서 제일 가까우니까, 네가 시험지 가져와. / 네.	형	(공간적·시간적 거리가) 가깝다	近 근
Unit 8	난 가을에 길에서 나는 은행 구린내가 제일 싫어. / 오, 나도 그런데.	명	[계절] 가을	秋 추
Unit 9	우리가 함께 일한 게 몇 년인데요, 이번 한 번만 도와주세요. / 돈 문제는, 저도 정말 방법이 없어요.	동	(누가) 함께 일하다	同事 동사
Unit 10	너 얼른 자, 내일 출근 안 할 거야? / 게임 조금만 더 하고요.	동	(잠을) 자다(수면을 취하다)	睡覺 수각

③	楼	lóu	哇，这里怎么这么多高楼大厦？/ 哎，真是个乡巴佬。	Wā, zhèlǐ zěnme zhème duō gāolóudàshà? / Āi, zhēnshi ge xiāngbālǎo.
③	成绩	chéngjì	你们管成绩好的人叫什么？/ 在中国吗？一般叫"学霸"吧。	Nǐmen guǎn chéngjì hǎo de rén jiào shénme? / Zài Zhōngguó ma? yìbān jiào "xuébà" ba.
③	起来	qǐlai	起来，不愿做奴隶的人们。	Qǐlai, bùyuàn zuò núlì de rénmen.
①	后面	hòumiàn	你衣服后面写的是什么？/ 我也不知道，我不懂德文。	Nǐ yīfu hòumiàn xiě de shì shénme? / Wǒ yě bùzhīdào, wǒ bùdǒng Déwén.
②	要	yào	我下周要去美国了。/ 哇塞，你拿到签证了？	Wǒ xiàzhōu yào qù Měiguó le. / Wāsāi, nǐ nádào qiānzhèng le?
③	包	bāo	欸？我也有这个包。/ 最近流行这个，人人都背着。	Āi? Wǒ yě yǒu zhège bāo. / Zuìjìn liúxíng zhège, rénrén dōu bēizhe.
③	蛋糕	dàngāo	冰箱里的蛋糕哪儿去了？/ 我吃了。怎么了？	Bīngxiāng lǐ de dàngāo nǎr qù le? / Wǒ chī le. Zěnmele?
③	决定	juédìng	对本次国政垄断事件，法院决定给李正镐前任总统判无期徒刑。	Duì běn cì guózhèng lǒngduàn shìjiàn, fǎyuàn juédìng gěi LǐZhènghào qiánrèn zǒngtǒng pàn wúqī túxíng.
②	服务员	fúwù-yuán	这里的服务员态度太差了。/ 可不是啊，上错菜了也不道歉。	Zhèlǐ de fúwùyuán tàidu tài chà le. / Kěbúshì a, shàng cuò cài le yě búdàoqiàn.
②	去年	qùnián	你是什么时候毕业的？/ 今年是2020年吧？是去年。	Nǐ shì shénmeshíhou bìyè de? / Jīnnián shì 2020 nián ba? Shì qùnián.
②	近	jìn	你离讲台最近，你去拿卷子。/ 好的。	Nǐ lí jiǎngtái zuìjìn, nǐ qù ná juànzi. / Hǎo de.
③	秋	qiū	我最讨厌秋天路上银杏的那个臭味儿。/ 哎，我也是。	Wǒ zuì tǎoyàn qiūtiān lùshàng yínxìng de nàge chòuwèir. / Āi, wǒ yě shì.
③	同事	tóngshì	我们同事这么多年，就帮我这一次吧。/ 钱的问题，我真没办法。	Wǒmen tóngshì zhème duōnián, jiù bāng wǒ zhèyícì ba. / Qián de wèntí, wǒ zhēn méi bànfǎ.
①	睡觉	shuì-jiào	你赶紧睡觉，明天还上不上班了？/ 我再玩会儿。	Nǐ gǎnjǐn shuìjiào, míngtiān hái shàngbushàngbān le? / Wǒ zài wán huìr.

Chinese is not knowledge. It's a language!

Unit	예문	품사	뜻	한자
Unit 1	빨리 먹을 것 좀 시키자, 나 배고파 죽겠어. / 리밍이 아직 안 왔잖아, 조금만 더 기다려.	명	(각종) 요리·반찬	菜 채
Unit 2	저한테 성의를 좀 보여주실 순 없나요? 문자만 딸랑 보내면 끝입니까? / 네, 다음에 보상해드릴게요, 됐죠?	전	(누구·무엇)에 대하여	對 대
Unit 3	이것이야말로 라오리의 진면목이지. / 사람을 외모로만 판단해서는 안 되는구나.	형	('진실한 마음·진짜 모습·진품' 이럴 때의) 진실하다(진짜이다)	真 진
Unit 4	50kg이면 몇 근이에요? / 100근이요, 바로 2를 곱하면 돼요.	명	[단위] 킬로그램(kg)	公斤 공근
Unit 4	우리 회사 오늘 휴무야! / 부러워 죽겠네, 나도 쉬고 싶어.	명	회사	公司 공사
Unit 5	이 일은 절대 샤오칭한테 얘기하면 안 돼, 걔 엄청 화낼 거야. / 알았어.	대	('이 사람'·'이 노래'·'이런 말' 이럴 때의) 이것(이)	這 저
Unit 5	우리 집 맞은편에 할머니 한 분이 사시는데, 벌써 연세가 100세가 넘으셨대. / 진짜? 대단하시다!	형	(누가) 늙다(나이 먹다)	老 로
Unit 6	그릇 챙겨 왔어? / 여기 없어? / 내가 너희더러 각자 가져오라고 말했잖아.	명	(음식 등을 담는) 그릇(공기, 사발)	碗 완
Unit 6	너 수영하러 간다며? 왜 안 갔어? / 아빠가 혼자 강에서 수영하지 말라고 해서 못 갔어, 짜증 나.	명	강·하선	河 하
Unit 7	난 객관식 문제는 찍어서 다 맞았는데, 주관식은 다 틀렸어. / 다 맞게 찍는 것도 실력이야.	명	('시험문제·연습문제' 이럴 때의) 문제	題 제
Unit 8	됐어, 내가 보기에 넌 처음부터 내 말을 들을 생각도 없었어. / 그런 거 아니야.	감	[말을 일단락 지을 때, 동의나 금지를 나타냄] 좋아요·됐어·응	得 득
Unit 9	넌 매번 바지만 입는 데 그러지 좀 마, 넌 치마 입는 게 더 잘 어울려. / 치마 입는 거 귀찮아, 입기 싫어.	명	[옷] 치마(스커트)	裙子 군자
Unit 9	쑹량은 진짜 좋은 사람인 것 같아. / 누가 너한테 사탕 하나 줬다고 좋은 사람이야?	형	('좋은 사람·좋은 물건' 이럴 때의) 좋다	好 호
Unit 10	샤오진, 오늘 약속 있어? / 없어, 왜?	명	('어제·오늘·내일' 중에서) 오늘	今天 금천

❶	菜	cài	快点菜吧，我都快饿死了。/ 人家李明还没来呢，再等会儿。	Kuài diǎncài ba, wǒ dōu kuài è sǐ le. / Rénjiā Lǐ Míng hái méi lái ne, zài děnghuìr.
❷	对	duì	能对我有点诚意吗？发个短信就完了？/ 行，下次补偿你，行了吧？	Néng duì wǒ yǒudiǎn chéngyì ma? Fā ge duǎnxìn jiù wán le? / Xíng, xiàcì bǔcháng nǐ, xíng le ba?
❷	真	zhēn	这才是老李的真面目。/ 人不可貌相啊。	Zhè cáishì Lǎo Lǐ de zhēnmiànmù. / Rénbùkěmàoxiàng a.
❸	公斤	gōngjīn	五十公斤是多少斤？/ 一百斤，直接乘以二就可以了。	Wǔshí gōngjīn shì duōshǎo jīn? / Yìbǎi jīn, zhíjiē chéngyǐ èr jiù kěyǐ le.
❷	公司	gōngsī	我们公司今天放假！/ 羡慕死了，我也想休息。	Wǒmen gōngsī jīntiān fàngjià! / Xiànmù sǐ le, wǒ yě xiǎng xiūxi.
❶	这	zhè	这事你可不能告诉小青啊，她得气死了。/ 我知道了。	Zhèshì nǐ kě bùnéng gàosu Xiǎo Qīng a, tā děi qì sǐ le. / Wǒ zhīdào le.
❸	老	lǎo	我家对面住着一位老奶奶，她已经有一百多岁了。/ 真的？真牛！	Wǒ jiā duìmiàn zhù zhe yíwèi lǎo nǎinai, tā yǐjīng yǒu yìbǎi duō suì le. / Zhēnde? Zhēn niú!
❸	碗	wǎn	带碗了吗？/ 这儿没有吗？/ 我不是说让你们自己带吗。	Dài wǎn le ma? / zhèr méiyǒu ma? / Wǒ búshì shuō ràng nǐmen zìjǐ dài ma.
❸	河	hé	你不是说要去游泳吗？怎么没去？/ 爸爸不让我自己去河里游泳，烦死了。	Nǐ búshì shuō yào qù yóuyǒng ma? Zěnme méi qù? / Bàba búràng wǒ zìjǐ qù hé lǐ yóuyǒng, fán sǐ le.
❷	题	tí	选择题我都蒙对了，问答题全答错了。/ 全蒙对也是本事啊。	Xuǎnzé tí wǒ dōu mēng duì le, wèndátí quán dácuò le. / Quán mēngduì yě shì běnshì a.
❷	得	dé	得了，我看你一开始就没想要听我的。/ 没有啦。	Déle, wǒ kàn nǐ yìkāishǐ jiù méi xiǎng yào tīng wǒ de. / Méiyǒu la.
❸	裙子	qúnzi	你不要老穿裤子啊，你穿裙子更好看。/ 穿裙子太麻烦了，不爱穿。	Nǐ búyào lǎo chuān kùzi a, nǐ chuān qúnzi gèng hǎokàn. / Chuān qúnzi tài máfanle, bù ài chuān.
❶	好	hǎo	宋亮真是个好人。/ 人家送你块糖就是好人了？	Sòng Liàng zhēnshi ge hǎorén. / Rénjiā sòng nǐ kuài táng jiùshì hǎorén le?
❶	今天	jīntiān	小金，今天有约吗？/ 没有，怎么了？	Xiǎo Jīn, jīntiān yǒu yuē ma? / Méiyǒu, zěnmele?

Chinese is not knowledge. It's a language!

Unit 1	너 하고 싶은 말 있으면 그냥 까놓고 말해, 마음속에 담아두지 말고. / 뭐? 나 할 말 없는데?	형 (무엇이) 숨김없다(공개적이다)	明白 명백
Unit 2	이번 시험은 내가 여기에 남을 수 있을지 없을지를 결정하지, 난 이 시험 반드시 잘 봐야 해. / 그걸 알면서도 제대로 준비를 안 하는 거야?	동 (무엇과) 관계하다(연관되다)	關係 관계
Unit 3	너 무슨 계획 없니? / 전 먼저 HSK를 볼 생각이에요.	명 (누가 무엇을 할) 계획(생각)	打算 타산
Unit 4	그저 함께 옆에 있어 주는 것이 바로 진정한 사랑이지, 여자들은 그냥 남자친구가 더 같이 있어 주길 원하는 거야.	접 A를 해야만 B를 한다(B이다)	只有 A 才 B
Unit 5	너희 오전에 오니, 아니면 오후에 오니? / 우리 오후에 도착하니까, 그때 공항에서 보자.	접 ('A 아니면 B?'·'오전에 와 오후에 와?' 이럴 때의) 또는(아니면)	還是 환시
Unit 6	다행히 오늘은 어제만큼 안 춥네. / 그러게, 안 그러면 너 치마 입고 얼마나 춥겠어.	동 (무엇이 어떤 정도에) 미치지 못하다	沒有, 沒 몰유, 몰
Unit 7	내일 시합에는 너희들이 먼저 나가거라. / 코치님, 도대체 왜 쟤들을 먼저 출전시킵니까?	동 (대회에) 출전하다	上 상
	너 등에 있는 반점은 어떻게 생긴 거야? 병원 가 봐야 되는 거 아냐? / 무슨 반점? 나는 모르는데.	명 ('곰팡이 자국', '잉크 얼룩', '피부의 반점' 이럴 때의) 작은 얼룩·자국·반점	點 점
	네가 무슨 슈퍼맨도 아니고, 됐어. / 그래, 그럼 나 간다.	부 [부정문·반어문에서 강조를 나타내어] (무엇)도(또한)	又 우
	우리 총장은 너무 무능력해, 너희는? / 우리도 그래, 대학교 총장들은 다 비슷한가 봐.	명 (초·중·고·대학교의) 교장·학장·총장	校長 교장
Unit 8	내년에도 이 핸드폰 쓰실 거예요? / 그럼요, 아직 멀쩡해요.	부 ('저도·저 또한' 이럴 때의, 누구·무엇) 도(또한, 역시)	也 야
Unit 9	밍밍, 난 날개를 펴고, 너에게 날아가고 싶어. / 제발 오지 말아줘.	동 (입·손·날개 등을) 열다(펼치다)	張 장
	영화표 사는 거 잊지 마. / 응, 무슨 영화 본다고 했었지?	명 (차표·비행기 표·콘서트 표 등의) 표(티켓)	票 표
Unit 10	말씀 좀 여쭙겠습니다, 리 선생님 계신가요? / 리 선생님 이번 주에 출장 가셔서, 사무실에 안 계세요.	명 [교사를 말하는 게 아닌, 성인 남성을 부르는 호칭으로] 선생님	先生 선생

❸	明白	míngbai	你有什么话就明白说出来，不要憋在心里。/ 什么？我没什么要说的。	Nǐ yǒushénme huà jiù míngbai shuōchūlái, búyào biē zài xīnlǐ. / Shénme? Wǒ méi shénme yào shuō de.
❸	关系	guānxì	这次考试直接关系到我能不能继续留在这里，我必须要考好。/ 你知道还不好好准备？	Zhècì kǎoshì zhíjiē guānxìdào wǒ néngbunéng jìxù liúzài zhèlǐ, wǒ bìxū yào kǎohǎo. / Nǐ zhīdào hái bù hǎohǎo zhǔnbèi?
❸	打算	dǎsuàn	你有什么打算没? / 我打算先把HSK给考了。	Nǐ yǒushénme dǎsuàn méi? / Wǒ dǎsuàn xiān bǎ HSK gěi kǎo le.
❸	只有 A 才 B	zhǐyǒu A cái B	只有陪伴才是最长情的告白，女孩子们只是希望男朋友多陪陪她们。	Zhǐyǒu péibàn cái shì zuì chángqíng de gàobái, nǚháizimen zhǐshì xīwàng nánpéngyou duō péipéi tāmen.
❸	还是	háishi	你们上午到还是下午到? / 我们下午到，到时候在机场见吧。	Nǐmen shàngwǔ dào háishi xiàwǔ dào? / Wǒmen xiàwǔ dào, dàoshíhou zài jīchǎng jiàn ba.
❶	没有，没	méiyǒu, méi	幸好今天没有昨天那么冷。/ 对啊，不然你穿个裙子冻死了。	Xìnghǎo jīntiān méiyǒu zuótiān nàme lěng. / Duì a, bùrán nǐ chuānge qúnzi dòng sǐ le.
❶	上	shàng	明天比赛你们几个先上。/ 教练，为什么让他们先上啊？	Míngtiān bǐsài nǐmen jǐge xiān shàng. / Jiàoliàn, wèishénme ràng tāmen xiān shàng a?
❶	点	diǎn	你背上的斑点怎么回事？是不是得去医院看看？/ 什么斑点？我不知道啊。	Nǐ bèishàng de bāndiǎn zěnmehuíshì? shìbushì děi qù yīyuàn kànkan? / Shénme bāndiǎn? Wǒ bùzhīdào a.
❸	又	yòu	你又不是什么超人，够了。/ 好的，那我回去啦。	Nǐ yòu búshì shénme chāorén, gòu le. / Hǎode, nà wǒ huíqù la.
❸	校长	xiàozhǎng	我们校长太差劲了，你们学校呢？/ 我们也是，大学校长都差不多。	Wǒmen xiàozhǎng tài chàjìn le, nǐmen xuéxiào ne? / Wǒmen yěshì, dàxué xiàozhǎng dōu chàbuduō.
❷	也	yě	你明年也要用这个手机？/ 当然了，还好好的呢。	Nǐ míngnián yě yào yòng zhège shǒujī? / Dāngránle, hái hǎohǎo de ne.
❸	张	zhāng	明明，我想张开翅膀，向你飞去。/ 千万别来。	Míngmíng, wǒ xiǎng zhāngkāi chìbǎng, xiàng nǐ fēiqù. / Qiānwàn bié lái.
❷	票	piào	别忘了买电影票啊。/ 嗯，要看什么来着？	Biéwàngle mǎi diànyǐngpiào a. / Ng, yào kàn shénme láizhe?
❶	先生	xiānsheng	请问，李先生在吗？/ 他这周出差，不在办公室。	Qǐngwèn, Lǐ xiānsheng zài ma? / Tā zhèzhōu chūchāi, búzài bàngōngshì.

Chinese is not knowledge. It's a language!

Unit 1	경비 보시는 아저씨가 정문을 지키고 계셔서, 난 빠져나갈 수가 없어!	동 (문이나 지역 등을) 지키다	把 파
Unit 2	너희 집은 얼마나 커? / 대략 90㎡ 정도 돼.	명 (동식물·물건·장소 등의) 크기	大 대
Unit 3	너 타오바오에서 옷 여러 벌 샀잖아? / 말도 마, 입을만한 게 한 벌도 없어.	동 (음식·상품 등 구매 가능한 것을) 사다	買 매
Unit 4	차 오른쪽에 주차하자. / 빈자리 있어요?	명 오른쪽(오른편)	右邊 우변
Unit 5	지금 위챗이 있는데, 누가 아직도 이메일을 쓰냐?	명 이메일(e-mail)	電子郵件 전자우편
Unit 5	이건 우리 할아버지가 끓이신 차야, 조금 마셔 봐. / 와, 너희 할아버지 정말 대단하시다!	명 [가족] 할아버지	爺爺 야야
Unit 5	난 최근에 중국 웹드라마 보는 게 그렇게 좋더라. / 그러니까, 요즘 웹드라마 진짜 재밌어.	부 ('매우 좋아하다'·'대단히 높다' 이럴 때의) 매우(대단히, 진짜)	非常 비상
Unit 5	봐, 우리 집 개가 새끼를 낳았어, 귀엽지? / 엄청 귀엽다, 나한테 한 마리 줄 수 있어?	동 (동물·새가) 새끼나 알을 낳다	下 하
Unit 6	얼마 전에 목이 아파서, 병원에 갔더니, 의사 선생님이 근무 환경을 바꿔보라고 권하셨어.	명 (누구·무엇의) 주위 상황(조건, 환경)	環境 환경
Unit 7	나는 집에 갈 때 이 길로 지나가. / 안 위험해?	동 (어디를 가는 길에 어느 곳을) 통하다(거치다)	走 주
Unit 8	이 터널을 꼭 통과해야 하는 거야? / 분명히 다른 길도 있을 거야, 내가 검색해 볼게.	동 (공간·시간·물건 등을) 통과하다(관통하다)	穿 천
Unit 9	라라야, 도서관 가자. / 이렇게 늦었는데 가자고?	명 도서관	圖書館 도서관
Unit 9	어디서 온 거미야! 빨리 얘 좀 잡아! / 제발요, 이거 장난감이거든요?	대 [사람 이외의 동물이나 사물을 가리키는 말로] 그것(이것)	它 타
Unit 10	대구에 도착하자마자 비가 오더라. / 일기예보에서는 비 온다고 말 안 했는데.	동 (누가 어느 장소에) 도착하다	到 도

③	把	bǎ	看门的大爷把着大门，我溜不出去呀！	Kānmén de dàye bǎzhe dàmén, wǒ liū bu chūqù ya!
①	大	dà	你们家多大？/ 大概90平吧。	Nǐmen jiā duōdà? / Dàgài 90 píng ba.
①	买	mǎi	你不是在淘宝买了一些衣服吗？/ 别提了，没有一件穿得出去的。	Nǐ búshì zài Táobǎo mǎi le yìxiē yīfu ma? / Biétíle, méiyǒu yíjiàn chuāndechūqù de.
②	右边	yòu-biān	把车停右边吧。/ 有空位吗？	Bǎ chē tíng yòubiān ba. / Yǒu kòngwèi ma?
③	电子邮件	diànzǐ-yóujiàn	现在都有微信，谁还用电子邮件啊！	Xiànzài dōu yǒu Wēixìn, shéi hái yòng diànzǐyóujiàn a!
③	爷爷	yéye	这是我爷爷泡的茶，喝点儿吧。/ 哇，你爷爷真厉害！	Zhèshì wǒ yéye pào de chá, hē diǎnr ba. / Wā, nǐ yéye zhēn lìhai!
②	非常	fēi-cháng	我最近非常喜欢看中国的网剧。/ 对啊，最近网剧挺好看的。	Wǒ zuìjìn fēicháng xǐhuan kàn Zhōngguó de wǎngjù. / Duì a, zuìjìn wǎngjù tǐng hǎokàn de.
①	下	xià	你看，我们家狗下崽儿了，可爱吗？/ 好可爱啊，能送我一只吗？	Nǐ kàn, wǒmen jiā gǒu xià zǎir le, kě'ài ma? / Hǎo kě'ài a, néng sòng wǒ yìzhī ma?
③	环境	huán-jìng	最近我喉咙疼，去了趟医院，大夫劝我换个环境工作。	Zuìjìn wǒ hóulóng téng, qù le tàng yīyuàn, dàifu quàn wǒ huànge huánjìng gōngzuò.
②	走	zǒu	我回家的时候要走这条路。/ 不危险吗？	Wǒ huíjiā de shíhou yào zǒu zhètiáolù. / Bùwēixiǎn ma?
②	穿	chuān	一定要穿过这个隧道吗？/ 应该还有别的路，我搜一下。	Yídìng yào chuānguò zhège suìdào ma? / Yīnggāi háiyǒu biéde lù, wǒ sōu yíxià.
③	图书馆	túshū-guǎn	拉拉，去图书馆吧。/这么晚了还要去吗？	Lālā, qù túshūguǎn ba. / Zhème wǎn le háiyào qù ma?
②	它	tā	哪儿来的蜘蛛！快抓住它！/ 拜托，这是玩具。	Nǎr lái de zhīzhū! Kuài zhuāzhù tā! / Bàituō, zhèshì wánjù.
②	到	dào	刚到大邱就开始下雨了。/ 天气预报没说有雨呀。	Gāng dào Dàqiū jiù kāishǐ xiàyǔ le. / Tiānqìyùbào méi shuō yǒu yǔ ya.

Chinese is not knowledge. It's a language!

예문	뜻	한자
이 글자는 가로획을 하나 지워야 돼. / 여기에 가로획이 3개가 있는데, 어떤 걸 지워야 해?	동 (필요 없는 것을) 없애다(제거하다)	去 거
너는 지금부터 건강한 생활 습관을 길러야 해. 안 그러면 늙어서 고생할 거야.	형 (무엇이) 건전하다(건강하다)	健康 건강
나 목말라 죽겠어. / 저기 편의점 있으니까, 너 가서 물 한 병 사 와.	형 (누가) 목이 마르다(갈증이 나다)	渴 갈
장내에 계신 여러분 모두 조용히 해주시기를 바랍니다.	동 [어떤 일을 하기 바라는 의미로] (어떻게 행동을) 해주세요	請 청
이 노래 진짜 좋아, 들어봤니? / 나 발라드 싫어해.	형 (노래·맛·냄새 등이) 좋다	好 호
우리 아직 2점 차이잖아, 따라잡을 수 있겠지? / 어려워, 1분밖에 안 남았어.	양 ('수학 98점' 이럴 때와 같이, 성적·스포츠 등의) 점수(득점)	分 분
진지하면 지는 거다, 더 이상 생각하지 마.	동 (장난·거짓말 등을) 진짜로 여기다(진담으로 받아들이다)	認真 인진
야, 나 오늘 사장님이 사무실에서 야동 보고 있는 거 봤다! / 무슨 야동이었어? 너 그거 봤어?	형 (무엇이) 음란한(선정적인)	黃 황

①급	去	qù	这字应该去掉一个横。/ 这儿有三个横，要去掉哪一个呀？	Zhè zì yīnggāi qùdiào yíge héng. / Zhèr yǒu sāngehéng, yào qùdiào nǎ yíge ya?
③급	健康	jiàn-kāng	你要从现在开始培养健康的生活习惯，要不然老了会受罪的。	Nǐ yào cóng xiànzài kāishǐ péiyǎng jiànkāng de shēnghuó xíguàn, yàoburán lǎole huì shòuzuì de.
③급	渴	kě	渴死我了。/ 那边有个便利店，你去买瓶水吧。	Kě sǐ wǒ le. / Nàbiān yǒuge biànlìdiàn, nǐ qù mǎi píng shuǐ ba.
①급	请	qǐng	请在场的各位保持安静。	Qǐng zàichǎng de gèwèi bǎochí ānjìng.
①급	好	hǎo	这首歌可好听了，听过没？/ 我不喜欢慢歌。	Zhèshǒugē kě hǎotīng le, tīngguo méi? / Wǒ bùxǐhuan màngē.
③급	分	fēn	咱们还差两分，应该能跟得上吧？/ 难啊，只剩一分钟了。	Zánmen hái chà liǎngfēn, yīnggāi néng gēndeshàng ba? / Nán a, zhǐ shèng yìfēnzhōng le.
③급	认真	rèn-zhēn	认真你就输了，别再想了。	Rènzhēn nǐ jiù shūle, bié zài xiǎngle.
③급	黄	huáng	喂喂，今天我看到老板在办公室里看黄片！/ 是什么黄片？你看到了吗？	Wèi wèi, jīntiān wǒ kàndào lǎobǎn zài bàngōngshì lǐ kàn huángpiàn! / Shì shénme huángpiàn? Nǐ kàndào le ma?

Chinese is not knowledge. It's a language!

UNIT 8

书籍备而不读如废纸。

예문	뜻	한자
난 과학자가 되고 싶어. / 꿈 깨셔, 네 성적 가지고?	명 ('정치가·화가·과학자' 이럴 때의) ~가 (~자)	家 가
쟈우란 얘는 왜 전화를 다시 안 하는 거야, 무슨 일 생긴 건 아니겠지?	동 (전화·문자·부름 등에 대해) 대답하다 (회답하다)	回 회
너 사전 있니? / 요즘 다 스마트폰 쓰지, 누가 아직도 사전을 쓰니?	명 (단어 등을 찾기 위한) 사전	詞典 사전
죄송한데, 저 화장실 좀 갈게요. / 네네, 그럼 저 먼저 들어갈게요.	동 (대소)변을 보다(용변을 보다)	方便 방편
난 비 오는 날이 싫어, 비가 오면 우산도 챙겨야 하잖아, 너무 귀찮아.	동 (누가 누구·무엇을) 좋아하다	喜歡 희환
거리의 양쪽에 네온사인이 켜지자, 도시의 밤이 시작됐습니다.	명 (양쪽에 건물이 있는 비교적 넓은) 거리 (큰길)	街道 가도
너 그 친구 알아? / 딱 한 번밖에 본 적이 없어서, 안다고 할 수는 없어.	부 단지(다만, 오직)	只 지
죄송한데 장 선생님 계신가요? / 저희 여기에 장 선생님이 두 분이 계시는데요, 어느 분 말씀하시는 건가요?	대 ('어느 장소·어떤 분·어디에' 이럴 때의) 무엇·어느·어떤·어디	哪 나
하루종일 먹고만 있는데 너, 살이 안 찌고 배기겠냐? / 물론 그렇지, 그래서 나 1월 1일부터 다이어트 하려고.	형 (몸이) 뚱뚱하다	胖 반
선생님, 이건 제 생각이에요, 리밍과는 상관없습니다. / 난 너희 둘이랑 모두 면담할 거니까, 서로 감싸줄 생각하지 마.	명 (한 개인의·집단의) 생각	意思 의사

책은 펼치지 않으면 그저 종이묶음일 뿐이다.

❶급	家	jiā	我想成为一名科学家。/ 别做白日梦了，就你那成绩？	Wǒ xiǎng chéngwéi yìmíng kēxuéjiā. / Bié zuò báirìmèng le, jiù nǐ nà chéngjì?
❶급	回	huí	周兰怎么不回电话呢，不会是出什么事儿了吧。	Zhōu Lán zěnme bùhuí diànhuà ne, búhuì shì chū shénme shìr le ba.
❸급	词典	cídiǎn	你有词典吗？/ 现在都有智能手机，谁还用词典啊。	Nǐ yǒu cídiǎn ma? / Xiànzài dōu yǒu zhìnéng shǒujī, shéi hái yòng cídiǎn a.
❸급	方便	fāngbiàn	不好意思，我去方便一下。/ 嗯嗯，那我先进去了。	Bùhǎoyìsi, wǒ qù fāngbiàn yíxià. / Ńg ǹg, nà wǒ xiān jìnqù le.
❶급	喜欢	xǐhuan	我不喜欢下雨天，下雨还要拿着伞，太麻烦了。	Wǒ bùxǐhuan xiàyǔtiān, xiàyǔ háiyào názhe sǎn, tài máfanle.
❸급	街道	jiēdào	街道两旁的霓虹灯亮起来了，属于城市的夜晚开始了。	Jiēdào liǎngpáng de níhóngdēng liàngqǐlái le, shǔyú chéngshì de yèwǎn kāishǐ le.
❸급	只	zhǐ	你认识他吗？/ 只见过一次，谈不上认识。	Nǐ rènshi tā ma? / Zhǐ jiànguo yícì, tánbushàng rènshi.
❶급	哪	nǎ	请问张老师在吗？/ 我们这里有两位张老师，您找哪位？	Qǐngwèn Zhāng lǎoshī zài ma? / Wǒmen zhè lǐ yǒu liǎngwèi Zhāng lǎoshī, nín zhǎo nǎwèi?
❸급	胖	pàng	你一整天都在吃，能不胖吗？/ 是啊，所以我打算从一月一号开始减肥。	Nǐ yìzhěngtiān dōu zài chī, néng búpàng ma? / Shì a, suǒyǐ wǒ dǎsuàn cóng yīyuè yīhào kāishǐ jiǎnféi.
❷급	意思	yìsi	老师，这是我自己的意思，不关李明的事。/ 你们俩我都要好好谈谈，谁也别护着谁。	Lǎoshī, zhèshì wǒ zìjǐ de yìsi, bùguān Lǐ Míng de shì. / Nǐmenliǎ wǒ dōu yào hǎohǎo tántán, shéi yě bié hù zhe shéi.

Chinese is not knowledge. It's a language!

Unit	예문	품사/뜻	한자/한글
Unit 1	나 너의 도움이 필요해! / 바로 갈게!	부 ('곧 도착해'·'바로 갈게' 이럴 때의) 곧 (바로)	就 취
Unit 2	난 이렇게 열심히 공부하는데, 왜 성적은 아직도 그렇게 안 좋을까? / 내가 어떻게 알아, 네 문제인데.	동 (누가 무엇을 위해) 노력하다(열심히 하다)	努力 노력
Unit 3	한국에 왔으면, 한국의 음주 문화를 배워야지! / 좋아, 한 잔 줘봐!	명 ('중국문화'·'한국문화' 이럴 때의) 문화	文化 문화
Unit 4	핸들 꽉 잡고, 손을 놓지 마! / 나 운전할 줄 알아, 소리 좀 지르지 마.	동 (손으로 무엇을) 잡다(쥐다)	把 파
Unit 4	너 그냥 가라면 가, 미적거리지 말고.	동 (누구에게 어떤 일을 하도록) 시키다	叫 규
Unit 5	나 사실 다른 성에 있는 대학에 가고 싶긴 한데, 내 성적으로는 어림 없다는 거 알아.	접 비록 A함에도 B하다	雖然 A 但是 B
Unit 5	저 사람 누구야? / 저 사람 유명한 가수잖아, 너 몰라?	형 (누구·무엇이) 유명하다	有名 유명
Unit 5	너 대략 한 달에 3만은 벌지? / 그쯤 돼, 근데 가끔은 그렇게 못 벌 때도 있어.	형 (누구·무엇과) 다르다(차이가 나다)	差 차
Unit 6	경비 아저씨, 저 카드를 놓고 왔는데, 문 좀 열어주실 수 있어요? / 안 돼, 엄마 올 때까지 기다려라.	명 아저씨	叔叔 숙숙
Unit 7	어느 팀이 이길 거 같냐? / 파란 유니폼을 입은 팀이 잘 차네, 쟤네가 분명히 이길 거야.	형 (무엇의 색깔이) 푸르다(파랗다)	藍 람
Unit 8	너 먼저 해, 난 다음에 할게. / 아이고, 누굴 속이려고!	부 먼저(우선)	先 선
Unit 8	나는 매일 사과를 두 개 먹어. 아침에 하나, 점심에 하나	양 [무엇·누구의 수(數)로서의] 개·명	個 개
Unit 9	나 샤워 못 한 지 이틀이나 됐어. / 더러워, 나한테서 떨어져.	동 (누가) 목욕을 하다(샤워를 하다)	洗澡 세조
Unit 10	너 중국 온 지 얼마나 됐어? / 얼추 5개월 정도 됐어.	명 ('1개월·2개월' 이럴 때의) (몇) 개월	月 월

2급	就	jiù	我需要你的帮助！/ 我这就来！	Wǒ xūyào nǐ de bāngzhù! / Wǒ zhè jiù lái!
3급	努力	nǔlì	我学习这么努力，为什么成绩还是那么差啊。/ 我哪儿知道，是你的问题啊。	Wǒ xuéxí zhème nǔlì, wèishénme chéngjì háishi nàme chà a. / Wǒ nǎr zhīdào, shì nǐ de wèntí a.
3급	文化	wénhuà	来韩国，就得学韩国的饮酒文化啊！/ 好好，给我一杯吧！	Lái Hánguó, jiù děi xué Hánguó de yǐnjiǔ wénhuà a! / Hǎohǎo, gěi wǒ yì bēi ba!
3급	把	bǎ	把住方向盘，别松手！/ 我会开车，你别叫了行吗。	Bǎzhù fāngxiàngpán, bié sōngshǒu! / Wǒ huì kāichē, nǐ bié jiào le xíngma.
1급	叫	jiào	叫你去你就去，别磨叽了。	Jiào nǐ qù nǐ jiù qù, bié mòji le.
2급	虽然 A 但是 B	suīrán A dànshì B	我虽然想考外省的大学，但是我知道这个成绩绝对不行。	Wǒ suīrán xiǎng kǎo wàishěng de dàxué, dànshì wǒ zhīdào zhège chéngjì juéduì bùxíng.
3급	有名	yǒumíng	他是谁啊？/ 他可是有名的歌手啊，你不知道吗？	Tā shì shéi a? / Tā kěshi yǒumíng de gēshǒu a, nǐ bùzhīdào ma?
3급	差	chà	你大概每个月能赚三万吧？/ 差不多，不过有时候也没那么多。	Nǐ dàgài měigeyuè néng zhuàn sānwàn ba? / Chàbuduō, búguò yǒushíhou yě méi nàme duō.
3급	叔叔	shūshu	保安叔叔，我没带卡，能帮我开一下门吗？/ 不行，要等妈妈回来啊。	Bǎo'ān shūshu, wǒ méi dài kǎ, néng bāng wǒ kāi yíxià mén ma? / Bùxíng, yào děng māma huílái a.
3급	蓝	lán	你觉得哪个球队会赢？/ 穿蓝色球衣的球队踢得真好，他们肯定会赢的。	Nǐ juéde nǎge qiúduì huì yíng? / Chuān lánsè qiúyī de qiúduì tī de zhēn hǎo, tāmen kěndìng huì yíng de.
3급	先	xiān	你先来吧，我随后。/ 哎呀，你想骗谁啊！	Nǐ xiān lái ba, wǒ suíhòu. / Āiyā, nǐ xiǎng piàn shéi a!
1급	个	gè	我每天吃两个苹果，早上一个，中午一个。	Wǒ měitiān chī liǎngge píngguǒ, zǎoshang yíge, zhōngwǔ yíge.
3급	洗澡	xǐzǎo	我已经两天没洗澡了。/ 恶心，离我远点。	Wǒ yǐjīng liǎngtiān méi xǐzǎo le. / Èxīn, lí wǒ yuǎndiǎn.
1급	月	yuè	你来中国多长时间了？/ 大概五个月了。	Nǐ lái Zhōngguó duōcháng shíjiān le? / Dàgài wǔgeyuè le.

Chinese is not knowledge. It's a language!

Unit	예문	품사	뜻	한자
Unit 1	너 정답이 뭔지 알아? / '물은 낮은 곳으로 흐른다'지!	전	('낮은·높은 곳을 향해' 이럴 때의, 어디를) 향해(으로)	往 왕
Unit 2	너 결벽증 있는 거 아니야? 별로 더럽지도 않은데, 그냥 내버려 두지. / 깔끔한 걸 좋아하는 게 뭐가 나쁘냐!	동	(구체적·추상적으로 무엇을) 좋아하다 (사랑하다)	愛 애
Unit 3	이 바지는 몇 가지 색상이 있죠? / 이거 하나뿐이에요, 다른 색은 없습니다.	양	[무엇의 종류·가짓수를 세는 단위] (몇) 종류(가지)	種 종
Unit 4	네 노트북 너무 형편없어, 자꾸 혼자 꺼져버려.	형	(상품 등의) 품질이 나쁘다(좋지 않다)	次 차
Unit 5	너 태양을 똑바로 볼 수 있어? / 너 내가 눈이 멀길 바라는 거지?	명	[천문] 해(태양)	太陽 태양
	나 위염 때문에, 아무것도 안 먹고 싶어. / 그럼 이 치킨은 다 내꺼다!	동	(누가 병을) 앓다(얻다)	得 득
	나 오늘 점심까지 꼭 숙제를 제출할 거야. / 어렵지 않을까? 너 지금 한 줄밖에 안 썼잖아.	명	[시각] 점심(정오, 낮 12시)	中午 중오
	이 그림은 왜 이렇게 비싼 거야? 작가가 엄청 유명해?	명	(누가 그린) 그림	畫 화
Unit 6	너희 반 학생들 말 잘 들어? / 말도 마라, 말 진짜 안 들어.	명	학생	學生 학생
Unit 7	우리 벌써 한참을 기다렸는데, 너 도대체 언제 오는 거야? / 미안해, 나 방금 일어났어.	조사	[동사 뒤에서 동작·변화의 완성을 나타냄]	了 료
Unit 8	쉿! 샤오장 왔다, 얼른 초에 불붙여!	동	(초·장작·담배 등에 불을) 붙이다	點 점
	너 빨리 샤오후이한테 사과해. / 안 해! 내가 잘못한 것도 없잖아.	전	(누구)에게·(누구를) 향하여	給 급
Unit 9	필수 과목이 뭔지 어디서 볼 수 있어? / 학교 홈페이지에서.	명	(국어·수학·영어 등의 무슨) 과목	課 과
Unit 10	우리 1번 문제부터 볼까요, 여러분들은 뭘 선택했나요? / B요!	수	[순서의] 제1(첫 번째)	第一 제일

2급	往	wǎng	你知道答案是什么吗？/ "水往低处流"呗！	Nǐ zhīdào dá'àn shì shénme ma? / "Shuǐ wǎng dī chù liú" bei!
1급	爱	ài	你是不是有洁癖呀？又不是很脏，你就放着嘛。/ 爱干净有什么不好的！	Nǐ shìbushì yǒu jiépì ya? Yòu búshì hěn zāng, nǐ jiù fàngzhe ma. / Ài gānjìng yǒushénme bùhǎo de!
3급	种	zhǒng	这条裤子有几种颜色？/ 就这一种，没有其他的。	Zhètiáokùzi yǒu jǐzhǒng yánsè? / Jiù zhè yìzhǒng, méiyǒu qítā de.
2급	次	cì	你这个手提电脑也太次了，经常自己关机。	Nǐ zhège shǒutí diànnǎo yě tài cì le, jīngcháng zìjǐ guānjī.
3급	太阳	tàiyáng	你能直视太阳吗？/ 你想让我瞎了是吗？	Nǐ néng zhíshì tàiyáng ma? / Nǐ xiǎng ràng wǒ xiā le shì ma?
2급	得	dé	我得胃炎了，啥都不想吃。/ 那这些炸鸡我都吃了。	Wǒ dé wèiyán le, shá dōu bùxiǎng chī. / Nà zhèxiē zhájī wǒ dōu chī le.
1급	中午	zhōngwǔ	我今天中午一定要把作业交上。/ 来不及了吧，你这不才写了一行吗？	Wǒ jīntiān zhōngwǔ yídìngyào bǎ zuòyè jiāoshàng. / Láibují le ba, nǐ zhè bù cái xiě le yìháng ma?
3급	画	huà	这幅画怎么这么贵？作者很有名吗？	Zhèfúhuà zěnme zhème guì? Zuòzhě hěn yǒumíng ma?
1급	学生	xuésheng	你们班学生听话吗？/ 别提了，可皮了。	Nǐmen bān xuésheng tīnghuà ma? / Biétíle, kě pí le.
1급	了	le	我们都等了半天了，你到底什么时候来啊。/ 不好意思，我刚起床。	Wǒmen dōu děng le bàntiānle, nǐ dàodǐ shénmeshíhou lái a. / Bùhǎoyìsi, wǒ gāng qǐchuáng.
1급	点	diǎn	嘘！小张来了，快把蜡烛点上！	Xū! Xiǎo Zhāng lái le, kuài bǎ làzhú diǎnshàng!
2급	给	gěi	你快给小惠道歉。/ 我就不，我又没做错什么。	Nǐ kuài gěi Xiǎo Huì dàoqiàn. / Wǒ jiù bù, wǒ yòu méi zuò cuò shénme.
2급	课	kè	必修课在哪儿能查到？/ 学校网页上都有啊。	Bìxiū kè zài nǎr néng chádào? / Xuéxiào wǎngyè shàng dōu yǒu a.
2급	第一	dìyī	我们从第一题开始看，大家都选了什么？/ B!	Wǒmen cóng dìyītí kāishǐ kàn, dàjiā dōu xuǎn le shénme? / B!

Chinese is not knowledge. It's a language!

Unit	예문	품사·뜻	한자/한글
Unit 1	이 아이 정말 사람 피곤하게 하네. / 어쩔 수 없지, 그냥 내버려 둘 수도 없잖아.	동 (누가 상대방을) 피곤하게 하다	累 루
Unit 2	너 말 탈 줄 알아? / 아니 못 타, 방학하면 승마 배우러 갈 생각이야.	명 [동물] 말	馬 마
Unit 3	너 올해는 어떤 기술을 익혔어? / 많아, 말로 하자면 끝이 없어.	양 [학문이나 기술 따위의 항목을 세는 단위] 가지·과목	門 문
Unit 3	너 어디야? 우리 3번 게이트에서 기다리고 있어! / 응, 나 지금 5번 게이트야, 금방 도착해.	명 (각종 용기나 지하철역 등의) 주둥이(입구)	口 구
Unit 4	성적을 올리고 싶은데, 어떻게 해야 할까요? / 일단 앉아보렴, 우리 천천히 얘기해보자꾸나.	동 (위치·수준·질·수량 등을) 향상시키다 (끌어올리다)	提高 제고
Unit 5	엄마야, 컵 안에 이건 뭐야. / 보고 있지만 말고, 빨리 씻어내!	동 (몸·식기·옷·운동화 등을) 씻다·빨다	洗 세
주구어탈피	넌 남자 키가 최소 몇은 돼야 한다고 생각해? / 난 키는 중요하지 않다고 생각하는데.	명 (사람의) 키	高 고
	아빠, 우리 TV 스타일은 너무 오래됐어요, 한 대 바꿔요. / 네가 돈 낼 거냐?	형 (무엇이) 낡다(구식이다)	老 로
Unit 6	인터넷이 너무 느리네, 컴퓨터 성능이 떨어진 건지 아니면 신호가 약한 건지 모르겠어.	명 컴퓨터	電腦 전뇌
Unit 7	나는 그 사람과 10년 가까이 알고 지내다보니, 그 사람의 됨됨이를 잘 아는데요, 절대 그런 일을 할 사람이 아닙니다.	형 (말·의사 표현·발음 등 무엇이) 분명하다(명확하다)	清楚 청초
Unit 8	지금 차 없다, 우리 얼른 건너자. / 빨간불일 때 건너면 안 돼.	형 (색깔·얼굴·하늘 등이) 붉다(빨갛다)	紅 홍
Unit 8	나 베이징대학을 가는 게 나을까, 아니면 칭화대학을 가는 게 나을까. / 너 진짜 대단하다.	조 [선택 의문문에 쓰여 강조를 나타냄]	呢 니
Unit 9	우리 집은 새를 한 마리 키우는데, 엄청 귀여워. / 그래? 나중에 한번 보러 가도 돼?	명 [동물] 새	鳥 조
Unit 10	오늘 온종일 힐을 신었더니, 발뒤꿈치가 아파 죽겠어. / 회사에서 단화 신으면 안 되는 거야?	명 (발·구두·양말 따위의) 뒤꿈치	跟 근

2급	累	lèi	这孩子真累人。/ 没办法，也不能不管。	Zhè háizi zhēn lèirén. / Méi bànfǎ, yě bùnéng bùguǎn.
3급	马	mǎ	你会骑马吗？/ 我不会，我打算放假后去学骑马。	Nǐ huì qímǎ ma? / Wǒ búhuì, wǒ dǎsuàn fàngjià hòu qù xué qímǎ.
2급	门	mén	今年你都学会了哪一门技术？/ 好多，说都说不完。	Jīnnián nǐ dōu xuéhuì le nǎyìmén jìshù? / Hǎo duō, shuō dōu shuōbuwán.
3급	口	kǒu	你在哪儿？我们在三号登机口等你呢！/ 嗯嗯，我现在在五号登机口，马上过去。	Nǐ zài nǎr? Wǒmen zài sānhào dēngjīkǒu děng nǐ ne! / Ǹg ng, wǒ xiànzài zài wǔhào dēngjīkǒu, mǎshàng guòqù.
3급	提高	tígāo	我想提高成绩，要怎么做？/ 你先坐下，我们慢慢说。	Wǒ xiǎng tígāo chéngjì, yào zěnmezuò? / Nǐ xiān zuòxia, wǒmen mànman shuō.
2급	洗	xǐ	妈呀，杯子里是什么呀。/ 别光看着呀，快把杯子洗了！	Māya, bēizi lǐ shì shénme ya. / Bié guāng kàn zhe ya, kuài bǎ bēizi xǐ le!
2급	高	gāo	你觉得男生身高至少得有多少？/ 我觉得身高并不重要。	Nǐ juéde nánshēng shēngāo zhìshǎo děi yǒu duōshǎo? / Wǒ juéde shēngāo bìngbuzhòngyào.
3급	老	lǎo	爸，我家电视款式太老了，咱们换一台吧。/ 你出钱吗？	Bà, wǒjiā diànshì kuǎnshì tài lǎole, zánmen huàn yìtái ba. / Nǐ chū qián ma?
1급	电脑	diàn-nǎo	网络太卡了，不知道是电脑不行还是信号太差。	Wǎngluò tài kǎ le, bùzhīdào shì diànnǎo bùxíng háishi xìnhào tài chà.
3급	清楚	qīng-chu	我跟她认识十年了，我很清楚她的为人，她绝不会干出这种事的。	Wǒ gēn tā rènshi shínián le, wǒ hěn qīngchu tā de wéirén, tā juébúhuì gànchū zhèzhǒngshì de.
2급	红	hóng	现在没车，咱们快过去吧。/ 不能闯红灯。	Xiànzài méi chē, zánmen kuài guòqù ba. / Bùnéng chuǎnghóngdēng.
1급	呢	ne	我是去北大好呢，还是去清华好呢。/ 你可真牛。	Wǒ shì qù Běidà hǎo ne, háishi qù Qīnghuá hǎo ne. / Nǐ kě zhēn niú.
3급	鸟	niǎo	我家养了只鸟，特别可爱。/ 是吗？改天去看看可以吗？	Wǒ jiā yǎng le zhī niǎo, tèbié kě'ài. / Shì ma? Gǎitiān qù kànkan kěyǐ ma?
3급	跟	gēn	今天穿了一整天的高跟鞋，脚跟疼死了。/ 你们公司不能穿平底鞋吗？	Jīntiān chuān le yìzhěngtiān de gāogēnxié, jiǎogēn téng sǐ le. / Nǐmen gōngsī bùnéng chuān píngdǐxié ma?

Chinese is not knowledge. It's a language!

Unit	예문	품사/설명	한자/한글
Unit 1	사고는 작년 9월에 발생했죠, 그 아이가 우리 떠난 지도 이미 1년이 되었고요. / 시간 참 빠르군요.	전 ('작년에 왔어'·'이번 주에 열려' 이럴 때의) ~에	在 재
Unit 2	도대체 누가 맞은 거야! / 내가 맞았어!	초 [동사 앞에서 피동의 동작을 나타냄]	被 피
Unit 3	네가 낸 의견은 실용적이지 못해, 걔네들은 당연히 동의하지 않을 거야.	부 ('당연히 아니지·당연히 동의하지' 이럴 때의) 당연히(물론)	當然 당연
Unit 4	네 말대로 다 했는데, 뭘 더 해달라는 거야? / 이게 마지막이야, 진짜야.	동 (누구에게 무엇을) 요구하다	要求 요구
Unit 4	이놈 이거 그림 잘 그리네! 이쪽 방면으로 계속 나가도 되겠어!	전 ('남쪽으로·예술 쪽으로' 이럴 때의, 어느 방향·분야 등) 으로(를 향하여)	向 향
Unit 5	내 생각에 이 문장에서는, 이 단어를 쓰는 게 좀 더 적합할 것 같은데, 너는 어떻게 생각해? / 나도 그렇게 생각해.	양 ('어느 정도 끝나다'·'좀 쉽게 생각해보자' 이럴 때의) 조금(약간, 얼마쯤)	些 사
중국어탈피	얘는 한번 울기 시작하면 끝이 없으니까, 너 제발 얘 울리지 마.	동 [동작·상황이 지속됨을 나타냄]	起來 기래
Unit 6	이번 일은 네가 꼭 잘 틀어쥐고 있어야 해, 절대로 실수하면 안 된다. / 알겠다고, 넌 대체 몇 번을 말하는 거야.	동 (누가 무엇을) 장악하다(틀어쥐다)	拿 나
Unit 6	이번 달은 왜 문학잡지가 안 나왔죠? / 다음 달이나 되어야 나옵니다, 문학잡지는 격월간입니다.	형 (무엇이) 짝수의	雙 쌍
Unit 7	3시간의 회의를 거쳐, 우리는 이번 조별 리그에 참가하지 않고, 다음 경기를 준비하기로 했습니다.	동 (장소·시간·동작 등을) 경과하다(거치다)	經過 경과
Unit 8	아이는 잠깐 울다가 금방 그쳤어. / 다행이다, 그래도 네가 수완이 있네.	명 잠시(잠깐, 짧은 시간)	一會兒 일회아
Unit 8	이 의자 다리 부러졌어, 앉을 때 조심해. / 나도 봤어.	명 (등받이가 있는) 의자	椅子 의자
Unit 9	감기는 좀 어때? 나았어? / 응, 다 나았어, 관심 가져줘서 고마워.	동 (누가 누구·무엇에게) 관심이 있다(관심을 기울이다)	關心 관심
Unit 10	내 생각엔 우리 반에서 가장 예쁜 애는 장웨이야. / 반에서 만이 아니지, 학교에서 제일 예쁘다고 해도 과언이 아니지!	동 ('맞다고 생각해'·'아닌 것 같습니다' 이럴 때의, 무엇이라고) 생각하다(여기다)	覺得 각득

❶급	在	zài	事故发生在去年9月，算算那个孩子离开我们已经有一年了。/ 时间过得好快呀。	Shìgù fāshēng zài qùnián 9 yuè, suànsuàn nàge háizi líkāi wǒmen yǐjīng yǒu yìnián le. / Shíjiān guò de hǎo kuài ya.
❸급	被	bèi	到底是谁被打了。/ 是我被打了！	Dàodǐ shì shéi bèidǎ le. / Shì wǒ bèidǎ le!
❸급	当然	dāngrán	你提的意见不实用，他们当然不会同意的！	Nǐ tí de yìjiàn bùshíyòng, tāmen dāngrán búhuì tóngyì de!
❸급	要求	yāoqiú	我已经按你的话做了，你还要求我什么啊。/ 这是最后一次了，我保证。	Wǒ yǐjīng àn nǐ de huà zuò le, nǐ hái yāoqiú wǒ shénme a. / Zhèshì zuìhòu yícì le, wǒ bǎozhèng.
❸급	向	xiàng	这孩子画得可真好！可以向这方面发展发展！	Zhè háizi huà de kě zhēn hǎo! Kěyǐ xiàng zhè fāngmiàn fāzhǎn fāzhǎn!
❶급	些	xiē	我觉得在这个句子里，用这个词更恰当些，你觉得呢？/ 我也这么觉得。	Wǒ juéde zài zhège jùzi lǐ, yòng zhègecí gèng qiàdàng xiē, nǐ juéde ne? / Wǒ yě zhème juéde.
❸급	起来	qǐlai	她哭起来没完，你可千万不能惹她哭啊。	Tā kūqǐlai méiwán, nǐ kě qiānwàn bùnéng rě tā kū a.
❸급	拿	ná	这事儿你要拿稳啊，千万不能出错。/ 好了好了，你都说了多少遍了。	Zhèshìr nǐ yào ná wěn a, qiānwàn bùnéng chūcuò. / Hǎole hǎole, nǐ dōu shuō le duōshaobiàn le.
❸급	双	shuāng	这个月怎么没有文学杂志呢？/ 下个月才有，文学杂志是双月刊。	Zhège yuè zěnme méiyǒu wénxué zázhì ne? / Xiàgeyuè cái yǒu, wénxué zázhì shì shuāngyuèkān.
❸급	经过	jīngguò	经过三个小时的讨论，我们决定不参加这次小组赛，我们决定准备下一轮的比赛。	Jīngguò sānge xiǎoshí de tǎolùn, wǒmen juédìng bù cānjiā zhècì xiǎozǔsài, wǒmen juédìng zhǔnbèi xià yīlún de bǐsài.
❸급	一会儿	yíhuìr	小姑娘哭了一会儿就不哭了。/ 还好，还是你有办法。	Xiǎo gūniang kū le yíhuìr jiù bùkū le. / Hái hǎo, háishi nǐ yǒubànfǎ.
❶급	椅子	yǐzi	这把椅子腿儿断了，你坐的时候小心点。/ 我看到了。	Zhè bǎ yǐzi tuǐr duàn le, nǐ zuò de shíhou xiǎoxīndiǎn. / Wǒ kàndào le.
❸급	关心	guānxīn	你感冒怎么样了？好了吗？/ 嗯，都好了，谢谢你这么关心我。	Nǐ gǎnmào zěnmeyàng le? Hǎo le ma? / Ňg, dōu hǎo le, xièxie nǐ zhème guānxīn wǒ.
❷급	觉得	juéde	我觉得我们班的班花是张薇。/ 不仅是班花吧，校花也不为过吧！	Wǒ juéde wǒmen bān de bānhuā shì Zhāng Wēi. / Bùjǐn shì bānhuā ba, xiàohuā yě bùwéiguò ba!

Chinese is not knowledge. It's a language!

Unit 1	오늘 길에서 전 여자친구를 만났었는데, 그냥 무시하고, 곧장 가던 길을 갔어.	통 (누구·무엇을) 만나다(마주치다)	遇到 우도
Unit 2	한 시간이나 지났는데, 걔는 왜 아직도 안 와? / 걔한테 전화 한 번 해보자.	통 (무엇을) 초과하다	過 과
Unit 3	걔 가고 싶다고 그러지 않았어? 그럼 가라고 해. / 나는 걔가 지난번처럼 또 못 버틸까 봐 걱정되어서 그렇지.	통 ('못하게 하다·기다리게 하다' 이럴 때의, 무엇을) 하게 하다	讓 양
Unit 4	저 가방은 여행 전용이야. / 무슨 차이가 있어?	통 ['是……的' 형식으로 강조를 나타냄]	是 시
Unit 4	넌 나의 장점이 뭐라고 생각해? / 나 10분만 더 생각하게 해줄 수 있을까?	명 ('사람의 장단점' 이럴 때의) 장점	長 장
Unit 5	나는 내 5살 생일이었던 그날, 아빠가 차 사고를 당해서, 나를 두고 떠나셨던 게 기억이 나.	양 ('스무 살·열두 살' 이럴 때의) (몇) 살 (세)	歲 세
Unit 5	나 너 진짜 좋아해, 정말이야.	조 [서술문 끝에서 긍정의 어기를 나타냄]	的 적
Unit 6	뭐? 저분이 나보다 어리다고? / 그러니까, 나도 쟤가 너보다 열 몇 살은 더 많은 줄 알았다니깐!	형 (누가 상대적으로) 젊다(어리다)	年輕 년경
Unit 6	잠자는 것도 취미라고 할 수 있을까? / 그건 아니지.	명 (영화감상·노래·운동 등과 같은) 취미 (흥미)	愛好 애호
Unit 7	넌 나의 유일한 희망이란다. / 아빠, 스트레스 좀 그만 주세요.	명 ('너는 우리의 희망이야' 이럴 때의) 희망	希望 희망
Unit 8	내 얼굴은 두 군데만 가리면 완벽할 것 같아. 왼쪽 얼굴이랑 오른쪽 얼굴.	양 [입·얼굴 등을 세는 단위]	張 장
Unit 8	핸드폰이 나오기 전에는, 다른 사람하고 연락할 때 다들 삐삐(무선 호출기)로 했어.	명 핸드폰(휴대전화)	手機 수기
Unit 9	학생들은 어르신이 차에 오르시는 것을 보고, 서둘러 자리를 양보했다.	통 (무엇을 눈으로) 보다·보이다	看見 간견
Unit 10	쟤네 둘 요즘 엄청 친해졌네? / 너 몰랐어? 쟤네 둘 사귀어.	형 (누구와의 관계가) 가깝다(친하다)	近 근

③급	遇到	yùdào	今天我在路上遇到了我前女友，我没跟她打招呼，直接走开了。	Jīntiān wǒ zài lùshàng yùdào le wǒ qiánnǚyǒu, wǒ méi gēn tā dǎzhāohu, zhíjiē zǒu kāi le.
③급	过	guò	都过了一个小时，他怎么还不来? / 给他打个电话吧。	Dōu guò le yíge xiǎoshí, tā zěnme háibulái? / Gěi tā dǎge diànhuà ba.
②급	让	ràng	他不是说过想去吗? 就让他去吧。 / 我不是怕他像上次那样坚持不了嘛。	Tā búshì shuōguo xiǎng qù ma? Jiù ràng tā qù ba. / Wǒ búshì pà tā xiàng shàngcì nàyàng jiānchíbùliǎo ma.
①급	是	shì	那个包是旅游的时候专门用的。/ 有啥不一样吗?	Nàge bāo shì lǚyóu de shíhou zhuānmén yòng de. / Yǒu shá bùyíyàng ma?
②급	长	cháng	你觉得我的长处是什么? / 能让我想十分钟吗?	Nǐ juéde wǒ de chángchù shì shénme? / Néng ràng wǒ xiǎng shífēnzhōng ma?
①급	岁	suì	我记得在我五岁生日那天，我爸爸出了车祸，离开了我。	Wǒ jìde zài wǒ wǔ suì shēngrì nà tiān, wǒ bàba chū le chēhuò, líkāi le wǒ.
①급	的	de	我真的喜欢你，我是认真的。	Wǒ zhēnde xǐhuan nǐ, wǒ shì rènzhēn de.
③급	年轻	niánqīng	什么? 他比我还年轻啊? / 就是啊，我也以为他比你大十几岁呢!	Shénme? Tā bǐ wǒ hái niánqīng a? / Jiùshì a, wǒ yě yǐwéi tā bǐ nǐ dà shíjǐsuì ne!
③급	爱好	àihào	睡觉也能算爱好吗? / 不能吧。	Shuìjiào yě néng suàn àihào ma? / Bùnéng ba.
②급	希望	xīwàng	你是我唯一的希望。/ 爸，不要再给我压力了。	Nǐ shì wǒ wéiyī de xīwàng. / Bà, búyào zài gěi wǒ yālì le.
③급	张	zhāng	我这张脸只要挡住两个地方就完美了，左脸和右脸。	Wǒ zhèzhāngliǎn zhǐyào dǎngzhù liǎngge dìfang jiù wánměi le, zuǒ liǎn hé yòu liǎn.
②급	手机	shǒujī	还没有手机的时候，跟人联系都用BB机。	Hái méiyǒu shǒujī de shíhou, gēn rén liánxì dōu yòng BB jī.
①급	看见	kànjiàn	学生们看见老年人上车，急忙让出位置。	Xuéshēngmen kànjiàn lǎoniánrén shàng chē, jímáng ràngchū wèizhì.
②급	近	jìn	最近他们俩走得很近啊。/ 你不知道啊，他们俩在一起了。	Zuìjìn tāmenliǎ zǒu de hěn jìn a. / Nǐ bùzhīdào a, tāmen liǎ zàiyìqǐle.

Chinese is not knowledge. It's a language!

Unit 1	난 수학이 싫어, 영어도 싫어, 물리도 싫어. / 그럼 넌 도대체 뭘 좋아하는 거냐?	명 수학(數學)	數學 수학
Unit 2	오래 기다리게 해서, 죄송합니다. / 아니에요, 지금이 3시 20분이니까, 겨우 두 시간밖에 안 기다린 걸요, 하하.	양 ('1시 30분'·'2시 24분' 등, 이럴 때의) 분	分 분
Unit 3	내가 널 위해 과외 선생님을 모셔왔단다. / 엄마, 저 공부 혼자 할 수 있어요.	동 (누구를) 초청하다(초빙하다)	請 청
Unit 4	단지 입구에는, 주차를 하시면 안 됩니다.	동 [동사 앞에 쓰여 가능성을 나타냄. 대개 부정문에 쓰임]	得 득
Unit 5	점을 찍으라니까, 아니 너 무슨 동그라미를 그려 놨어? / 그렇네 참.	동 (어디에 점을) 찍다	點 점
Unit 5	너 왜 술만 마셔, 안주는 안 먹을 거야? / 그럼 족발 하나 시키자.	동 (술상에서 안주나 반찬을) 곁들이다	就 취
	그는 대퇴골뼈 괴사로, 거의 걷지 못하게 되었다.	동 (사람의 어느 부위가 아파서) 탈이 나다	壞 괴
	나무 그늘 아래에 어떤 남자 한 사람이 서 있어.	명 (나무·건물 등의) 그늘(음지)	陰 음
Unit 6	이렇게 늦은 밤에 혼자 집에 가려니까 너무 무서워. / 무서울 게 뭐 있어, 요즘 치안 끝내줘.	동 (누가 누구·무엇을) 두려워하다(무서워하다)	害怕 해파
Unit 7	내 전공은 인기가 없어. / 지금은 아니야, 사람들 지금 아랍어 배우려고 난리야.	형 (직업·전공 등이) 인기가 없는(유행하지 않는)	冷 랭
Unit 8	조심히 놔! 깨지면 우리 배상 못 해.	형 (무엇에) 조심스럽다(주의 깊다)	小心 소심
Unit 8	듣기론 벚꽃이 다음 주면 핀다던데, 사람들 몇 명 모아서 우리 함께 보러 가자. / 좋아, 내가 샤오훙에게 물어볼게.	형 [찬성·동의를 나타내어] 그래(좋아)	好 호
Unit 9	너 휴가 언제 쓸 거야? / 모르겠어, 다음 주로 하지 뭐.	동 (휴가·조퇴·외출·결근·결석 등의 허락을) 신청하다	請假 청가
Unit 10	쟤 리우시앙 보다도 더 빨리 달릴 수 있어! / 너무 과장하네, 그럼 걘 국가 대표팀 들어가야 해!	형 (속도·동작·시간 등이) 빠르다	快 쾌

③	数学	shùxué	我讨厌数学，讨厌英语，讨厌物理。/ 那你到底喜欢什么？	Wǒ tǎoyàn shùxué, tǎoyàn yīngyǔ, tǎoyàn wùlǐ. / Nà nǐ dàodǐ xǐhuan shénme?
③	分	fēn	让你久等了，不好意思。/ 没事儿，现在是三点二十分，才等两个小时而已，呵呵。	Ràng nǐ jiǔděng le, bùhǎoyìsi. / Méishìr, xiànzài shì sāndiǎn èrshífēn, cái děng liǎngge xiǎoshí éryǐ, hēhē.
①	请	qǐng	我给你请家教了。/ 妈，我可以自己学的。	Wǒ gěi nǐ qǐng jiājiào le. / Mā, wǒ kěyǐ zìjǐ xué de.
②	得	dé	小区门口，不得停车。	Xiǎoqū ménkǒu, bùdé tíngchē.
①	点	diǎn	让你点个点儿，你怎么画了个圈儿呢？/ 还真是。	Ràng nǐ diǎn ge diǎnr, nǐ zěnme huà le ge quānr ne? / Hái zhēn shì.
②	就	jiù	你怎么光喝酒啊，不就什么菜了？/ 那点个猪蹄吧。	Nǐ zěnme guāng hējiǔ a, bú jiù shénme cài le? / Nà diǎn ge zhūtí ba.
③	坏	huài	他股骨头坏死，快走不了路了。	Tā gǔgútou huàisǐ, kuài zǒubuliǎo lù le.
②	阴	yīn	树木的阴影下站着一个人。	Shùmù de yīnyǐng xià zhànzhe yígerén.
③	害怕	hàipà	这么晚我一个人回家好害怕。/ 有什么可害怕的，最近治安都很好。	Zhèmewǎn wǒ yíge rén huíjiā hǎo hàipà. / Yǒushénme kě hàipà de, zuìjìn zhì'ān dōu hěnhǎo.
①	冷	lěng	我这个专业是冷门专业。/ 现在不是了，人人都争着学阿拉伯语呢。	Wǒ zhège zhuānyè shì lěngmén zhuānyè. / Xiànzài búshì le, rénrén dōu zhēng zhe xué Ālābóyǔ ne.
③	小心	xiǎoxīn	小心放好！碎了我们赔不起。	Xiǎoxīn fànghǎo! Suì le wǒmen péibuqǐ.
①	好	hǎo	听说樱花下周就要开了，找几个人一起去看吧。/ 好啊，我问问小红。	Tīngshuō yīnghuā xiàzhōu jiùyào kāi le, zhǎo jǐge rén yìqǐ qù kàn ba. / Hǎo a, wǒ wènwèn Xiǎo Hóng.
③	请假	qǐngjià	你打算什么时候请假？/ 不知道，下星期吧。	Nǐ dǎsuàn shénmeshíhou qǐngjià? / Bùzhīdào, xiàxīngqī ba.
②	快	kuài	他跑得比刘翔还快！/ 太夸张了，那他得进国家队！	Tā pǎo de bǐ Liú Xiáng hái kuài! / Tài kuāzhāng le, nà tā děi jìn guójiāduì!

Chinese is not knowledge. It's a language!

Unit 1	걔는 오늘 왜 안 왔어? / 우리도 몰라, 갑자기 연락이 안 되네.	전 (무엇) 때문에(덕택에)·(무엇을) 하기 위하여	爲 위
Unit 2	오늘의 숙제는 '동서양의 문화 차이 분석'입니다.	명 동쪽과 서쪽	東西 동서
Unit 3	너희 아빠 온종일 수고하셨으니까, 쉬는 거 방해하지 말렴. / 난 아빠랑 놀고 싶은걸.	동 (누가) 수고하다(애써 일하다)	累 루
Unit 3	너희 둘은 도대체 언제 결혼할 거야? / 우리 겨우 25살이야.	동 (누구와) 결혼하다	結婚 결혼
Unit 4	날씨가 너무 덥다, 우리 에어컨 좀 켜자. / 안돼, 켜고 싶으면 그냥 선풍기나 켜.	명 에어컨	空調 공조
Unit 5	아이고, 나 오늘 지갑 놓고 온 거 같아. / 그럼 오늘은 내가 살게, 다음에 네가 사.	접 ('그럼 하지 마' 이럴 때의) 그러면(그렇다면)	那 나
Unit 5	여기 신호가 너무 약한 것 같아, 내 휴대폰이 인터넷 연결이 안 돼.	동 ('전선을 잇다'·'앞 문장과 연결이 안 된다' 이럴 때의, 무엇을) 잇다(연결하다)	接 접
Unit 6	오늘 왕동밍 선수의 도전이 실패로 끝나 매우 유감입니다, 우리는 매우 유감스럽게도 왕 선수께서 경기장을 떠나게 됨을 알립니다.	동 (누가 누구·어디·무엇을) 떠나다	離開 리개
Unit 6	왜 나는 가면 안 되는 거야? / 이 경기 나한테 엄청 중요한 거야, 네가 오면 내가 집중을 못 해.	동 (누구·무엇이) 중요하다	重要 중요
Unit 7	전 여동생이 두 명 있는데요, 막내는 부모님이 늦둥이를 보신 터라, 이제 겨우 5살이에요.	명 [가족] 여동생	妹妹 매매
Unit 8	그녀가 이 사건을 굉장히 멋지게 해결을 해서, 흠잡을 데가 하나도 없었어요.	형 (결과물·말·글씨 등이) 뛰어나다(멋지다)	漂亮 표량
Unit 8	쟤는 주말마다 나한테 함께 쇼핑가자고 한다? 귀찮아 죽겠어. / 네가 쟤한테 직접 말하면 되잖아.	동 (누구에게 무엇을) 요구하다(부탁하다)	要 요
Unit 9	안심해! 이 문제는 내가 해결할게! / 네가 해결한다고 하니까, 내가 걱정이 된다고.	동 안심하다(마음을 놓다)	放心 방심
Unit 10	너 몇 살인데 아직도 만화나 그리고 있냐? / 만화 그리는 거랑 나이랑 뭔 상관이야?	동 (누가 그림·기호·선 등을) 그리다	畫 화

3급	为	wèi	他今天为什么没来? / 我们也不知道, 突然联系不上了。	Tā jīntiān wèishénme méi lái? / Wǒmen yě bùzhīdào, tūrán liánxìbúshàng le.
1급	东西	dōngxī	今天的作业是"分析东西方的文化差异"。	Jīntiān de zuòyè shì "fēnxī dōngxīfāng de wénhuà chāyì".
2급	累	lèi	你爸都累了一天了, 别打扰他休息。/ 我想跟爸爸玩儿呢。	Nǐ bà dōu lèi le yìtiān le, bié dǎrǎo tā xiūxi. / Wǒ xiǎng gēn bàba wánr ne.
3급	结婚	jiéhūn	你们俩到底什么时候结婚啊? / 我们才二十五岁呢。	Nǐmenliǎ dàodǐ shénmeshíhou jiéhūn a? / Wǒmen cái èrshíwǔ suì ne.
3급	空调	kōngtiáo	天气太热了, 我们开空调吧。/ 不行, 你要开就开电风扇。	Tiānqì tài rè le, wǒmen kāi kōngtiáo ba. / Bùxíng, nǐ yào kāi jiù kāi diànfēngshàn.
1급	那	nà	哎呀, 我今天好像没带钱包。/ 那今天我请你吧, 改天你再请我。	Āiyā, wǒ jīntiān hǎoxiàng méi dài qiánbāo. / Nà jīntiān wǒ qǐng nǐ ba, gǎitiān nǐ zài qǐng wǒ.
3급	接	jiē	这里信号太弱了, 我手机连接不到网络。	Zhèlǐ xìnhào tài ruò le, wǒ shǒujī liánjiēbúdào wǎngluò.
3급	离开	líkāi	很遗憾今天王东明选手挑战失败, 我们很遗憾地宣布他将离开赛场。	Hěn yíhàn jīntiān Wáng Dōngmíng xuǎnshǒu tiǎozhàn shībài, wǒmen hěn yíhànde xuānbù tā jiāng líkāi sàichǎng.
3급	重要	zhòngyào	为什么我不能去啊? / 比赛对我很重要, 你来我会分心。	Wèishénme wǒ bùnéng qù a? / Bǐsài duì wǒ hěn zhòngyào, nǐ lái wǒ huì fēnxīn.
2급	妹妹	mèimei	我有两个妹妹, 老幺是父母很晚要的, 才五岁。	Wǒ yǒu liǎngge mèimei, lǎoyāo shì fùmǔ hěn wǎn yào de, cái wǔ suì.
1급	漂亮	piàoliang	这件事她做得很漂亮, 完全挑不出毛病。	Zhèjiànshì tā zuò de hěn piàoliang, wánquán tiāobuchū máobìng.
2급	要	yào	她每个周末都要我陪她逛街, 烦死了。/ 你直接跟她说嘛。	Tā měige zhōumò dōu yào wǒ péi tā guàngjiē, fán sǐ le. / Nǐ zhíjiē gēn tā shuō ma.
3급	放心	fàngxīn	你放心吧! 这个问题我来解决! / 你来解决, 我才担心呢。	Nǐ fàngxīn ba! Zhège wèntí wǒ lái jiějué! / Nǐ lái jiějué, wǒ cái dānxīn ne.
3급	画	huà	你都几岁了还在画漫画啊? / 画漫画跟年龄有什么关系啊?	Nǐ dōu jǐ suì le hái zài huà mànhuà a? / Huà mànhuà gēn niánlíng yǒushénme guānxi a?

Chinese is not knowledge. It's a language!

예문	뜻	한자
내 작품이 잡지에 실렸어! / 이야, 출세했네, 갖고 와서 나 좀 보여줘 봐.	동 (신문·잡지 등에) 등재하다(게재하다)	上 상
너 리쉬 돈 빌려놓고 왜 안 갚는 거야? / 나 지금 주머니 사정이 안 좋아.	동 (누구에게서 무엇을) 빌리다(빌려주다)	借 차
내가 맹세하는데, 우리 중 아무도 네 돈을 훔치지 않았어. / 여기에 너희 둘뿐인데, 그럼 너희들 아니면 누구겠어?	대 ('아무나 불러'·'누구도 훔치지 않았어' 이럴 때의) 아무(누구)	誰 수
빨리 비켜, 위험하잖아. / 휴대폰 보느라 정신이 없었네.	동 ('비켜줄게·빨리 피해' 이럴 때의, 무엇을) 피하다(비키다)	讓 양
이것은 어르신이 친필로 쓰신 시야. / 너 어떻게 그걸 손에 넣은 거야?	동 (시·가사 등을) 쓰다(적다)	題 제
오늘 엄청 추워, 옷 많이 껴입는 것 잊지 말고. / 나도 알아, 나 패딩 꺼내놨어.	부 [정도를 나타내어] 매우(정말, 몹시)	很 흔
선생님의 직무를 하는 사람은 응당 솔선수범해야 해요. / 말은 쉬워도, 실천하는 게 쉽지는 않죠.	동 (누가 어떤 직책·업무·일 등을) 맡다(담당하다)	做 주
나는 키가 작은 편이라, 어렸을 때부터 지금까지 늘 첫 줄에만 앉았어.	형 (누구의 키가) 작다	矮 왜

①급	上	shàng	我的作品上杂志了！/ 呦，出息了啊，拿来给我看看。	Wǒ de zuòpǐn shàng zázhì le! / Yōu, chūxi le a, nálái gěi wǒ kànkan.
③급	借	jiè	你借了李旭的钱为什么不还？/ 我现在手头紧。	Nǐ jiè le Lǐ Xù de qián wèishénme bùhuán? / Wǒ xiànzài shǒutóu jǐn.
①급	谁	shéi	我发誓，我们谁都没有偷你的钱。/ 这里就你们俩，不是你们是谁？	Wǒ fāshì, wǒmen shéi dōu méiyǒu tōu nǐ de qián. / Zhèlǐ jiù nǐmenliǎ, búshì nǐmen shì shéi?
②급	让	ràng	赶紧让开呀，多危险。/ 光看手机了。	Gǎnjǐn ràngkāi ya, duō wēixiǎn. / Guāng kàn shǒujī le.
②급	题	tí	这可是老爷子亲笔题写的诗词。/ 你怎么拿到的？	Zhè kěshì lǎoyézi qīnbǐ tíxiě de shīcí. / Nǐ zěnme nádào de?
①급	很	hěn	今天很冷，记得多穿点。/ 我知道，我把羽绒服拿出来了。	Jīntiān hěn lěng, jìde duō chuān diǎn. / Wǒ zhīdào, wǒ bǎ yǔróngfú náchūlái le.
①급	做	zuò	做老师的就应该以身作则。/ 说起来简单，做起来难啊。	Zuò lǎoshī de jiù yīnggāi yǐshēnzuòzé. / Shuōqǐlái jiǎndān, zuòqǐlái nán a.
③급	矮	ǎi	我个子比较矮，从小到大一直都坐第一排。	Wǒ gèzi bǐjiào ǎi, cóngxiǎodàodà yìzhí dōu zuò dìyīpái.

UNIT 9

只要学不死, 就往死里学。

얘들아 봐봐, 쟤 숯하는 동작이 얼마나 깔끔하니!	형 (누구의 말·동작이) 깔끔하다(간결하다)	乾淨 간정
너 이걸 글씨라고 쓴 거야? 알아볼 수가 없다. / 넌 왜 맨날 나한테 시비냐, 짜증나.	명 글자(문자)	字 자
그분은 너무 기쁜 나머지, 노래와 춤이 절로 나왔죠.	부 [동시 상황을 나타내어] 또한(동시에)	又 우
전 친한 친구가 5명 있어요. / 아, 상당히 양호한데, 한두 명 있는 것도 힘든 건데.	수 [數] 5(다섯)	五 오
오래 기다리게 해서 정말 죄송합니다, 이쪽으로 안내해드리겠습니다. / 아니에요, 얼마 안 기다렸어요.	형 [시간적으로] 오래 되다(시간이 길다)	久 구
최근에 너 매일 햇볕 쬐지 않았어? 어쩜 피부가 아직도 이렇게 희지? / 아마도 타고났나 봐.	부 ('여전히 아름답구나'·'아직도 이렇게 느려?' 이럴 때의) 여전히(아직도)	還是 환시
걱정하지 마, 걔 분명히 집에 들어갔을 거야. / 넌 걱정 안 돼?	동 (누구·무엇을) 걱정하다(염려하다)	擔心 담심
쟤는 키는 작아도, 진짜 대단해, 그렇지? / 그래, 어쩐지 많은 사람들이 쟤를 '작은 거인'이라고 부르더라.	명 (사람의) 키(신장)	個子 개자
우리 안방에 들어가서 얘기하자, 애한테 들리지 않게.	동 (누가) 말을 하다(이야기를 하다)	說話 설화
너 중국판 '냉장고를 부탁해' 이거 있는 거 알아? / 아, 진짜?	명 냉장고	冰箱 빙상

죽어라 열심히 공부해도 결코 죽지는 않는다.

③	干净	gānjìng	大家看看，他投篮的动作多么干净利落！	Dàjiā kànkan, tā tóulán de dòngzuò duōme gānjìnglìluò!
①	字	zì	你写的是字吗？都认不出来了。/ 你怎么总是打击我呀，讨厌。	Nǐ xiě de shì zì ma? Dōu rènbuchūlai le. / Nǐ zěnme zǒngshì dǎjī wǒ ya, tǎoyàn.
③	又	yòu	她高兴得不得了，又唱又跳的。	Tā gāoxìng de bùdéliǎo, yòuchàngyòutiào de.
①	五	wǔ	我有五个知心朋友。/ 哦，相当可以啊，我们有一两个就不错了。	Wǒ yǒu wǔge zhīxīnpéngyou. / Ò, xiāngdāng kěyǐ a, wǒmen yǒu yīliǎngge jiù búcuò le.
③	久	jiǔ	很抱歉让你久等了，这边请。/ 没关系，也没等多久。	Hěn bàoqiàn ràng nǐ jiǔděng le, zhèbiānqǐng. / Méiguānxi, yě méi děng duō jiǔ.
③	还是	háishi	最近你不是总是晒太阳吗？怎么皮肤还是这么白？/ 可能天生的吧。	Zuìjìn nǐ búshì zǒngshì shài tàiyáng ma? Zěnme pífū háishi zhème bái? / Kěnéng tiānshēng de ba.
③	担心	dānxīn	你别担心，她肯定回家了。/ 你就不担心吗？	Nǐ bié dānxīn, tā kěndìng huíjiā le. / Nǐ jiù bùdānxīn ma?
③	个子	gèzi	他虽然个子小，但很厉害，是吧？/ 对啊，怪不得很多人叫他"小巨人"。	Tā suīrán gèzi xiǎo, dàn hěn lìhai, shì ba? / Duì a, guàibude hěn duō rén jiào tā "xiǎojùrén".
②	说话	shuōhuà	咱们里屋说话吧，别叫孩子听见。	Zánmen lǐwū shuōhuà ba, bié jiào háizi tīngjiàn.
③	冰箱	bīngxiāng	你知道有中国版的"拜托了冰箱"吗？/ 哦，是吗？	Nǐ zhīdào yǒu Zhōngguóbǎn de "bàituō le bīngxiāng" ma? / Ó, shì ma?

Chinese is not knowledge. It's a language!

Unit	예문	품사 / 뜻	한자 / 독음
Unit 1	너 알아듣긴 한 거냐? 나 벌써 세 번이나 말했어! / 내 문제 아니거든, 네가 그렇게 어렵게 말하면 누가 알아듣겠어.	동 (누가) 말하다(이야기하다)	說 설
Unit 2	이거 내 친구가 외국에서 사 온 거야. / 이거 우리나라에서도 파는 데 있어.	명 친구	朋友 붕우
Unit 3	네가 먹고 싶은 만큼 마음껏 먹어.	명 (수량 등의) 많고 적음	多少 다소
Unit 4	너 손에 쥔 거 뭐야, 나 놀래키지 말고, 빨리 내려놔. / 괜찮아, 나 사과 깎고 있었어.	동 (손으로 무엇을) 쥐다(잡다)	拿 나
Unit 5	너 진짜 천재다, 네가 오니까 문제가 단번에 해결이 돼버리네.	부 (긴 시간이 아닌) 단시간에(금새, 금방, 단번에)	一下 일하
Unit 5	이 카메라는 누가 너한테 사준 거야? / 내 남자친구가 사준 건데, 왜?	명 (사진 찍을 때 쓰는) 카메라(사진기)	照相機 조상기
중국어탈피	어떻게 이렇게 뻔한 사실을 네가 모를 수 있겠어? 더는 너 자신을 속이지 마.	형 (무엇이) 명백하다(분명하다, 명확하다)	明白 명백
중국어탈피	청밍이 그림 실력 좋은데? / 당연하지, 누가 가르친 건데.	형 ('사이가·능력이 좋다' 이럴 때의) 좋다 (괜찮다)	可以 가이
Unit 6	우리 엄마가 해준 밥이 제일 맛있어! / 그럼 많이 먹어.	형 (음식이) 맛있나	好吃 호홀
Unit 7	수원 가는 첫차는 몇 시에 있죠? / 새벽 5시 반이요.	양 [정시에 운행되는 교통수단에 쓰임]	班 반
Unit 8	그는 키가 거의 2m로, 보기에도 굉장한 압박감이 있죠.	부 ('거의 없다'·'거의 1,000명 된다' 이럴 때의) 거의	幾乎 기호
Unit 9	안 되겠다, 나 회사에 한 번 다녀와야겠어. / 아니 주말인데, 무슨 일이야?	동 (누가 어디로) 가다(떠나다)	去 거
Unit 9	샤오위, 빨리 일어나, 밥 먹어야지. / 엄마, 오늘 주말이잖아, 나 늦잠 좀 자게 해줘.	동 (누가 잠자리에서) 일어나다	起來 기래
Unit 10	나 책 책장에 올려 놨어. / 전자레인지 옆에 있는 책장 말하는 거지?	명 ('우체국 옆·책상 옆·누구 옆' 이럴 때의) 옆(부근)	旁邊 방변

①급	说	shuō	你听懂了没有啊，我都说了三遍了！/ 不是我的问题，你说得那么难谁能听得懂啊。	Nǐ tīng dǒng le méiyǒu a, wǒ dōu shuō le sānbiàn le! / Búshì wǒ de wèntí, nǐ shuō de nàme nán shéi néng tīngdedǒng a.
①급	朋友	péngyou	这是我朋友从国外带回来的。/ 这个国内也有卖的。	Zhèshì wǒ péngyou cóng guówài dàihuílái de. / Zhège guónèi yěyǒu mài de.
①급	多少	duōshǎo	你想吃多少就吃多少。	Nǐ xiǎng chī duōshǎo jiù chī duōshǎo.
③급	拿	ná	你手里拿着的是什么东西，别吓我啊，快把它放下。/ 没事儿，我在切苹果呢。	Nǐ shǒu lǐ ná zhe de shì shénme dōngxi, bié xià wǒ a, kuài bǎ tā fàngxià. / Méishìr, wǒ zài qiē píngguǒ ne.
②급	一下	yíxià	果然是天才，你一来问题一下就解决了。	Guǒrán shì tiāncái, nǐ yìlái wèntí yíxià jiù jiějué le.
③급	照相机	zhàoxiàngjī	这照相机是谁给你买的？/ 是我男朋友给我买的，怎么了？	Zhè zhàoxiàngjī shì shéi gěi nǐ mǎi de? / Shì wǒ nánpéngyou gěi wǒ mǎi de, zěnmele?
③급	明白	míngbai	这么明白的事实你会看不出来吗？你别再自欺欺人了。	Zhème míngbai de shìshí nǐ huì kànbuchūlái ma? Nǐ bié zài zìqīqīrén le.
②급	可以	kěyǐ	程明画得可以啊。/ 当然，你也不想想是谁教的。	Chéng Míng huà de kěyǐ a. / Dāngrán, nǐ yě bù xiǎngxiǎng shì shéi jiāo de.
②급	好吃	hǎochī	我妈做的饭最好吃！/ 那多吃点儿。	Wǒ mā zuò de fàn zuì hǎochī! / Nà duō chīdiǎnr.
③급	班	bān	去水原的首班车是几点？/ 早上五点半。	Qù Shuǐyuán de shǒubānchē shì jǐdiǎn? / Zǎoshang wǔdiǎn bàn.
③급	几乎	jīhū	他几乎两米高，看着很有压迫感。	Tā jīhū liǎngmǐ gāo, kànzhe hěn yǒu yāpògǎn.
①급	去	qù	不行，我得去公司一趟。/ 大周末的，什么事啊？	Bùxíng, wǒ děi qù gōngsī yítàng. / Dàzhōumò de, shénmeshì a?
③급	起来	qǐlai	小宇啊，快起来，该吃饭了。/ 妈，今天是周末啊，让我多睡会儿。	Xiǎo Yǔ a, kuài qǐlai, gāi chīfàn le. / Mā, jīntiān shì zhōumò a, ràng wǒ duō shuì huìr.
②급	旁边	pángbiān	我把书放在书柜上了。/ 微波炉旁边的那个书柜吗？	Wǒ bǎ shū fàngzài shūguì shàng le. / Wēibōlú pángbiān de nàge shūguì ma?

Chinese is not knowledge. It's a language!

Unit	예문	품사	뜻	한자
Unit 1	차에 남는 게 빈자리인데, 나 하나 못 데려가냐? / 넌 너무 시끄러워, 데려가기 싫어.	동	(누가 누구를) 데리고 가다(통솔하다, 이끌다)	帶 대
Unit 2	넌 왜 샤오밍을 괴롭히는 거니? / 선생님 저는 그런 적 없어요, 믿지 못하시겠다면 다른 사람한테 물어보세요.	조	[의문문 끝에서 강조를 나타냄]	呢 니
Unit 3	뭐라고? 지갑을 도둑맞아? / 그래, 안에 있던 돈, 신용카드 모두 없어졌어.	명	(계산할 때 쓰는) 신용카드	信用卡 신용잡
Unit 4	어제 옷 사러 가서 코트를 세 벌이나 샀거든, 그래서 지금 돈이 없어.	양	('셔츠 한 벌'·'바지 두 벌' 이럴 때의) 벌	件 건
Unit 4	자, 모두들 책 10과를 펴세요. / 선생님 교실 잘못 들어오셨어요.	양	(교재에서 '제1과·제4과' 이럴 때의, 몇) 과	課 과
Unit 5	나 먼저 들어갈게. / 신발 벗고 들어가라, 내가 아까 아침에 바닥을 깨끗이 닦아놨거든.	동	('방안으로·건물 안으로 들어갔다' 이럴 때의) 들어가다	進 진
Unit 5	더 먹지 그래? / 괜찮아요, 배불러서 더 이상 못 먹겠어요.	형	(누가 음식을 많이 먹어) 배부르다	飽 포
Unit 6	선생님, 저희 청소 깨끗이 다 했어요! / 정말 훌륭한 걸, 고생했어요 여러분.	동	(방·교실 등을) 청소하다	打掃 타소
Unit 6	나 누가 맞게 말했는지 알아 맞혀볼게. / 생각 다 했어?	형	(말·답안 등이) 옳나(맞나)	對 대
Unit 7	내가 언제 너네 부모님 뵙기로 동의했어? / 조만간 뵙긴 해야 하잖아.	동	(누가 무엇에) 동의하다(찬성하다)	同意 동의
Unit 8	야, 우리는 오랜 친구잖아, 부탁 좀 하자. / 돈이 없는데 어떻게 빌려주라고.	형	('오래된 건물'·'오랜 친구' 이럴 때의) 오래된(예부터의)	老 로
Unit 9	너 얼른 가, 쟤 줄곧 너를 기다리고 있었어. / 응, 나 간다!	부	('계속 기다렸어'·'비가 줄곧 내리고 있다' 이럴 때의) 계속(줄곧)	一直 일직
Unit 9	부장님은 줄곧 린밍이 태도도 성실하고, 일 처리도 세심하다고 칭찬하셔서, 너도 많이 배워라.	형	(누가) 착실하다	認真 인진
Unit 10	난 봄을 제일 좋아해, 왜냐하면 봄에는 예쁜 옷을 입을 수 있거든.	명	[계절] 봄	春 춘

HSK는 언어다!

③급	带	dài	车上有的是空位置,就不能多带我一个啊? / 你太吵了, 不想带。	Chē shàng yǒudeshì kòng wèizhì, jiù bùnéng duō dài wǒ yíge a? / Nǐ tài chǎo le, bùxiǎng dài.
①급	呢	ne	你欺负小明是因为什么呢? / 老师我没有, 不信您问别人。	Nǐ qīfu Xiǎo Míng shì yīnwèi shénme ne? / Lǎoshī wǒ méiyǒu, bùxìn nín wèn biérén.
③급	信用卡	xìn-yòng-kǎ	什么?钱包被偷了? / 对啊, 里面的现金, 信用卡都没了。	Shénme? Qiánbāo bèi tōu le? / Duì a, lǐmiàn de xiànjīn, xìnyòngkǎ dōu méi le.
②급	件	jiàn	昨天出门买衣服, 一口气买了三件风衣, 现在没钱了。	Zuótiān chūmén mǎi yīfu, yìkǒuqì mǎi le sānjiàn fēngyī, xiànzài méi qián le.
②급	课	kè	来, 大家把书翻到第十课。 / 老师您走错教室了!	Lái, dàjiā bǎ shū fāndào dìshí kè. / Lǎoshī nín zǒu cuò jiàoshì le!
②급	进	jìn	我先进去了。 / 把鞋脱了, 我早上刚把地板拖干净了。	Wǒ xiān jìnqù le. / Bǎ xié tuō le, wǒ zǎoshang gāng bǎ dìbǎn tuō gānjìng le.
③급	饱	bǎo	再吃点儿呗。 / 不了, 我吃饱了, 吃不下去了。	Zài chīdiǎnr bei. / Bùle, wǒ chībǎo le, chībuxiàqù le.
③급	打扫	dǎsǎo	老师, 我们打扫干净了! / 真棒, 辛苦了同学们。	Lǎoshī, wǒmen dǎsǎo gānjìng le! / Zhēn bàng, xīnkǔle tóngxuémen.
②급	对	duì	让我猜猜谁说得对。 / 想好了吗?	Ràng wǒ cāicāi shéi shuō de duì. / Xiǎnghǎo le ma?
③급	同意	tóngyì	我什么时候同意见你父母了? / 早晚不得见吗?	Wǒ shénmeshíhou tóngyì jiàn nǐ fùmǔ le? / Zǎowǎn bùděi jiàn ma?
③급	老	lǎo	喂, 我们不是老朋友吗, 拜托一下嘛。 / 没钱怎么借啊。	Wèi, wǒmen búshì lǎo péngyou ma, bàituō yíxià ma. / Méi qián zěnme jiè a.
③급	一直	yìzhí	你快去吧, 他一直在等你呢。 / 嗯嗯, 我走了!	Nǐ kuài qù ba, tā yìzhí zài děng nǐ ne. / Ňg ng, wǒ zǒu le!
③급	认真	rèn-zhēn	部长一直夸林明态度认真, 做事细心, 你多学学。	Bùzhǎng yìzhí kuā Lín Míng tàidu rènzhēn, zuòshì xìxīn, nǐ duō xuéxue.
③급	春	chūn	我最喜欢春天, 因为春天可以穿漂亮的衣服。	Wǒ zuì xǐhuan chūntiān, yīnwèi chūntiān kěyǐ chuān piàoliang de yīfu.

Chinese is not knowledge. It's a language!

Unit 1	나 칼자루에 내 이름을 새길 거야. / 하는 김에 내 것도 해주라.	명	('칼자루·문고리' 이럴 때의) 손잡이(자루)	把 파
Unit 2	난 내가 잘 못 그릴까 봐 걱정돼! / 그럼 너 내꺼 보고 그려, 다 그리고 나서 다시 말해.	동	(그림 등 무엇을) 모방하다(본뜨다)	比 비
Unit 3	아이를 출산한 후, 그녀는 몸매도 망가지고, 살도 많이 쪘으나, 그녀의 남편은 처음처럼 그녀를 사랑했습니다.	동	(원래의 모양·형태·맛이) 변하다(가다)	走 주
Unit 4	너 졸리지? / 아이고, 너한테 딱 들켰네.	형	('간파하다·설파하다' 이럴 때의) 꿰뚫다(까발리다)	穿 천
Unit 5	나 너랑 놀고 싶어. / 안 돼, 얼른 공부해.	동	('놀고 싶어·너랑 놀래' 이럴 때의) 놀다	玩 완
Unit 5	오늘 해가 서쪽에서 떴나? 오늘 이렇게나 일찍 오다니. / 나 밤새웠거든.	명	('동쪽·서쪽·남쪽·북쪽' 이럴 때의) 서쪽	西 서
(중국어탈피)	세상에서 당신보다 더 이 일에 적합한 사람은 없습니다, 우리 회사로 오시죠.	명	세계(세상)	世界 세계
Unit 6	너 몇 동 살아? / 그런 건 물어서 뭐 해, 나 너한테 안 알려 줄 거야.	수	('몇 명·층·동' 이럴 때의, 의문을 나타내는) 몇	幾 기
Unit 6	쟤가 갑자기 일이 있다고, 집에 갔어. / 어이구, 보아하니 또 남자친구랑 싸웠고만.	부	(누구·무엇이) 갑자기(돌연히)	突然 돌연
Unit 7	너 조심해, 안 그러면 나 이걸로 너 때릴 거야. / 내가 말 들으면 되잖아.	동	(누가 무엇을) 사용하다(쓰다)	用 용
Unit 8	아들아, 양치질했니? / 나 이따가 사탕 먹을 거야, 아빠.	동	(누가) 양치질을 하다(이를 닦다)	刷牙 쇄아
Unit 9	이 병은 주둥이가 이렇게 투박하게 만들어졌는데, 그래놓고도 이 술은 이렇게 비싸게 팔지?	명	(병이나 각종 도구에 붙은 입처럼 생긴) 주둥이	嘴 취
Unit 9	오늘 역사 시험 잘 봤어? / 한 문제도 못 풀겠더라.	명	('역사 소설, 인류의 역사' 이럴 때의) 역사	歷史 력사
Unit 10	이 단어는 무슨 뜻이에요? / '더럽다'라는 뜻이에요.	명	(단어·문장·말 등의) 뜻(의미)	意思 의사

③급	把	bǎ	我要在刀把上刻上我的名字。/ 顺便也帮我刻一个吧。	Wǒ yào zài dāobà shàng kèshàng wǒ de míngzi. / Shùnbiàn yě bāng wǒ kè yíge ba.
②급	比	bǐ	我怕我画得不好！/ 那你比着我的画，画完再说。	Wǒ pà wǒ huà de bùhǎo! / Nà nǐ bǐzhe wǒ de huà, huàwán zàishuō.
②급	走	zǒu	生完孩子，她身材走样，发福发得厉害，但她老公爱她如初。	Shēngwán háizi, tā shēncáizǒuyàng, fāfú fā de lìhai, dàn tā lǎogōng ài tā rúchū.
②급	穿	chuān	你困了吧? / 哟，叫你看穿了。	Nǐ kùn le ba? / Yō, jiào nǐ kànchuān le.
②급	玩	wán	我想跟你玩。/ 不行，快学习吧。	Wǒ xiǎng gēn nǐ wán. / Bùxíng, kuài xuéxí ba.
③급	西	xī	太阳从西边出来了? 今天来这么早。/ 我整晚没睡。	Tàiyáng cóng xībian chūlái le? Jīntiān lái zhème zǎo. / Wǒ zhěngwǎn méi shuì.
③급	世界	shìjiè	世界上没有人会比你更适合这个工作，来我们公司吧。	Shìjièshàng méiyǒu rén huì bǐ nǐ gèng shìhé zhège gōngzuò, lái wǒmen gōngsī ba.
①급	几	jǐ	你住几号楼? / 问这个干嘛，我才不告诉你呢。	Nǐ zhù jǐhàolóu? / Wèn zhège gànmá, wǒ cái búgàosu nǐ ne.
③급	突然	tūrán	她突然说有事，回家了。/ 哎，看来又跟男朋友吵架了。	Tā tūrán shuō yǒu shì, huíjiā le. / Āi, kànlái yòu gēn nánpéngyou chǎojià le.
③급	用	yòng	你给我注意点，不然我就用这个打你。/ 我听话还不行吗。	Nǐ gěi wǒ zhùyìdiǎn, bùrán wǒ jiù yòng zhège dǎ nǐ. / Wǒ tīnghuà hái bùxíng ma.
③급	刷牙	shuāyá	儿子，刷牙了没? / 我一会儿要吃糖呢，爸爸。	Érzi, shuāyá le méi? / Wǒ yíhuìr yào chī táng ne, bàba.
③급	嘴	zuǐ	这瓶嘴做得这么粗糙，这酒还卖这么贵?	Zhè píngzuǐ zuò de zhème cūcāo, zhè jiǔ hái mài zhèmeguì?
③급	历史	lìshǐ	今天历史考得怎么样? / 一道题都答不上来。	Jīntiān lìshǐ kǎo de zěnmeyàng? / Yídàotí dōu dábushànglái.
②급	意思	yìsi	这个单词是什么意思? / 是"脏"的意思。	Zhège dāncí shì shénmeyìsi? / Shì "zāng" de yìsi.

Chinese is not knowledge. It's a language!

Unit 1	아, 끈적거려 죽겠네! 누가 음료수 쏟은 거야! / 내가 어떻게 알아.	대	[반어문에 쓰여] ('내가 어떻게 알아' 이럴 때의) 어떻게(어찌)	哪兒 나아
Unit 2	날씨가 아무리 추워도, 우리는 수업을 들으러 가야 합니다.	부	('아무리 추워도·아무리 힘들어도' 이럴 때의) 아무리	多麼 다마
Unit 3	날씨가 추워졌네, 감기 조심해라.	명	[병리] 감기	感冒 감모
Unit 3	너 병원 좀 가보랬잖아, 너 왜 안 가는 건데. / 겨우 감기일 뿐인데 뭐, 며칠 지나면 알아서 나을 거야.	동	(의사가 환자를) 진찰하다·(환자가 의사에게) 진찰받다	看 간
Unit 4	내 여자친구 쟤가 소개해 준 거야. / 나도 쟤한테 소개 좀 해달라고 해야겠다.	동	(부모님·친구 등, 누구를) 소개하다	介紹 개소
Unit 5	3일이요? 절대 완성 못 하죠. 7일이면 몰라도요.	동	['다 못 먹어·다 못 끝내' 이럴 때 가능 또는 불가능을 나타냄]	了 료
Unit 5	난 어렸을 때 배를 타고 중국에 갔었어. / 어땠어? 재밌었어?	명	('돛단배, 어선, LNG선' 이럴 때의) 배 (선박)	船 선
Unit 6	너 말고, 또 누가 이 일 알아? / 나 혼자뿐이야, 나 누구한테도 얘기 안 했어.	전	(누구·무엇)을 제외하고(빼고, 말고)	除了 제료
Unit 6	물이 끓으면 면을 넣으세요, 그리고 5분간 끓이세요.	동	(물 따위의 액체가) 끓다	開 개
Unit 7	오늘은 눈이 어제보다 더 많이 내렸어. / 나갈 수나 있을까?	부	(다른 무엇과 비교하여 그것보다) 더(더욱)	還 환
Unit 8	작은 배 한 척이 강 위에 떠서, 물결 따라 가볍게 움직이고 있습니다.	양	[배를 세는 단위] 척	只 지
Unit 9	너 지금 누구한테 연애편지 쓰고 있어? / 네가 무슨 상관이야.	동	(글씨·편지·작문 등을) 쓰다	寫 사
Unit 9	저 안 기다리고, 먼저 갈게요. / 네네, 오늘 죄송해요, 너무 바빠서 도저히 시간이 안 되네요, 저희 다음에 약속 잡아요.	동	(누가 누구·무엇을) 기다리다(대기하다)	等 등
Unit 10	아이고, 벌써 12시네, 밥 먹고 와서 다시 회의합시다. / 아직도 할 게 남아있어요?	조	[동사 뒤에서 완성·완료를 나타냄]	過 과

①	哪儿	nǎr	哎呀，黏糊糊的！谁洒的饮料啊！/ 我哪儿知道。	Āiyā, niánhūhū de! Shéi sǎ de yǐnliào a! / Wǒ nǎr zhīdào.
③	多么	duōme	不管多么寒冷，我们都得去上课。	Bùguǎn duōme hánlěng, wǒmen dōu děi qù shàngkè.
③	感冒	gǎnmào	天冷了，要注意感冒啊。	Tiān lěng le, yào zhùyì gǎnmào a.
①	看	kàn	叫你去看医生，你怎么不去啊。/ 就是小感冒，过几天就好了。	Jiào nǐ qù kàn yīshēng, nǐ zěnme búqù a. / Jiùshì xiǎogǎnmào, guò jǐtiān jiù hǎo le.
②	介绍	jièshào	我对象就是他给我介绍的。/ 我让他也给我介绍介绍。	Wǒ duìxiàng jiùshì tā gěi wǒ jièshào de. / Wǒ ràng tā yě gěi wǒ jièshào jièshào.
①	了	liǎo	三天？根本就完成不了。七天还差不多。	Sān tiān? Gēnběn jiù wánchéng bù liǎo. Qītiān hái chàbuduō.
③	船	chuán	我小时候是坐船去的中国。/ 怎么样？好玩儿吗？	Wǒ xiǎoshíhou shì zuò chuán qù de Zhōngguó. / Zěnmeyàng? Hǎowánr ma?
③	除了	chúle	除了你之外，还有谁知道这件事？/ 就我自己，我谁也没告诉。	Chúle nǐ zhīwài, háiyǒu shéi zhīdào zhè jiàn shì? / Jiù wǒ zìjǐ, wǒ shéi yě méi gàosu.
①	开	kāi	等水开了就把面放进去，然后煮五分钟。	Děng shuǐ kāi le jiù bǎ miàn fàngjìnqù, ránhòu zhǔ wǔ fēnzhōng.
②	还	hái	今天的雪下得比昨天还大。/ 出得了门吗？	Jīntiān de xuě xià de bǐ zuótiān hái dà. / Chūdeliǎo mén ma?
③	只	zhī	一只小船在河上漂着，随着河流轻轻地摇晃。	Yìzhī xiǎochuán zài héshàng piāozhe, suízhe héliú qīngqīngde yáohuàng.
①	写	xiě	你在给谁写情书呢？/ 你管我。	Nǐ zài gěi shéi xiě qíngshū ne? / Nǐ guǎn wǒ.
②	等	děng	我不等了，先走了。/ 嗯嗯，今天不好意思啊，太忙了，改天我们再约。	Wǒ bùděng le, xiān zǒu le. / Ňg ng, jīntiān bùhǎoyìsi a, tài máng le, gǎitiān wǒmen zài yuē.
②	过	guo	哎哟，都十二点了，吃过饭再回来继续吧。/ 还没开完吗？	Āiyō, dōu shí'èr diǎn le, chīguo fàn zài huílái jìxù ba. / Háiméi kāiwán ma?

Chinese is not knowledge. It's a language!

Unit	예문	품사 / 뜻	한자
Unit 1	대박, 리핑 쟤 저렇게 말랐는데, 이렇게 힘이 셀 줄은 몰랐어! / 나도 진짜 의외야.	형 (힘·강도 등이) 세다(강하다)	大 대
Unit 2	말한 것은 반드시 해야 해. / 그럼 난 아예 말을 안 해야지.	동 [동작이 목적에 도달·성취됨을 나타냄] (무엇)에 미치다(이르다)	到 도
Unit 3	중국에서는 남자가 왜 초록색 모자를 쓰면 안 돼? / 자기 여자친구가 다른 남자랑 바람피운다는 뜻이거든.	명 [색깔] 초록색	綠 록
Unit 4	우리 집 텔레비전은 삼성 거야. / 새로 샀어?	동 ('이건 내 거야'·'저건 컵이다' 이럴 때의, 누구·무엇·어디) 이다	是 시
Unit 5	좋아, 네가 안 도와주면, 우리 선배한테 가르쳐달라고 할 거야.	전 ('쟤한테 말하다'·'정부에 건의하다' 이럴 때의, 누구·무엇) 에게	向 향
Unit 5	헐, 나 칫솔 안 가지고 왔다, 어떡하지? / 나 가글 있는데, 너 쓸래?	명 [신체] 입	口 구
수강	빈자리 생겼다, 어서 앉아. / 그래, 그럼 내가 앉는다?	동 (누가 자리·의자·바닥 등에) 앉다	坐 좌
수강	주말에 너 무슨 계획 있어? / 나 남자친구랑 여행 갈 거야.	명 ('주중·주말' 이럴 때의) 주말	週末 주말
Unit 6	우리 백화점은 오늘부터 구매하신 상품을 무료로 댁까지 배달해드리는 서비스를 제공합니다.	내 ('본국·본인' 이럴 때의) 본~	本 본
Unit 7	왔어? 내가 요리 4개 주문했어, 오늘 우리 배불리 먹어보자.	동 (음식점에서 음식을) 주문하다(시키다)	叫 규
Unit 8	나 장사하고 싶어. / 너 같은 성격으로, 무슨 장사를 한다고 그래.	동 (무엇이) 마치 (다른 무엇)과 같다	像 상
Unit 8	오늘 진짜 많은 일이 있었어, 난 아직도 좀 얼떨떨해. / 천천히 나한테 말해봐.	명 (해야 할·벌어진) 일(사건)	事情 사정
Unit 9	뭐하고 계세요? / 아무것도 안 했어요, 그냥 둘러보고 있어요.	조 [의문문 뒤에서 의문 어기를 강조함]	啊 아
Unit 10	너 이것 봐봐! 신문에서 내일이 세상의 종말이라는데? / 나 이런 기사 많이 봤어.	명 ('어제·오늘·내일' 이럴 때의) 내일	明天 명천

①급	大	dà	哇塞，没想到李鹏这么瘦，力气居然这么大。/ 我也没想到。	Wāsāi, méi xiǎngdào Lǐ Péng zhème shòu, lìqì jūrán zhème dà. / Wǒ yě méi xiǎngdào.
②급	到	dào	说到就一定要做到。/ 那我干脆不说了。	Shuōdào jiù yídìng yào zuòdào. / Nà wǒ gāncuì bùshuō le.
③급	绿	lǜ	在中国男人为什么不能戴绿色帽子？/ 因为这个意味着自己的女朋友跟别的男人偷情了。	Zài Zhōngguó nánrén wèishénme bùnéng dài lǜsè màozi? / Yīnwèi zhège yìwèizhe zìjǐ de nǚpéngyou gēn biéde nánren tōuqíng le.
①급	是	shì	我家的电视是三星的。/ 新买了？	Wǒjiā de diànshì shì Sānxīng de. / Xīn mǎi le?
③급	向	xiàng	行，你不帮我，我就向我前辈请教。	Xíng, nǐ bùbāng wǒ, wǒ jiù xiàng wǒ qiánbèi qǐngjiào.
③급	口	kǒu	哎呀，我没带牙刷，怎么办？/ 我有漱口液，你要不要？	Āiyā, wǒ méi dài yáshuā, zěnmebàn? / Wǒ yǒu shùkǒuyè, nǐ yàobúyào?
①급	坐	zuò	有空位置了，快坐吧。/ 好，那我坐啦？	Yǒu kòng wèizhì le, kuài zuò ba. / Hǎo, nà wǒ zuò la?
③급	周末	zhōumò	周末你有什么打算？/ 我要跟我男朋友去旅游。	Zhōumò nǐ yǒushénme dǎsuàn? / Wǒ yào gēn wǒ nánpéngyou qù lǚyóu.
①급	本	běn	本商场今日起提供免费送货上门的服务。	Běn shāngchǎng jīnrìqǐ tígōng miǎnfèi sònghuòshàngmén de fúwù.
①급	叫	jiào	你来了？我叫了四个菜，今天咱们多吃点儿。	Nǐ lái le? Wǒ jiào le sìge cài, jīntiān zánmen duō chī diǎnr.
③급	像	xiàng	我想做生意。/ 像你这样的脾气，能做什么生意。	Wǒ xiǎng zuò shēngyi. / Xiàng nǐ zhèyàng de píqi, néng zuò shénme shēngyi.
②급	事情	shìqing	今天发生了好多事情，我到现在还有点懵。/ 慢慢跟我讲。	Jīntiān fāshēng le hǎo duō shìqing, wǒ dào xiànzài háiyǒudiǎn měng. / Mànman gēn wǒ jiǎng.
③급	啊	a	你在干什么啊？/ 没干什么，就是随便看看。	Nǐ zài gànshénme a? / Méi gànshénme, jiùshì suíbiàn kànkan.
①급	明天	míngtiān	你看! 报纸上说明天是世界末日! / 这种新闻我看多了。	Nǐ kàn! Bàozhǐshàng shuō míngtiān shì shìjièmòrì! / Zhèzhǒng xīnwén wǒ kàn duō le.

Chinese is not knowledge. It's a language!

Unit	예문	품사	뜻	한자/병음
Unit 1	새로 온 체육 선생님 진짜 잘생겼어. / 나 이미 봤어, 진짜 너무 잘생겼어.	명	('체육 활동, 체육 수업' 이럴 때의) 체육	體育 체육
Unit 2	네가 먼저 한 입 먹으면, 그다음에 내가 먹을게. / 아냐, 네가 먼저 먹어.	접	[전환을 나타내어] 그런 후에(그러고 나서)	然後 연후
Unit 3	우리 집은 손뼉 치면 자동으로 불 끌 수 있다! / 그게 뭐 대단한 거라고, 우리 집도 되거든.	동	(불·텔레비전·컴퓨터·라디오 등을) 끄다	關 관
Unit 4	원나라 다음 왕조는 뭐지? / 명나라였나 청나라였나? 나도 잘 모르겠네.	명	[중국 왕조] 원나라	元 원
Unit 4	오리털 이불 잘 챙겨가라, 북쪽의 겨울은 춥다더라.	명	[침구] 이불	被 피
Unit 5	한국은 양꼬치가 너무 비싸. / 그래서 내가 한국에선 양꼬치를 절대 안 먹잖냐.	명	양고기	羊肉 양육
Unit 5	이 책장 이렇게 큰데, 너 이거 어떻게 들여놨어? / 도와줄 사람을 찾았지.	대	[어떤 일 등을 하는데 있어] 어떻게	怎麼 즘마
Unit 6	책상다리가 부러져서, 공부할 곳이 없네. / 맨날 핑계지.	명	(물건의) 다리	腿 퇴
Unit 6	엄마 아빠가 보고 싶어. / 가서 집에 전화 한 통 해.	동	(누가 어떤 사람을) 그리워하다(보고 싶어 하다)	想 상
Unit 7	너 지금 무슨 수로 그 아이들을 돕겠다는 거야? 좋은 일을 하는 건 좋은데, 네 사정도 생각해야지.	동	[전자의 방법·방향·태도 혹은 후자의 목적을 나타냄]	來 래
Unit 8	중국은 국경절 연휴 때 며칠 쉬어요? / 7일 쉬어요.	수	[數] 7(일곱)	七 칠
Unit 8	우리 집 근처는 다 좋은데, 대형 마트가 없어.	명	(대형) 마트	超市 초시
Unit 9	또 안 산 게 뭐 있어? / 바나나만 사면 돼.	형	(누구·무엇이) 부족하다(모자라다)	差 차
Unit 10	야 저기 저 사람이 계속 너를 쳐다보고 있어. / 사람 보는 안목이 있네.	초사	[지속을 나타내어] (무엇을) 하고 있다	著 저

172 | 중국어탈피

③	体育	tǐyù	新来的体育老师可帅了。/ 我已经看过了,帅呆了。	Xīn lái de tǐyù lǎoshī kě shuài le. / Wǒ yǐjīng kànguo le, shuài dāi le.
③	然后	ránhòu	你先吃一口,然后我再吃。/ 不,你先吧。	Nǐ xiān chī yìkǒu, ránhòu wǒ zài chī. / Bù, nǐ xiān ba.
③	关	guān	我家拍手就能自动关灯!/ 这有什么了不起的,我家也是。	Wǒjiā pāishǒu jiùnéng zìdòng guān dēng! / Zhè yǒushénme liǎobuqǐ de, wǒjiā yě shì.
③	元	yuán	元朝的下一个朝代是什么?/ 是明朝还是清朝?我也不清楚。	Yuáncháo de xiàyíge cháodài shì shénme? / Shì Míngcháo háishi Qīngcháo? Wǒ yě bùqīngchu.
③	被	bèi	这个羽绒被你拿好,听说北方的冬天冷着那。	Zhège yǔróngbèi nǐ náhǎo, tīngshuō běifāng de dōngtiān lěngzhe na.
②	羊肉	yáng-ròu	韩国羊肉串太贵了。/ 所以我在韩国从来不吃羊肉串。	Hánguó yángròuchuàn tài guì le. / Suǒyǐ wǒ zài Hánguó cónglái bùchī yángròuchuàn.
①	怎么	zěnme	这书柜这么大,你是怎么抬上来的?/ 我找人帮忙了。	Zhè shūguì zhème dà, nǐ shì zěnme táishànglái de? / Wǒ zhǎo rén bāngmáng le.
③	腿	tuǐ	桌子腿断了,没地方学习了。/ 都是借口。	Zhuōzi tuǐ duàn le, méi dìfang xuéxí le. / Dōu shì jièkǒu.
①	想	xiǎng	我想爸爸妈妈了。/ 去给家里打个电话吧。	Wǒ xiǎng bàba māma le. / Qù gěi jiālǐ dǎgediànhuà ba.
①	来	lái	你现在有什么办法来帮助那些孩子?做好事可以,但你也要看看自身情况啊。	Nǐ xiànzài yǒushénme bànfǎ lái bāngzhù nàxiē háizi? Zuò hǎoshì kěyǐ, dàn nǐ yě yào kànkan zìshēn qíngkuàng a.
①	七	qī	中国十一长假休几天啊?/ 休七天。	Zhōngguó Shíyī chángjià xiū jǐtiān a? / Xiū qītiān.
③	超市	chāoshì	我们家附近什么都好,就是没有大超市。	Wǒmen jiā fùjìn shénme dōu hǎo, jiùshì méiyǒu dàchāoshì.
③	差	chà	还有什么没买?/ 就差香蕉了。	Háiyǒushénme méi mǎi? / Jiù chà xiāngjiāo le.
②	着	zhe	你看那个人一直在盯着你看呢。/ 谁这么有眼光啊。	Nǐ kàn nàgerén yìzhí zài dīngzhe nǐ kàn ne. / Shéi zhème yǒu yǎnguāng a.

Chinese is not knowledge. It's a language!

Unit	예문	뜻	한자/병음
Unit 1	그 사람 이름이 뭐랬었지? / 나 생각났어, 왕단이야.	동 [동사 뒤에서, 동작의 완성·목적에 도달함을 나타냄]	起來 기래
Unit 2	쟤는 왜 나만 보면 눈을 흘기지? / 쟤 신경 쓰지 마.	동 (누구를 업신여기며) 흘겨보다	白 백
Unit 3	얘가 제일 즐기는 운동이 농구인데, 진짜 얘랑 농구 시합 할 거야? / 무서울 게 뭐 있어, 나도 자주 하는 걸.	명 (몸을 움직여서 하는) 운동(활동)	運動 운동
Unit 3	우리가 질 가능성도 있는 거야? / 만일 리쥔이 출전하지 않으면 그럴 수도 있어.	명 ('이길·질·성공할 가능성' 이럴 때의) 가능성	可能 가능
Unit 4	너 말할 때 광둥 말투가 있네, 재밌다! / 어쩔 수 없어, 광저우에서 15년을 살아서, 안 고쳐져.	동 ('사투리가 섞이다' 이럴 때의) 띠다(함유하다)	帶 대
Unit 5	저 앞이 병원이야, 너 조금만 더 참아봐! / 괜찮아, 나 아직 더 참을 수 있어.	명 [뒤에 대하여 공간·장소 등의] 앞(앞쪽, 앞면)	前面 전면
중국어탈피	웨이전이 가출을 했어! / 뭐라고? 나간 지 얼마나 됐는데?	동 (누가 누구·어디를) 떠나다	離 리
	나 지금 밥 먹고 있어, 넌 어떻게 매번 내가 밥 먹고 있을 때 전화를 하냐!	부 (누가 무엇을) 하고 있다	在 재
Unit 6	나랑 언니가 매일 싸우긴 하지만, 사실 난 우리 언니를 엄청 사랑해.	동 (가족·연예인 능 누구를) 사랑하다	愛 애
Unit 7	어느 정도 높이의 책상이 필요하세요? / 제 허리 정도만 오면 됩니다.	명 (산·책상·건물 등의) 높이	高 고
Unit 8	오후에는 날씨가 맑다가 흐려지면서, 이슬비가 내릴 수 있겠습니다.	형 (날씨가) 개다(맑다)	晴 청
Unit 8	너 숙제하는 데 얼마나 걸렸어? / 나? 아예 안 했지.	동 (누가 무엇을 하는데 시간을) 보내다	花 화
Unit 9	신서유기는 내가 제일 좋아하는 TV 프로인데, 진짜 웃겨! / 신서유기? 그냥 별로던데.	명 (각종) 프로그램	節目 절목
Unit 10	나 도와서 열쇠 좀 찾아줘. / 차 키야?	동 (물건·단어·사람 등의, 무엇을) 찾다	找 조

	词	拼音	例句（中）	例句（拼音）
③	起来	qǐlai	他叫什么名字来着？/ 我想起来了，是王丹。	Tā jiào shénme míngzi láizhe? / Wǒ xiǎngqǐlai le, shì Wáng Dān.
②	白	bái	她怎么每次看到我就白我一眼。/ 你不用理她。	Tā zěnme měicì kàndào wǒ jiù bái wǒ yìyǎn. / Nǐ búyòng lǐ tā.
②	运动	yùndòng	他最喜欢的运动就是打篮球，你真要跟他比篮球？/ 怕什么，我也常打。	Tā zuì xǐhuan de yùndòng jiùshì dǎlánqiú, nǐ zhēn yào gēn tā bǐ lánqiú? / Pà shénme, wǒ yě cháng dǎ.
②	可能	kěnéng	我们有可能输吗？/ 如果李俊不上场的话是有可能。	Wǒmen yǒu kěnéng shū ma? / Rúguǒ Lǐ Jùn búshàngchǎng dehuà shì yǒu kěnéng.
③	带	dài	你说话带广东腔，有意思！/ 没办法，我在广州住了15年，改不了。	Nǐ shuōhuà dài Guǎngdōngqiāng, yǒuyìsi! / Méi bànfǎ, wǒ zài Guǎngzhōu zhù le 15 nián, gǎibùliǎo.
①	前面	qiánmiàn	前面就是医院了，你再坚持一下！/ 没事儿，我还能忍。	Qiánmiàn jiùshì yīyuàn le, nǐ zài jiānchí yíxià! / Méishìr, wǒ háinéng rěn.
②	离	lí	魏珍离家出走了！/ 什么？走多久了？	Wèi Zhēn líjiāchūzǒu le! / Shénme? Zǒu duōjiǔ le?
①	在	zài	我在吃饭呢，你怎么每次都在我吃饭的时候打电话呢。	Wǒ zài chīfàn ne, nǐ zěnme měicì dōu zài wǒ chīfàn de shíhou dǎdiànhuà ne.
①	爱	ài	虽然我跟姐姐每天都吵架，但我其实很爱她。	Suīrán wǒ gēn jiějie měitiān dōu chǎojià, dàn wǒ qíshí hěn ài tā.
②	高	gāo	你需要多高的桌子？/ 到我腰这儿的就行。	Nǐ xūyào duōgāo de zhuōzi? / Dào wǒ yāo zhèr de jiùxíng.
②	晴	qíng	下午天气晴转阴，可能会下一点毛毛雨。	Xiàwǔ tiānqì qíng zhuǎn yīn, kěnéng huì xià yìdiǎn máomáoyǔ.
③	花	huā	你做作业花了多长时间？/ 我？干脆没做。	Nǐ zuò zuòyè huā le duōcháng shíjiān? / Wǒ? Gāncuì méi zuò.
③	节目	jiémù	新西游记是我最喜欢的电视节目，很搞笑！/ 新西游记？不怎么好看。	Xīn Xīyóujì shì wǒ zuì xǐhuan de diànshì jiémù, hěn gǎoxiào! / Xīn Xīyóujì? Bù zěnme hǎokàn.
②	找	zhǎo	帮我找钥匙吧。/ 车钥匙吗？	Bāng wǒ zhǎo yàoshi ba. / Chē yàoshi ma?

Chinese is not knowledge. It's a language!

예문	품사 및 뜻	한자
더 이상 나 따라오지 마! 나 더 이상 널 좋아하지 않는다고 했잖아? / 자기야, 내가 잘못했어, 날 용서해 줘.	동 (누구·무엇을) 뒤따르다(쫓아가다)	跟근
누가 너한테 책상에다 글씨를 새기랬어, 이거 빌린 거라고, 나중에 돌려줘야 한단 말이야!	동 (어디에 무엇을) 새기다(조각하다)	刻각
이거 누가 준비한 거야? / 제가 직접 준비했어요, 마음에 드세요?	대 자신(스스로, 자기)	自自 己기
너 이거 새 가방이지? 너 멘 거 처음 보는 거 같은데? / 응, 어제 막 산 거야, 이쁘지?	형 ('새 가방·새 집' 이럴 때의) 새것의(사용하지 않은)	新신
창밖에서 누가 피리를 부네. / 에잇, 진짜 피리를 부숴버리고 싶네.	명 ('창밖·교실 밖' 등의 어디의) 밖	外외
쟤 또 여자친구랑 헤어졌대. / 이게 벌써 몇 번째야?	동 (무엇이) 실패하다(수포로 돌아가다)	黃황
우리 집 고양이가 차에 치였어. / 병원 가 봤어?	전 (누구·무엇에게 무엇)을 당하다	給급
난 리레이를 본받을 거야. 매일 야자 하러 갈 거야. / 자습실에 사람 정말 많아, 너 일찍 가야 해.	동 (자기 자신보다 더 뛰어난 사람을) 본받다(본보기로 삼다)	學학 習습

③급	跟	gēn	别再跟着我了！我不是说过不再喜欢你了吗？/ 亲爱的，我错了，原谅我吧。	Bié zài gēn zhe wǒ le! Wǒ búshì shuōguo búzài xǐhuan nǐ le ma? / Qīn'àide, wǒ cuò le, yuánliàng wǒ ba.
③급	刻	kè	谁让你在桌子上刻字的，这可是借的，到时候还要还给人家呢！	Shéi ràng nǐ zài zhuōzi shàng kèzì de, zhè kěshì jiè de, dàoshíhou háiyào huán gěi rénjiā ne!
③급	自己	zìjǐ	这是谁准备的啊？/ 是我自己准备的，喜欢吗？	Zhèshì shéi zhǔnbèi de a? / Shì wǒ zìjǐ zhǔnbèi de, xǐhuan ma?
②급	新	xīn	你这是新书包吧，第一次看你背呢。/ 嗯，昨天刚买的，漂亮吧？	Nǐ zhèshì xīn shūbāo ba, dìyīcì kàn nǐ bēi ne. / Ǹg, zuótiān gāng mǎi de, piàoliang ba?
②급	外	wài	有人在窗外吹笛子。/ 哎，我真想砸了它。	Yǒurén zài chuāngwài chuī dízi. / Āi, wǒ zhēn xiǎng zá le tā.
③급	黄	huáng	他跟他对象又黄了。/ 这都第几个了？	Tā gēn tā duìxiàng yòu huáng le. / Zhè dōu dìjǐge le?
②급	给	gěi	我家的小猫给车撞了。/ 带它去医院看了吗？	Wǒjiā de xiǎo māo gěi chē zhuàng le. / Dài tā qù yīyuàn kàn le ma?
①급	学习	xuéxí	我要向李磊学习，每天都去晚自习。/ 自习室人可多了，你得早点去。	Wǒ yào xiàng Lǐ Lěi xuéxí, měitiān dōu qù wǎnzìxí. / Zìxíshì rén kě duōle, nǐ děi zǎodiǎn qù.

UNIT 10

在真正结束之前, 不要想也不要说不可能。

예문	뜻	한자
일할 때는 머리만 가지고 해서는 안 되고, 요령도 있어야 합니다.	명 (무엇을 하는) 방법(수단)	門 문
나 방금 사진 인화하러 갔었는데, 사장님이 고속 인화는 한 장에 5위안 내라는데. / 뭐라고? 그렇게 비싸다고?	동 (사진을) 인화하다(현상하다)	洗 세
너 빨리 돌아와, 나 너 보고 싶어. / 반년만 더 기다려줘.	조사 [문장 끝에 놓여 청유·명령·독촉 등의 어기를 나타냄]	吧 파
면접을 보러 온 사람들은 거의 다 졸업생이었고, 경력자는 많지 않았습니다.	형 (무엇이) 같다(엇비슷하다)	一般 일반
이미 20년이나 지났는데, 네가 아직 기억한다고? / 그럼, 그때 나는 팔구(8~9) 세였으니까.	동 (시간·사람·상황 등이) 지나가다(지나다)	過去 과거
넌 일찍 자고 일찍 일어나는 습관을 길러야 해. / 그래그래, 알았어.	명 ('각종 나쁘고 좋은) 습관	習慣 습관
쟨 이 회사 온 지도 얼마 안 됐으면서, 어떻게 벌써 매니저로 승진한 거지? / 분명히 뭔가가 있을 거야.	명 (기업 등의) 책임자(사장·매니저)	經理 경리
자전거 탈 줄 아세요? 저 좀 가르쳐주세요. / 그게, 사실… 저도 탈 줄 몰라요.	조동사 (누가 어떤 능력으로서 무엇을) 할 수 있다	會 회
다음 코스는요, 이화원입니다. / 좋아요, 빨리 출발합시다!	조사 [문장 가운데에 쓰여 휴지를 나타냄]	呢 니
너 은행엔 뭐하러 가? / 나 가서 대출이 가능한지 좀 확인해 보려고.	명 (돈거래를 하는 각종) 은행	銀行 은행

> 끝나기 전엔 불가능을 생각하지도 말하지도 마라.

2급	门	mén	做事不能光凭脑子，还要有窍门儿。	Zuòshì bùnéng guāng píng nǎozi, hái yào yǒu qiàoménr.
2급	洗	xǐ	我刚才去洗照片，老板说快洗要一张5快。/ 啊？这么贵？	Wǒ gāngcái qù xǐ zhàopiàn, lǎobǎn shuō kuàixǐ yào yìzhāng 5 kuài. / Á? Zhème guì?
2급	吧	ba	你快点回来吧，我想你了。/ 再等半年就回去了。	Nǐ kuàidiǎn huílái ba, wǒ xiǎng nǐ le. / Zài děng bànnián jiù huíqù le.
3급	一般	yìbān	过来应聘的一般都是应届毕业生，有工作经历的不多。	Guòlái yìngpìn de yìbān dōu shì yīngjiè bìyèshēng, yǒu gōngzuò jīnglì de bùduō.
3급	过去	guòqù	都过去二十年了，你还记得呀？/ 当然了，那时候我都八九岁了！	Dōu guòqù èrshí nián le, nǐ hái jìde ya? / Dāngrán le, nàshíhou wǒ dōu bājiǔsuì le!
3급	习惯	xíguàn	你应该养成早睡早起的好习惯。/ 好啦好啦，知道了。	Nǐ yīnggāi yǎngchéng zǎoshuìzǎoqǐ de hǎo xíguàn. / Hǎo la hǎo la, zhīdào le.
3급	经理	jīnglǐ	他刚来这个公司，怎么这么快就升经理了？/ 肯定有什么猫腻。	Tā gāng lái zhège gōngsī, zěnme zhème kuài jiù shēng jīnglǐ le? / Kěndìng yǒushénme māoní.
1급	会	huì	你会骑自行车吗？教教我吧。/ 那个，其实……我也不会。	Nǐ huì qí zìxíngchē ma? Jiāojiāo wǒ ba. / Nàge, qíshí… wǒ yě búhuì.
1급	呢	ne	下一个行程呢，是颐和园。/ 好啊，快出发吧！	Xiàyíge xíngchéng ne, shì Yíhéyuán. / Hǎo a, kuài chūfā ba!
3급	银行	yínháng	你去银行干嘛？/ 我去看看能不能贷款。	Nǐ qù yínháng gànmá? / Wǒ qù kànkan néngbunéng dàikuǎn.

Chinese is not knowledge. It's a language!

Unit 1	자네들은 한 학기 학비가 얼마인가? / 아마 3백만쯤 될 거예요.	수 [數] 10,000(만)	萬 만
Unit 2	거 좀 지나갑시다, 길 막지 마세요. / 그렇다고 당신이 날 밀 필요는 없잖아요.	동 (누가 앞으로) 가다	走 주
Unit 3	너 오늘 왜 그래? 아주 좋아 죽네! / 나 드디어 아이폰 샀어.	형 (누가 어떤 일로 인해) 기쁘다(즐겁다)	高興 고흥
Unit 4	내가 너희들 보기 편하라고, 동영상들을 다 합쳐놨어.	동 (누가 다른 사람을) 편리하게 하다	方便 방편
Unit 4	최근 정세 변화의 속도가 매우 빠르므로, 우리는 항상 정신을 바짝 차리고 있어야 합니다.	동 (사람·환경·생각 등이) 변화하다(바뀌다)	變化 변화
Unit 5	너 얼굴에 뭐가 난 거야? / 만지지 마, 여드름이야.	명 [신체] 얼굴	臉 검
	오늘 찍은 사진 나한테 좀 보내줄래? / 어떻게 보내줄까? 위챗으로?	동 (문자·편지·우편 등 무엇을) 보내다	發 발
Unit 6	아이들마다 다 잘하는 게 있으므로, 우리는 대상에 따라 교육 방법을 달리해야 하며, 아이들에게 너무 스트레스를 주어서는 안 됩니다.	형 (누가 무엇에) 뛰어나다(특별히 잘하다)	長 장
	사무실에 에어컨이 고장 났어. / 뭐? 그럼 어떡해? 날이 이렇게 더운데.	명 사무실	辦公室 판공실
Unit 7	죄송한데요, 내몽골로 가는 기차 이미 출발했나요? / 벌써 출발했죠!	부 ('이미 늦었어'·'벌써 왔어?' 이럴 때의) 이미(벌써, 일찍이)	就 취
Unit 8	나한테는 이렇게 어려운 일 시키고, 너는? / 나도 놀지는 않아, 나는 너보다 더 바쁘거든.	형 (무엇이) 어렵다(힘들다)	難 난
Unit 9	그는 부탁을 잘 들어줘, 네가 얘기하면 들어줄 거야. / 그런데 나는 걔랑 친하지도 않은데, 네가 좀 얘기해주면 안 될까?	형 ('말 붙이기가 쉽다' 이럴 때처럼, 누가 부담이 없어서 무엇을) 하기가 편하다	好 호
	집에 뭐 먹을 거 있어? / 있는 건 밥밖에 없어, 우리 나가서 먹자.	명 ('흰쌀·찹쌀' 이럴 때의) 쌀	米 미
Unit 10	얘 어쩜 이렇게 냄새가 나냐, 너 나랑 자리 좀 바꿔주라, 나 얘랑 앉기 싫어.	동 ('사람이 바뀌었네'·'옷 좀 갈아입어' 이럴 때의) 바꾸다(갈다, 교체하다)	換 환

③	万	wàn	你们一学期的学费是多少?/大概三百万吧。	Nǐmen yìxuéqī de xuéfèi shì duōshǎo? / Dàgài sānbǎi wàn ba.
②	走	zǒu	走了走了, 别挡道。/ 那你也不用推我吧。	Zǒule zǒule, bié dǎng dào. / Nà nǐ yě búyòng tuī wǒ ba.
①	高兴	gāo-xìng	你今天怎么了, 这么高兴。/ 我终于买到iPhone了。	Nǐ jīntiān zěnmele, zhème gāoxìng. / Wǒ zhōngyú mǎidào iPhone le.
③	方便	fāng-biàn	为了方便你们看, 我把视频全部剪到一块儿了。	Wèile fāngbiàn nǐmen kàn, wǒ bǎ shìpín quánbù jiǎndào yíkuàir le.
③	变化	biàn-huà	最近政治形势变化得很快, 我们要时刻保持清醒。	Zuìjìn zhèngzhì xíngshì biànhuà de hěnkuài, wǒmen yào shíkè bǎochí qīngxǐng.
③	脸	liǎn	你脸上长什么了?/ 别摸, 是青春痘。	Nǐ liǎnshàng zhǎng shénme le? / Bié mō, shì qīngchūndòu.
③	发	fā	今天拍的照片发给我好吗?/ 怎么发给你? 用微信?	Jīntiān pāi de zhàopiàn fā gěi wǒ hǎo ma? / Zěnme fā gěi nǐ? Yòng Wēixìn?
②	长	cháng	每个孩子都各有所长, 我们要因材施教, 不要给孩子们太大的压力。	Měige háizi dōu gèyǒusuǒcháng, wǒmen yào yīncáishījiào, búyào gěi háizimen tàidà de yālì.
③	办公室	bàn-gōng-shì	办公室的空调坏了。/ 啊? 那怎么办呀, 天这么热。	Bàngōngshì de kōngtiáo huài le. / Á? Nà zěnmebàn ya, tiān zhème rè.
②	就	jiù	请问, 开往内蒙古的火车已经开走了吗?/ 早就走了!	Qǐngwèn, kāiwǎng Nèiménggǔ de huǒchē yǐjīng kāizǒu le ma? / Zǎojiù zǒu le!
③	难	nán	你让我做这么难的事, 那你呢?/ 我也不闲着, 我比你更忙。	Nǐ ràng wǒ zuò zhème nán de shì, nà nǐ ne? / Wǒ yě bùxiánzhe, wǒ bǐ nǐ gèng máng.
①	好	hǎo	他这个人很好说话, 你开口的话他肯定会答应的。/ 可我跟他不熟, 你帮我说说嘛。	Tā zhège rén hěn hǎoshuōhuà, nǐ kāikǒu dehuà tā kěndìng huì dāyìng de. / Kě wǒ gēn tā bùshú, nǐ bāng wǒ shuōshuō ma.
③	米	mǐ	家里有什么吃的么?/ 就只有米饭而已, 咱们出去吃吧。	Jiāli yǒushénme chī de me? / Jiù zhǐyǒu mǐfàn éryǐ, zánmen chūqù chī ba.
③	换	huàn	他怎么这么臭, 你跟我换个位置吧, 我不想跟他坐。	Tā zěnme zhème chòu, nǐ gēn wǒ huàngè wèizhì ba, wǒ bùxiǎng gēn tā zuò.

Chinese is not knowledge. It's a language!

Unit 1	누가 나한테 네가 자퇴할 생각이라고 말해줬는데, 진짜야? / 응, 너한테 말하려던 참이었어.	동	('어떤 사람·어느 때·어떤 일' 이럴 때의) 어떤(어느)	有 유
Unit 2	어떻게 아이가 예의 바르게 크도록 교육할 수 있을까요? / 부모님이 솔선수범하셔야죠.	동	(무엇을) 중시하다·(무엇에 대해) 주의하고 신경을 쓰다	講 강
Unit 3	자기야, 우리 이 근처에서 쉬었다 가는 거 어때? / 왜, 너 못 걷겠어?	명	('이 근처'·'학교 근처' 이럴 때와 같이 어느 위치의) 근처(부근)	附近 부근
Unit 3	내가 또 뭘 잘못했어? 네가 좀 알려줘.	명	('어느 부분이 좋아요?'·'틀린 점' 이럴 때의) 부분(점)	地方 지방
Unit 4	이 두리안 꼭 먹어야 해? / 당연하지, 멀리서 사 온 건데.	부	반드시 (무엇을) 해야 한다	必須 필수
Unit 5	학생 중에 한 아이가 굉장히 조용했어, 얘는 줄곧 그냥 조용히 앉아만 있었지.	명	(무엇의) 속(안, 가운데)	中間 중간
Unit 5	너 지금 내가 무슨 말을 하는지 알기는 하니? / 알아, 나 계속 듣고 있었어.	동	(무엇을) 알다·이해하다	知道 지도
Unit 6	이거 얼마예요? / 3.5위안입니다. 5지아오 있으세요? / 아니요, 없어요.	양	[중국의 화폐단위로 마오(毛)와 같음] 지아오(1/10위안)	角 각
Unit 6	넌 초등학생을 가르치는 게 쉬운 줄 알았지? 사실 굉장히 어려워. / 어? 나는 바로 가르칠 수 있는 줄 알았지.	부	('사실은 말이야'·'사실 간단해' 이럴 때의) 사실은	其實 기실
Unit 7	나 전역할 때 걔랑 연락하고, 그 뒤로는 한 번도 본 적이 없어. / 걔 출국했다더라.	명	그 후(다음에)	後來 후래
Unit 8	0은 어떤 수를 곱해도 다 0입니다.	수	[數] 0(영)	零 령
Unit 9	수박은 큰 게 맛있어, 아니면 작은 게 맛있어? / 나도 고를 줄 몰라, 주인한테 골라달라고 해.	명	[과일] 수박	西瓜 서과
Unit 9	엥? 내가 너희 집에 와 본 적 있냐? / 응, 너 저번에 술 취했을 때 내가 너 업고 왔었어.	동	(누구·무엇이 어떤 장소로) 오다	來 래
Unit 10	네가 말해주지 않아도, 나는 너를 어떻게 할 수가 없어. 다만 나는 걱정이 될 뿐이야.	대	(누구·무엇이 누구·무엇을) 어떻게 하다	怎麼樣 즘마양

❶급	有	yǒu	有人告诉我你打算退学, 是真的吗? / 是的, 我正打算要告诉你呢。	Yǒurén gàosu wǒ nǐ dǎsuàn tuìxué, shì zhēnde ma? / Shì de, wǒ zhèng dǎsuàn yào gàosu nǐ ne.
❸급	讲	jiǎng	如何培养孩子讲礼貌? / 父母以身作则最重要。	Rúhé péiyǎng háizi jiǎng lǐmào? / Fùmǔ yǐshēnzuòzé zuì zhòngyào.
❸급	附近	fùjìn	亲爱的, 我们在附近休息一会儿怎么样? / 怎么, 你走不动了?	Qīn'àide, wǒmen zài fùjìn xiūxi yíhuìr zěnmeyàng? / Zěnme, nǐ zǒu bù dòng le?
❸급	地方	dìfang	我又哪个地方做错了? 你告诉我。	Wǒ yòu nǎge dìfang zuò cuò le? Nǐ gàosu wǒ.
❸급	必须	bìxū	这榴莲必须吃吗? / 当然了, 大老远买回来的。	Zhè liúlián bìxū chī ma? / Dāngrán le, dàlǎoyuǎn mǎihuílái de.
❸급	中间	zhōngjiān	这些学生中间有一个孩子特别安静, 她就是一直静静地坐着。	Zhèxiē xuéshēng zhōngjiān yǒuyíge háizi tèbié ānjìng, tā jiùshì yìzhí jìngjìngde zuòzhe.
❷급	知道	zhīdào	你知道我在讲什么吗? / 知道啊, 我一直听着呢。	Nǐ zhīdào wǒ zài jiǎng shénme ma? / Zhīdào a, wǒ yìzhí tīng zhe ne.
❸급	角	jiǎo	这个多少钱? / 三块五。有五角吗? / 没有。	Zhège duōshaoqián? / Sānkuài wǔ. Yǒu wǔjiǎo ma? / Méiyǒu.
❸급	其实	qíshí	你以为教小学生很简单是吧, 其实难着呢。/ 啊? 我以为上去就能教。	Nǐ yǐwéi jiāo xiǎoxuéshēng hěn jiǎndān shì ba, qíshí nán zhe ne. / Á? Wǒ yǐwéi shàngqù jiùnéng jiāo.
❸급	后来	hòulái	我退伍的时候跟他联系过, 后来就再也没见过他。/ 听说他出国了。	Wǒ tuìwǔ de shíhou gēn tā liánxì guo, hòulái jiù zàiyě méi jiànguo tā. / Tīngshuō tā chūguó le.
❷급	零	líng	零乘以任何一个数都得零。	Líng chéngyǐ rènhé yíge shù dōu dé líng.
❷급	西瓜	xīguā	西瓜大的好吃, 还是小的好吃? / 我也不会挑西瓜, 让老板给我们挑。	Xīguā dàde hǎochī, háishi xiǎode hǎochī? / Wǒ yě búhuì tiāo xīguā, ràng lǎobǎn gěi wǒmen tiāo.
❶급	来	lái	咦? 我来过你家吗? / 嗯, 上次你喝醉的时候我背着你来过。	Yí? Wǒ láiguo nǐ jiā ma? / Ǹg, shàngcì nǐ hēzuì de shíhou wǒ bēi zhe nǐ láiguo.
❶급	怎么样	zěnmeyàng	就算你不告诉我, 我也不能把你怎么样啊。只是我会担心。	Jiùsuàn nǐ búgàosu wǒ, wǒ yě bùnéng bǎ nǐ zěnmeyàng a. Zhǐshì wǒ huì dānxīn.

Chinese is not knowledge. It's a language!

Unit	예문	품사/뜻	한자/한국어
Unit 1	이 방법은? 한번 해봐. / 나 이미 시도해봤어.	초사 [중첩된 동사 뒤에 쓰여] (무엇을) 해보다(시도해 보다)	看 간
Unit 2	역시 싼 게 비지떡이네. / 너 잘 생각해 보고 사라니깐, 듣지도 않더니.	형 (물건의 값이) 싸다	便宜 편의
Unit 3	아빠, 토론회 같은 거 참가해 본 적 있으세요? / 당연하지, 네 아빠가 말이다, 왕년에 한 달변 했지.	동 (모임·일·시합 등에) 참가하다(참여하다)	參加 참가
Unit 4	난 치피랑 셔츠를 제일 좋아해. / 그런 거 같더라, 너 매번 입고 있던 게 늘 그 브랜드 옷이더만.	명 와이셔츠·블라우스	襯衫 친삼
Unit 5	숙제 다 했니? 다 해놔야 게임 할 수 있다. / 알겠어요, 금방 다 해요.	명 (선생님이 내주는 각종) 숙제(과제)	作業 작업
Unit 5	돈을 아끼기 위해서, 난 점심으로 이제 빵만 먹을 거야. / 빵 먹는 게 돈 아끼는 데 도움이 돼? 요즘 빵값 꽤 비싸던데.	명 ('식빵·밤 빵·곰보빵' 이럴 때의) 빵	麵包 면포
Unit 6	다음 연휴는 언제야? / 국경절일 걸, 아직 멀었어.	형 ('아직 멀었다' 이럴 때의, 시간상) 멀다(오래다)	遠 원
Unit 6	시끄러워 죽겠네, 어떤 미친놈이 밖에서 소리 지르는 거야!	동 (누가 크게) 소리를 지르다(고함을 치다)	叫 규
Unit 7	퇴장할 때 소품 챙겨라. / 너 이따가 나한테 다시 한번 말해줘, 까먹을까 봐 무섭다.	동 (무대·필드 등에서) 퇴장하다(물러나다)	下 하
Unit 7	저기 고깃덩어리처럼 생긴 건 뭐야? / 그거 두부야!	명 (고기·두부·사탕 등의) 조각(덩어리)	塊 괴
Unit 8	샤오장이 방금 문 앞으로 지나갈 때, 너 왜 걔 안 불렀어? 너 걔한테 볼일 있다고 찾지 않았어?	전 [지나가는 장소 앞에 쓰여] (어디를) 거쳐서	從 종
Unit 8	장시는 오늘 무슨 색 옷 입었어? / 검은색, 근데 이 건 물어서 뭐 하려고?	명 ('빨간색·초록색' 이럴 때의) 색(색깔)	顏色 안색
Unit 9	이번 시험은 너만 믿는다! / 응? 날 너무 믿지 마.	동 (누구·무엇을) 믿다(신임하다)	相信 상신
Unit 10	좀 이따 드라마 시작하면 나 불러! / 나 까먹을까 봐 겁나, 네가 그냥 시계 잘 봐.	동 (학기·시험·연휴 등, 어떤 일이) 시작되다	開始 개시

①급	看	kàn	这个方法呢? 你试试看。/ 我已经试过了。	Zhège fāngfǎ ne? Nǐ shìshì kàn. / Wǒ yǐjīng shìguo le.
②급	便宜	piányi	真是便宜没好货! / 让你想好了再买, 你就不听。	Zhēnshi piányiméihǎohuò! / Ràng nǐ xiǎnghǎo le zài mǎi, nǐ jiù bùtīng.
③급	参加	cānjiā	爸, 你参加过辩论赛之类的吗? / 当然了, 你爸呀, 当年可会说话了。	Bà, nǐ cānjiāguò biànlùnsài zhīlèi de ma? / Dāngrán le, nǐ bà ya, dāngnián kě huì shuōhuà le.
③급	衬衫	chènshān	我最喜欢七匹狼的衬衫。/ 看出来了, 你每次穿的都是他们家的。	Wǒ zuì xǐhuan Qīpǐláng de chènshān. / Kànchulai le, nǐ měicì chuān de dōu shì tāmen jiā de.
③급	作业	zuòyè	作业做完了吗? 做完才能玩游戏啊。/ 知道了, 马上就做完了。	Zuòyè zuòwán le ma? Zuòwán cáinéng wán yóuxì a. / Zhīdào le, mǎshàng jiù zuòwán le.
③급	面包	miànbāo	为了省钱, 我打算每天中午都吃面包。/ 吃面包能省钱吗? 最近面包蛮贵的。	Wèile shěng qián, wǒ dǎsuàn měitiān zhōngwǔ dōu chī miànbāo. / Chī miànbāo néng shěng qián ma? Zuìjìn miànbāo mán guì de.
②급	远	yuǎn	下次放长假是什么时候? / 国庆吧, 还远着呢。	Xiàcì fàng chángjià shì shénmeshíhou? / Guóqìng ba, hái yuǎn zhe ne.
①급	叫	jiào	吵死了, 谁发疯在外面大喊大叫?	Chǎo sǐ le, shéi fāfēng zài wàimiàn dàhǎndàjiào?
①급	下	xià	下台的时候把道具拿下来。/ 你等会儿再提醒我一下, 我怕我忘了。	Xiàtái de shíhou bǎ dàojù náxiàlái. / Nǐ děnghuìr zài tíxǐng wǒ yíxià, wǒ pà wǒ wàng le.
①급	块	kuài	那个像肉块一样的是什么呀? / 那是豆腐!	Nàge xiàng ròukuài yíyàng de shì shénme ya? / Nàshì dòufu!
②급	从	cóng	小张刚才从门口走过去的时候, 你怎么没叫他? 你不是找他有事吗?	Xiǎo Zhāng gāngcái cóng ménkǒu zǒuguòqù de shíhou, nǐ zěnme méi jiào tā? Nǐ búshì zhǎo tā yǒu shì ma?
②급	颜色	yánsè	张希今天穿了什么颜色的衣服? / 黑色, 问这干嘛?	Zhāng Xī jīntiān chuān le shénme yánsè de yīfu? / Hēisè, wèn zhè gàn má?
③급	相信	xiāngxìn	这次考试我就靠你了啊! / 嗯? 别太相信我哦。	Zhècì kǎoshì wǒ jiù kào nǐ le a! / Ňg? Bié tài xiāngxìn wǒ o.
②급	开始	kāishǐ	一会儿电视剧开始了叫我呀! / 我怕我忘了, 你自己看好时间。	Yíhuìr diànshìjù kāishǐ le jiào wǒ ya! / Wǒ pà wǒ wàng le, nǐ zìjǐ kànhǎo shíjiān.

Chinese is not knowledge. It's a language!

Unit	예문	뜻	한자
Unit 1	너는 중국의 환경 문제로 어떤 것들이 있는지 아니? / 미세먼지 문제는 분명히 있겠지?	명 ('환경문제·경제문제'와 같이 해결해야 할) 문제(숙제)	問題 문제
Unit 2	우리 학교 진짜 작아, 정문에서 후문까지 3분밖에 안 걸려. / 완전 부럽다.	동 (무엇을 하는데 얼마의 시간·비용 등이) 걸리다(들다)	要 요
Unit 3	너희 집에 안 입는 바지 있어? / 있긴 한데, 왜?	명 [옷] 바지	褲子 고자
Unit 4	요즘 바쁘세요? / 바쁘죠, 바빠 죽겠어요.	형 (누가 할 일이 많아) 바쁘다	忙 망
Unit 5	요즘 쟤 안색이 안 좋아 보이는데, 무슨 일 있어? / 듣자 하니 여자친구랑 헤어진 거 같더라고.	명 ('최근에 어떻게 지내?'·'요즘 기분이 안 좋아' 이럴 때의) 최근(요즘)	最近 최근
Unit 5	판양, 도와줘서 고마워요. 판양의 도움이 없었다면 이렇게 많은 물건을, 언제까지 정리해야 할지 감도 안 오네요. / 별말씀을요.	명 [젊은 여성을 부르는 호칭으로] 아가씨·(앞에 성을 넣어) ~양	小姐 소저
Unit 6	미안, 너 하던 말 계속 해. / 내가 어디까지 얘기했지?	동 (무엇을) 계속하다	接 접
Unit 6	할머니의 병세가 점점 안 좋아지셔서, 요즘은 식사도 잘 못 하세요.	부 [越~越 꼴로 써서, 어떠한 정도가 더욱 증가됨을 나타내어] 점점(더욱더, 한층 더) 어떠하다	越 월
Unit 6	실례지만 A22번이 맞으세요? 여긴 제 자리인 것 같은데요. / 아, 저는 여기가 B22번인 줄 알았네요, 죄송합니다.	명 (차례·순번·좌석 등을 표시하는) 번호	號 호
Unit 7	넌 입을 쉬지를 않더라, 그 입 좀 다물 수 없어? / 내가 계속 입을 털면, 네가 어쩔 건데?	부 늘(언제나, 항상)	老 로
Unit 8	이 가게는 지금 리모델링 중이야, 잠시 영업 중지라고 쓰여 있네. / 그럼 다음에 오자.	명 (동네 슈퍼 정도의 규모가 작은) 상점(가게)	商店 상점
Unit 8	우리 고향에서는 쌀이 나오는데, 다음에 보내줄 테니까 한번 먹어봐. / 좋지, 나 쌀밥 엄청 좋아하거든.	동 (쌀·석탄·제품·책 등을) 생산하다·출판하다	出 출
Unit 9	희한한 게, 쟤는 공부를 전혀 열심히 하지 않는데, 성적은 나보다 훨씬 좋다는 거야, 대체 왜 그런지 모르겠어.	동 (누가 무엇에 대해) 의아하다(이해하기 어렵다)	奇怪 기괴
Unit 10	난 과일을 좋아해, 특히 귤을. / 지금이 딱 귤 시즌이니까, 너 하루에 대여섯 개는 먹겠네.	부 (무엇을·무엇이) 특히(유달리)	特別 특별

②급	问题	wèntí	你知道中国环境都有哪些问题吗？/ 雾霾问题肯定有吧？	Nǐ zhīdào Zhōngguó huánjìng dōu yǒu nǎxiē wèntí ma? / Wùmái wèntí kěndìng yǒu ba?
②급	要	yào	我们学校可小了，从正门到后门只要三分钟！/ 真羡慕你呀。	Wǒmen xuéxiào kě xiǎo le, cóng zhèngmén dào hòumén zhǐyào sān fēnzhōng! / Zhēn xiànmù nǐ ya.
③급	裤子	kùzi	你家有不穿的裤子吗？/ 有是有，怎么了？	Nǐ jiā yǒu bùchuān de kùzi ma? / Yǒushìyǒu, zěnmele?
②급	忙	máng	你最近忙吗？/ 忙啊，忙死了。	Nǐ zuìjìn máng ma? / Máng a, máng sǐ le.
③급	最近	zuìjìn	最近他脸色不太好，是有什么事儿吗？/ 听说他跟女朋友分手了。	Zuìjìn tā liǎnsè bútài hǎo, shì yǒushénme shìr ma? / Tīngshuō tā gēn nǚpéngyou fēnshǒu le.
①급	小姐	xiǎojiě	潘小姐，谢谢你的帮忙，不然这么多东西，我都不知道要收拾到什么时候。/ 别客气。	Pān xiǎojiě, xièxie nǐ de bāngmáng, bùrán zhèmeduō dōngxi, wǒ dōu bùzhīdào yào shōushídào shénmeshíhou. / Biékèqì.
③급	接	jiē	不好意思，你接着说吧。/ 我说到哪儿了？	Bùhǎoyìsi, nǐ jiēzhe shuō ba. / Wǒ shuōdào nǎrle?
③급	越	yuè	她的病情越来越严重，最近几乎吃不下东西。	Tā de bìngqíng yuèláiyuè yánzhòng, zuìjìn jīhū chībuxià dōngxi.
①급	号	hào	请问您是A22号吗？这好像是我的座。/ 哦，我以为这儿是B22号呢，不好意思。	Qǐngwèn nín shì A22 hào ma? Zhè hǎoxiàng shì wǒ de zuò. / Ò, wǒ yǐwéi zhèr shì B22 hào ne, bùhǎoyìsi.
③급	老	lǎo	你老是啰啰嗦嗦的，能闭上你的嘴吗。/ 我就是要啰嗦，你能怎么样？	Nǐ lǎoshì luōluōsuōsuō de, néng bìshàng nǐ de zuǐ ma. / Wǒ jiùshì yào luōsuō, nǐ néng zěnmeyàng?
①급	商店	shāngdiàn	这个商店正在装修，暂停营业啊。/ 那咱们下次再来。	Zhège shāngdiàn zhèngzài zhuāngxiū, zàntíng yíngyè a. / Nà zánmen xiàcì zàilái.
②급	出	chū	我们故乡出大米，下次邮给你，你尝尝。/ 好啊，我可喜欢吃米饭了。	Wǒmen gùxiāng chū dàmǐ, xiàcì yóu gěi nǐ, nǐ chángchang. / Hǎo a, wǒ kě xǐhuan chī mǐfàn le.
③급	奇怪	qíguài	奇怪的是，他学习一点都不努力，成绩却比我好得多，不知道是为什么。	Qíguài de shì, tā xuéxí yìdiǎn dōu bùnǔlì, chéngjì què bǐ wǒ hǎodeduō, bùzhīdào shì wèishénme.
③급	特别	tèbié	我喜欢吃水果，特别是橘子。/ 现在正是橘子的季节，你每天得吃个五六个吧。	Wǒ xǐhuan chī shuǐguǒ, tèbié shì júzi. / Xiànzài zhèng shì júzi de jìjié, nǐ měitiān děi chī ge wǔliù geba.

Chinese is not knowledge. It's a language!

Unit	예문	품사	뜻	한자
Unit 1	그분은 이 업계를 잘 아시니까, 너 그분한테 물어보면 틀림없을 거야.	동	(누구·무엇에 대해 자세하게) 이해하다 (알다)	了解 료해
Unit 2	오늘 엄마아빠 결혼기념일인데, 뭘 사면 좋을까?	명	('결혼기념일·생일'과 같이 특별한) ~날 (일)	日 일
Unit 3	우리 회사는 당신 같은 불성실한 직원은 필요 없으니까, 내일부터 나오지 마세요!	동	(무엇이) 필요하다(요구되다)	需要 수요
Unit 4	넌 진짜 나쁜 놈이야. / 왜? 내가 또 뭘 했길래?	형	('흑심·속이 검다' 이럴 때의) 나쁘다(악독하다, 사악하다)	黑 흑
Unit 5	선생님의 목소리가 완전히 자장가 같아서, 안 잘 수가 없었어. / 네 말이 딱 맞아.	명	(사람·동물 등의) 목소리	聲音 성음
Unit 5	루양, 엄마 나가니까, 좀 이따 밥 먹을 때 국 먼저 한 번 데워서 먹어.	동	(국·죽·물 등을) 데우다(가열하다)	熱 열
Unit 6	너희 둘 언제 만나? / 몰라, 왜? 너도 오고 싶어?	동	(누구와) 만나다(대면하다)	見面 견면
Unit 6	봄바람이 불어와, 버드나무 가지가 바람에 살랑살랑 흔들리는 것이, 마치 소녀의 머릿결 같았다.	명	나뭇가지	條 조
Unit 6	우리는 다들 부모님께서 안정된 노후를 보내시길 바라죠.	명	('조선 말기', '내 유년시절'처럼 역사상의·개인 일생에서의 특정) 시대·시기	年 년
Unit 7	너 걔랑 무슨 사이야? / 내가 너한테 말 안 했나? 걔 내 남자친구야!	명	(사물·사람 등의) 관계(연줄)	關係 관계
Unit 8	그 여종업원, 태도가 엉망이야. 나 클레임 걸 거야. / 됐어, 우리 시간 없어.	명	여자(여성)	女 녀
Unit 8	어머나, 짐이 너무 많아서, 제가 들 수가 없어요. / 걱정하지 마, 내가 정류장까지 들어다 줄게.	형	(물건의 수량·사람의 말 따위가) 많다	多 다
Unit 9	안녕히 계세요, 당신의 다음 작품전시회가 기대되네요. / 저도 열심히 하겠습니다.	동	[헤어지는 인사말로] 안녕(안녕히 계세요, 안녕히 가세요)	再見 재견
Unit 10	귀사의 앞날을 축복 드리며, 사장님의 사업이 나날이 번창하길 바랍니다.	형	['귀사·귀국'과 같이 상대방과 관련된 것들을 높여] 귀~	貴 귀

	词	拼音	例句（中文）	例句（拼音）
③	了解	liǎojiě	他很了解这一行，你问他准没错。	Tā hěn liǎojiě zhèyìháng, nǐ wèn tā zhǔn méicuò.
②	日	rì	今天是爸妈的结婚纪念日，买点儿什么好呢？	Jīntiān shì bàmā de jiéhūn jìniànrì, mǎidiǎnr shénme hǎo ne?
③	需要	xūyào	我们公司不需要像你这么不诚实的职员，明天开始不要来了！	Wǒmen gōngsī bù xūyào xiàng nǐ zhème bùchéngshí de zhíyuán, míngtiān kāishǐ búyào lái le!
②	黑	hēi	你个黑心的家伙。/ 怎么了？我又怎么了？	Nǐ ge hēixīn de jiāhuo. / Zěnmele? Wǒ yòu zěnmele?
③	声音	shēngyīn	老师的声音简直是催眠曲，不睡都不行。/ 你说得没错。	Lǎoshī de shēngyīn jiǎnzhí shì cuīmiánqǔ, búshuì dōu bùxíng. / Nǐ shuō de méicuò.
①	热	rè	陆扬，妈妈出去了，一会儿吃饭的时候先把汤热一下。	Lù Yáng, māma chūqù le, yíhuìr chīfàn de shíhou xiān bǎ tāng rè yíxià.
③	见面	jiànmiàn	你们俩什么时候见面啊？/ 不知道，干嘛？你也想来吗？	Nǐmen liǎ shénmeshíhou jiànmiàn a? / Bùzhīdào, gàn má? Nǐ yě xiǎng lái ma?
③	条	tiáo	春风吹过，柳条随风轻轻地摆动，如少女的秀发。	Chūnfēng chuīguò, liǔtiáo suífēng qīngqīngde bǎidòng, rú shàonǚ de xiùfà.
①	年	nián	我们都希望我们的父母能度过安详的晚年。	Wǒmen dōu xīwàng wǒmen de fùmǔ néng dùguò ānxiáng de wǎnnián.
③	关系	guānxì	你跟他是什么关系？/ 我没跟你说吗？他是我男朋友啊！	Nǐ gēn tā shì shénme guānxì? / Wǒ méi gēn nǐ shuō ma? Tā shì wǒ nánpéngyou a!
②	女	nǚ	那个女售货员，态度太差了。我要投诉。/ 算了，咱们没时间了。	Nàge nǚ shòuhuòyuán, tàidu tài chàle. Wǒ yào tóusù. / Suànle, zánmen méi shíjiān le.
①	多	duō	哎呀，行李太多了，我拿不动。/ 甭担心，我帮你提到车站。	Āiyā, xíngli tài duō le, wǒ nábudòng. / Béng dānxīn, wǒ bāng nǐ tídào chēzhàn.
①	再见	zàijiàn	再见，我期待你下次的作品展。/ 我会努力的。	Zàijiàn, wǒ qīdài nǐ xiàcì de zuòpǐnzhǎn. / Wǒ huì nǔlì de.
②	贵	guì	祝贵公司前程似锦，祝您的事业蒸蒸日上。	Zhù guì gōngsī qiánchéngsìjǐn, zhù nín de shìyè zhēngzhēngrìshàng.

Chinese is not knowledge. It's a language!

Unit	예문	품사/뜻	한자
Unit 1	학생의 재능에 따라 교육하는 것이 매우 중요합니다, 우리는 학생을 잘 알고 파악해야 하죠.	명 (각종) 가르침(교육)	教 교
Unit 2	너희 지금 무슨 시합하는 거야? 달리기? / 아니, 멀리뛰기 시합이야.	동 (축구·노래·달리기 등을) 시합하다(경기하다)	比賽 비새
Unit 3	천쉬에한테 줄 선물 포장 다 했어? / 난 네가 포장지 골라주길 기다리고 있었는데?	동 (종이·천 등으로 무엇을) 싸다	包 포
Unit 4	이 영화 진짜 너무 재미없는 거 아니야? 괜히 봤네. / 그러니까, 차라리 집에서 자는 게 나을 뻔했어.	부 ('너무 매워'·'정말 좋다' 이럴 때의) 매우 (너무)	太 태
Unit 4	나 어제 몸이 별로 안 좋아서, 시험 보러 못 갔어. / 그럼 어떡해? 추가 시험 있어?	부 (할 예정이었던·해야 할 무엇을) 하지 않다	沒有, 沒 몰유, 몰
Unit 5	너 이거 너희 언니 외투 아니야? / 쉿! 우리 언니 내가 입고 나온 거 모르고 있거든, 너 언니한테 말하지 마.	명 [가족] 언니·누나	姐姐 저저
중국어탈피	너 이제 담배 안 피워? / 안 피워, 그거 다 옛날 일이야.	명 ('결혼 전'·'그건 예전 일이야' 이럴 때의) 이전(예전)	以前 이전
Unit 6	당신은 이제 가셔도 됩니다. / 당신도 좀 일찍 말해 주지 그랬어요, 나 30분이나 기다렸다고요.	조동사 ['가도 좋아·먹어도 좋아'와 같이 허가를 나타내어] (무엇을) 해도 좋다	可以 가이
Unit 6	저 오늘 30분 일찍 도착할 것 같은데요, 그쪽도 별일 없으시면 좀 일찍 나오실 수 있으실까요?	수 반(절반, 1/2)	半 반
Unit 7	너 다리는 다 나았니? / 아니, 이번엔 좀 심하게 넘어졌어.	형 (병이) 완쾌되다(좋아지다)	好 호
Unit 8	나 내꺼 핸드폰이 어딨는지 못 찾겠어. / 너 주머니에 넣어 뒀다면서! 발 달려서 도망갔다니?	명 (어떠한 물건·장소·공간 등의) 안(속)	裏 리
Unit 9	안녕 친구들아, 앞으로 또 만날 날이 있을 거라 믿어!	동 (누구를) 만나다	會 회
Unit 9	쟤 최근에 여자친구랑 헤어졌대, 엄청 슬프겠다. / 벌써 몇 번째야?	형 (누가 어떤 이유로) 괴롭다(고통스럽다, 슬프다)	難過 난과
Unit 10	내가 나 동문에 있다고 했잖아, 너 왜 서문으로 갔어?	명 ('동·서·남·북' 이럴 때의) 동(동쪽)	東 동

③	教	jiào	因材施教很重要，我们应该多了解和把握学生。	Yīncáishījiào hěn zhòngyào, wǒmen yīnggāi duō liǎojiě hé bǎwò xuéshēng.
③	比赛	bǐsài	你们这是在比什么？跑步？/ 不，比赛跳远。	Nǐmen zhèshì zài bǐ shénme? Pǎobù? / Bù, bǐsài tiàoyuǎn.
③	包	bāo	送陈雪的礼物都包起来了吗？/ 我在等你帮我选包装纸呢。	Sòng Chén Xuě de lǐwù dōu bāoqǐlái le ma? / Wǒ zài děng nǐ bāng wǒ xuǎn bāozhuāngzhǐ ne.
①	太	tài	这电影也太没意思了吧，白看了。/ 可不是嘛，不如在家睡觉呢。	Zhè diànyǐng yě tài méiyìsi le ba, bái kàn le. / Kěbúshì ma, bùrú zàijiā shuìjiào ne.
①	没有, 没	méiyǒu, méi	我昨天不太舒服，没去考试。/ 那怎么办？能补考吗？	Wǒ zuótiān bútài shūfu, méi qù kǎoshì. / Nà zěnmebàn? Néng bǔkǎo ma?
②	姐姐	jiějie	你这不是姐姐的外套吗？/ 嘘！她不知道我穿出来了，你别告诉她。	Nǐ zhè búshì jiějie de wàitào ma? / Xū! Tā bùzhīdào wǒ chuān chūlái le, nǐ bié gàosu tā.
③	以前	yǐqián	你不抽烟了？/ 不抽了，那都是很久以前的事了。	Nǐ bùchōuyān le? / Bùchōu le, nà dōu shì hěnjiǔyǐqián de shì le.
②	可以	kěyǐ	你可以走了。/ 你不早说，我都等了半个小时了。	Nǐ kěyǐ zǒu le. / Nǐ bùzǎo shuō, wǒ dōu děng le bànge xiǎoshí le.
③	半	bàn	我今天可能早到半个小时，你没什么事的话可以早点儿出来吗？	Wǒ jīntiān kěnéng zǎodào bànge xiǎoshí, nǐ méi shénme shì dehuà kěyǐ zǎodiǎnr chūlái ma?
①	好	hǎo	你的腿好了没有？/ 没有，这次摔得比较厉害。	Nǐ de tuǐ hǎo le méiyǒu? / Méiyǒu, zhècì shuāi de bǐjiào lìhai.
①	里	lǐ	我的手机找不着了。/ 你不是说放你口袋里了吗？它还能自己跑了？	Wǒ de shǒujī zhǎobuzháo le. / Nǐ búshì shuō fàng nǐ kǒudài lǐ le ma? Tā háinéng zìjǐ pǎo le?
①	会	huì	再见了朋友们，我们后会有期！	Zàijiànle péngyoumen, wǒmen hòuhuìyǒuqī!
③	难过	nánguò	他最近跟女朋友分手了，应该很难过。/ 这都第几个了？	Tā zuìjìn gēn nǚpéngyou fēnshǒu le, yīnggāi hěn nánguò. / Zhè dōu dìjǐge le?
③	东	dōng	我说我在东门，你怎么跑西门去了？	Wǒ shuō wǒ zài dōng mén, nǐ zěnme pǎo xīmén qù le?

Chinese is not knowledge. It's a language!

Unit	예문	품사	뜻	한자
Unit 1	샤오핑은 어제 시험 칠 때 배탈이 나서, 시험을 다 치르지 못하고 나왔어. / 세상에, 그럼 걔 시험 다시 봐야 해?	동	(중간고사·기말고사·자격증 시험 등의) 시험을 보다	考試 고시
Unit 2	내 단점에 대해 말해줄래? / 너 스스로 잘 알 텐데.	명	(사람의) 단점(결점)	短 단
Unit 3	공원에 있는 사람들은 달리기를 하든지, 혹은 태극권을 하며, 연신 활기가 넘쳤다.	접	[여러 상황이 동시·교차로 발생함을 나타내어] (무엇)을 하든지 아니면 (무엇)을 하다	或者 혹자
Unit 4	난 가끔 결혼식 날 찍은 비디오를 보곤 해, 그럴 때마다 그때로 돌아가고 싶어.	명	('녹음 테이프' 이럴 때의) 테이프	帶 대
Unit 4	볼펜 다 썼어, 볼펜 심 있어? / 저번에 한 통 샀는데, 어디에 뒀는지 모르겠네.	동	(펜·쌀·물 등이) 다 소모하다(떨어지다)	完 완
Unit 5	저 혼자 들 수 있어요, 안 도와주셔도 돼요. / 어차피 놀고 있는데, 좀 도와드리면 어때서요.	조	[동사와 보어의 가운데 쓰여 '가능하다'는 뜻을 나타냄]	得 득
Unit 5	너 그거 알아? 그 산불 어떤 어린애가 낸 거다? / 너무 무섭다! 어떻게 그게 가능해?	동	(어디에 불을) 붙이다(놓다)	放 방
Unit 6	난 상하이에서 살아. / 다음에 나 너한테 놀러 가도 돼? 나 아직 상하이 못 가봤어.	동	(누가 어느 국가·지역·동네 등에) 살다	住 주
Unit 6	자, 시간 됐습니다, 나들 오셨나요?	부	[누구·무엇을 총괄하여] 모두·다·다들·전부	都 도
Unit 7	너 머리 위에 벌레 있어! / 어디에? 아, 안 돼, 빨리 좀 털어줘.	명	(아래에 대하여 무엇의) 위	上 상
Unit 8	너 이렇게 텔레비전을 보면, 네 시력에 무리가 갈 거야. / 알겠어요, 저 안 볼게요.	동	(누구·무엇에) 영향을 주다	影響 영향
Unit 8	좋아요, 저를 따라 다음 문장을 읽어주세요.	명	[언어학] 문장	句子 구자
Unit 9	어때? 어렵지 않지? / 어렵지 않기만 하겠습니까, 정말 너무 쉬워요!	형	(무엇이) 쉽다(용이하다)	容易 용이
Unit 10	너 노래 부를 거야 아니면 춤을 출 거야? / 꼭 하나를 골라야 하는 거야?	동	(누가) 노래를 부르다	唱歌 창가

HSK는 언어다!

2급	考试	kǎoshì	小平昨天考试拉肚子, 没考完就出来了。/ 天哪, 那她要重考吗?	Xiǎo Píng zuótiān kǎoshì lādùzi, méi kǎowán jiù chūlái le. / Tiān na, nà tā yào chóngkǎo ma?
3급	短	duǎn	能告诉我我的短处吗? / 你自己清楚。	Néng gàosu wǒ wǒ de duǎnchù ma? / Nǐ zìjǐ qīngchu.
3급	或者	huòzhě	公园里的人们或者跑步, 或者打太极拳, 一片生机勃勃。	Gōngyuánlǐ de rénmen huòzhě pǎobù, huòzhě dǎ tàijíquán, yípiàn shēngjībóbó.
3급	带	dài	我一看婚礼时拍的录像带, 就想回到那时候。	Wǒ yíkàn hūnlǐ shí pāi de lùxiàngdài, jiù xiǎng huídào nàshíhou.
2급	完	wán	圆珠笔都用完了, 有笔芯没? / 上次买了一盒, 不知道放哪儿了。	Yuánzhūbǐ dōu yòngwán le, yǒu bǐxīn méi? / Shàngcì mǎi le yìhé, bùzhīdào fàng nǎr le.
2급	得	de	我自己拿得动, 你不用帮我。/ 反正也是闲着, 帮帮你又怎么了。	Wǒ zìjǐ nádedòng, nǐ búyòng bāng wǒ. / Fǎnzhèng yěshì xiánzhe, bāngbāng nǐ yòu zěnme le.
3급	放	fàng	你知道吗? 那个山火是一个小孩子放的。/ 太可怕了! 怎么可能?	Nǐ zhīdào ma? Nàge shānhuǒ shì yíge xiǎoháizi fàng de. / Tài kěpà le! Zěnme kěnéng?
1급	住	zhù	我住在上海。/ 下次去找你玩儿行吗? 我还没去过上海。	Wǒ zhùzài Shànghǎi. / Xiàcì qù zhǎo nǐ wánr xíng ma? Wǒ háiméi qùguo Shànghǎi.
1급	都	dōu	好了, 到点了, 大家都到齐了没有?	Hǎole, dàodiǎn le, dàjiā dōu dàoqí le méiyǒu?
1급	上	shàng	你头上有虫子! / 哪里啊! 啊, 不行, 快帮我拿掉!	Nǐ tóushàng yǒu chóngzi! / Nǎlǐ a! à, bùxíng, kuài bāng wǒ nádiào!
3급	影响	yǐngxiǎng	你这样看电视, 会影响你视力的。/ 知道了, 我不看了。	Nǐ zhèyàng kàn diànshì, huì yǐngxiǎng nǐ shìlì de. / Zhīdào le, wǒ búkàn le.
3급	句子	jùzi	好, 跟着我念下一个句子。	Hǎo, gēnzhe wǒ niàn xiàyíge jùzi.
3급	容易	róngyì	怎么样? 不难吧? / 何止不难, 简直太容易了!	Zěnmeyàng? Bùnán ba? / Hézhǐ bùnán, jiǎnzhí tài róngyì le!
2급	唱歌	chànggē	你要唱歌还是跳舞? / 必须要选一个吗?	Nǐ yào chànggē háishi tiàowǔ? / Bìxū yào xuǎn yíge ma?

Chinese is not knowledge. It's a language!

예문	뜻	한자
우리 회사는 10일이 월급날이야, 너희는? / 나 아직 입사한 지 한 달도 안 돼서, 잘 몰라.	동 (임금을) 지불하다	開 개
내 앞에서 그 얘기 하지 마, 나 생각만 해도 화나니까. / 알겠어, 알겠어, 말 안 할게, 너 화 좀 풀어.	부 ('말하지 마'·'장난치지 마' 이럴 때의, 무엇을) 하지 마라	別 별
너 나한테 준 거 아니었어? 왜 다시 가져가! / 잘못 준 거야!	동 (누가 누구에게) 선물이나 기념으로 (무엇을) 주다	送 송
아줌마, 저 지엔빙 두 개 주세요. / 8원이요.	명 아줌마(아주머니)	阿姨 아이
내가 너한테 해준 두부피, 너 다 먹었어? / 아니, 너무 많아서, 다 상해버렸어.	동 (음식이) 상하다(썩다)	壞 괴
너 신난 거 봐라. / 곧 퇴근이야, 드디어 야근 안 해도 된다고.	부 ('곧 도착해·머지않아 시작해' 이럴 때의) 머지않아(곧)	快 쾌
이번 시험 나 C+ 받았어, 너는? / 너랑 같아.	형 (무엇이 서로) 같다(동일하다)	一樣 일양

①급	开	kāi	我们公司十号开工资，你们呢? / 我进公司还不到一个月，不知道。	Wǒmen gōngsī shíhào kāi gōngzī, nǐmen ne? / Wǒ jìn gōngsī hái búdào yígeyuè, bùzhīdào.
②급	别	bié	别跟我提这件事，我一想就来气。/ 行，行，我不说了，你消消气吧。	Bié gēn wǒ tí zhèjiàn shì, wǒ yìxiǎng jiù láiqì. / Xíng, xíng, wǒ bùshuō le, nǐ xiāoxiāo qì ba.
②급	送	sòng	你不是送我了吗? 怎么又拿回去啊! / 我送错人了!	Nǐ búshì sòng wǒ le ma? zěnme yòu náhuíqù a! / Wǒ sòng cuò rén le!
③급	阿姨	āyí	阿姨，我要两个煎饼。/ 八块钱。	Āyí, wǒ yào liǎngge jiānbing. / Bā kuài qián.
③급	坏	huài	我给你做的豆腐皮，你都吃完了吗? / 没有，太多了，都坏了。	Wǒ gěi nǐ zuò de dòufupí, nǐ dōu chīwán le ma? / Méiyǒu, tài duō le, dōu huài le.
②급	快	kuài	看把你高兴的。/ 快下班了，终于可以不加班了。	Kàn bǎ nǐ gāoxìng de. / Kuài xiàbān le, zhōngyú kěyǐ bùjiābān le.
③급	一样	yíyàng	这次考试我得了C+，你呢? / 跟你一样。	Zhècì kǎoshì wǒ dé le C+, nǐ ne? / Gēn nǐ yíyàng.

중국어탈피 중국어탈피 중국어탈피 중국어탈피 중국어탈피 중국어탈피 중국어탈피 중국어탈피 중국어탈피

HSK 4급

날기를 원하는 자, 우선 서고 걷고 달리고 오르고 춤추는 법을 배워야 한다.
想飞的人必须先学会站立, 行走, 奔跑, 攀爬和跳舞。

UNIT 11

逃避的尽头没有乐园。

와, 너 진짜 대단하다, 기어코 1등을 다 하다니. / 뭐 식은 죽 먹기지.	형 (누구·무엇이) 대단하다(굉장하다)	厲害 려해
어휘 선택이 굉장히 정확하시네요, 외국인치고는 정말 잘하셨어요.	형 (무엇이 틀리지 않고) 정확하다(확실하다)	準確 준확
이 표지는 무슨 의미야? / 이건 운전할 때 시속 30km를 넘지 말란 뜻이야.	동 (무엇을) 의미하다(가리키다)	表示 표시
이러한 조치가 개인의 프라이버시를 백프로 철저하게 보호할 수 있는지는 알 수 없습니다.	형 (무엇이 부족함 없이) 완전하다(충분하다)	完全 완전
넌 조장으로서 일할 때 성실하게 책임을 다해야 돼! / 반드시 그렇게 할 거예요.	형 (누가 맡은 일에 대해) 책임감이 강하다	負責 부책
벌써 연말이네, 내년에 무슨 계획이라도 있어? / 계획이 없는 게 내 계획이야.	명 ('연말·월말' 이럴 때의) 말(끝)	底 저
네가 노인과 아이들을 돌봐야 하니 정신없이 바쁘겠지, 그건 나도 이해하는데, 그렇다고 계속 전화를 안 받으면 안 되지.	동 (누가 누구·무엇에 대해) 이해하다	理解 리해
회사의 발전 방향은 잘 정해야 하며, 일단 정한 후에는 쉽게 바꾸어서는 안 됩니다.	명 (누가) 나아갈 목표	方向 방향
여기 귤 진짜 달아, 먹어 봐. / 미친, 시어 죽겠고만, 너 이리 와봐.	형 (맛·냄새 등이) 시다	酸 산
이 호수는 깊이가 30m래. / 그렇게 깊어? 근데 어떻게 호수의 바닥이 다 보이지?	명 (무엇·어디의) 깊이	深 심

회피해 도착한 곳엔 낙원이 없다.

4급	厉害	lìhai	哇塞，你好厉害，竟然拿了第一。/ 小菜一碟。	Wāsāi, nǐ hǎo lìhai, jìngrán ná le dìyī. / Xiǎocàiyìdié.
4급	准确	zhǔn-què	这些词汇都用得很准确，作为一个外国人已经做得非常好了。	Zhèxiē cíhuì dōu yòng de hěn zhǔnquè, zuòwéi yíge wàiguórén yǐjīng zuò de fēicháng hǎo le.
4급	表示	biǎoshì	这个标志是什么意思啊? / 这个标志表示时速不能超过30公里。	Zhège biāozhì shì shénme yìsi a? / Zhège biāozhì biǎoshì shísù bùnéng chāoguò 30 gōnglǐ.
4급	完全	wán-quán	这个操作是否可以完全彻底地保护个人隐私就不得而知了。	Zhège cāozuò shìfǒu kěyǐ wánquán chèdǐ de bǎohù gèrényǐnsī jiù bùdéérzhī le.
4급	负责	fùzé	作为组长你做事要认真负责! / 我一定会的。	Zuòwéi zǔzhǎng nǐ zuòshì yào rènzhēn fùzé! / Wǒ yídìng huì de.
4급	底	dǐ	都到年底了，明年有什么计划吗? / 没有计划就是我的计划。	Dōu dào niándǐ le, míngnián yǒushénme jìhuà ma? / Méiyǒu jìhuà jiùshì wǒ de jìhuà.
4급	理解	lǐjiě	你要照顾老人和孩子忙得不得了，这我能理解，但你不能一直不接电话呀。	Nǐ yào zhàogù lǎorén hé háizi máng de bùdéliǎo, zhè wǒ néng lǐjiě, dàn nǐ bùnéng yìzhí bùjiē diànhuà ya.
4급	方向	fāng-xiàng	公司的发展方向要定好，定好了以后就不能轻易更改。	Gōngsī de fāzhǎn fāngxiàng yào dìnghǎo, dìnghǎo le yǐhòu jiù bùnéng qīngyì gēnggǎi.
4급	酸	suān	这橘子可甜了，尝尝。/ 我靠，酸死了，你给我过来。	Zhè júzi kě tián le, chángchang. / Wǒkào, suān sǐ le, nǐ gěi wǒ guòlai.
4급	深	shēn	这个湖有30米深。/ 这么深啊? 那为什么还能看得到湖底呢?	Zhège hú yǒu 30 mǐ shēn. / Zhème shēn a? Nà wèishénme hái néng kàndedào húdǐ ne?

Chinese is not knowledge. It's a language!

Unit 11	걔가 중국인일 줄은 생각도 못 했어! / 나도야, 난 걔가 한국 사람인 줄 알았어!	부	뜻밖에도(놀랍게도, 의외로)	竟然 경연
Unit 12	난 정말 위험을 무릅쓰고 왔다고! / 알아!	명	(누구한테 닥친 각종) 위험	危險 위험
Unit 13	나 너한테 따로 할 말 있어, 잠깐만 나 좀 기다려줘. / 나 밥 먹으러 가야 해, 빨리 말해.	대	('다른 일·다른 사람', 이럴 때의) 다른 (그 밖의, 그외의)	另外 령외
Unit 13	너희 결국 부부잖아, 싸우지 마. / 맞아, 아이들 놀라겠다.	부	('어쨌든 친구잖아' 이럴 때의) 어쨌든 (필경)	究竟 구경
Unit 14	이 시합 너무 재밌어! / 그러니까, 진짜 잘 왔네!	형	(경기·공연·퍼포먼스·글 등이) 훌륭하다(뛰어나다, 멋있다)	精彩 정채
Unit 15	이 영화 진짜 재밌어, 보면 절대로 후회 안 할 거야. / 싫어, 난 공포영화가 제일 싫단 말이야.	동	(누가 선택이나 한 일에 대해) 후회하다	後悔 후회
Unit 15	나는 못 가, 근데 얘는 갈 수 있을 거 같더라고. / 그래? 그럼 내가 가서 한번 물어봐야겠다.	접	[반전을 나타내어] 그러나(그런데, 하지만)	不過 불과
Unit 16	10살 때, 그의 명성은 이미 그의 아버지를 능가했고, 온 국민이 다 아는 꼬마 스타가 되었어요.	동	(누구·무엇이 다른 누구·무엇을) 추월하다(앞지르다, 능가하다)	超過 초과
Unit 16	이번 안건은 만장일치로 가결되었습니다. / 우리는 받아들일 수 없습니다.	동	(의안·법안 등이) 가결되다(비준을 얻다)	通過 통과
Unit 17	이 보고서에 있는 숫자 잘못 써졌네, 다시 써야 할 거 같아. / 또 잘못 썼다고? 벌써 몇 번째야?	명	('1·2·3·4' 등의) 숫자	數字 수자
Unit 18	우와, 속눈썹 엄청 짧다, 난 너한테 속눈썹이란 게 있는지도 의심스럽다. / 꺼져 줄래?	명	('속눈썹·수염' 등 사람의) 털·수염	毛 모
Unit 18	네 와이프의 말 한마디가 너의 결정을 좌우할 줄은 몰랐다. / 난 와이프를 사랑해, 당연히 말을 잘 들어야지.	동	(누구·무엇을) 좌지우지하다(지배하다, 통제하다)	左右 좌우
Unit 19	왜 제가 먼저 검사받을 수 없는 거죠? / 병원 규정입니다, 순서를 지켜주세요.	명	(무엇에 관한 법·규칙 등의) 규정(규칙)	規定 규정
Unit 20	피곤해 죽겠다, 집에 가자. / 안 돼, 아직 마지막 라운드를 못 깼단 말이야.	형	(누가) 피곤해 졸리다	困 곤

	단어	병음	예문	병음
4급	竟然	jìngrán	没想到他竟然是个中国人! / 我也是, 我以为他是韩国人啊!	Méi xiǎngdào tā jìngrán shìge Zhōngguórén! / Wǒ yě shì, wǒ yǐwéi tā shì Hánguórén a!
4급	危险	wēixiǎn	我可是冒着危险来的呢! / 我知道!	Wǒ kěshì màozhe wēixiǎn lái de ne! / Wǒ zhīdào!
4급	另外	lìngwài	我另外有事跟你谈, 等我一下。/ 我还得去吃饭呢, 快点儿。	Wǒ lìngwài yǒu shì gēn nǐ tán, děng wǒ yíxià. / Wǒ hái děi qù chīfàn ne, kuàidiǎnr.
4급	究竟	jiūjìng	你们究竟是夫妻嘛, 别吵了。/ 对啊, 吓着孩子了。	Nǐmen jiūjìng shì fūqī ma, bié chǎo le. / Duì a, xià zháo háizi le.
4급	精彩	jīngcǎi	这比赛太精彩了吧! / 就是啊, 来得值!	Zhè bǐsài tài jīngcǎi le ba! / Jiùshì a, lái de zhí!
4급	后悔	hòuhuǐ	这电影特好看, 看了绝不会后悔的。/ 不, 我最讨厌恐怖片。	Zhè diànyǐng tè hǎokàn, kàn le jué búhuì hòuhuǐ de. / Bù, wǒ zuì tǎoyàn kǒngbùpiàn.
4급	不过	búguò	我去不了, 不过好像他能去。/ 是吗? 那我去问问。	Wǒ qùbuliǎo, búguò hǎoxiàng tā néng qù. / Shì ma? Nà wǒ qù wènwèn.
4급	超过	chāoguò	十岁的时候, 他的名气已经超过了他的父亲, 成为家喻户晓的小明星。	Shísuì de shíhou, tā de míngqì yǐjīng chāoguò le tā de fùqīn, chéngwéi jiāyùhùxiǎo de xiǎo míngxīng.
4급	通过	tōngguò	本次议案是全票通过的。/ 我们不能接受!	Běncì yì'àn shì quánpiào tōngguò de. / Wǒmen bùnéng jiēshòu!
4급	数字	shùzì	报告里的数字写错了, 得重写。/ 又写错了? 都第几次了?	Bàogào lǐ de shùzì xiě cuò le, děi chóng xiě. / Yòu xiě cuò le? Dōu dìjǐcì le?
4급	毛	máo	哇塞, 睫毛好短啊, 我都怀疑你有没有睫毛! / 你给我滚。	Wāsāi, jiémáo hǎo duǎn a, wǒ dōu huáiyí nǐ yǒuméiyǒu jiémáo! / Nǐ gěi wǒ gǔn.
4급	左右	zuǒyòu	没想到你老婆的一句话就能左右你的决定。/ 我爱老婆, 当然听她的。	Méixiǎngdào nǐ lǎopó de yíjùhuà jiù néng zuǒyòu nǐ de juédìng. / Wǒ ài lǎopó, dāngrán tīng tā de.
4급	规定	guīdìng	为什么不能让我先做检查? / 这是医院的规定, 请遵守顺序。	Wèishénme bùnéng ràng wǒ xiān zuò jiǎnchá? / Zhèshì yīyuàn de guīdìng, qǐng zūnshǒu shùnxù.
4급	困	kùn	困死我了, 回家吧。/ 不行, 还有最后一关没破。	Kùn sǐ wǒ le, huíjiā ba. / Bùxíng, háiyǒu zuìhòu yìguān méi pò.

Chinese is not knowledge. It's a language!

Unit 11	요즘 날씨 진짜 더워, 그렇지? / 그러게, 근처에 있는 조그만 강도 다 말라버렸어.	형 (무엇이) 고갈되다(사라지다)	幹 간
Unit 12	이 일은 제가 끝까지 파고들 겁니다. / 해봤자 소용없어요, 그 사람들은 윗선에 인맥이 있어요.	동 (누가) 끝까지 (무엇을) 하다	到底 도저
Unit 13	너 이건 무슨 분장이냐? / 천사잖아!	명 (누구의) 치장(분장, 차림새)	打扮 타분
	너 진짜 대단하다, 이렇게 빨리 다 쓰다니. / 얘가 저보다 빨리 썼어요.	형 (누가) 유능하다(대단하다)	行 행
Unit 14	네가 얘 손가락 하나라도 건드리면 내가 널 죽여버릴 거야. / 넌 지금 네 몸 하나 지키는 것도 안 되거든, 네 걱정이나 하시지.	접 (무엇을) 하기만 하면	只要 지요
Unit 15	친구들이 새벽부터 달려와 돕는 걸 보고, 감동을 먹은 그녀는 말을 잇지 못했죠.	형 (누가 누구·무엇에) 감동하다	感動 감동
	넌 대체 그 사람 어디가 싫어? / 그 사람의 모든 것이랄까.	명 (일부가 아닌) 전부(전체, 모두)	全部 전부
	이 약 부작용도 있나요? / 약도 어느 정도는 독이 된다잖아요, 제 생각엔 조금은 있을 것 같아요.	명 (사람·사물 등에 끼치는) 작용·효과·역할	作用 작용
Unit 16	넌 앞으로 뭐 하고 싶어? / 생각해 본 적 없어, 너는?	명 장래(미래)	將來 장래
Unit 17	이 기자재들은 왜 다 녹슬었어? / 관리하는 사람이 없어서 그래.	동 (누가 무엇을) 관리하다(관할하다)	管理 관리
Unit 18	잘 걸어 놔, 또 떨어뜨리지 말고. / 그럴 일 없을 거야.	동 (무엇을 고리·못 등의 어디에) 걸다·걸리다	掛 괘
Unit 19	사장님이 이번 일은 직접 반드시 명백히 조사하실 거라고 하셨어. / 보아하니 사장님이 이번 일을 굉장히 중시하시나 본데.	동 (사건·사고의 내용이나 원인 등을) 조사하다	調査 조사
	어이쿠, 왜 갑자기 상의를 벗어? / 다 젖어서, 감기 걸릴까 봐.	동 (옷·신발 등을 몸에서) 벗다	脫 탈
Unit 20	자오저우시는 어디에 있어? / 산둥성 칭다오시 부근에 있어.	명 [중국의 행정 단위] ('산둥성·안휘성' 이럴 때의) 성	省 생

4급	干	gān	最近天气特别热，是吧？/ 对啊，附近小河都干涸了。	Zuìjìn tiānqì tèbié rè, shì ba? / Duì a, fùjìn xiǎohé dōu gānhé le.
4급	到底	dàodǐ	这件事我会追查到底的。/ 没用的，他们上边有人。	Zhè jiàn shì wǒ huì zhuīchádàodǐ de. / Méiyòngde, tāmen shàngbian yǒurén.
4급	打扮	dǎban	你这是什么打扮？/ 天使啊！	Nǐ zhèshì shénme dǎban? / Tiānshǐ a!
4급	行	xíng	你真行，这么快就写完了。/ 他写得比我还快呢。	Nǐ zhēn xíng, zhème kuài jiù xiěwán le. / Tā xiě de bǐ wǒ hái kuài ne.
4급	只要	zhǐyào	只要你敢动她一个手指头我就杀了你。/ 你现在自身难保，先担心你自己吧。	Zhǐyào nǐ gǎn dòng tā yíge shǒuzhǐtou wǒ jiù shā le nǐ. / Nǐ xiànzài zìshēnnánbǎo, xiān dānxīn nǐ zìjǐ ba.
4급	感动	gǎndòng	看到朋友们一大早赶过来帮忙，她感动得说不出话来了。	Kàndào péngyoumen yídàzǎo gǎnguòlái bāngmáng, tā gǎndòng de shuōbuchūhuàlái le.
4급	全部	quánbù	你到底讨厌他哪里？/ 他的全部。	Nǐ dàodǐ tǎoyàn tā nǎlǐ? / Tā de quánbù.
4급	作用	zuòyòng	这药有副作用吗？/ 是药三分毒，我想多多少少有的吧。	Zhè yào yǒu fùzuòyòng ma? / Shìyàosānfēndú, wǒ xiǎng duōduōshǎoshǎo yǒu de ba.
4급	将来	jiānglái	将来你想干什么？/ 没有想过，你呢？	Jiānglái nǐ xiǎng gànshénme? / Méiyǒu xiǎngguo, nǐ ne?
4급	管理	guǎnlǐ	这些器材怎么都生锈了？/ 没人管理啊。	Zhèxiē qìcái zěnme dōu shēngxiù le? / Méi rén guǎnlǐ a.
4급	挂	guà	挂好了，别再掉了。/ 不会了。	Guàhǎo le, bié zài diào le. / Búhuì le.
4급	调查	diàochá	老板说这件事他一定会调查清楚。/ 看来他很重视这次事件。	Lǎobǎn shuō zhè jiànshì tā yídìng huì diàochá qīngchu. / Kànlái tā hěn zhòngshì zhècì shìjiàn.
4급	脱	tuō	妈呀，怎么把上衣给脱了？/ 都湿了，怕感冒。	Māya, zěnme bǎ shàngyī gěi tuō le? / Dōu shī le, pà gǎnmào.
4급	省	shěng	胶州市在哪儿？/ 在山东省青岛市附近。	Jiāozhōushì zài nǎr? / Zài Shāndōngshěng Qīngdǎoshì fùjìn.

Chinese is not knowledge. It's a language!

Unit	예문	품사/뜻	한자/한국어
Unit 11	너희 나라에 뭐 유명한 건축물 있어? / 있지, 에펠탑은 프랑스의 자랑이라고.	명 (개인·국가·단체 등의) 자랑(긍지)	驕傲 교오
Unit 12	경기가 시작되기 전, 선수들은 두 주먹을 풀면서, 대승을 다짐했습니다.	동 (무엇을 서로) 마찰하다(비비다)	擦 찰
Unit 13	너희들 언제 출발하니? / 우리 벌써 출발했어, 곧 도착해.	동 (누가 어디에서·어디로) 출발하다(떠나다)	出發 출발
Unit 13	아이고, 머리 아파 죽겠네. / 누워서 좀 쉬어.	동 (누가 어디에) 눕다	躺 당
Unit 14	어떻게 저를 한 번에 알아봤어요? / 너에 대한 인상이 너무 깊어서, 난 널 한 번도 잊을 수가 없었어.	명 ('인상이 좋다' 이럴 때의, 누구·무엇에 대한) 인상	印象 인상
Unit 15	이건 임시로 지은 조립식 건물이라서, 건물을 다 지으면 철거될 것입니다.	형 (무엇이) 가변성(융통성, 유동성)이 있는	活動 활동
Unit 15	누구 이 본문을 읽어 볼래? 점수 줄 거야. / 제가 읽겠습니다!	동 (누가 책·신문 등을) 읽다	閱讀 열독
Unit 16	나 상하이 본사에 가서 회장님이랑 말씀 좀 나누려고 하니까, 네가 준비 좀 해줘.	동 (시간이나 인원 등을) 안배하다·배치하다·준비해두다	安排 안배
Unit 16	너 차 어디다 세워뒀어? / 지하 1층에 주차했어, 차 번호 8666번이야.	동 (차·배 등이) 서다(정거하다)·정박하다	停 정
Unit 17	뭐라고? 너 불만 있어? / 당연히 있지! 우리 얘기 좀 하자.	명 [타인의 생각에 반하여] 이의·반대·불만	意見 의견
Unit 18	이런 결정적인 순간에, 얘는 어떻게 잠이 들 수가 있을까? / 신경 꺼, 자게 내버려 둬.	형 ('결정적인 시간'·'결정적인 문제' 이럴 때의) 결정적인	關鍵 관건
Unit 18	오늘은 몇 페이지를 외워야 하지? / 15쪽이야.	양 (책의) 페이지(쪽)	頁 혈
Unit 19	네 따위가 뭘 알아, 독일산 맥주가 진짜 맥주야. / 맛이 많이 다르니?	형 (누구·무엇이) 진정하다(진짜이다)	真正 진정
Unit 20	아직 15분 정도 더 기다려야 해. / 아직도 그렇게 오래 기다려야 해? 나 벌써 3시간이나 기다렸단 말이야!	부 ('대략 30명 정도'·'약 스무 살쯤' 이럴 때의) 대략(대강)	大約 대약

4급	骄傲	jiāo'ào	你们国家有什么著名的建筑物吗? / 有啊, 埃菲尔铁塔是法国的骄傲。	Nǐmen guójiā yǒushénme zhùmíng de jiànzhùwù ma? / Yǒu a, Āifēiěr tiětǎ shì Fǎguó de jiāo'ào.
4급	擦	cā	比赛前, 队员们摩拳擦掌, 打算大赢一场。	Bǐsài qián, duìyuánmen móquáncāzhǎng, dǎsuàn dà yíng yìchǎng.
4급	出发	chūfā	你们什么时候出发呀? / 我们已经出发了, 都快到了。	Nǐmen shénmeshíhou chūfā ya? / Wǒmen yǐjīng chūfā le, dōu kuàidào le.
4급	躺	tǎng	哎呀, 头疼死了。/ 躺下来歇歇吧。	Āiyā, tóu téng sǐ le. / Tǎngxiàlai xiēxie ba.
4급	印象	yìn-xiàng	你是怎么一下子认出我来的? / 你给我的印象很深, 我一直没忘记你。	Nǐ shì zěnme yíxiàzi rènchū wǒ lái de? / Nǐ gěi wǒ de yìnxiàng hěnshēn, wǒ yìzhí méi wàngjì nǐ.
4급	活动	huó-dòng	这是活动房屋, 盖完楼以后就会拆了。	Zhèshì huódòng fángwū, gàiwán lóu yǐhòu jiùhuì chāi le.
4급	阅读	yuèdú	谁来阅读一下这篇课文? 我会送分的。/ 我来!	Shéi lái yuèdú yíxià zhèpiān kèwén? Wǒ huì sòng fēn de. / Wǒ lái!
4급	安排	ānpái	我想去上海的总公司跟老总谈谈, 你帮我安排一下。	Wǒ xiǎng qù Shànghǎi de zǒnggōngsī gēn lǎozǒng tántán, nǐ bāng wǒ ānpái yíxià.
4급	停	tíng	你的车停在哪儿了? / 停在地下一楼了, 车牌号8666。	Nǐ de chē tíng zài nǎr le? / Tíng zài dìxià yīlóu le, chēpáihào 8666.
4급	意见	yìjiàn	怎么? 你有意见吗? / 当然有! 我们谈谈吧。	Zěnme? Nǐ yǒu yìjiàn ma? / Dāngrán yǒu! Wǒmen tántan ba.
4급	关键	guān-jiàn	在这关键时刻, 他怎么睡着了? / 别管他, 让他睡吧。	Zài zhè guānjiàn shíkè, tā zěnme shuìzháo le? / Bié guǎn tā, ràng tā shuì ba.
4급	页	yè	今天得背多少页? / 十五页。	Jīntiān děi bèi duōshǎo yè? / Shíwǔ yè.
4급	真正	zhēn-zhèng	你知道个屁, 德国的啤酒才是真正的啤酒。/ 味道差很多吗?	Nǐ zhīdào ge pì, Déguó de píjiǔ cáishì zhēnzhèng de píjiǔ. / Wèidào chà hěnduō ma?
4급	大约	dàyuē	还要等大约15分钟。/ 还要等那么久啊? 我都等了3个小时了!	Hái yào děng dàyuē 15 fēnzhōng. / Hái yào děng nàme jiǔ a? Wǒ dōu děngle 3gexiǎoshí le!

Unit	예문	품사	뜻	한자/발음
Unit 11	어쩌지? 우리 계속해야 해? / 이미 시작한 이상, 끝을 봐야지.	접	이미 이렇게 된 바에야·기왕 그렇게 된 이상	既然 기런
Unit 12	여기서부터 백화점까지 거리가 얼마나 되나요? / 차로 5~6분 거리입니다.	명	(두 사람·지점 사이의) 거리(간격)	距離 거리
Unit 13	어떻게 됐어? 합격했어? / 응, 겨우 합격했어.	부	('간신히 합격했다'·'겨우 도착했다' 이럴 때의) 겨우(간신히)	剛, 剛剛 강, 강강
	너 언제 유학 가? / 나 겨울방학 끝나면 바로 출국해.	명	(학교의) 겨울방학	寒假 한가
Unit 14	너 갈 거니 안 갈 거니? / 가든 말든 내가 알아서 해.	접	(누구·무엇) 또는	與 여
Unit 15	그는 정적에 대해 항상 무자비(독하고 악랄)하며, 절대로 봐주는 일이 없습니다.	형	(누구·무엇이) 혹독하다·잔인하다·지독하다	辣 랄
	쟤 자주 이래? / 아니, 그냥 가끔 그래.	부	('가끔 그럴 때가 있지' 이럴 때의) 가끔(때때로)	偶爾 우이
	여러분 집중합시다, 조금만 방심해도 실수합니다! / 어이쿠, 상기시켜주셔서 다행이네요.	동	(누가 무엇에) 유의하다(주의하다)	留 류
Unit 16	나 안 마셔, 너무 써! / 마시든가, 계속 아프든가 해라.	형	(맛이) 쓰다	苦 고
Unit 17	그 친구 결국 병원 가서 수술받았어. / 결과는 어때? 종양은 깨끗이 떼어냈어?	명	(어떤 행위나 일의) 결과(결실)	結果 결과
Unit 18	일이 어떻게 이렇게 복잡해졌어? / 나도 몰라, 어떻게 할까?	형	(사물의 종류·두서·관계·일 등 무엇이) 복잡하다	複雜 복잡
	엄마, 우리 집엔 왜 소파가 없어? / 우리 집엔 소파를 놓을 수가 없어.	명	[가구] 소파	沙發 사발
Unit 19	자, 비밀번호를 말해 봐. / 안 돼, 내가 직접 입력할 거야.	명	비밀번호(패스워드)	密碼 밀마
Unit 20	설마 너 질투하는 거냐? / 그럴 리가, 난 절대 질투 안 하거든.	부	설마 (무엇·어떠)하겠는가?·설마 (무엇)이란 말인가?	難道 난도

🔊	既然	jìrán	怎么办？我们要继续吗？/ 既然开始了，就做到底吧。	Zěnmebàn? Wǒmen yào jìxù ma? / Jìrán kāishǐ le, jiù zuòdàodǐ ba.
🔊	距离	jùlí	从这里到百货商店大概有多少距离？/ 5, 6分钟车程吧。	Cóng zhèlǐ dào bǎihuòshāngdiàn dàgài yǒu duōshaojùlí? / 5, 6 fēnzhōng chēchéng ba.
🔊	刚, 刚刚	gāng, gānggāng	怎么样？及格了吗？/ 嗯，刚好及格。	Zěnmeyàng? Jígé le ma? / Ǹg, gānghǎo jígé.
🔊	寒假	hánjià	你什么时候去留学？/ 我寒假结束之后就出国。	Nǐ shénmeshíhou qù liúxué? / Wǒ hánjià jiéshù zhīhòu jiù chūguó.
🔊	与	yǔ	你去还是不去啊？/ 去与不去，我自己决定。	Nǐ qù háishi búqù a? / Qùyǔbúqù, wǒ zìjǐ juédìng.
🔊	辣	là	他对付政敌向来心狠手辣，不留余地。	Tā duìfù zhèngdí xiànglái xīnhěnshǒulà, bùliúyúdì.
🔊	偶尔	ǒu'ěr	他经常这样吗？/ 没有，只是偶尔这样。	Tā jīngcháng zhèyàng ma? / Méiyǒu, zhǐshì ǒu'ěr zhèyàng.
🔊	留	liú	大家集中起来，一不留心就会出错！/ 妈呀，幸亏你提醒了我。	Dàjiā jízhōng qǐlái, yībùliúxīn jiùhuì chūcuò! / Mā ya, xìngkuī nǐ tíxǐng le wǒ.
🔊	苦	kǔ	我不喝，太苦了！/ 要么喝下去，要么病着。	Wǒ bù hē, tài kǔ le! / Yàome hēxiàqù, yàome bìngzhe.
🔊	结果	jiéguǒ	他终于去医院做手术了。/ 结果怎么样？肿瘤切除干净了吗？	Tā zhōngyú qù yīyuàn zuòshǒushù le. / jiéguǒ zěnmeyàng? Zhǒngliú qiēchú gānjìng le ma?
🔊	复杂	fùzá	事情怎么变得这么复杂？/ 我也不知道，该怎么办？	Shìqing zěnme biàn de zhème fùzá? / Wǒ yě bùzhīdào, gāi zěnmebàn?
🔊	沙发	shāfā	妈，我们家为什么没有沙发呢？/ 我们家放不下沙发。	Mā, wǒmen jiā wèishénme méiyǒu shāfā ne? / Wǒmen jiā fàngbúxià shāfā.
🔊	密码	mìmǎ	来，说说密码。/ 不行，我自己输入。	Lái, shuōshuō mìmǎ. / Bùxíng, wǒ zìjǐ shūrù.
🔊	难道	nándào	难道你吃醋了？/ 怎么可能，我是绝对不会吃醋的。	Nándào nǐ chīcù le? / Zěnme kěnéng, wǒ shì juéduì búhuì chīcù de.

Chinese is not knowledge. It's a language!

Unit 11	어제저녁에 너 나한테 문자 보냈어? / 응, 이제서야 봤어?	명 문자 메시지	短信 단신
Unit 12	하고 싶은 말은 정말 많은데, 막상 말이 안 나온다. / 괜찮아, 천천히 말해.	접 그러나(하지만)	可是 가시
Unit 13	나한테 약 먹으라고 말해주는 거 잊지 마. / 그래, 언제?	동 (누구에게 무엇을) 일깨우다(상기시키다)	提醒 제성
Unit 14	5년이 지났건만, 그녀는 여전히 남자친구가 전쟁터에서 돌아오길 학수고대했고, 단 한 번도 흔들린 적이 없었습니다.	부 ('여전히 그래' 이럴 때의) 여전히(아직도)	仍然 잉연
Unit 15	내가 내 차를 운전했는데 무슨 법을 위반했다는 거야? / 음주운전은 위법 행위입니다, 그걸 모르셨나요?	명 법률(법)	法律 법률
Unit 15	자신 있지? / 당연하지, 무조건이야.	명 ('자신감 충만'·'난 자신 있어' 이럴 때의) 자신감(자신)	信心 신심
Unit 16	그분은 환경 보호에 관련된 글을 3편 쓴 적이 있습니다.	양 [글이나 종이 등을 세는 단위] (몇) 편 (장)	篇 편
Unit 16	샤오왕의 편지를 걔의 친구가 바꿔치기해놔서, 가족들이 편지를 받지 못했어.	동 (서로 무엇을) 바꾸다(교환하다)	掉 도
Unit 17	이번 열차에 탑승해주셔서 감사합니다. 곧 출발하오니, 모두 자리에 앉아주시기 바랍니다.	동 (차·배·비행기 등을) 타다(승차하다, 탑승하다)	乘坐 승좌
Unit 17	빨간 불일 때 길 좀 건너지 마라, 생명은 귀한 거라고. / 신호위반이 얼마나 짜릿한데.	명 (사람·동물의) 생명(목숨)	生命 생명
Unit 18	그 애는 어렸을 때부터 부모님이 안 계셨어, 아주 불쌍한 애야. / 그럼 우리가 좀 도와줄까?	동 (누구·무엇이) 없다	無 무
Unit 19	그분은 엄청 유명한 비평가이자 평론가라서, 그분의 논평은 매우 중요하죠.	명 (각종) 비판(비평)·꾸지람	批評 비평
Unit 19	그는 사람이 맑고 멋있는 남자라 여자애들한테 인기가 많았다.	형 (누구의 천성이) 맑다	陽光 양광
Unit 20	너 계속 안 자면 내일 틀림없이 지각한다. / 곧 잘게요.	동 (어떠함·무엇)임에 틀림없다	得 득

4급	短信	duǎnxìn	昨天晚上你给我发短信了？/ 是啊，现在才看到啊？	Zuótiān wǎnshang nǐ gěi wǒ fā duǎnxìn le? / Shì a, xiànzài cái kàndào a?
4급	可是	kěshì	我有很多话想说，可是说不出来。/ 没事，慢慢说。	Wǒ yǒu hěn duō huà xiǎng shuō, kěshì shuōbuchūlái. / Méishì, mànman shuō.
4급	提醒	tíxǐng	别忘了提醒我吃药。/ 嗯，什么时候？	Bié wàng le tíxǐng wǒ chī yào. / Ng, shénmeshíhou?
4급	仍然	réngrán	五年了，她仍然在等着他的男朋友从战场回来，从来没有动摇过。	Wǔ nián le, tā réngrán zài děng zhe tā de nánpéngyou cóng zhànchǎng huílái, cónglái méiyǒu dòngyáo guò.
4급	法律	fǎlǜ	我开我的车违反了什么法律？/ 酒后驾车就是违法行为，你不知道吗？	Wǒ kāi wǒ de chē wéifǎn le shénme fǎlǜ? / Jiǔhòujiàchē jiùshì wéifǎ xíngwéi, nǐ bùzhīdào ma?
4급	信心	xìnxīn	有信心吗？/ 那当然，绝对的。	Yǒu xìnxīn ma? / Nàdāngrán, juéduìde.
4급	篇	piān	他写过三篇关于保护环境的文章。	Tā xiěguo sānpiān guānyú bǎohùhuánjìng de wénzhāng.
4급	掉	diào	小王的信被她朋友掉了包，所以家人没能收到信。	Xiǎowáng de xìn bèi tā péngyou diào le bāo, suǒyǐ jiārén méi néng shōudào xìn.
4급	乘坐	chéngzuò	欢迎乘坐本次列车。我们马上出发，请大家坐好。	Huānyíng chéngzuò běn cì lièchē. Wǒmen mǎshàng chūfā, qǐng dàjiā zuò hǎo.
4급	生命	shēngmìng	别闯红灯，生命是宝贵的。/ 闯红灯可刺激了。	Bié chuǎng hóngdēng, shēngmìng shì bǎoguì de. / Chuǎng hóngdēng kě cìjī le.
4급	无	wú	他从小无父无母，很可怜的。/ 那我们帮帮他？	Tā cóngxiǎo wúfùwúmǔ, hěn kělián de. / Nà wǒmen bāngbāng tā?
4급	批评	pīpíng	他是非常著名的批评家和评论家，所以他的评论至关重要。	Tā shì fēicháng zhùmíng de pīpíngjiā hé pínglùnjiā, suǒyǐ tā de pínglùn zhìguānzhòngyào.
4급	阳光	yángguāng	他是一个阳光帅气的男孩儿，很受女孩子欢迎。	Tā shì yíge yángguāngshuàiqì de nánháir, hěn shòu nǚháizi huānyíng.
4급	得	děi	你再不睡明天就得迟到了。/ 这就睡。	Nǐ zàibúshuì míngtiān jiù děi chídào le. / Zhè jiù shuì.

Chinese is not knowledge. It's a language!

예문	뜻	한자
한국은 1988년 서울올림픽을 성공적으로 개최하여, 전 세계적인 호평을 받았습니다.	동 (누가 다른 이로부터 도움·지지·칭찬·호평·관심 등을) 받다(얻다)	受到 수도
오늘 저녁은 대충 간단한 거로 때우자. / 그래도 되지, 내가 사 올게.	명 [양이 적고 값싼 요리로] 간단한 음식(가벼운 식사)	小吃 소흘
너는 지금 우리의 중점 돌봄 대상이야. 절대로 문제가 생겨서는 안 돼.	부 ('중점적으로 훈련을 하다' 이럴 때의) 중점적으로	重點 중점
여기서 시간 낭비하지 말고, 그냥 가자! / 그러니까, 그럴 가치가 전혀 없네.	동 (돈·자원·시간·공간 등 무엇을) 낭비하다	浪費 랑비
아직 도착 안 했어? 얼마나 남은 거야? / 아직 10여 km 더 남은 것 같은데.	양 [단위] 킬로미터(km)	公裏 공리
너 어느 나라 가봤어? / 일본, 프랑스 등등, 여러 나라 가봤어.	조 ('빨간색, 노란색, 초록색 등' 이럴 때의) 등(따위)	等 등
나 이제 갈 거야, 너 하고 싶은 말 있어? / 할 말은 많은데, 말이 안 나오네.	부 오히려(도리어, 반대로)	卻 각
대금 지불은 A 창구에서 해주세요. / 여기가 A 창구 아닌가요? / 여긴 소문자 a예요, 대문자 A로 가주세요.	동 (누가) 돈을 지불하다	付款 부관
야 이 멍청아, 이것도 모르냐? / 이건 너무 어렵잖아!	형 (누가 똑똑하지 않고) 멍청하다(어리석다)	笨 분
언제 새 회원을 모집할 계획이세요? / 인터넷에 광고를 해보려고요.	동 (새로운 사람을 받아들여 조직·규모 등을) 확대시키다(확충하다)	發展 발전
듣자 하니 그 클럽에서는 흥분제를 손님한테 준대. / 그거 불법 아냐?	명 [생리학] 흥분	興奮 흥분
TV 다 고쳤나요? / 아직입니다, 잠시만요.	동 (고장 난·낡은 무엇을) 수리하다(보수하다)	修 수
넌 할 말 있으면 걔 앞에서 분명히 말해, 참지만 말고. / 나 차마 말이 안나와.	전 (누구·무엇)을 대면하여(마주 대하여), 향하여	當 당
나 업어주면 안 돼? / 안 돼, 넌 너무 무거워.	형 (사람·동물·물건 등이) 무겁다	重 중

4급	受到	shòu-dào	韩国成功举办了1988年首尔奥运会，受到了全球性的好评。	Hánguó chénggōng jǔbàn le 1988 nián Shǒu'ěr àoyùnhuì, shòudào le quánqiúxìng de hǎopíng.
4급	小吃	xiǎochī	今晚就买点小吃凑合凑合。/ 也行，我去买吧。	Jīnwǎn jiù mǎidiǎn xiǎochī còuhecòuhe. / Yě xíng, wǒ qù mǎi ba.
4급	重点	zhòngdiǎn	你现在可是我们的重点保护对象。绝不能出问题。	Nǐ xiànzài kěshì wǒmen de zhòngdiǎn bǎohù duìxiàng. Juébùnéng chū wèntí.
4급	浪费	làngfèi	别在这儿浪费时间了，走吧！/ 就是啊，根本就不值得。	Bié zài zhèr làngfèi shíjiān le, zǒu ba! / Jiùshì a, gēnběn jiù bùzhídé.
4급	公里	gōnglǐ	还没到吗？还要多长时间？/ 好像还有十几公里。	Hái méi dào ma? Hái yào duōcháng shíjiān? / Hǎoxiàng háiyǒu shíjǐgōnglǐ.
4급	等	děng	你去过哪些国家？/ 日本、法国等等，去过好几个。	Nǐ qùguo nǎxiē guójiā? / Rìběn, Fǎguó děngděng, qùguo hǎojǐge.
4급	却	què	我要走了，你有什么话想说吗？/ 有很多话想说，却说不出来。	Wǒ yào zǒu le, nǐ yǒushénme huà xiǎng shuō ma? / Yǒu hěnduō huà xiǎng shuō, què shuōbuchūlái.
4급	付款	fùkuǎn	付款请到A窗口。/ 这儿不就是A吗？/ 这是小a，请到大A。	Fùkuǎn qǐng dào A chuāngkǒu. / Zhèr bújiùshì A ma? / Zhèshì xiǎo a, qǐng dào dà A.
4급	笨	bèn	你个笨蛋，连这也不懂啊！/ 这太难了！	Nǐ ge bèndàn, lián zhè yě bùdǒng a! / Zhè tài nán le!
4급	发展	fāzhǎn	你们打算怎么发展新会员啊？/ 在网上发广告。	Nǐmen dǎsuàn zěnme fāzhǎn xīn huìyuán a? / Zài wǎngshàng fāguǎnggào.
4급	兴奋	xīngfèn	听说这个酒吧向客人提供兴奋剂。/ 那不是违法的吗？	Tīngshuō zhège jiǔbā xiàng kèrén tígōng xīngfènjì. / Nà búshì wéifǎ de ma?
4급	修	xiū	电视修好了没？/ 还没呢，再等等。	Diànshì xiū hǎo le méi? / Hái méi ne, zài děngděng.
4급	当	dāng	你把话当面跟他说清楚嘛，不要憋着了。/ 我说不出口。	Nǐ bǎ huà dāngmiàn gēn tā shuō qīngchu ma, búyào biē zhe le. / Wǒ shuōbuchūkǒu.
4급	重	zhòng	可不可以背我？/ 不行，你太重了。	Kěbukěyǐ bēi wǒ? / Bùxíng, nǐ tài zhòng le.

계란 가격이 또 떨어졌다더라. / 너무 잘됐다, 얼른 2근 사놔야지.	동 (가격·수치 등이) 감소하다(떨어지다)	掉 도	
자네 이 글 정말 잘 썼군. / 저 친구가 대신 써준 겁니다.	명 (누가 쓴 각종) 글	文章 문장	
대체 무슨 상황이야? / 나도 정확히는 몰라, 어떤 학생이 맞았다더라.	명 (각종 진행되는) 상황(정황)	情況 정황	
그는 당의 부름에 적극적으로 호응하여, 홍수방지부대에 자원입대를 했습니다.	형 (누가) 적극적이다(열성적이다, 진취적이다, 건설적이다)	積極 적극	
엄마, 수건이 없어. / 아이고, 내가 빨래하는 걸 잊었네.	명 수건	毛巾 모건	
사회생활을 시작한 후엔, 친구 한 명 사귀는 게 갈수록 점점 어려워진다.	명 ('사회현상·사회계층' 이럴 때의) 사회	社會 사회	
혹시 손님은 몇 분 초대하셨나요? / 열세 명 정도 되는 거 같은데요?	동 (누구를 어디에) 초대하다(초청하다)	邀請 요청	
이번 방학 때 난 유럽에 놀러 갈 생각이야. / 돈은 어디서 났는데?	명 (각종) 휴가·방학·휴일	假 가	

4급	掉	diào	听说鸡蛋又掉价了。/ 太好了，赶紧买两斤。	Tīngshuō jīdàn yòu diàojià le. / Tài hǎo le, gǎnjǐn mǎi liǎng jīn.
4급	文章	wén-zhāng	你这文章写得太好了。/ 是他替我写的。	Nǐ zhè wénzhāng xiě de tài hǎo le. / Shì tā tì wǒ xiě de.
4급	情况	qíng-kuàng	到底是什么情况？/ 我也不太清楚，听说一个同学被打了。	Dàodǐ shì shénme qíngkuàng? / Wǒ yě bútài qīngchu, tīngshuō yíge tóngxué bèi dǎ le.
4급	积极	jījí	他积极响应党的号召，自愿参加抗洪队伍。	Tā jījí xiǎngyìng dǎng de hàozhào, zìyuàn cānjiā kànghóng duìwǔ.
4급	毛巾	máojīn	妈，没有毛巾了。/ 哟，我忘了洗了。	Mā, méiyǒu máojīn le. / Yō, wǒ wàng le xǐ le.
4급	社会	shèhuì	出社会以后，想交一个朋友是越来越难了。	Chū shèhuì yǐhòu, xiǎng jiāo yíge péngyou shì yuèláiyuè nán le.
4급	邀请	yāo-qǐng	你们一共邀请了几位客人？/ 差不多十三位吧？	Nǐmen yígòng yāoqǐng le jǐwèi kèrén? / Chàbuduō shísān wèi ba?
4급	假	jià	这假期我打算去欧洲旅游。/ 钱是哪儿来的？	Zhè jiàqī wǒ dǎsuàn qù Ōuzhōu lǚyóu. / Qián shì nǎr lái de?

UNIT 12

对勇于尝试的人，一切皆有可能。

예문	뜻	한자
누가 한 번 총정리 해 볼래? / 조장보고 하라고 하죠.	동 (어떤 상황이나 결과를) 총정리하다(총결산하다)	總結 총결
요즘 생활은 좀 어때? / 당연히 안 좋지, 실직했는데 잘 지낼 수가 있겠니.	명 ('생활 수준·일상생활' 이럴 때의) 생활	生活 생활
옷은 어때? 사이즈는 맞아? / 소매가 좀 길긴 한데, 다른 데는 문제 없어.	형 (무엇이) 알맞다(적합하다)	合適 합적
정전이 돼서, 집안에 아무것도 안 보여. / 손전등으로 비춰봐 봐.	동 ('햇빛이 강물을 비추다'·'불을 비추다' 이럴 때의) 비추다	照 조
우리 회사에서 망년회를 하려고 하는데 올래? / 당연하지! 언젠데?	동 (행사·예식·기자회견·시합·회담 등을) 진행하다(거행하다)	舉行 거행
야오야오는 힘이 엄청나게 세, 걔한테 맡겨. / 아무리 세도 여자애잖아.	명 (사람·동물의 육체적인) 힘·완력·체력	力氣 력기
저도 대략적인 것만 알고, 자세한 건 몰라요. / 그럼 난 누구한테 물어봐야 하니?	명 대강(개략)	大概 대개
여기 세일 안 하나요? / 세일 상품은 저쪽에 있습니다.	동 (물건 값을) 할인하다(디스카운트하다)	打折 타절
나 장나랑 친구가 되고 싶은데, 어떻게 걔한테 말을 꺼내야 할지 모르겠어. / 따라 와.	동 (누가 서로 친구로서) 사귀다(왕래하다)	交 교
너 걔 소식 들은 것 있어? / 아니, 걔는 아무에게도 연락 안 했어.	명 (각종) 소식	消息 소식

> 시도를 하려는 자에게는 불가능이란 없다.

④	总结	zǒngjié	谁来总结一下？/ 组长来吧。	Shéi lái zǒngjié yíxià? / Zǔzhǎng lái ba.
④	生活	shēnghuó	最近生活得怎么样？/ 当然不好，失业了能过得好吗。	Zuìjìn shēnghuó de zěnmeyàng? / Dāngrán bù hǎo, shīyè le néng guò de hǎo ma.
④	合适	héshì	衣服怎么样？大小合适吗？/ 就是袖子有点长，其他的没问题。	Yīfu zěnmeyàng? Dàxiǎo héshì ma? / Jiùshì xiùzi yǒudiǎn cháng, qítā de méiwèntí.
④	照	zhào	停电了，屋里什么也看不到。/ 拿手电筒照一照。	Tíngdiàn le, wūlǐ shénme yě kànbúdào. / Ná shǒudiàntǒng zhàoyizhào.
④	举行	jǔxíng	我们公司打算举行年会，你要来吗？/ 当然！什么时候？	Wǒmen gōngsī dǎsuàn jǔxíng niánhuì, nǐ yào lái ma? / Dāngrán! Shénmeshíhou?
④	力气	lìqi	瑶瑶力气大，让她来吧。/ 再大也是女孩子呀。	Yáoyáo lìqi dà, ràng tā lái ba. / Zài dà yě shì nǚháizi ya.
④	大概	dàgài	我也只知道个大概，具体的我也不知道。/ 那我问谁呀？	Wǒ yě zhǐ zhīdào ge dàgài, jùtǐ de wǒ yě bùzhīdào. / Nà wǒ wèn shéi ya?
④	打折	dǎzhé	这里不打折吗？/ 打折的商品在那里！	Zhèlǐ bù dǎzhé ma? / Dǎzhé de shāngpǐn zài nàlǐ!
④	交	jiāo	我想跟张娜交朋友，但是不知道该怎么跟她说。/ 跟我来。	Wǒ xiǎng gēn Zhāng Nà jiāo péngyou, dànshì bùzhīdào gāi zěnme gēn tā shuō. / Gēn wǒ lái.
④	消息	xiāoxi	你有他的消息吗？/ 没有，他没有联系任何人。	Nǐ yǒu tā de xiāoxi ma? / Méiyǒu, tā méiyǒu liánxì rènhérén.

Chinese is not knowledge. It's a language!

돌아가시거든 여러분들은 내일 배울 단어를 예습하세요, 안 그러면 수업 때 내용을 이해하기 어려울 겁니다.	동 ('예습하다·복습하다' 이럴 때의) 예습하다	預習 예습
일할 때는 대충대충하면 안 되고, 꼼꼼하게 해야 해. / 그래, 알았어.	형 (누가 무엇을) 건성건성 하다(소홀히 하다)	馬虎 마호
너 술 안 마셔? / 나 원래는 마셨는데, 지금은 안 마셔.	부 원래(이전에, 애초에)	原來 원래
난 탁구대왕이야! / 넌 뻔뻔하게 그런 말이 나오냐.	명 [운동] 탁구	乒乓球 병병구
어때? 매출은 좀 늘었어? / 현재로서는, 안 떨어지면 다행이지.	동 (무엇이 수나 양적으로) 증가하다(늘어나다, 높아지다)	增長 증장
건배, 가는 길 무사하길 바란다. / 감사합니다.	동 (술자리에서) 건배를 하다(축배를 들다)	乾杯 건배
희망을 품지 마, 이미 끝났어. / 나는 포기하지 않을 거야.	동 (생각·의견 등을 마음에) 품다(간직하다)	抱 포
영어는 문법이 참 어려운 거 같아. / 나한테 배우면 어렵지 않아!	명 [언어] 어법(문법)	語法 어법
그쪽은 댁네 개를 어떻게 가르친 거예요? 개가 저희 아이를 물 뻔했잖아요!	동 (사람·동물을) 교육하다(가르치다)	教育 교육
걔 진짜 잘생겼어. / 그러게, 걔 외모가 특히 인상적이었어.	형 (누구·무엇에 대한) 인상이 깊다	深 심
무슨 일 있으면 나한테 즉시 전화해. / 나 핸드폰 안 가지고 왔어.	부 ('즉시 제거해라'·'곧바로 이리 와' 이럴 때의) 즉시(곧바로)	及時 급시
점심으로 도시락을 싸 오면 건강에도 좋고 맛도 좋고, 돈도 아낄 수 있죠.	형 (무엇이) 경제적인(효율적인, 실속있는)	經濟 경제
우리 반은 특색이 하나 있어. / 무슨 특색? / 제대로 된 사람이 하나도 없다는 거.	명 (누구·무엇의) 특색(특징, 특성)	特點 특점
쟨 성격이 진짜 좋아서, 많은 사람들이 좋아해. / 난 쟤 별로 안 좋아하는데.	명 ('성격이 내성적이다'·'성격이 더럽다' 이럴 때의) 성격	性格 성격

4급	预习	yùxí	回去后大家预习好明天要学的单词，不然上课时理解不了内容。	Huíqù hòu dàjiā yùxí hǎo míngtiān yào xué de dāncí, bùrán shàngkè shí lǐjiě bùliǎo nèiróng.
4급	马虎	mǎhu	做事可不能马虎，要认真细心。/ 我知道了。	Zuòshì kě bùnéng mǎhu, yào rènzhēnxìxīn. / Wǒ zhīdào le.
4급	原来	yuánlái	你不喝酒吗？/ 我原来喝，现在不喝了。	Nǐ bù hē jiǔ ma? / Wǒ yuánlái hē, xiànzài bù hē le.
4급	乒乓球	pīng-pāng-qiú	我是乒乓球大王！/ 你还好意思说。	Wǒ shì pīngpāngqiú dàwáng! / Nǐ hái hǎo yìsi shuō.
4급	增长	zēng-zhǎng	怎么样？销量增长了吗？/ 这种时候，没下降就很好了。	Zěnmeyàng? Xiāoliàng zēngzhǎng le ma? / Zhèzhǒng shíhou, méi xiàjiàng jiù hěnhǎo le.
4급	干杯	gānbēi	干杯，祝你们一路顺风。/ 谢谢。	Gānbēi, zhù nǐmen yílùshùnfēng. / Xièxie.
4급	抱	bào	别抱希望了，已经完了。/ 我不会放弃的。	Bié bào xīwàng le, yǐjīng wán le. / Wǒ búhuì fàngqì de.
4급	语法	yǔfǎ	英语语法特别难。/ 跟我学一点都不难！	Yīngyǔ yǔfǎ tèbié nán. / Gēn wǒ xué yìdiǎn dōu bùnán!
4급	教育	jiàoyù	你是怎么教育你家狗的？他差一点咬到我的孩子！	Nǐ shì zěnme jiàoyù nǐ jiā gǒu de? Tā chàyìdiǎn yǎodào wǒ de háizi!
4급	深	shēn	他长得特帅。/ 就是，他的外貌给我的印象特别深。	Tā zhǎng de tè shuài. / Jiùshì, tā de wàimào gěi wǒ de yìnxiàng tèbié shēn.
4급	及时	jíshí	有什么事要及时给我打电话啊。/ 我没带手机啊。	Yǒushénme shì yào jíshí gěi wǒ dǎdiànhuà a. / Wǒ méi dài shǒujī a.
4급	经济	jīngjì	中午自己带饭不但健康美味，而且经济实惠。	Zhōngwǔ zìjǐ dài fàn búdàn jiànkāng měiwèi, érqiě jīngjìshíhuì.
4급	特点	tèdiǎn	我们班有个特点。/ 什么特点？/ 没有一个正常人。	Wǒmen bān yǒu ge tèdiǎn. / Shénme tèdiǎn? / Méiyǒu yíge zhèngcháng rén.
4급	性格	xìnggé	他性格特别好，很多人都喜欢他。/ 我就不喜欢他。	Tā xìnggé tèbié hǎo, hěnduō rén dōu xǐhuan tā. / Wǒ jiù bùxǐhuan tā.

Chinese is not knowledge. It's a language!

Unit	예문	품사	뜻	한자
Unit 11	저는 당분간은 귀국할 계획이 없고요, 우선 여기에서 2년은 일을 해볼 생각입니다.	명	('잠시 멈추다'·'잠깐 착각하다' 이럴 때의) 잠시(잠깐)	暫時 잠시
Unit 12	너 여기 되게 많이 바뀐 것 같지 않니? / 그러게, 아무래도 5년이나 지났으니까.	동	(누구·무엇이 전과 다르게) 바뀌다(변하다)	改變 개변
Unit 13	참관하고 싶은 분은 6시에 박물관 입구로 모이세요. / 좀 늦어도 될까요?	동	(전람회·공장·명승고적 등 어디를) 참관하다(견학하다)	參觀 참관
Unit 14	규정에 따라, 당신은 아드님을 최대 10분까지 만날 수 있습니다.	전	(무엇에) 따라(근거하여)	按照 안조
Unit 15	새로 생긴 일식집 진짜 맛있더라. / 나도 먹어볼래, 다음에 데리고 가줘.	동	(누가 어떤 음식을) 맛보다	嘗 상
	그해 여름은 그에게는 아름다운 추억이죠, 그는 그때 지금의 아내 리리를 만났어요.	명	(과거에 대한) 추억(회상)	回憶 회억
	이거 봐, 쟨 어딜 가도 인기가 있잖아. / 그러게 말이야, 우리랑은 다르네.	형	(누구·무엇이) 인기가 있다(환영받다)	香 향
	너 이번 경기 자신 있어? / 물론이지! 두고 봐.	명	(누가 무엇을 잘 할 수 있다는) 자신(자신감)	自信 자신
Unit 16	회의 장소까지 어떻게 가죠? / 정문으로 들어가셔서, 왼쪽으로 가시면 됩니다.	전	[동작이 경과하는 노선이나 장소를 이끌어냄] (무엇)으로부터·(무엇을) 거쳐서·(무엇을) 통하여	由 유
Unit 17	내가 당신에게 맡긴 일은 다 했어요? / 당연하죠, 저 다음 할 일 주세요.	명	(누구에게 주어진·누가 맡은) 임무(책무)	任務 임무
Unit 18	이 술 묵힌 지 진짜 오래됐어. 오늘 드디어 개봉해. / 향 좋다!	동	(무엇을) 보존하다(저장하다)	存 존
Unit 19	이 얼마나 감동적인 이야기니? / 그닥 감동적이지 않은 것 같은데.	동	(누가 무엇을) 하게 만들다(시키다)	使 사
	너희 집에 반려동물 있어? / 반려동물은 없고, 식물만 있어.	명	(각종) 식물	植物 식물
Unit 20	제가 핸드폰을 잃어버려서요, 혹시 그쪽 걸 좀 빌릴 수 있을까요? / 저도 핸드폰이 없어요.	동	(누가 무엇을) 잃어버리다(잃다)	丟 주

	汉字	拼音	例句	拼音
4급	暂时	zànshí	我暂时没有回国计划，我打算先在这工作两年。	Wǒ zànshí méiyǒu huíguó jìhuà, wǒ dǎsuàn xiān zài zhè gōngzuò liǎng nián.
4급	改变	gǎibiàn	你不觉得这里改变了很多吗？/ 是啊，毕竟过了五年。	Nǐ bùjuéde zhèlǐ gǎibiàn le hěn duō ma? / Shì a, bìjìng guò le wǔ nián.
4급	参观	cānguān	想参观的人六点到博物馆门口集合吧。/ 能晚一点吗？	Xiǎng cānguān de rén liùdiǎn dào bówùguǎn ménkǒu jíhé ba. / Néng wǎnyìdiǎn ma?
4급	按照	ànzhào	按照规定，你最多可以见您的儿子十分钟。	Ànzhào guīdìng, nǐ zuìduō kěyǐ jiàn nín de érzi shí fēnzhōng.
4급	尝	cháng	新开的日本料理店真好吃。/ 我也想去尝一尝，下次带我去吧。	Xīn kāi de Rìběn liàolǐdiàn zhēn hǎochī. / Wǒ yě xiǎng qù chángyìcháng, xiàcì dài wǒ qù ba.
4급	回忆	huíyì	那年的夏天对他来说是美好的回忆，他在那时候遇到了现在的太太李丽。	Nà nián de xiàtiān duì tā lái shuō shì měihǎo de huíyì, tā zài nàshíhou yùdào le xiànzài de tàitai Lǐ Lì.
4급	香	xiāng	你看，他走到哪儿都是香饽饽。/ 就是嘛，跟我们不一样。	Nǐ kàn, tā zǒudào nǎr dōu shì xiāngbōbo. / Jiùshì ma, gēn wǒmen bùyíyàng.
4급	自信	zìxìn	这场比赛你有自信吗？/ 当然！你等着瞧。	Zhè chǎng bǐsài nǐ yǒu zìxìn ma? / Dāngrán! Nǐ děngzheqiáo.
4급	由	yóu	会议场所怎么走？/ 由正门进去，往左走就到了。	Huìyì chǎngsuǒ zěnmezǒu? / Yóu zhèngmén jìnqù, wǎng zuǒ zǒu jiù dào le.
4급	任务	rènwu	我给你的任务都完成了吗？/ 当然，给我下一个任务吧。	Wǒ gěi nǐ de rènwu dōu wánchéng le ma? / Dāngrán, gěi wǒ xiàyíge rènwu ba.
4급	存	cún	这酒存了这么长时间。今天终于开封了。/ 好香啊！	Zhè jiǔ cún le zhème cháng shíjiān. Jīntiān zhōngyú kāifēng le. / Hǎo xiāng a!
4급	使	shǐ	是个多么使人感动的故事啊！/ 也没有那么感动吧。	Shìge duōme shǐ rén gǎndòng de gùshi a! / Yě méiyǒu nàme gǎndòng ba.
4급	植物	zhíwù	你家有什么宠物吗？/ 没有宠物，只有植物。	Nǐ jiā yǒushénme chǒngwù ma? / Méiyǒu chǒngwù, zhǐyǒu zhíwù.
4급	丢	diū	我手机丢了，能借一下你的吗？/ 我也没有手机。	Wǒ shǒujī diū le, néng jiè yíxià nǐ de ma? / Wǒ yě méiyǒu shǒujī.

Chinese is not knowledge. It's a language!

Unit	예문	품사	뜻	한자/한글
Unit 11	예측건대 오늘 손님이 별로 없을 것 같으니까, 너 먼저 돌아가라. / 그럼 돈은요? 똑같이 주시는 거죠?	동	(누가 무엇을) 추측하다(예측하다)	估計 고계
Unit 12	이 장은 주로 너희 둘의 대화로 이루어져 있어. / 대사가 엄청 많네요.	명	(소설·연극 등에서 인물 간의) 대화	對話 대화
Unit 13	넌 어쩜 기초적인 지식도 없냐, 가서 다시 배우고 와. / 다음에는 예습 잘 하고 오겠습니다.	명	('기초지식'·'기초이론'·'토대를 닦다' 이럴 때의) 기초(토대)	基礎 기초
Unit 14	이것은 서로 다른 두 가지 상황입니다, 구분을 해서 대응해야 합니다.	동	(누구·무엇을) 구분하다(구별하다)	區別 구별
Unit 15	이렇게 바꾸면 지출을 많이 줄일 수 있어. / 그럼 그렇게 바꾸자, 내가 가서 애들한테 말할게.	동	(무엇이) 감소하다(줄다, 축소되다)	減少 감소
	너무 춥다, 그치? / 그러게, 우리 들어가서 몸 좀 녹이자.	동	(누구·무엇·어디를 따뜻하게) 녹이다(데우다)	暖和 난화
	여기 참 이상해, 다 빨간색밖에 없어. / 내 눈이 다 아프네.	부	('가는 곳마다 비가 와'·'곳곳에 책이 널려있어' 이럴 때의) 곳곳(가는 곳)	到處 도처
Unit 16	허리를 세우고, 가슴이랑 등은 구부리지 마. / 자세 교정 정말 힘들다.	동	(누가 몸의 일부를) 곧추 펴다·곧추 세우다	挺 정
Unit 17	방금 그 집 요리 어땠어? / 솔직히, 별로였어.	형	(누구·무엇이) 진실하다(거짓이 없다, 솔직하다)	實在 실재
	학생은 발음이 아주 정확해서, 저희 수업을 들으실 필요가 없으세요. / 진짜요? 다행이네요.	형	(행동·발음 등 무엇이) 표준적이다	標準 표준
Unit 18	이것도 너무 달지? 설탕을 너무 많이 넣은 것 같아, 소금 좀 넣자.	명	설탕	糖 탕
Unit 19	넌 왜 머리만 감고 발은 안 씻어? / 나 이따가 씻을게.	부	('머리만 감고 발은 안 씻다' 이럴 때의) 단지(오로지)	光 광
	나 무슨 신발 신으면 좋을까? / 가벼운 운동화면 돼.	형	(누구의 장비·옷차림 등이) 가볍다(간편하다)	輕 경
Unit 20	난 너랑 키가 거의 같아. / 너 180도 안 되지? 난 183이야!	형	(시간·정도·거리 등이) 비슷하다·가깝다	差不多 차부다

	估计	gūjì	估计今天没有多少客人，你就先回去吧。/ 那钱呢？照样给吗？	Gūjì jīntiān méiyǒu duōshao kèrén, nǐ jiù xiān huíqù ba. / Nà qián ne? Zhàoyàng gěi ma?
	对话	duìhuà	这一章主要是你们两个人的对话。/ 台词好多呀。	Zhèyìzhāng zhǔyào shì nǐmen liǎngge rén de duìhuà. / Táicí hǎo duō ya.
	基础	jīchǔ	你怎么连基础知识都没有，回去重新学吧。/ 我下次一定预习好再来。	Nǐ zěnme lián jīchǔ zhīshi dōu méiyǒu, huíqù chóngxīn xué ba. / Wǒ xiàcì yídìng yùxíhǎo zài lái.
	区别	qūbié	这是两种不同的情况，请区别对待。	Zhèshì liǎngzhǒng bùtóng de qíngkuàng, qǐng qūbiéduìdài.
	减少	jiǎnshǎo	这样改会减少很多支出。/ 那就这么改吧。我去跟他们说。	Zhèyàng gǎi huì jiǎnshǎo hěnduō zhīchū. / Nà jiù zhème gǎi ba. Wǒ qù gēn tāmen shuō.
	暖和	nuǎnhuo	太冷了，是吧？/ 对，我们进去暖和暖和吧。	Tài lěng le, shì ba? / Duì, wǒmen jìnqù nuǎnhuo nuǎnhuo ba.
	到处	dàochù	这里好奇怪，到处都是红色。/ 我眼睛好痛啊。	Zhèlǐ hǎo qíguài, dàochù dōu shì hóngsè. / Wǒ yǎnjing hǎo tòng a.
	挺	tǐng	挺着腰板儿，不要含胸驼背。/ 改正姿势太难了。	Tǐngzhe yāobǎnr, búyào hánxiōngtuóbèi. / Gǎizhèng zīshì tài nán le.
	实在	shízài	刚才那家的菜怎么样？/ 说实在的，不怎么好吃。	Gāngcái nà jiā de cài zěnmeyàng? / Shuō shízài de, bùzěnme hǎochī.
	标准	biāozhǔn	你发音非常标准，不用来听这门课。/ 真的吗？太好了。	Nǐ fāyīn fēicháng biāozhǔn, búyòng lái tīng zhè mén kè. / Zhēnde ma? Tài hǎo le.
	糖	táng	这也太甜了吧？/ 好像糖放多了，加点盐吧。	Zhè yě tài tián le ba? / Hǎoxiàng táng fàng duō le, jiādiǎn yán ba.
	光	guāng	你怎么光洗头不洗脚呢？/ 我一会儿洗。	Nǐ zěnme guāng xǐ tóu bù xǐ jiǎo ne? / Wǒ Yíhuìr xǐ.
	轻	qīng	我穿什么鞋好呢？/ 轻点儿的运动鞋就可以了。	Wǒ chuān shénme xié hǎo ne? / Qīng diǎnr de yùndòngxié jiù kěyǐ le.
	差不多	chàbuduō	我跟你差不多高。/ 你不到一米八吧？我一米八三呢！	Wǒ gēn nǐ chàbuduō gāo. / Nǐ búdào yìmǐ bā ba? Wǒ yìmǐ bāsān ne!

Chinese is not knowledge. It's a language!

Unit	예문	품사	뜻	한자
Unit 11	다 썼어. / 이렇게나 빨리? 대단하다! 고마워.	형	(능력·체력·성적 등 누구·무엇이) 훌륭하다·강하다·높다	棒 봉
Unit 12	한 교시는 몇 분이야? / 보통 50분이지, 근데 국어 선생님은 수업을 하셨다 하면 한 시간 동안 하셔.	양	[여러 개로 나뉜 사물·글 등을 세는 단위] 마디·절	節 절
	이 컴퓨터 새로 산 거야? / 응, 상점에서 이벤트를 하고 있어서, 내가 바로 사버렸지.	양	[무대·책상·가전 등을 세는 단위] (몇) 대	臺 대
Unit 13	이렇게 계속하다간, 아마 반대하는 사람이 있을 거야. / 그럼 나더러 어쩌라고요?	부	[추측·짐작을 나타내어] 아마도 (무엇)일 것이다	恐怕 공파
Unit 14	'礼拜天(리바이티엔)'이 무슨 뜻이야? / 일요일이라는 뜻이야.	명	일요일	禮拜天 례배천
Unit 15	너 진짜 냉철한 사람이잖아, 근데 지금 왜 이렇게 허둥지둥해?	형	(누가 태도 등이) 냉철하다(침착하다)	冷靜 랭정
	이런 생활 넌 지겹지 않아? 난 얼마 못 버틸 것 같아. / 하지만 우리에겐 선택의 여지가 없잖아 그렇지 않아?	동	(누가 배고픔이나 어려운 생활을) 힘써 견디다	支持 지지
	요즘 시중에 새로운 음료수가 나왔다는데, 나 다 마셔보고 싶어.	동	(새로운 무언가가) 나오다·만들어 내다	出現 출현
Unit 16	이 문제는 룽룽이 풀도록 둘까? / 좋은 생각이야!	동	(어떤 행위나 일을) 남겨두다(보류하다)	留 류
Unit 17	갑자기 일을 앞당겨 끝내라고 하시는데요, 그건 좀 어려울 것 같습니다. / 자네한테 인원 보충은 해 주겠네.	형	(무엇을 하는 것이) 곤란하다(어렵다, 힘들다)	困難 곤란
Unit 18	넌 뭘 했길래, 집이 엉망진창이야? / 별거 안 했어, 냉장고만 고쳤어.	동	(컴퓨터·텔레비전·에어컨 등 전자기기를) 수리하다(고치다)	修理 수리
	실례지만 도서관은 어떻게 가죠? / 이 길을 따라 쭉 가면 나와요.	전	('이 길을 따라서'·'시간이 지남에 따라' 이럴 때의, 무엇에) 따라서(따라)	隨著 수저
Unit 19	여러분 중에서 누가 환자를 간호하실 거예요? / 제가 그 애 사촌 형입니다, 제가 할게요.	동	(누가 타인의 곁에서) 도와주다(시중들다)	陪 배
Unit 20	네가 하는 게 무슨 좋은 일도 아니고, 나 끌어들이지 마. / 아우야, 이번이 마지막이야.	동	(누구를 나쁜 일에) 연루시키다·연루되다(말려들다)	拉 랍

4급	棒	bàng	写完了。/ 这么快? 真棒! 谢谢你。	Xiěwán le. / Zhème kuài? Zhēn bàng! Xièxie nǐ.
4급	节	jié	一节课几分钟? / 一般是五十分钟, 不过语文老师一上就上一个小时。	Yì jié kè jǐfēnzhōng? / Yìbān shì wǔshí fēnzhōng, búguò yǔwén lǎoshī yíshàng jiù shàng yíge xiǎoshí.
4급	台	tái	这台电脑是新买的吗? / 嗯, 商家做活动, 我就买了。	Zhè tái diànnǎo shì xīn mǎi de ma? / Ńg, shāngjiā zuò huódòng, wǒ jiù mǎi le.
4급	恐怕	kǒngpà	再这样下去, 恐怕会有人反对。/ 那叫我怎么办啊?	Zài zhèyàng xiàqù, kǒngpà huì yǒurén fǎnduì. / Nà jiào wǒ zěnmebàn a?
4급	礼拜天	lǐbài-tiān	礼拜天是什么意思? / 就是星期天的意思。	Lǐbàitiān shì shénmeyìsi? / Jiùshì xīngqītiān de yìsi.
4급	冷静	lěng-jìng	你是那么冷静的一个人, 现在怎么就乱了阵脚啊?	Nǐ shì nàme lěngjìng de yígerén, xiànzài zěnme jiù luàn le zhènjiǎo a?
4급	支持	zhīchí	这样的生活你不累吗? 我快支持不下去了。/ 可我们没有选择不是吗?	Zhèyàng de shēnghuó nǐ búlèi ma? Wǒ kuài zhīchíbuxiàqù le. / Kě wǒmen méiyǒu xuǎnzé búshì ma?
4급	出现	chū-xiàn	最近市面上出现了不少新款饮料, 我都想试一下。	Zuìjìn shìmiànshàng chūxiàn le bùshǎo xīnkuǎn yǐnliào, wǒ dōu xiǎng shì yíxià.
4급	留	liú	这道题就留给荣荣解决吧。/ 好主意!	Zhèdàotí jiù liú gěi Róngróng jiějué ba. / Hǎo zhǔyi!
4급	困难	kùn-nan	临时让我们提前完成任务, 可能有点困难。/ 我们可以给你补充人员。	Línshí ràng wǒmen tíqián wánchéng rènwu, kěnéng yǒudiǎn kùnnan. / Wǒmen kěyǐ gěi nǐ bǔchōng rényuán.
4급	修理	xiūlǐ	你干啥了, 家里这么乱。/ 没干啥, 就是修理了冰箱。	Nǐ gàn shá le, jiālǐ zhème luàn. / Méi gàn shá, jiùshì xiūlǐ le bīngxiāng.
4급	随着	suízhe	请问图书馆怎么走? / 随着这条路一直走就到了。	Qǐngwèn túshūguǎn zěnmezǒu? / Suízhe zhètiáolù yìzhí zǒu jiù dào le.
4급	陪	péi	你们谁来陪病人? / 我是他表哥, 我来吧。	Nǐmen shéi lái péi bìngrén? / Wǒ shì tā biǎogē, wǒláiba.
4급	拉	lā	你做的又不是什么好事儿, 不要把我拉进去。/ 兄弟, 这是最后一次了。	Nǐ zuò de yòu búshì shénme hǎoshìr, búyào bǎ wǒ lājìnqù. / Xiōngdì, zhèshì zuìhòu yícì le.

Chinese is not knowledge. It's a language!

Unit	예문	뜻	한자/독음
Unit 11	가르치는 방식은 사람에 따라 달라야 해. / 말은 쉽지만, 실천하기는 어렵잖아.	접 [시간·방식·목적·원인을 연결함]	而 이
Unit 12	이건 참고자료야, 너 이거 보면서 해도 돼.	명 (각종) 자료(데이터)	材料 재료
Unit 13	걔 요즘 뭐하고 지내? / 미국에 간 것 같던데, 지금 간호사라고 들었어.	명 (병원의) 간호사	護士 호사
Unit 13	혹시 학부생이세요? / 아뇨, 대학원생이에요.	명 대학원생	研究生 연구생
Unit 14	나는 그가 그녀의 마지막 순간을 보러 올 수 있었으면 좋겠어. / 나는 너랑 반대야, 나는 그 사람이 안 돌아오는 게 더 좋을 것 같아.	형 (의견·방향 등이) 상반되다(대립되다)	相反 상반
Unit 15	너 걔랑 직접적인 연결고리가 있어? / 아니, 나 걔 이름밖에 몰라.	형 ('직접적인 영향' 이럴 때의) 직접적인 (직접의)	直接 직접
Unit 15	이 다이어트 약은 효과가 어때? / 엄청 좋아, 나 3kg나 뺐어, 근데 너 이거 운동도 같이 해야 살이 빠져.	명 ('효과가 좋아'·'효과가 없어' 이럴 때의) 효과	效果 효과
Unit 16	비자는 발급 받았어? / 뭐? 중국에 가는데 비자까지 발급 받아야 해?	명 (출국 시 필요한) 사증(비자)	簽證 첨증
Unit 16	여기서 담배 좀 피우지 마, 피울 거면 나가서 피워. / 여기 우리 집이야, 내가 왜 나가?	동 (누가) 담배를 피우다(흡연하다)	抽煙 추연
Unit 17	너 시험 잘 봤어? / 내 생각에 이번 학기는 망한 것 같아.	명 ('이번 학기·1학기·2학기' 이럴 때의) 학기	學期 학기
Unit 18	여기 뭐 맛있는 거 있어요? / 저 건너편에 중국집이 있는데, 거기로 가서 먹읍시다.	명 (누구·어디의) 맞은편(건너편)	對面 대면
Unit 19	말을 왜 반만 하다 말아? / 아, 그럼 계속할게.	동 (무엇을) 계속하다(끊임없이 하다)	繼續 계속
Unit 19	성실하게 우리 질문에 답하면, 우리도 널 보내줄 거야. / 아는 건 다 말씀드릴게요.	형 (누구의 언행·생각 등이) 성실하다(진실하다)	誠實 성실
Unit 20	다 너 때문이야, 내가 웃음거리가 됐잖아. / 아니야, 넌 아주 용감했어, 내 생각엔 네가 그 애들보다 훨씬 나아.	명 웃음거리(웃음거리가 되는 일)	笑話 소화

4급	而	ér	教学方式应该因人而异。/ 说起来简单，做起来难啊。	Jiàoxué fāngshì yīnggāi yīnrényì. / Shuōqǐlái jiǎndān, zuòqǐlái nán a.
4급	材料	cáiliào	这是参考材料，你可以看着这个做。	Zhè shì cānkǎo cáiliào, nǐ kěyǐ kànzhe zhège zuò.
4급	护士	hùshi	她现在在干什么？/ 好像去美国了，听说现在是个护士。	Tā xiànzài zài gànshénme? / Hǎoxiàng qù Měiguó le, tīngshuō xiànzài shìge hùshi.
4급	研究生	yánjiū-shēng	你是本科生吗？/ 不，我是研究生。	Nǐ shì běnkēshēng ma? / Bù, wǒ shì yánjiūshēng.
4급	相反	xiāngfǎn	我希望他能回来看她最后一眼。/ 我跟你相反，我觉得他不回来更好。	Wǒ xīwàng tā néng huílái kàn tā zuìhòu yìyǎn. / Wǒ gēn nǐ xiāngfǎn, wǒ juéde tā bùhuílai gèng hǎo.
4급	直接	zhíjiē	你跟她有直接的关系吗？/ 没有，我只知道她的名字。	Nǐ gēn tā yǒu zhíjiē de guānxi ma? / Méiyǒu, wǒ zhǐ zhīdào tā de míngzi.
4급	效果	xiàoguǒ	这减肥药效果怎么样？/ 挺好的，我减了3公斤，不过你要结合运动才能减。	Zhè jiǎnféiyào xiàoguǒ zěnmeyàng? / Tǐnghǎode, wǒ jiǎn le 3 gōngjīn, búguò nǐ yào jiéhé yùndòng cái néng jiǎn.
4급	签证	qiānzhèng	签证办好了没啊？/ 啊？去中国还要办签证？	Qiānzhèng bàn hǎo le méi a? / Á? Qù Zhōngguó háiyào bàn qiānzhèng?
4급	抽烟	chōuyān	别在这抽烟，要抽出去抽。/ 这是我家，我干嘛要出去啊。	Bié zài zhè chōuyān, yào chōu chūqù chōu. / Zhèshì wǒjiā, wǒ gàn má yào chūqù a.
4급	学期	xuéqī	你考试考得好吗？/ 我估计这学期完蛋了。	Nǐ kǎoshì kǎo de hǎo ma? / Wǒ gūjì zhèxuéqī wándàn le.
4급	对面	duìmiàn	这儿有什么好吃的吗？/ 对面有个中国饭店，去那边吃吧。	Zhèr yǒushénme hǎochī de ma? / Duìmiàn yǒuge Zhōngguó fàndiàn, qù nàbiān chī ba.
4급	继续	jìxù	怎么话说到一半就不说了？/ 哦，那我继续吧。	Zěnme huà shuōdào yíbàn jiù bùshuō le? / Ò, nà wǒ jìxù ba.
4급	诚实	chéngshí	诚实回答我们的问题，我们就会放你回去的。/ 知道的我一定会告诉你们的。	Chéngshí huídá wǒmen de wèntí, wǒmen jiù huì fàng nǐ huíqù de. / Zhīdào de wǒ yídìng huì gàosu nǐmen de.
4급	笑话	xiàohua	都怪你，我成了人们眼中的笑话了。/ 没有，你很勇敢，我觉得你比他们好多了。	Dōu guài nǐ, wǒ chéng le rénmen yǎnzhōng de xiàohua le. / Méiyǒu, nǐ hěn yǒnggǎn, wǒ juéde nǐ bǐ tāmen hǎo duōle.

Chinese is not knowledge. It's a language!

Unit 11	유덕화랑 결혼 할 수 있으면 얼마나 좋을까. / 꿈 깨라.	명 (현실과는 동떨어진) 꿈(환상, 몽상)	夢 몽
Unit 12	나 내 중국어 실력 좀 끌어 올리고 싶어. / 내가 너 도와줄게.	동 ('성적·가격' 등 추상적인 무엇을 아래에서 위로) 끌어 올리다	提 제
Unit 13	그는 상상력이 풍부한 아이로, 매일 온갖 자유롭고 재미있는 상상을 했습니다.	형 (무엇이) 많다(풍부하다)	富 부
	나 똥 싸고 싶어. / 똥 쌀 때 나한테 일일이 보고 좀 하지 마, 알겠어?	동 (대변을) 누다(싸다, 보다)	拉 랍
Unit 14	너 주변에 중국어 할 줄 아는 사람 있어? / 있어, 나 중국 친구들이 좀 있거든.	명 (누구·무엇의) 주위(주변)	周圍 주위
Unit 15	전에 어떤 일을 해보셨나요? / 저 예전에 기자였어요.	동 (어떤 일을) 담당하다·(어디에) 종사하다	幹 간
	우리 집 포도 너 먹어봤어? 겁나 달아! / 진짜? 나 한번 먹어볼래.	명 [과일] 포도	葡萄 포도
Unit 16	이 감격스러운 순간, 올리핌 금메달리스트 후밍샤의 눈가는 촉촉이 젖었고, 그녀는 눈물을 머금고 천천히 올라가는 국기를 지켜보았다.	동 (누구의 감정을) 불러일으키다(감동하게 하다)	激動 격동
	이 방면에서는 내가 또 고수지! / 나 진짜 너 믿어도 돼?	명 (각종) 방면(분야)	方面 방면
Unit 17	여러분 조금만 더 기다려 주세요, 금방 여러분께 서비스를 제공하겠습니다. / 아, 빨리요!	형 (누가) 끈기가 있다(인내심이 강하다)	耐心 내심
Unit 18	너는 어떤 사람을 좋아하니? / 나는 외유내강인 사람을 좋아해.	형 (누구의 성격·태도 등이) 강건하다(굳세다)	剛 강
	네가 그렇게 아무 데나 쓰레기를 버리면 환경이 오염된다니까! / 잘못했어.	동 (공기·수원·토양 등이) 오염되다·오염시키다	污染 오염
Unit 19	나 막지 마, 쟤 진짜 죽여버릴 거야! / 아무도 안 막아, 가.	동 (사람·동물·식물이) 죽다	死 사
Unit 20	여기 화장실 있어요? / 나가서 오른쪽으로 조금만 가시면 있어요.	명 화장실(변소)	廁所 측소

4급	梦	mèng	如果能跟刘德华结婚该多好啊。/ 你做梦吧。	Rúguǒ néng gēn Liú Déhuá jiéhūn gāi duōhǎoa. / Nǐ zuòmèng ba.
4급	提	tí	我想提高我的汉语水平。/ 我来帮你吧。	Wǒ xiǎng tígāo wǒ de Hànyǔ shuǐpíng. / Wǒ lái bāng nǐ ba.
4급	富	fù	他是一个富于想象力的孩子，每天天马行空地想着各种有趣的事情。	Tā shì yíge fùyú xiǎngxiànglì de háizi, měitiān tiānmǎxíngkōng de xiǎngzhe gèzhǒng yǒuqù de shìqing.
4급	拉	lā	我想拉屎。/ 你拉屎别一一向我报告，行吗？	Wǒ xiǎng lā shǐ. / Nǐ lā shǐ bié yīyī xiàng wǒ bàogào, xíng ma?
4급	周围	zhōuwéi	你周围有没有人会说汉语啊？/ 有啊，我有一些中国朋友。	Nǐ zhōuwéi yǒuméiyǒu rén huì shuō hànyǔ a? / Yǒu a, wǒ yǒu yìxiē Zhōngguó péngyou.
4급	干	gàn	你干过什么工作？/ 我以前当过记者。	Nǐ gànguo shénme gōngzuò? / Wǒ yǐqián dāngguo jìzhě.
4급	葡萄	pútáo	我家葡萄你吃过吗？可甜了！/ 真的？我尝尝。	Wǒjiā pútáo nǐ chīguo ma? Kě tián le! / Zhēnde? Wǒ chángchang.
4급	激动	jīdòng	在这激动人心的时刻，奥运冠军伏明霞的眼角湿润了，她含着泪看着国旗缓缓升起来。	Zài zhè jīdòng rénxīn de shíkè, Àoyùn guànjūn Fú Míngxiá de yǎnjiǎo shīrùn le, tā hánzhe lèi kànzhe guóqí huǎnhuǎn shēngqǐlái.
4급	方面	fāngmiàn	在这方面，我可是个高手！/ 我真的可以相信你吗？	Zài zhè fāngmiàn, wǒ kěshìge gāoshǒu! / Wǒ zhēnde kěyǐ xiāngxìn nǐ ma?
4급	耐心	nàixīn	请大家耐心等候，我们马上就为你们提供服务。/ 哎，快点啊！	Qǐng dàjiā nàixīn děnghòu, wǒmen mǎshàng jiù wèi nǐmen tígōng fúwù. / Āi, kuàidiǎn a!
4급	刚	gāng	你喜欢什么样的人？/ 我喜欢外柔内刚的人。	Nǐ xǐhuan shénmeyàng de rén? / Wǒ xǐhuan wàiróunèigāng de rén.
4급	污染	wūrǎn	你这样随地扔垃圾会污染环境的！/ 我错了。	Nǐ zhèyàng suídì rēng lājī huì wūrǎn huánjìng de! / Wǒ cuò le.
4급	死	sǐ	别拦着我，我一定要杀死他！/ 没人拦你，去吧。	Bié lán zhe wǒ, wǒ yídìng yào shāsǐ tā! / Méirén lán nǐ, qù ba.
4급	厕所	cèsuǒ	这里有厕所吗？/ 出去往右走一会儿就有。	Zhèlǐ yǒu cèsuǒ ma? / Chūqù wǎng yòu zǒu yíhuìr jiù yǒu.

Chinese is not knowledge. It's a language!

넌 먹는 거 뭐가 제일 싫어? / 난 오이 먹는 게 제일 싫어.	동 (누가 누구·무엇을) 미워하다(혐오하다)	討厭 토염
이건 누가 남긴 밥이야? / 이거 쟤 거예요, 얘 전화 받으러 나갔어요.	동 (누구·무엇이 어디에 아직) 남다(남기다)	剩 잉
얘 같은 사람은, 절대로 동정해줘선 안 돼. / 누가 얘를 동정했대?	동 (누구를) 동정하다(불쌍히 여기다)	可憐 가련
이거 농담 아니야, 너희 빨리 얘 병원에 보내. / 알았어요.	동 (어떤 일이나 상황을) 장난으로 여기다	開玩笑 개완소
우리 공연 이제 몇 번 남았지? / 아직 두 번 남았어.	명 (연극·뮤지컬·콘서트 등의) 공연	演出 연출
여보, 출발해야 해! / 우리 음료수 마시면서 더위 좀 식힌 다음에 출발하자.	동 (누가 여름에) 더위를 식히다	涼快 량쾌
총 얼마예요? / 네꺼는 빼고 계산했어, 우리가 살게.	동 (누구·무엇을) 계산에 넣다(포함시키다)	算 산
천안문은 어떻게 가죠? / 저 친구가 제일 잘 알 거예요, 한 번 물어보세요.	동 (누구·무엇이) 익숙하다(충분히 잘 알다)	熟悉 숙실

	讨厌	tǎoyàn	你最讨厌吃什么？/ 我最讨厌吃黄瓜。	Nǐ zuì tǎoyàn chī shénme? / Wǒ zuì tǎoyàn chī huángguā.
	剩	shèng	这是谁剩饭了？/ 这是张宁的，她出去接个电话。	Zhèshì shéi shèng fàn le? / Zhèshì Zhāng Níng de, tā chūqù jiēge diànhuà.
	可怜	kělián	像他那样的人，绝对不能可怜他。/ 谁可怜他了？	Xiàng tā nàyàng de rén, juéduì bùnéng kělián tā. / Shéi kělián tā le?
	开玩笑	kāi-wán-xiào	这可不是开玩笑，你们赶紧把他送到医院去。/ 知道了。	Zhè kě búshì kāiwánxiào, nǐmen gǎnjǐn bǎ tā sòngdào yīyuàn qù. / Zhīdào le.
	演出	yǎnchū	我们还剩下几次演出？/ 还有两次。	Wǒmen hái shèngxià jǐcì yǎnchū? / Háiyǒu liǎngcì.
	凉快	liángkuai	老公，该出发了！/ 咱们喝饮料凉快一下再走吧。	Lǎogōng, gāi chūfā le! / Zánmen hē yǐnliào liángkuai yíxià zài zǒu ba.
	算	suàn	总共多少钱？/ 不算你的，我们请你。	Zǒnggòng duōshaoqián? / Búsuàn nǐ de, wǒmen qǐng nǐ.
	熟悉	shúxī	天安门怎么走？/ 他最熟悉，问问他吧。	Tiān'ānmén zěnmezǒu? / Tā zuì shúxī, wènwen tā ba.

UNIT 13

聪明的大脑, 超强的体力不如不懈的努力。

우리 배드민턴 치러 가는 거 어때? / 밖에 비 오는데.	명 [체육] 배드민턴	羽毛球 우모구
야 이 자식아, 너 이리 와봐! / 넌 네가 뭐라도 된다고 생각하는 거냐? 어디서 내게 오라 가라야?	동 (누가 A를 B라고) 여기다(생각하다)	以爲 이위
저번엔 시험을 그렇게 잘 봤는데, 이번엔 점수가 왜 이렇게 낮지? / 저 그날 몸이 안 좋아서, 시험을 망쳤어요.	형 (무엇의 등급·수준이) 낮다	低 저
이건 저희의 작은 성의입니다, 받아주세요. / 아닙니다, 아무 일도 한 게 없는데요, 받을 수 없습니다.	동 (누가 준 것을) 받다(접수하다)	收 수
편지 봉투 붙일 때 꼼꼼히 붙여. / 내기 애도 아니고.	명 편지 봉투	信封 신봉
주말 즐겁게 보내라! / 나 주말에 추가 근무해야 돼.	형 (누가 무엇 때문에) 유쾌하다(기쁘다, 즐겁다)	愉快 유쾌
넌 마시는 거 뭘 제일 좋아해? / 초콜릿 맛 음료면 다 좋아!	명 [음식] 초콜릿	巧克力 교극력
여기 제법 춥네. 다행히 외투 하나 더 가져왔지요.	부 ('제법 하네?'·'꽤 비싸'·'썩 나쁘지 않군' 이럴 때의) 제법(꽤, 썩)	夠 구
밥 먹고 우린 영화도 한 편 봤는데, 이렇게 데이트한 게 참 오랜만이었어요.	양 [문예·오락·체육 활동 등에 쓰이는 단위로] (몇) 회(번, 차례)	場 장
내가 말하는 대로만 하면, 틀림없이 문제 없을 거야! / 그럼 우린 너만 믿는다!	부 ('확실히 맞아'·'분명 문제없어' 이럴 때의) 확실히(틀림없이)	肯定 긍정

> 명석한 두뇌도, 뛰어난 체력도 끊임 없는 노력을 이길 순 없다.

羽毛球	yǔmáoqiú	咱们去打羽毛球怎么样? / 外面下雨呢。	Zánmen qù dǎ yǔmáoqiú zěnmeyàng? / Wàimiàn xiàyǔ ne.
以为	yǐwéi	小子, 过来! / 你以为你是谁啊, 对我呼来喝去的?	Xiǎozi, guòlái! / Nǐ yǐwéi nǐ shì shéi a, duì wǒ hūláihèqù de?
低	dī	上次考得那么好, 这次分数怎么这么低啊。/ 我当天身体不舒服, 考砸了。	Shàngcì kǎo de nàme hǎo, zhècì fēnshù zěnme zhème dī a. / Wǒ dàngtiān shēntǐ bùshūfu, kǎo zá le.
收	shōu	这是我们小小的心意, 请收下。/ 不行, 无功不受禄。	Zhè shì wǒmen xiǎoxiǎo de xīnyì, qǐng shōuxià. / Bùxíng, wúgōngbúshòulù.
信封	xìnfēng	贴信封的时候要贴好啊。/ 我又不是小孩子。	Tiē xìnfēng de shíhou yào tiēhǎo a. / Wǒ yòu búshì xiǎoháizi.
愉快	yúkuài	周末愉快! / 周末我得加班。	Zhōumò yúkuài! / Zhōumò wǒ děi jiābān.
巧克力	qiǎokèlì	你最喜欢喝什么? / 巧克力味儿的饮料都喜欢!	Nǐ zuì xǐhuan hē shénme? / Qiǎokèlì wèir de yǐnliào dōu xǐhuan!
够	gòu	今天够冷的呀, 幸好我多带了件外套。	Jīntiān gòu lěng de ya, xìnghǎo wǒ duō dài le jiàn wàitào.
场	chǎng	吃完饭我们还看了一场电影, 我们很久没有这样约会过了。	Chī wán fàn wǒmen hái kàn le yìchǎng diànyǐng, wǒmen hěnjiǔ méiyǒu zhèyàng yuēhuìguo le.
肯定	kěndìng	照我说的去做, 肯定没问题的! / 那我们就靠你了啊!	Zhào wǒ shuō de qù zuò, kěndìng méiwèntí de! / Nà wǒmen jiù kào nǐ le a!

Chinese is not knowledge. It's a language!

예문	품사	뜻	한자/한글
이게 무슨 광고야, 정말 재미있게 찍었네. / 우유 광고래.	명	(여러 가지 매체를 통해서 하는) 광고(선전)	廣告 광고
저는 작문할 때 800자 꽉 채워 썼는데, 왜 빵점이에요? / 쓸데없는 말만 잔뜩 늘어놓고, 내용과 주제도 맞지 않고, 틀린 글자도 너무 많아.	부	(글·말 등에) 내용이 없다(알맹이가 없다, 실속 없다)	空 공
이 부분은 누가 썼냐? 왜 이렇게 엉망이야! / 교수님, 저 친구가 썼습니다!	명	(전체 중의) 부분(일부)	部分 부분
나 신발이 찢어졌어. / 몇 년을 신었는데, 안 찢어지고 배기겠냐.	동	(무엇이) 망가지다·파손되다·깨지다·찢어지다	破 파
처음으로 국가대표팀에 뽑혔는데, 어떤 기분이신가요? / 저는 조국을 빛내고 싶습니다.	명	('영예를 더하다'·'명예를 쟁취하다' 이럴 때의) 영예(영광)	光 광
쟤는 학교를 그만둔 이유가 뭐야? / 쟤 유학 간다던데.	명	(무엇의) 원인(이유)	原因 원인
그분은 중병에 걸려, 입원해서 치료를 받아야 하죠.	형	('병세가 깊다'·'말이 심하다'·'기름기가 많다' 이럴 때의, 정도가) 심하다	重 중
머리 자꾸 매만지지 마, 이미 충분하네, 빨리 출발하자. / 드라이 조금만 더하고, 금방 끝나.	동	(누가 무엇을 손으로) 만지작거리다(가지고 놀다)	弄 농
너 위험에 처해본 경험 있어? / 아직은 없어.	명	(각종) 경력·경험	經歷 경력
이건 국제적인 회의야, 실수해선 안 되네. / 문제없습니다, 제가 잘 준비하겠습니다.	형	('국제적 지위'·'국제적 영향' 이럴 때의) 국제의(국제적인)	國際 국제
쟤가 네 이름을 언급하지는 않았지만, 우린 쟤가 지칭한 게 너라는 걸 다 알 거든. / 그렇게 티가 나?	동	(결점이나 문제 등의 어떤 이유로 누구를) 지적하다	指 지
베이징까지 왔는데, 당연히 정통 베이징덕은 먹어줘야지.	명	(중국식) 오리구이(카오야)	烤鴨 고압
널 다시 만날 수 있어서, 나 너무 기뻐. / 나도 그래, 거의 10년 만이지?	부	('대단히 유명해'·'몹시 즐거워' 이럴 때의) 대단히(몹시, 매우)	十分 십분
난 내가 너를 반드시 행복하게 해줄 거라고 감히 장담할 수는 없지만, 난 열심히 노력할 거야, 부디 나와 결혼해줘.	조동사	(누가) 자신 있게 (무엇을) 하다	敢 감

4급	广告	guǎng-gào	这是啥广告啊，拍得真有意思。/ 是牛奶广告。	Zhèshì shá guǎnggào a, pāi de zhēnyǒuyìsi. / Shì niúnǎi guǎnggào.
4급	空	kōng	我作文都写够八百字了，怎么是零分？/ 空话连篇，内容与主题不符，而且错字也多。	Wǒ zuòwén dōu xiě gòu bābǎi zì le, zěnme shì língfēn? / Kōnghuàliánpiān, nèiróng yǔ zhǔtí bùfú, érqiě cuòzì yě duō.
4급	部分	bùfen	这部分是谁写的？写这么烂！/ 教授，是他！	Zhè bùfen shì shéi xiě de? Xiě zhème làn! / Jiàoshòu, shì tā!
4급	破	pò	我鞋子破了。/ 你都穿了多少年了，能不破吗。	Wǒ xiézi pò le. / Nǐ dōu chuān le duōshaonián le, néngbúpò ma.
4급	光	guāng	第一次进国家队，有什么感想吗？/ 我想为国增光。	Dìyīcì jìn guójiāduì, yǒushénme gǎnxiǎng ma? / Wǒ xiǎng wèiguózēngguāng.
4급	原因	yuányīn	他退学的原因是什么？/ 他说要去留学。	Tā tuìxué de yuányīn shì shénme? / Tā shuō yào qù liúxué.
4급	重	zhòng	他得了重病，需要住院治疗。	Tā dé le zhòngbìng, xūyào zhùyuàn zhìliáo.
4급	弄	nòng	你别再弄头发了，已经很好了，赶紧出发吧。/ 我再吹吹，马上就好。	Nǐ bié zài nòng tóufa le, yǐjīng hěnhǎo le, gǎnjǐn chūfā ba. / Wǒ zài chuīchui, mǎshàng jiù hǎo.
4급	经历	jīnglì	你有过危险的经历吗？/ 还没有。	Nǐ yǒuguo wēixiǎn de jīnglì ma? / Hái méiyǒu.
4급	国际	guójì	这可是一次国际性的会议，不能出错。/ 没问题，我会好好准备。	Zhè kěshì yícì guójìxìng de huìyì, bùnéng chūcuò. / Méiwèntí, wǒ huì hǎohǎo zhǔnbèi.
4급	指	zhǐ	他虽然没提名字，但我们都知道他指的是你。/ 这么明显？	Tā suīrán méi tí míngzi, dàn wǒmen dōu zhīdào tā zhǐ de shìnǐ. / Zhème míngxiǎn?
4급	烤鸭	kǎoyā	都来北京了，肯定得吃顿正宗的北京烤鸭了。	Dōu lái Běijīng le, kěndìng děi chīdùn zhèngzōng de Běijīngkǎoyā le.
4급	十分	shífēn	能再次见到你，我真的十分高兴。/ 我也是，快十年了吧？	Néng zàicì jiàn dào nǐ, wǒ zhēnde shífēn gāoxìng. / Wǒ yěshì, kuài shínián le ba?
4급	敢	gǎn	我不敢说我一定会让你幸福，但我一定会努力，请你嫁给我吧。	Wǒ bùgǎn shuō wǒ yídìng huì ràng nǐ xìngfú, dàn wǒ yídìng huì nǔlì, qǐng nǐ jià gěi wǒ ba.

Chinese is not knowledge. It's a language!

예문	뜻	한자
축구팀 결원을 보충할 때, 당신은 누굴 가장 우선으로 고려하시나요? / 리샤오밍이겠죠?	동 (빈자리·직위 등을) 메우다(보충하다)	塡空 전공
이 수술의 성공률은 얼마나 됩니까? / 70% 이상입니다.	동 [수학] (몇) 퍼센트	百分之 백분지
너 쟤 헛소리하는 거 듣지 마. / 나도 알아, 쟤 원래 입이 가볍잖아.	부 (누가 무엇을) 제멋대로(함부로)	亂 란
저는 홍콩 사람이라, 보통화를 잘하지 못합니다. / 아니에요, 굉장히 정확하신데요.	명 보통화(중국의 표준어)	普通話 보통화
저쪽에서 무슨 소리가 났는데, 들었어? / 그래? 못 들었는데.	동 (무엇·어디서) 소리가 나다(소리를 내다)	響 향
나 오늘 집 청소를 해야 해서, 못 나가. / 그래, 천천히 청소 해.	동 (어디를) 정리하다(정돈하다, 치우다)	收拾 수습
내가 설명을 좀 할게. / 됐어, 나 다 알고 있어.	동 (말·글 등으로 무엇에 대해) 설명하다	說明 설명
내 차는 디자인은 괜찮은데, 문이 잘 안 닫혀. / 그럼 팔아버려.	부 (비록 무엇)일지라도·이라도·하더라도	倒 도
나 그 집 전세로 내놓을까 봐. / 좋아. 오늘 가서 등록하자.	동 (집·건물·토지 등을) 세를 주다(임대하다)	租 조
이제 와서 나한테 사과해도 소용없어. / 나 진심으로 뉘우쳤어.	동 (누가 잘못에 대해) 사과하다(사죄하다)	道歉 도겸
저 꽃은 너처럼 아름답네. / 어우 닭살이야.	형 (누구·무엇·어디가) 아름답다(예쁘다)	美麗 미려
누구 피아노 칠 줄 아는 사람? / 선생님, 저요. / 올라와서 한 번 쳐 보렴.	표현 피아노를 치다	彈鋼琴 탄강금
걔 남자친구는 누구야? / 묻지 마, 때가 되면 자연히 알게 될 거야.	부 ('저절로 알게 될 거야'·'자연히 사라지다' 이럴 때의) 저절로(자연히)	自然 자연
으악! 불이야! / 빨리 119에 전화 해!	명 ('물·불' 이럴 때의) 불	火 화

◀》	填空	tián-kòng	球队填空补缺，你最先考虑谁？/ 李晓明吧？	Qiúduì tiánkòng bǔquē, nǐ zuì xiān kǎolǜ shéi? / LǐXiǎomíng ba?
◀》	百分之	bǎifēn-zhī	手术的成功率是多少？/ 百分之七十以上。	Shǒushù de chénggōnglǜ shì duōshǎo? / Bǎifēnzhī qīshí yǐshàng.
◀》	乱	luàn	你别听他乱说。/ 我知道，他本来就大嘴巴。	Nǐ bié tīng tā luàn shuō. / Wǒ zhīdào, tā běnlái jiù dàzuǐbā.
◀》	普通话	pǔ-tōng-huà	我是香港人，普通话说得不太好。/ 哪里啊，挺标准的嘛。	Wǒ shì xiānggǎngrén, pǔtōnghuà shuō de bútài hǎo. / Nǎlǐ a, tǐng biāozhǔn de ma.
◀》	响	xiǎng	那边有什么响声，听到没？/ 有吗？没听到。	Nàbiān yǒushénme xiǎngshēng, tīngdàomei? / Yǒu ma? Méi tīngdào.
◀》	收拾	shōushi	我今天要收拾房间，不能出去。/ 行，慢慢收拾吧。	Wǒ jīntiān yào shōushi fángjiān, bùnéng chūqù. / Xíng, mànman shōushi ba.
◀》	说明	shuō-míng	让我来说明一下。/ 不用，我都知道。	Ràng wǒ lái shuōmíng yíxià. / Búyòng, wǒ dōu zhīdào.
◀》	倒	dào	我的车款式倒是不错，就是门关不紧。/ 那就卖了吧。	Wǒ de chē kuǎnshì dàoshì búcuò, jiùshì mén guānbujǐn. / Nà jiù mài le ba.
◀》	租	zū	我想把那套房子租出去。/ 好吧，我们今天去登记。	Wǒ xiǎng bǎ nàtào fángzi zūchūqù. / Hǎoba, wǒmen jīntiān qù dēngjì.
◀》	道歉	dào-qiàn	你现在向我道歉没用。/ 我是真心悔过了。	Nǐ xiànzài xiàng wǒ dàoqiàn méiyòng. / Wǒ shì zhēnxīn huǐguò le.
◀》	美丽	měilì	那朵花就像你一样美丽。/ 肉麻。	Nàduǒhuā jiùxiàng nǐ yíyàng měilì. / Ròumá.
◀》	弹钢琴	tán-gāng-qín	谁会弹钢琴？/ 老师，我会。/ 上来弹一下。	Shéi huì tángāngqín? / Lǎoshī, wǒ huì. / Shànglái tán yíxià.
◀》	自然	zìrán	她男朋友是谁呀？/ 不用问，到时候自然会知道的。	Tā nánpéngyou shì shéi ya? / búyòng wèn, dàoshíhòu zìrán huì zhīdào de.
◀》	火	huǒ	哎呀，着火啦！/ 快打119!	Āiyā, zháohuǒ la! / Kuài dǎ 119!

예문	품사	뜻	한자/한글
너 뭐 마실래? 커피와 주스, 차가 있어. / 커피로요, 감사합니다.	명	과일주스·과일즙	果汁 과즙
변호사님, 저 좀 도와주세요, 부탁드립니다. / 아주머니, 무슨 일이시죠?	명	[법률] 변호사	律師 률사
나는 지금까지 너 같은 쓰레기를 본 적이 없어, 난 다시는 널 보고 싶지 않아!	부	('여태껏 본 적이 없다' 이럴 때의) 여태껏(지금까지)	從來 종래
너 왜 나한테 성질을 부려? / 이 일은 원래부터 네 잘못이었어!	명	('성질내다'·'한 성깔 한다' 이럴 때의) 성깔(성질)	脾氣 비기
죄송합니다, 저희 쪽 잘못입니다, 저희가 전적으로 책임지겠습니다.	명	착오(실수, 잘못)	錯誤 착오
이런 현상이 왜 나타나는지, 지리학 전공 학생이 분석해 볼까? / 지구 온난화 때문입니다.	동	(누가 무엇에 대해) 해석하다(분석하다)	解釋 해석
걔는 어쩌면 너랑 한 약속을 잊었을 수도 있어, 다시 가서 얘기해줘.	부	('아마도 사랑일 거야'·'어쩌면 맞을 수도 있지' 이럴 때의) 아마도(어쩌면)	也許 야허
넌 전화할 때마다 왜 자꾸 통화 중이야? / 엄마랑 통화 중이었어.	동	(전화가 현재) 통화 중이다	佔線 점선
난 양말 모으는 게 취미야. / 진짜 이상한 취미네.	명	(발에 신는) 양말	襪子 말자
그 사람들은 타지로 여행을 갈 때 신분증만 있으면 되며, 직장에서 따로 증명서를 발급해줄 필요는 없습니다.	명	(신분·자격 따위를 증명하는) 증명서·증거 자료	證明 증명
실패는 성공의 어머니니까, 실패하는 걸 두려워하지 마. / 문제는 내가 성공해본 적이 없다는 거지.	동	(누가 무엇을) 실패하다·패배하다	失敗 실패
이 점들을 차례대로 연결해 봐. / 와, 개구리네!	동	(두 개 이상의 무엇을 서로) 잇다(연결하다)	連 련
걔가 나한테 걸어올 때 마음이 너무 두근거렸어, 나 정말 걔가 좋아졌나 봐.	전	바로 그때·바로 그곳	當 당
당신 기자 아니에요? / 아닌데요, 전 그냥 지나가던 사람이에요.	명	('신문기자·기자회견' 이럴 때의) 기자	記者 기자

	果汁	guǒzhī	你要喝什么？有咖啡，果汁和茶。/ 咖啡，谢谢。	Nǐ yào hē shénme? Yǒu kāfēi, guǒzhī hé chá. / Kāfēi, xièxie.
	律师	lǜshī	律师，帮帮我吧，求求你了。/ 阿姨，怎么回事？	Lǜshī, bāngbāng wǒ ba, qiúqiú nǐle. / Āyí, zěnmehuíshì?
	从来	cónglái	我从来没见过像你这样的混蛋，我再也不想看见你！	Wǒ cónglái méi jiànguo xiàng nǐ zhèyàng de húndàn, wǒ zàiyě bùxiǎng kànjiàn nǐ!
	脾气	píqi	你跟我发什么脾气？/ 这件事本来就是你的错！	Nǐ gēn wǒ fā shénme píqi? / Zhè jiàn shì běnlái jiùshì nǐ de cuò!
	错误	cuòwù	对不起，这是我方的错误，我们会全权负责。	Duìbuqǐ, zhèshì wǒ fāng de cuòwù, wǒmen huì quánquánfùzé.
	解释	jiěshì	这种现象为什么会出现，地理学专业的来解释一下。/ 这是因为全球气候变暖。	Zhè zhǒng xiànxiàng wèishénme huì chūxiàn, dìlǐxué zhuānyè de lái jiěshì yíxià. / zhèshì yīnwèi quánqiú qìhòu biàn nuǎn.
	也许	yěxǔ	他也许忘了答应你的事，你再提醒他一下嘛。	Tā yěxǔ wàng le dāying nǐ de shì, nǐ zài tíxǐng tā yíxià ma.
	占线	zhànxiàn	给你打电话怎么总占线？/ 我跟妈妈通话来着。	Gěi nǐ dǎdiànhuà zěnme zǒng zhànxiàn? / Wǒ gēn māma tōnghuà láizhe.
	袜子	wàzi	我喜欢收集袜子。/ 真是奇怪的爱好。	Wǒ xǐhuan shōují wàzi. / Zhēnshi qíguài de àihào.
	证明	zhèngmíng	他们外出旅游只要有身份证就行，不需要单位开证明。	Tāmen wàichū lǚyóu zhǐyào yǒu shēnfènzhèng jiùxíng, bùxūyào dānwèi kāi zhèngmíng.
	失败	shībài	失败是成功之母，不要怕失败。/ 关键是我没有成功过。	Shībài shì chénggōngzhīmǔ, búyào pà shībài. / Guānjiàn shì wǒ méiyǒu chénggōng guo.
	连	lián	把这几个点依次连起来。/ 哇，是个青蛙！	Bǎ zhèjǐge diǎn yīcì liánqǐlái. / Wā, shìge qīngwā!
	当	dāng	当他向我走过来的时候我的心怦怦直跳，我可能真的喜欢上他了！	Dāng tā xiàng wǒ zǒuguòlái de shíhou wǒ de xīn pēngpēngzhítiào, wǒ kěnéng zhēnde xǐhuanshàng tā le!
	记者	jìzhě	你不是记者吗？/ 我不是，我只是从这儿路过。	Nǐ búshì jìzhě ma? / Wǒ búshì, wǒ zhǐshì cóng zhèr lùguò.

Unit 11	여기에선 이 옷이 제일 좋아. / 그래도 난 이 옷 싫어!	형 (누구·무엇이 개중에) 가장(제일) 좋다	最好 최호
Unit 12	너 그게 무슨 태도야, 예의를 좀 지키렴! / 저희가 예의가 없다뇨!	명 (누구의 행동하는) 태도	態度 태도
Unit 13	조금만 낮게 걸어 봐, 안 그러면 나 손이 안 닿아. / 이 정도면 돼?	형 (무엇의 높이가) 낮다	低 저
Unit 13	너 할 말 있으면 여기로 와서 내 면전에다 대고 얘기해. / 그래, 너 딱 기다려, 바로 간다.	부 ('마주 보고 얘기하다'·'면전에서 꾸짖다' 이럴 때의) 마주 보고(면전에서)	對面 대면
Unit 14	캐나다 날씨는 어때요? / 가본 적이 없어서, 잘 모르겠어.	명 [기상] 기후(날씨)	氣候 기후
Unit 15	그때 그는 학업 때문에 굉장한 스트레스를 받았고, 새벽까지 멍하니 앉아있기 일쑤였다.	명 (누가 받는 정신적·심리적) 스트레스	壓力 압력
Unit 15	너 2013년에 입학한 거 아냐? 왜 아직까지 졸업을 안 했어? / 이게 내 마지막 학기야.	동 (누가 학교를) 졸업하다	畢業 필업
	우선 회장님께서 연설을 해주시겠습니다, 우리 박수로 맞이합시다.	명 [열거에 쓰여] 첫째(로)(먼저, 우선)	首先 수선
Unit 16	넌 이번 기회를 이렇게 놓쳐버릴 거야? 다른 사람은 간절히 바래도 안 되는데. / 나는 진짜 어쩔 수가 없어.	동 (누가 권리·주장·의견 등을) 포기하다 (버리다)	放棄 방기
Unit 17	학습 목적도 적어야 해요? / 야, 학습 목적을 잘 쓰는 게 가장 중요한 거야.	명 (무엇을 달성하기 위해 세운 각종) 목적	目的 목적
Unit 18	이것은 누가 제안한 의견이죠? / 왕 매니저요.	명 (누가 내놓은 의견으로서의) 건의(제안)	建議 건의
Unit 19	엄마가 내가 방 청소 다 할 때까지 나가지 말래. / 그럼 됐어, 다음에 보자.	동 (어떤 장소나 무엇을) 정리하다(정돈하다)	整理 정리
Unit 19	정부는 가능한 한 고성의 본래 모습을 최대한 유지한다는 원칙하에, 손질을 너무 많이 하지는 않았어요.	형 ('고유의 향기'·'본래의 모습' 이럴 때의) 고유의(본래의)	原來 원래
Unit 20	우리 학교에는 전 세계 각국에서 온 외국인 학생들이 있어. / 어느 나라가 제일 많아?	대 ('세계 각지'·'갖가지 직업' 이럴 때의) 각종(여러 가지)	各 각

급	단어	병음	예문1	병음1
4급	最好	zuìhǎo	在这里这件是最好的。/ 但我就是不喜欢啊。	Zài zhèlǐ zhèjiàn shì zuìhǎo de. / Dàn wǒ jiùshì bù xǐhuan a.
4급	态度	tàidu	你那是什么态度啊, 讲点礼貌! / 我们怎么没有礼貌了!	Nǐ nàshì shénme tàidu a, jiǎng diǎn lǐmào! / Wǒmen zěnme méiyǒu lǐmào le!
4급	低	dī	挂低一点儿, 要不我够不着。/ 这样可以吗?	Guà dī yìdiǎnr, yàobù wǒ gòu bùzháo. / Zhèyàng kěyǐ ma?
4급	对面	duìmiàn	你有话就过来面对面跟我说。/ 好, 你等着, 这就去。	Nǐ yǒu huà jiù guòlái miànduìmiàn gēn wǒ shuō. / Hǎo, nǐ děngzhe, zhè jiù qù.
4급	气候	qìhòu	加拿大气候怎么样? / 我没去过, 不知道。	Jiānádà qìhòu zěnmeyàng? / Wǒ méi qùguo, bùzhīdào.
4급	压力	yālì	那时学业的压力压得他喘不过气来, 他经常呆坐到天亮。	Nàshí xuéyè de yālì yā de tā chuǎnbúguòqìlái, tā jīngcháng dāi zuò dào tiānliàng.
4급	毕业	bìyè	你不是2013年入学的吗? 怎么还没毕业? / 这是我的最后一个学期。	Nǐ búshì 2013 nián rùxué de ma? Zěnme hái méi bìyè? / Zhèshì wǒ de zuìhòu yíge xuéqī.
4급	首先	shǒuxiān	首先有请董事长给我们演讲, 我们掌声有请。	Shǒuxiān yǒu qǐng dǒngshìzhǎng gěi wǒmen yǎnjiǎng, wǒmen zhǎngshēngyǒuqǐng.
4급	放弃	fàngqì	你就这么放弃这次机会吗? 别人盼都盼不来。/ 我真的没办法。	Nǐ jiù zhème fàngqì zhècì jīhuì ma? Biérén pàn dōu pànbulái. / Wǒ zhēnde méibànfǎ.
4급	目的	mùdì	学习目的还用写吗? / 喂, 写好学习目的是最重要的。	Xuéxí mùdì hái yòng xiě ma? / Wèi, xiě hǎo xuéxí mùdì shì zuì zhòngyào de.
4급	建议	jiànyì	这是谁提的建议? / 是王经理。	Zhèshì shéi tí de jiànyì? / Shì Wáng jīnglǐ.
4급	整理	zhěnglǐ	妈说我整理完房间之前不准出去。/ 那算了, 下次见吧。	Mā shuō wǒ zhěnglǐ wán fángjiān zhīqián bùzhǔn chūqù. / Nà suàn le, xiàcì jiàn ba.
4급	原来	yuánlái	政府在尽可能保持古城原来风貌的原则下, 没有做太多的修整。	Zhèngfǔ zài jìnkěnéng bǎochí gǔchéng yuánlái fēngmào de yuánzé xià, méiyǒu zuò tàiduō de xiūzhěng.
4급	各	gè	我们学校有来自世界各国的外国同学。/ 哪国的最多?	Wǒmen xuéxiào yǒu láizì shìjiè gèguó de wàiguó tóngxué. / Nǎguó de zuì duō?

Chinese is not knowledge. It's a language!

Unit	예문	품사/뜻	한자/발음
Unit 11	쟨 아직 샤오판이 간 걸 모르는 것 같아. / 그럼 내가 가서 말할게.	부 (무엇이) 마치 (무엇)과 같다	好像 호상
Unit 12	우리 집에 있는 사과나무에 올해 사과가 열렸어. / 그럼 나도 좀 줘.	양 [식물을 세는 단위] (몇) 그루(포기)	棵 과
Unit 13	술 좀 나한테 가득 따라 봐, 나 오늘 안 취하면 집에 안 갈 거야. / 너 왜 그래? 실연당했어?	형 ('무엇이 가득 차다' 이럴 때의) 가득하다 (가득 차다)	滿 만
Unit 13	이 생선 정말 맛있게 요리했네, 다음에 너 나한테 또 해줘. / 어려울 거 없지.	형 (음식이) 맛있다	香 향
Unit 14	이 다리는 500년의 역사를 가지고 있어. / 와, 500년이나 됐는데 아직까지 남아있네.	명 ('한강대교·타워브리지·금문교' 이럴 때의) 다리(교량)	橋 교
Unit 15	이 이상한 냄새 뭐지? / 아이고, 내가 방금 취두부를 사 왔거든.	명 [비유] (무엇의) 냄새	味道 미도
Unit 15	너는 직업이 뭐니? / 저는 축구선수입니다.	명 (누구의) 직업	職業 직업
Unit 16	너의 격려가 없었다면, 난 진작에 포기했을 거야. / 너의 의지가 강했기 때문이야.	동 (누가 누구를) 격려하다(용기를 북돋우다)	鼓勵 고려
Unit 16	이 비행기는 이집트로 가는 306편입니다. / 아이고, 전 307편을 찾고 있어요.	명 (비행기·배의) 항공편·운항편	航班 항반
Unit 17	저는 똑똑하고도 착한 남자를 찾고 싶어요. / 앗, 그거 완전 제 얘기인데요?	접 (무엇) 이고도·또한·게다가	而 이
Unit 18	너 그렇게 게으르면, 나중에 누가 널 데려가겠니? / 나처럼 게으른 사람이면 돼.	형 (누가 품행이) 게으르다(나태하다)	懶 라
Unit 18	너희 부모님 너한테 굉장히 엄하시지? / 아니야, 나랑 아빠, 엄마는 꼭 친구 같아.	형 (제도·규율·요구 등이) 엄격하다(엄하다)	嚴格 엄격
Unit 19	내 아이스크림은? / 내가 다 먹어버렸어, 다음에 사줄게.	형 (무엇이 아무것도 없이) 텅 비다(남아있지 않다)	光 광
Unit 20	어제 큰비가 내려서인지, 오늘은 공기에서 맑고 상쾌한 내음이 난다.	양 [일의 경과·자연현상 등의 횟수를 세는 단위]	場 장

4급	好像	hǎo-xiàng	他好像还不知道小潘走了。/ 那我就告诉他吧。	Tā hǎoxiàng hái bùzhīdào Xiǎo Pān zǒu le. / Nà wǒ jiù gàosu tā ba.
4급	棵	kē	我家那棵苹果树今年结果了。/ 那给我一点吧。	Wǒjiā nà kē píngguǒshù jīnnián jiēguǒ le. / Nà gěi wǒ yìdiǎn ba.
4급	满	mǎn	把酒给我倒满, 我今天不醉不归。/ 你怎么了? 失恋了?	Bǎ jiǔ gěi wǒ dào mǎn, wǒ jīntiān búzuìbùguī. / Nǐ zěnmele? Shīliàn le?
4급	香	xiāng	这鱼做得真香, 下回你再做给我吃。/ 这有什么难的。	Zhèyú zuò de zhēn xiāng, xiàhuí nǐ zài zuò gěi wǒ chī. / Zhè yǒushénme nán de.
4급	桥	qiáo	这座桥有五百年的历史。/ 哇塞, 都五百年了还在。	Zhèzuòqiáo yǒu wǔbǎinián de lìshǐ. / Wāsāi, dōu wǔbǎi nián le hái zài.
4급	味道	wèidao	这是什么奇怪的味道啊! / 哎呀, 我刚买了臭豆腐。	Zhèshì shénme qíguài de wèidao a! / Āiyā, wǒ gāng mǎi le chòudòufu.
4급	职业	zhíyè	你的职业是什么? / 我是个足球选手。	Nǐ de zhíyè shì shénme? / Wǒ shìge zúqiú xuǎnshǒu.
4급	鼓励	gǔlì	要不是你鼓励我, 我早就放弃了。/ 是你自己意志坚强。	Yàobúshì nǐ gǔlì wǒ, wǒ zǎojiù fàngqì le. / Shì nǐ zìjǐ yìzhì jiānqiáng.
4급	航班	háng-bān	这是前往埃及的306次航班。/ 哎呀, 我找的是307次航班。	Zhèshì qiánwǎng Āijí de 306 cì hángbān. / Āiyā, wǒ zhǎo de shì 307 cì hángbān.
4급	而	ér	我想找一个聪明而善良的男人。/ 哟, 说的不就是我吗?	Wǒ xiǎng zhǎo yíge cōngmíng ér shànliáng de nánrén. / Yō, shuō de bújiùshì wǒ ma?
4급	懒	lǎn	你那么懒, 谁愿意娶你啊。/ 和我一样懒的人就可以了。	Nǐ nàme lǎn, shéi yuànyì qǔ nǐ a. / Hé wǒ yíyàng lǎn de rén jiù kěyǐle.
4급	严格	yángé	你父母对你特严格吧? / 没有, 我爸妈跟我就像朋友。	Nǐ fùmǔ duì nǐ tè yángé ba? / Méiyǒu, wǒ bàmā gēn wǒ jiùxiàng péngyou.
4급	光	guāng	我的冰淇淋呢? / 我吃光了, 下回买给你。	Wǒ de bīngqílín ne? / Wǒ chīguāng le, xiàhuí mǎi gěi nǐ.
4급	场	cháng	昨天下了一场大雨, 今天空气里都是清新的味道。	Zuótiān xià le yìcháng dàyǔ, jīntiān kōngqì lǐ dōu shì qīngxīn de wèidao.

Chinese is not knowledge. It's a language!

Unit 11	언어는 단지 요구 조건 중의 하나이고, 가장 중요한 것은 일을 꼼꼼하게 하고, 책임감 있게 해야 한다는 것입니다.	조사 [수식 관계를 나타내어] ~의·~한(하는)	之 지
Unit 12	너 나 놀리지 마, 나 진짜 걔 안 좋아해.	동 (누가 타인을) 놀리다(희롱하다)	開心 개심
Unit 13	퇴근할 때 내가 자주 마중 나간 거 기억나? / 야 그만 말해, 다 지난 일인데.	동 [주로 부정적으로 쓰여] (누가 어떤) 말을 꺼내다(언급하다)	提 제
	아버지, 손자 보실 준비 되셨죠? / 예전부터 준비는 되어있었지, 줄곧 기다렸어!	동 (누가 아이·손자를) 처음 얻다	抱 포
Unit 14	나 좀 끌어 당겨줘! / 싫어, 혼자서 올라와.	동 (누구·무엇을) 끌다(당기다)	拉 랍
Unit 15	방을 아주 예술적으로 꾸며놨네, 너 실내디자인 배운 적 있어?	형 (무엇이) 예술적이다(심미적이다)	藝術 예술
	내 동생이 수영 대회에 나가서 1등을 했어. / 진짜? 네 동생 대단하다.	동 (지식·상·상품·승리·성과 등 무엇을) 획득하다(얻다)	獲得 획득
	쟤 저렇게 책임 회피하는 모습 좀 봐, 아예 조장을 할 자격이 없다니까. / 그러게, 네가 맡든지 해.	명 ('내 책임이야'·'책임을 저버리다니' 이럴 때의) 책임	責任 책임
Unit 16	나 지금 가진 게 하나도 없어, 그래도 넌 나랑 같이 있어 줄 거야? / 내가 네 옆에 있는 건, 돈 때문이 아니야.	동 (누가 무엇을) 소유하다(가시다)	所有 소유
Unit 17	너 그 상자 안에 들어있는 거 뭐야? / 아무것도 안 들어있어, 빈 상자야.	형 ('상자가 비다'·'속이 비다' 이럴 때의, 속이) 텅 비다	空 공
Unit 18	이번 일 누가 책임자야? / 당연히 사장님이 책임자지!	동 (어떤 일을 하는데 있어 누가) 결정권자의 역할을 하다	算 산
	네가 뭐라고 해도, 나는 화를 내지 않을 거야, 난 네가 진심으로 날 위한다는 걸 알고 있거든.	접 (무엇)을 막론하고·(무엇)이라 할 것 없이	隨便 수편
Unit 19	너 걔한테 미리 알려준 거 아니었어? 걔가 왜 모르지? / 걔가 깜빡한 것 아니야?	표현 (사전·사후에) 통지하다(알리다)	打招呼 타초호
Unit 20	성공했어? / 성공은 개뿔! 완전히 망했어!	동 (누가 목적한 결과에 있어) 성공하다(이루다)	成功 성공

4급	之	zhī	语言要求只是条件之一，最重要的是你做事要细心，有责任心。	Yǔyán yāoqiú zhǐshì tiáojiàn zhīyī, zuì zhòngyào de shì nǐ zuòshì yào xìxīn, yǒu zérènxīn.
4급	开心	kāixīn	你别拿我开心了，我真的对他没那个意思。	Nǐ bié ná wǒ kāixīn le, wǒ zhēnde duì tā méi nàge yìsi.
4급	提	tí	记不记得以前我常去接你下班？/ 别提啦，都是过去的事。	Jìbujìde yǐqián wǒ cháng qù jiē nǐ xiàbān? / Biétí la, dōu shì guòqù de shì.
4급	抱	bào	爸，准备好抱孙子了吗？/ 早就准备好了，一直等着呢。	Bà, zhǔnbèi hǎo bào sūnzi le ma? / Zǎojiù zhǔnbèi hǎo le, yìzhí děngzhe ne.
4급	拉	lā	拉我一把！/ 不，自己上来。	Lā wǒ yìbǎ! / Bù, zìjǐ shànglái.
4급	艺术	yìshù	房间布置得挺艺术的，你学过室内设计吗？	Fángjiān bùzhì de tǐng yìshù de, nǐ xuéguò shìnèishèjì ma?
4급	获得	huòdé	我弟弟在游泳比赛获得了第一名。/ 真的？你弟弟真棒。	Wǒ dìdi zài yóuyǒng bǐsài huòdé le dìyīmíng. / Zhēnde? Nǐ dìdi zhēn bàng.
4급	责任	zérèn	你看他那么不负责任，根本没资格当组长。/ 就是，要么你来当吧。	Nǐ kàn tā nàme búfùzérèn, gēnběn méi zīgé dāng zǔzhǎng. / Jiùshì, yàome nǐ lái dāng ba.
4급	所有	suǒyǒu	我现在一无所有，你还愿意跟着我吗？/ 我跟你在一起，不是因为钱。	Wǒ xiànzài yīwúsuǒyǒu, nǐ hái yuànyì gēnzhe wǒ ma? / Wǒ gēn nǐ zàiyìqǐ, búshì yīnwèi qián.
4급	空	kōng	你的箱子里都装着什么东西？/ 没装什么，是个空箱子。	Nǐ de xiāngzi lǐ dōu zhuāngzhe shénme dōngxi? / Méi zhuāng shénme, shìge kōng xiāngzi.
4급	算	suàn	这事谁说了算？/ 当然是老板说了算呗！	Zhèshì shéi shuōlesuàn? / Dāngrán shì lǎobǎn shuōlesuàn bei!
4급	随便	suíbiàn	随便你说什么，我都不会生气，因为我知道你是真心为我好。	Suíbiàn nǐ shuō shénme, wǒ dōu búhuì shēngqì, yīnwèi wǒ zhīdào nǐ shì zhēnxīn wèi wǒ hǎo.
4급	打招呼	dǎzhāohu	你不是事先跟他打过招呼吗？他怎么不知道？/ 他是不是忘了？	Nǐ búshì shìxiān gēn tā dǎguòzhāohu ma? Tā zěnme bùzhīdào? / Tā shìbushì wàng le?
4급	成功	chénggōng	成功了吗？/ 没有，完全失败了！	Chénggōng le ma? / Méiyǒu, wánquán shībài le!

Chinese is not knowledge. It's a language!

예문	뜻	한자
어떤 걸로 보증 설 건데요? / 이건 제 집문서인데요, 이거면 됐죠?	명 (돈을 빌리는데 대한) 담보(보증)	保證 보증
그녀의 노래는 감정이 살아있고, 노랫소리도 은은하게 좋아서, 그 자리에 있던 사람들 중에 감동하지 않은 사람이 없었죠.	명 ('감정이 상하다'·'배우의 감정 표현' 이럴 때의) 감정	感情 감정
운동 강도를 높이는 동시에, 반드시 식단조절도 하셔야 합니다.	부 (어떤 무엇을 하는 것과) 동시에 (다른 무엇을 함께 하다)	同時 동시
이거 다 내부정보야, 절대 누설하지 마.	명 (무엇·어디의) 안(내부)	內 내
설날에는 그냥 얌전히 집에 붙어 있는 게 좋아. / 맞아, 밖에는 사람들이 너무 많아.	명 ('설·단오절' 이럴 때의) 명절·기념일	節 절
얼른 과자 다 먹어버려! 선생님 오고 계셔! / 아, 못 삼키겠어.	동 (무엇을 어떻게) 해치우다(해 버리다)	掉 도
너 한국 사람 아니었어? / 내 국적은 중국이야.	명 (사람의) 국적	國籍 국적
현금은 어디서 뽑을 수 있나요? / 이쪽으로 오세요.	동 (누가 무엇을) 가지다(얻다)	取 취

4급	保证	bǎo-zhèng	你拿什么做保证？/ 这是我家房契，应该够了吧？	Nǐ ná shénme zuò bǎozhèng? / Zhèshì wǒjiā fángqì, yīnggāi gòu le ba?
4급	感情	gǎn-qíng	她唱得感情饱满，歌声悠扬，在场的人无不感动。	Tā chàng de gǎnqíng bǎomǎn, gēshēng yōuyáng, zàichǎng de rén wúbùgǎndòng.
4급	同时	tóngshí	在加强训练的同时，还必须控制饮食。	Zài jiāqiáng xùnliàn de tóngshí, hái bìxū kòngzhì yǐnshí.
4급	内	nèi	这都是内部消息，你可别说出去。	Zhè dōu shì nèibù xiāoxi, nǐ kě bié shuō chūqù.
4급	节	jié	春节最好是老实地在家里呆着。/ 嗯，外面人太多了。	Chūnjié zuì hǎo shì lǎoshide zài jiālǐ dāi zhe. / Ǹg, wàimiàn rén tài duō le.
4급	掉	diào	快把饼干吃掉！老师快来了！/ 啊，我咽不下去。	Kuài bǎ bǐnggān chīdiào! Lǎoshī kuài lái le! / À, wǒ yànbuxiàqù.
4급	国籍	guójí	你不是韩国人吗？/ 我的国籍是中国。	Nǐ búshì Hánguórén ma? / Wǒ de guójí shì Zhōngguó.
4급	取	qǔ	现金去哪儿取啊？/ 这边请。	Xiànjīn qù nǎr qǔ a? / Zhè biān qǐng.

UNIT 14

我可以接受失败,但永远无法接受放弃。

예문	뜻	한자
걔가 계속 내 한국어 실력이 좋다고 칭찬해줘서, 내가 다 민망할 정도였다니까. / 너 한국어 진짜 잘해.	부 (무엇을) 계속하여(연이어)	連 련
여기 줄을 선 사람들이 왜 이렇게 많아요? / 왜냐하면 이 가게 칼국수가 엄청 유명하거든요.	동 (순서에 맞춰) 줄을 서다	排隊 배대
이봐요, 그쪽이 차를 우리 집 입구에다 대놓으면, 우리는 어떻게 나가란 거예요? / 금방 옮겨드리겠습니다.	명 (건물·장소 등의) 입구	入口 입구
우리는 원래 얘가 이 일을 잘 해낼 줄 알았어, 그런데 결과가 너무 실망스러웠어	접 [반전을 나타내어] 그러나(그렇지만, 그런데)	然而 연이
오늘 모두 수고했어! 이제 가도 돼.	동 [일에 관계된 인사말] 수고하십니다·수고하셨습니다	辛苦 신고
병이 악화돼서, 그는 어쩔 수 없이 회사를 그만두고, 치료에만 전념하게 되었습니다.	접 [이유를 나타내어] (무엇) 때문에·(무엇으로) 인하여	由於 유어
그냥 내가 말한 대로 하자. / 일단 기다려봐, 분명히 다른 방법이 있을 거야.	전 ('내가 말한 대로·규칙에 따라' 이럴 때의, 무엇) 대로(에 따라)	照 조
너희 신혼집에 들어갈 가구는 다 샀어? / 냉장고만 남았어.	명 (장롱·침대·책상·의자 등의) 가구	家具 가구
넌 베이징에 가면 가장 하고 싶은 게 뭐야? / 나는 경극을 제일 보러 가고 싶어.	명 (중국의 전통극인) 경극	京劇 경극
너 휴대폰 거꾸로 쥐었어. / 아, 어쩐지 안 들린다 했어.	동 (위치·순서·방향 등이) 거꾸로(반대로) 되다	倒 도

실패는 용서 돼도 포기는 용서 되지 못한다.

	连	lián	他连声赞我韩语好，我都不好意思了。/ 你的韩语真的很好啊。	Tā liánshēng zàn wǒ Hányǔ hǎo, wǒ dōu bùhǎoyìsi le. / Nǐ de Hányǔ zhēnde hěnhǎo a.
	排队	páiduì	这里排队的人为什么这么多？/ 因为这家店的刀削面很有名。	Zhèlǐ páiduì de rén wèishénme zhème duō? / Yīnwèi zhè jiā diàn de dāoxiāomiàn hěn yǒumíng.
	入口	rùkǒu	喂，你把车停在我家入口，我们怎么出去？/ 我这就开走。	Wèi, nǐ bǎ chē tíngzài wǒjiā rùkǒu, wǒmen zěnmechūqù? / Wǒ zhè jiù kāizǒu.
	然而	rán'ér	我们本来以为他完全可以胜任这个工作，然而他让我们大失所望。	Wǒmen běnlái yǐwéi tā wánquán kěyǐ shèngrèn zhège gōngzuò, rán'ér tā ràng wǒmen dàshīsuǒWàng.
	辛苦	xīnkǔ	今天大家都辛苦了！现在可以回去了。	Jīntiān dàjiā dōu xīnkǔ le! Xiànzài kěyǐ huíqù le.
	由于	yóuyú	由于病情恶化，他不得不辞掉工作，专心接受治疗。	Yóuyú bìngqíng èhuà, tā bùdébù cídiào gōngzuò, zhuānxīn jiēshòu zhìliáo.
	照	zhào	就照我说的办吧。/ 先等等，肯定还有别的办法。	Jiù zhào wǒ shuō de bàn ba. / Xiān děngděng, kěndìng háiyǒu biéde bànfǎ.
	家具	jiājù	你们婚房家具都买了吗？/ 就差一个冰箱。	Nǐmen hūnfáng jiājù dōu mǎi le ma? / Jiù chà yíge bīngxiāng.
	京剧	jīngjù	你到北京后最想做什么？/ 我最想去看京剧。	Nǐ dào Běijīng hòu zuì xiǎng zuò shénme? / Wǒ zuì xiǎng qù kàn Jīngjù.
	倒	dào	你手机拿倒了。/ 哦，怪不得听不到。	Nǐ shǒujī ná dào le. / Ò, guàibude tīngbúdào.

Chinese is not knowledge. It's a language!

Unit	예문	뜻	한자/한글
Unit 11	우리는 그 시대의 기사들이 모두 육중한 갑옷을 입고 있는 것을 볼 수 있습니다.	형 (무엇이) 육중하다(둔하다)	笨 분
Unit 12	무슨 일 있으면 우리 같이 상의하자, 너 혼자서 너무 힘들어 하지마. / 고마워.	동 (주로, 말로 어떤 문제를) 상의하다(의논하다)	商量 상량
Unit 13	나는 주방에서 요리하는 게 제일 싫어. / 뭔 헛소리야, 너는 셰프잖아.	명 (요리를 하는) 부엌(주방)	廚房 주방
Unit 14	거기 두 분, 서 봐요! / 당신은 누구시죠?	수 두 개·두 사람	倆 량
Unit 14	샤오밍, '태양이 지구 둘레를 돈다' 이 말 맞아? / 아니, 거꾸로 말했어.	동 (누구·무엇이) 돌다(회전하다)	轉 전
Unit 15	너희들은 서로 존중할 줄 알아야 해, 그만 좀 싸워. / 얘가 먼저 시작했어요.	동 (남을) 존중하다	尊重 존중
Unit 15	사장님의 대답은 긍정적입니다, 사장님께서는 우리에게 마음 놓고 하라고 하셨습니다. / 그러면 바로 시작합시다!	형 [긍정적인 동의를 나타내어] 긍정적이다	肯定 긍정
Unit 16	난 아이스크림 먹는 걸 제일 좋아해. / 나도 알아, 넌 심지어 겨울에도 아이스크림을 먹잖아.	부 심지어 (누구·무엇) 까지도(조차도)	甚至 심지
Unit 16	우리 집 에어컨은 전기세 잡아먹는 귀신이야! / 그래도 안 켤 수는 없잖아, 더워 죽겠는데.	명 에너지나 재료를 많이 소비하는 설비(기계 장치)	老虎 로호
Unit 17	토요일은 TV 프로그램이 제일 많아서, 뭐를 봐야 할지 모르겠어.	형 (무엇이) 많다(풍부하다, 풍족하다)	豐富 풍부
Unit 18	수술 후 그 아이는 병이 나아진 게 아닐뿐더러, 더 악화됐다고 하더라. / 어떻게 된 거야?	접 (누구·무엇일)뿐만 아니라	不僅 부근
Unit 18	소 한 마리의 무게가 얼마인지 알아? / 보통 700kg 정도지.	명 (사람·동물·물건 등의) 무게(중량)	重 중
Unit 19	우리는 반드시 너희 진영을 부숴버릴 거야! / 야, 게임을 하는데도 꼭 그렇게까지 진지할 필요 있냐?	동 (공격하여) 쳐부수다(격파하다)	破 파
Unit 20	자연은 약자를 동정하지 않아, 강한 자만이 살아남을 수 있는 거야.	명 (산과 들, 바다 등의) 자연	自然 자연

4급	笨	bèn	我们可以看到那个时代的骑士都穿着笨重的盔甲。	Wǒmen kěyǐ kàndào nàge shídài de qíshì dōu chuān zhe bènzhòng de kuījiǎ.
4급	商量	shāng-liang	有事我们可以商量着来，你不要一个人那么辛苦。/ 谢谢你。	Yǒu shì wǒmen kěyǐ shāngliang zhe lái, nǐ búyào yígerén nàme xīnkǔ. / Xièxie nǐ.
4급	厨房	chú-fáng	我最讨厌在厨房做菜。/ 开什么玩笑，你可是厨师啊。	Wǒ zuì tǎoyàn zài chúfáng zuò cài. / Kāi shénme wánxiào, nǐ kě shì chúshī a.
4급	俩	liǎ	你们俩，给我站住！/ 你是哪位？	Nǐmenliǎ, gěi wǒ zhànzhù! / Nǐ shì nǎwèi?
4급	转	zhuàn	小明，"太阳绕着地球转"这句话对不对？/ 不对，说反了。	Xiǎo Míng, "tàiyáng ràozhe dìqiú zhuàn" zhèjùhuà duìbuduì? / búduì, shuō fǎn le.
4급	尊重	zūn-zhòng	你们得互相尊重，别再吵了。/ 是他先开始的。	Nǐmen děi hùxiāng zūnzhòng, bié zài chǎo le. / Shì tā xiān kāishǐ de.
4급	肯定	kěn-dìng	老板的回答是肯定的，他要我们放心去干。/ 那我们马上开始吧！	Lǎobǎn de huídá shì kěndìng de, tā yào wǒmen fàngxīn qù gàn. / Nà wǒmen mǎshàng kāishǐ ba!
4급	甚至	shènzhì	我特喜欢吃冰淇淋。/ 我知道，你甚至冬天的时候也吃冰淇淋。	Wǒ tè xǐhuan chī bīngqílín. / Wǒ zhīdào, nǐ shènzhì dōngtiān de shíhou yě chī bīngqílín.
4급	老虎	lǎohǔ	我家空调是电老虎！/ 那也不能不开啊，热死了。	Wǒjiā kōngtiáo shì diànlǎohǔ! / Nà yě bùnéng bùkāi a, rè sǐ le.
4급	丰富	fēngfù	星期六电视节目最丰富，都不知道要看什么了。	Xīngqīliù diànshìjiémù zuì fēngfù, dōu bùzhīdào yào kàn shénme le.
4급	不仅	bùjǐn	手术后他病情不仅没变好，反而更加恶化了。/ 怎么回事？	Shǒushù hòu tā bìngqíng bùjǐn méi biàn hǎo, fǎn'ér gèngjiā èhuà le. / Zěnmehuíshì?
4급	重	zhòng	你知道一头牛有多重吗？/ 一般700公斤左右吧。	Nǐ zhīdào yìtóu niú yǒu duōzhòng ma? / Yìbān 700 gōngjīn zuǒyòu ba.
4급	破	pò	我们一定会攻破你们的阵营的！/ 喂，玩游戏有必要那么认真吗？	Wǒmen yídìng huì gōngpò nǐmen de zhènyíng de! / Wèi, wán yóuxì yǒu bìyào nàme rènzhēn ma?
4급	自然	zìrán	大自然不同情弱者，只有强者才能生存。	Dàzìrán bùtóngqíng ruòzhě, zhǐyǒu qiángzhě cáinéng shēngcún.

	예문	뜻	한자
Unit 11	시험을 곧 시작하겠습니다, 수험생들께서는 책상 위에 있는 책들을 모두 치워주세요.	동 (누가 물건들을) 거두다(모으다)	收 수
Unit 12	얘는 글을 참 잘 쓴다. / 얘는 정말 재간둥이지.	형 (행위가) 막힘이 없다(거침없다)	流利 류리
Unit 13	나 석사 졸업했다. / 축하해!	명 ('학사·석사·박사' 이럴 때의) 석사	碩士 석사
Unit 14	너의 생각은 너무 비현실적이야. / 그럼 다른 걸로 바꿔볼게.	형 (무엇이) 실제적이다(현실적이다)	實際 실제
Unit 14	어느 우체국에서 국제 택배를 보낼 수 있나요? / 제일 큰 우체국 찾아가면 되지 않을까요?	명 우체국	郵局 우국
Unit 15	당신은 그 사람과 관련한 이번 일에 대해 어떤 견해를 가지고 계신가요? / 저는 더는 미룰 수 없다고 생각합니다.	명 (누구의 무엇에 대한) 견해	看法 간법
	광저우의 교통은 어때? / 진짜 편해, 지하철, 버스, 없는 게 없어.	명 ('교통수단·교통사고' 이럴 때의) 교통	交通 교통
Unit 16	여기 지원자들 가운데 괜찮은 분들은 제가 연락처를 남겨두었고, 별로인 분들은 다 삭제했어요.	형 (성적·결과 등이) 그런대로 괜찮다	差不多 차부다
Unit 16	저는 경험한 일을 모두 일기에 적었죠.	동 (누가 무엇을 몸소·직접) 체험하다(경험하다)	經驗 경험
Unit 17	너 쟤 뻔뻔한 것 좀 봐, 죽어도 인정 안 하잖아. / 나한테 맡겨, 내가 말하게 할게.	형 (어떤 생각·상태·태도 등이) 단호하다 (변함없이 고수하다)	死 사
Unit 18	나 주걸륜 콘서트 티켓 두 장 구했는데, 갈래? / 나 주걸륜 별로 안 좋아해.	동 (누가 방법을 강구하여 무엇을) 장만하다(손에 넣다)	弄 농
Unit 19	네가 내 말을 듣지 않는다 해도, 나는 말 할 거야, 이번에는 너 절대 그 회사랑 손을 잡아선 안 돼.	접 비록 (무엇·어떠함)에도 불구하고	儘管 진관
Unit 19	우리 가이드 있어? / 당연히 있지! 바로 나야!	명 (관광객을 안내하는) 가이드(관광 안내원)	導遊 도유
Unit 20	난 중국 음식을 제일 좋아해. / 예를 들면...?	접 예를 들면(예컨대)	比如 비여

4급	收	shōu	考试即将开始，请各位考生把桌子上的书本全部收起来。	Kǎoshì jíjiāng kāishǐ, qǐng gèwèi kǎoshēng bǎ zhuōzi shàng de shūběn quánbù shōu qǐlái.
4급	流利	liúlì	他写文章写得很流利啊。/ 他可是个才子。	Tā xiě wénzhāng xiě de hěn liúlì a. / Tā kě shìge cáizǐ.
4급	硕士	shuòshì	我硕士毕业了。/ 恭喜你！	Wǒ shuòshì bìyè le. / Gōngxǐ nǐ!
4급	实际	shíjì	你的想法太不实际了。/ 那我换一个。	Nǐ de xiǎngfǎ tàibù shíjì le. / Nà wǒ huàn yíge.
4급	邮局	yóujú	哪里的邮局能寄国际快递？/ 找最大的邮局不就行了吗？	Nǎlǐ de yóujú néng jì guójì kuàidì? / Zhǎo zuìdà de yóujú bújiù xíng le ma?
4급	看法	kànfǎ	你对他这件事有什么看法？/ 我觉得不能再拖下去了。	Nǐ duì tā zhèjiànshì yǒushénme kànfǎ? / Wǒ juéde bùnéngzài tuōxiàqù le.
4급	交通	jiāotōng	广州交通怎么样？/ 特方便，地铁、公交车什么都有。	Guǎngzhōu jiāotōng zěnmeyàng? / Tè fāngbiàn, dìtiě, gōngjiāochē shénme dōu yǒu.
4급	差不多	chàbuduō	这些应聘者里差不多的我都留下联系方式了，不行的都删除了。	Zhèxiē yìngpìnzhě lǐ chàbuduō de wǒ dōu liúxià liánxìfāngshì le, bùxíng de dōu shānchú le.
4급	经验	jīngyàn	我把经验过的事都写在日记里了。	Wǒ bǎ jīngyànguò de shì dōu xiězài rìjì lǐ le.
4급	死	sǐ	你看看他厚脸皮，死不承认。/ 交给我吧，我会让他说的。	Nǐ kànkan tā hòuliǎnpí, sǐbùchéngrèn. / Jiāo gěi wǒ ba, wǒ huì ràng tā shuō de.
4급	弄	nòng	我弄到两张周杰伦演唱会的票，你要吗？/ 我不喜欢周杰伦。	Wǒ nòngdào liǎngzhāng Zhōu Jiélún yǎnchànghuì de piào, nǐ yào ma? / Wǒ bùxǐhuan Zhōu Jiélún.
4급	尽管	jǐnguǎn	尽管你不听我的，但我还是要讲，这次你一定不能跟他们合作。	Jǐnguǎn nǐ bù tīng wǒ de, dàn wǒ háishi yào jiǎng, zhècì nǐ yídìng bùnéng gēn tāmen hézuò.
4급	导游	dǎoyóu	我们有导游吗？/ 当然有啊！就是我！	Wǒmen yǒu dǎoyóu ma? / Dāngrán yǒu a! Jiùshì wǒ!
4급	比如	bǐrú	我最喜欢中国菜。/ 比如…？	Wǒ zuì xǐhuan Zhōngguócài. / Bǐrú...?

Chinese is not knowledge. It's a language!

예문	품사	뜻	한자
걔는 당황하면 아무 생각도 없어지니까, 네가 좀 도와줘야 해. / 걔 괜찮을 거야, 너도 걱정할 필요 없어.	명	(누구의) 의견(생각)	主意 주의
너희 친척들은 다들 근처에 사시니? / 아뇨, 다 해외에서 사세요.	명	('이모·고모·삼촌' 등의) 친척	親戚 친척
너희 사장 불러서 나한테 정식으로 사과하라고 해! / 이건 제 잘못입니다, 제가 손님께 사과드리겠습니다.	형	('정식으로 방문하다'·'공식 성명' 이럴 때의) 정식의(공식의)	正式 정식
제가 다 크면 그때는 반대로 제가 엄마를 지켜줄 거예요. / 정말 착하구나.	동	(누구·무엇을) 보호하다(지키다)	保護 보호
바보처럼 혼자 뭘 그렇게 실실 쪼개고 있냐? / 나 라디오 듣고 있잖아.	명	라디오·텔레비전 방송 프로그램	廣播 광파
나는 우리의 미래를 계획하며, 결혼 생활에 대한 동경으로 마음이 부풀어 올랐다.	동	(누가 무엇을) 계획하다	計劃 계획
네 남자친구는 무슨 일을 하니? / 내 남자친구는 소설가야.	명	('소설가' 등과 같이 직업으로서) 작가	作家 작가
쟤 대기업에 합격했어! / 말도 마라, 쟤 빽으로 들어간 거야.	동	(누가 자기 이익을 위해 다른 사람과) 관계를 맺다(손을 잡다)	拉 랍
너의 이상적인 짝은 어떤 사람이야? / 첫째로 예뻐야 하고, 둘째로 성격도 좋아야 하고.	형	(무엇이) 이상적이다(만족스럽다, 더할 나위 없다)	理想 리상
나 걔랑 연락 안 한 지도 진짜 오래됐다. / 나도 그래.	동	(누구와 서로) 연락하고 지내다	聯繫 련계
쟤 왜 저래? 기분이 안 좋아 보이는데. / 어제 중간고사 망쳐서, 심란한가 봐.	형	(누구의 마음이) 불안정하다(심란하다)	亂 란
왕 교수님 계신가요? / 왕 교수님 4층 연구실에 계십니다.	명	(대학의) 교수	教授 교수
난 쟤가 너 좋아하는 거 같아. / 뭐라는 거야, 쟨 이미 여자친구 있어.	동	(누가 무엇을 어떻게) 여기다(생각하다)	感覺 감각
그 걸인은 노래를 아주 잘해서, 모든 사람들의 관심을 끌었죠.	동	(누구의 주의를) 끌다	引起 인기

	词	拼音	例句（中文）	例句（拼音）
4급	主意	zhǔyi	他一慌就没主意了，你帮帮他。/ 他应该可以的，你不用担心。	Tā yìhuāng jiù méi zhǔyi le, nǐ bāngbāng tā. / Tā yīnggāi kěyǐ de, nǐ búyòng dānxīn.
4급	亲戚	qīnqi	你亲戚都住附近吗？/ 没有，都住在国外。	Nǐ qīnqi dōu zhù fùjìn ma? / Méiyǒu, dōu zhù zài guówài.
4급	正式	zhèngshì	叫你老板过来给我正式道歉！/ 这是我的错，我跟您道歉。	Jiào nǐ lǎobǎn guòlái gěi wǒ zhèngshì dàoqiàn! / Zhèshì wǒ de cuò, wǒ gēn nín dàoqiàn.
4급	保护	bǎohù	等我长大了要反过来保护妈妈。/ 真是好孩子。	Děng wǒ zhǎngdà le yào fǎnguòlái bǎohù māma. / Zhēnshi hǎoháizi.
4급	广播	guǎngbō	一个人傻乎乎地笑什么？/ 我在听广播呢。	Yígerén shǎhūhū de xiào shénme? / Wǒ zài tīng guǎngbō ne.
4급	计划	jìhuà	我计划着我们的未来，对婚后的生活充满憧憬。	Wǒ jìhuà zhe wǒmen de wèilái, duì hūn hòu de shēnghuó chōngmǎn chōngjǐng.
4급	作家	zuòjiā	你的男朋友是做什么工作的？/ 他是个小说作家。	Nǐ de nánpéngyou shì zuò shénme gōngzuò de? / Tā shìge xiǎoshuō zuòjiā.
4급	拉	lā	他被大企业录取了！/ 别提了，都是拉关系进去的。	Tā bèi dàqǐyè lùqǔ le! / Biétíle, dōu shì lāguānxi jìnqù de.
4급	理想	lǐxiǎng	你理想的伴侣是什么样的？/ 第一漂亮，第二性格好。	Nǐ lǐxiǎng de bànlǚ shì shénmeyàng de? / Dìyī piàoliang, dì èr xìnggé hǎo.
4급	联系	liánxì	我好长时间没跟他联系了。/ 我也是。	Wǒ hǎo cháng shíjiān méi gēn tā liánxì le. / Wǒ yě shì.
4급	乱	luàn	她怎么了？看起来不高兴。/ 昨天的期中考考砸了，她心烦意乱。	Tā zěnmele? Kànqǐlái bùgāoxìng. / Zuótiān de qīzhōngkǎo kǎozá le, tā xīnfányìluàn.
4급	教授	jiàoshòu	王教授在吗？/ 他在4楼的研究室。	Wáng jiàoshòu zài ma? / Tā zài 4 lóu de yánjiūshì.
4급	感觉	gǎnjué	我感觉他好像喜欢你。/ 说什么呢，他已经有女朋友了。	Wǒ gǎnjué tā hǎoxiàng xǐhuan nǐ. / Shuō shénme ne, tā yǐjīng yǒu nǚpéngyou le.
4급	引起	yǐnqǐ	那个乞丐唱得非常好，引起了所有人的注意。	Nàge qǐgài chàng de fēicháng hǎo, yǐnqǐ le suǒyǒu rén de zhùyì.

Chinese is not knowledge. It's a language!

예문	뜻	한자
쟤네 둘은 5년을 사귀어서, 서로에 대한 정이 아주 깊어. / 그러게, 곧 결혼할 것 같네.	형 (누구의 감정이) 두텁다	厚 후
넌 나를 못 속여, 빨리 게임기 내놔. / 엄마, 나 진짜 게임기 안 샀어요.	접미사 [동사 뒤에 붙어 동작 실현·진행이 어려움을 나타내어] (무엇을) 할 수 없다	不過 불과
후이티엔은 진짜 잘생겼어. / 내 이상형이야.	형 (누가) 잘생기다(준수하다)	帥 수
지금은 남자들도 지원할 수 있다고 해서, 저도 오늘 보러 갔어요. / 어때요?	접 [결과를 나타내어] 그래서(그리하여)	於是 어시
장강은 중국의 어머니 강이야.	명 장강(長江)·양자강(揚子江)	長江 장강
오늘 야근을 해야 해서, 좀 늦게 돌아갈 수도 있을 것 같아. / 괜찮아, 일이 중요하지.	동 (근무 시간을 초과하여) 야근을 하다(잔업을 하다)	加班 가반
얘 어디 갔어? / 약속 있다고 나갔어.	동 (누구와) 만나기로 약속을 하다	約會 약회
이 글 어때? / 이 단락만 생략하면 더 좋을 거 같아.	동 (어떤 내용 같은 것을) 생략하다(빼다)	省 생
이 방법은 전혀 과학적이지가 않아. / 그럼 어떤 방법으로 하는 게 좋을까요?	형 (어떤 방법 등이) 과학적이다	科學 과학
깊은 밤, 검은 옷을 입은 두 남자가 서둘러 길을 재촉했다.	형 (시간이) 오래되다(많이 지나다)	深 심
네 방은 여전히 너무 지저분해, 가서 다시 청소 해. / 지금도 엄청 깨끗하거든!	부 ('다시 말해봐'·'재차 확인하다' 이럴 때의) 다시(재차)	重新 중신
나 청청네 집에 갔었는데, 걔네 집 거실이 우리 집 방 두 개만큼이나 크더라니까? / 걔네 집이 그렇게 커?	명 (집의) 거실(응접실)	客廳 객청
저는 그가 거짓 증언을 했다는 의심이 듭니다, 제가 조사해 봐야겠습니다.	동 (누가 무엇을) 추측하다(짐작하다)	懷疑 회의
얼른 구멍 막아! / 저렇게 큰 구멍은 못 막아.	형 (뚫려있어야 하는 무엇이) 막히다(통하지 않다)	死 사

④	厚	hòu	他们俩交往了五年, 感情非常深厚。/ 对啊, 估计很快就会结婚了。	Tāmen liǎ jiāowǎng le wǔnián, gǎnqíng fēicháng shēnhòu. / Duì a, gūjì hěn kuài jiùhuì jiéhūn le.
④	不过	búguò	你是瞒不过我的, 快把游戏机拿出来。/ 妈, 我真的没买游戏机。	Nǐ shì mánbuguò wǒ de, kuài bǎ yóuxìjī ná chūlái. / Mā, wǒ zhēnde méi mǎi yóuxìjī.
④	帅	shuài	胡一天可帅了。/ 是我的偶像。	Hú Yītiān kě shuài le. / Shì wǒ de ǒuxiàng.
④	于是	yúshì	听说现在男生也可以报名, 于是我今天去看了。/ 怎么样?	Tīngshuō xiànzài nánshēng yě kěyǐ bàomíng, yúshì wǒ jīntiān qù kàn le. / Zěnmeyàng?
④	长江	chángjiāng	长江是中国的母亲河。	Chángjiāng shì Zhōngguó de mǔqīnhé.
④	加班	jiābān	今晚得加班, 可能回去晚一点。/ 没事, 工作重要。	Jīnwǎn děi jiābān, kěnéng huíqù wǎnyìdiǎn. / Méishì, gōngzuò zhòngyào.
④	约会	yuēhuì	他去哪儿了? / 约会去了。	Tā qù nǎr le? / Yuēhuì qù le.
④	省	shěng	文章写得怎么样? / 把这段内容省掉就更好了。	Wénzhāng xiě de zěnmeyàng? / Bǎ zhèduàn nèiróng shěngdiào jiù gèng hǎo le.
④	科学	kēxué	这种方式一点都不科学。/ 那用什么方法比较好?	Zhè zhǒng fāngshì yìdiǎn dōu bùkēxué. / Nà yòng shénme fāngfǎ bǐjiào hǎo?
④	深	shēn	深夜里, 两个穿黑衣的男人在大街上匆忙赶路。	Shēnyè lǐ, liǎngge chuān hēiyī de nánrén zài dàjiē shàng cōngmáng gǎnlù.
④	重新	chóngxīn	你房间还是太乱了, 去重新整理一下吧。/ 已经很干净了!	Nǐ fángjiān háishi tài luàn le, qù chóngxīn zhěnglǐ yíxià ba. / Yǐjīng hěn gānjìng le!
④	客厅	kètīng	我去过程程家, 她家的客厅就顶我家两个房间。/ 她家那么大?	Wǒ qùguo Chéngchéng jiā, tā jiā de kètīng jiù dǐng wǒjiā liǎngge fángjiān. / Tā jiā nàme dà?
④	怀疑	huáiyí	我怀疑他做假证, 我需要调查一下。	Wǒ huáiyí tā zuò jiǎzhèng, wǒ xūyào diàochá yíxià.
④	死	sǐ	快把洞堵死! / 那么大的洞堵不住呀。	Kuài bǎ dòng dǔsǐ! / Nàme dà de dòng dǔbúzhù ya.

Chinese is not knowledge. It's a language!

Unit 11	홍콩에 도착하면 넌 뭐 할 계획이야? / 아직 별 계획은 없어, 일단 돌아다니려고.	동 (누가) 한가롭게 놀러 다니다·산책하다·거닐다	逛 광
Unit 12	나 너한테 농담 하나 해줄까? / 아니, 네 농담 재미없어.	명 농담(우스갯소리)	笑話 소화
Unit 13	연말이 되면, 회계사인 저의 업무는 상당히 타이트하게 돌아갑니다.	형 (무엇이) 바쁘다(긴박하다)	緊張 긴장
Unit 14	너희는 언제부터 여름방학이야? / 너한테 이미 방학 시작했다고 말했잖아.	표현 여름방학을 하다	放暑假 방서가
Unit 14	네가 보기엔 걔의 잘못인 것 같아? / 난 모르겠어, 걔더러 스스로 판단해보라고 해.	명 ('정확한 판단'·'판단을 내리다' 이럴 때의) 판단	判斷 판단
Unit 15	넌 보통 무슨 사이트 이용하니? / 물어볼 필요 뭐 있어, 당연히 바이두지.	명 [인터넷] 웹사이트	網站 망참
Unit 15	저는 원샷 할 테니까, 여러분은 드실 수 있을 만큼만 드세요.	동 (잔을 깨끗이) 비우다	幹 간
Unit 16	결정되면 저한테 연락 주세요. / 네, 저도 가서 마지막으로 한 번 더 생각해보겠습니다.	동 (누가 무엇을) 고려하다(생각하다)	考慮 고려
Unit 16	데이트 있어? 립스틱은 왜 발라? / 나 면접 있어.	동 ('립스틱을 바르다'·'기름을 칠하다' 이럴 때의) 바르다(칠하다)	擦 찰
Unit 17	새로 산 신발 어때? / 크기도 딱 맞고, 엄청 편해.	부 ('사이즈·크기가 꼭 맞다' 이럴 때의) 꼭·딱	剛, 剛剛 강, 강강
Unit 18	너희 뭐 공동의 취미 있어? / 우린 다들 축구를 좋아해.	형 ('공동의 소망'·'공통된 생각' 이럴 때의) 공통의(공동의)	共同 공동
Unit 18	너 택배로 부치는 게 뭐길래, 이렇게 무거워? / 일단 묻지 마.	동 (우편으로 편지·소포 등을) 부치다(보내다)	寄 기
Unit 19	사람들이 걔한테 노래 한 곡을 하라고 하자, 예상과는 달리 걔는 조금도 부끄러워하는 기색 없이, 바로 노래를 시작했지.	형 (누가) 부끄러워하다(수줍어하다)	害羞 해수
Unit 20	짐이 많은데, 다 들 수 있겠어? / 그럼요, 신경 안 쓰셔도 돼요.	동 (짐·가방·물건 등을 손에) 들다	提 제

④급	逛	guàng	到香港以后你打算干什么? / 还没做什么打算, 先去逛逛呗。	Dào Xiānggǎng yǐhòu nǐ dǎsuàn gànshénme? / Hái méi zuò shénme dǎsuàn, xiān qù guàngguàng bei.
④급	笑话	xiào-hua	我给你讲个笑话。/ 不, 你的笑话不好笑。	Wǒ gěi nǐ jiǎngge xiàohua. / Bù, nǐ de xiàohua bùhǎoxiào.
④급	紧张	jǐn-zhāng	作为会计, 一到年末, 我的工作非常紧张。	Zuòwéi kuàijì, yídào niánmò, wǒ de gōngzuò fēicháng jǐnzhāng.
④급	放暑假	fàngshǔ-jià	你们什么时候放暑假? / 都跟你说已经放假了。	Nǐmen shénmeshíhou fàngshǔjià? / Dōu gēn nǐ shuō yǐjīng fàngjià le.
④급	判断	pàn-duàn	你认为是他的错吗? / 我不知道, 让他自己判断吧。	Nǐ rènwéi shì tā de cuò ma? / Wǒ bùzhīdào, ràng tā zìjǐ pànduàn ba.
④급	网站	wǎng-zhàn	你一般用什么网站。/ 这还用问, 当然是百度了。	Nǐ yìbān yòng shénme wǎngzhàn. / Zhè hái yòng wèn, dāngrán shì Bǎidù le.
④급	干	gān	我干了, 大家随意。	Wǒ gān le, dàjiā suíyì.
④급	考虑	kǎolǜ	决定好了联系我。/ 好, 我回去最后再考虑一下。	Juédìng hǎo le liánxì wǒ. / Hǎo, wǒ huíqù zuìhòu zài kǎolǜ yíxià.
④급	擦	cā	去约会吗? 擦口红干嘛? / 我去面试。	Qù yuēhuì ma? Cā kǒuhóng gàn má? / Wǒ qù miànshì.
④급	刚, 刚刚	gāng, gānggāng	新买的鞋子怎么样? / 大小刚刚好, 很舒服。	Xīn mǎi de xiézi zěnmeyàng? / Dàxiǎo gānggāng hǎo, hěn shūfu.
④급	共同	gòng-tóng	你们有什么共同的爱好吗? / 我们都喜欢足球。	Nǐmen yǒushénme gòngtóng de àihào ma? / Wǒmen dōu xǐhuan zúqiú.
④급	寄	jì	你寄的是什么东西啊, 这么重? / 你先别问了。	Nǐ jì de shì shénme dōngxi a, zhème zhòng? / Nǐ xiān bié wèn le.
④급	害羞	hàixiū	大家要她唱一个, 没想到她没有一点害羞的样子, 立刻唱了起来。	Dàjiā yào tā chàngyíge, méixiǎngdào tā méiyǒu yìdiǎn hàixiū de yàngzi, lìkè chàng le qǐlái.
④급	提	tí	行李那么多, 你提得动吗? / 可以, 不用你操心。	Xíngli nàme duō, nǐ tí de dòng ma? / Kěyǐ, búyòng nǐ cāoxīn.

Chinese is not knowledge. It's a language!

하느님께서는 이 길 잃은 어린 양들을 구원하실 것입니다.	동 [비유적] (누가 방황하는 등, 삶의 방향을) 잃다	迷路 미로
엄마, 교복 던져줘! / 받아!	동 (누가 무엇을 손으로) 받다	接著 접저
이런 자연조건은 밀을 심는 데 매우 유리합니다.	명 ('지리적 조건'·'자연적 조건' 이럴 때의) 조건	條件 조건
어디에서 비자를 발급 받는지 아시나요? / 아마 대사관으로 가셔야 할 거예요.	명 (각국의) 대사관	大使館 대사관
난 일부러 널 보러 온 거라고! / 쳇, 난 안 믿어.	부 (누가 무엇을) 특별히(일부러)	專門 전문
드디어 시험이 끝났어! / 그러게, 훨씬 홀가분해졌어!	형 (누구의 기분이) 홀가분하다(가볍다)	輕鬆 경송
오해하지 마, 우리 둘은 아무 사이도 아니야. / 나 다 봤어.	동 (누가 누구·무엇을) 오해하다	誤會 오회
어라, 네가 어떻게 여길 왔냐? / 당연히 네 결혼 축하하러 왔지!	동 ('생일·결혼 등을 축하하다' 이럴 때의) 축하하다	祝賀 축하
그가 배를 움켜쥐고 트랙을 끝까지 도는 것을 보면서, 그 자리에 있던 사람들은 모두 감동하여 눈물을 글썽였습니다.	접 (어떤 상황이든·누구든) 막론하고	無 무
출판사에 보내는 작품, 초고 남겨 두는 거 잊지 마세요. / 아, 저 이미 보내버렸는데요?	명 초고(원고)	底 저
글은 시간 순서대로 써야 해. / 역순으로 써도 되죠?	명 (각종) 순서(차례)	順序 순서
쟨 뭣 때문에 화를 내는 거야? / 쟤네 팀 또 졌대.	명 ('화를 내다' 이럴 때의) 화	火 화
이 다리는 이 시에서 제일 긴 다리인데요, 길이가 약 200m죠.	양 [산·건물·다리·대포 등 크고 고정된 물체를 세는 단위] (몇) 좌·동·채·문	座 좌
막 결혼했을 때, 두 사람은 많은 곳을 다녔죠. 하지만 아이가 생긴 후로는, 거의 다니지 못했습니다.	형 (누구·무엇이) 아주 많다	許多 허다

4급	迷路	mílù	上帝会拯救这些迷路的羔羊。	Shàngdì huì zhěngjiù zhèxiē mílù de gāoyáng.
4급	接着	jiēzhe	妈，把我的校服扔下来！／你接着啊！	Mā, bǎ wǒ de xiàofú rēngxiàlai! / Nǐ jiēzhe a!
4급	条件	tiáojiàn	这种自然条件对种小麦很有利。	Zhèzhǒng zìrán tiáojiàn duì zhòng xiǎomài hěn yǒulì.
4급	大使馆	dàshǐguǎn	知道去哪里办签证吗？／好像得去大使馆吧。	Zhīdào qù nǎlǐ bàn qiānzhèng ma? / Hǎoxiàng děi qù dàshǐguǎn ba.
4급	专门	zhuānmén	我是专门来看你的！／切，我才不信呢。	Wǒ shì zhuānmén lái kàn nǐ de! / Qiè, wǒ cái búxìn ne.
4급	轻松	qīngsōng	考试终于结束了！／就是啊，感觉轻松多了！	Kǎoshì zhōngyú jiéshù le! / Jiùshì a, gǎnjué qīngsōng duōle!
4급	误会	wùhuì	你别误会啊，我们俩没有任何关系。／我都看到了。	Nǐ bié wùhuì a, wǒmenliǎ méiyǒu rènhé guānxi. / Wǒ dōu kàndào le.
4급	祝贺	zhùhè	哎，你怎么来了？／当然是来祝贺你结婚啊！	Āi, nǐ zěnme lái le? / Dāngrán shì lái zhùhè nǐ jiéhūn a!
4급	无	wú	看到他捂着肚子跑完全场，在场的人无不感动落泪。	Kàndào tā wǔzhe dùzi pǎowán quánchǎng, zàichǎng de rén wúbù gǎndòngluòlèi.
4급	底	dǐ	寄给出版社的作品，别忘了留个底儿。／啊，我已经发过去了。	Jì gěi chūbǎnshè de zuòpǐn, bié wàng le liú ge dǐr. / À, wǒ yǐjīng fāguòqù le.
4급	顺序	shùnxù	文章得按时间顺序写。／倒序也可以吧？	Wénzhāng děi àn shíjiān shùnxù xiě. / Dàoxù yě kěyǐ ba?
4급	火	huǒ	他干嘛发火啊？／他们球队又输了。	Tā gànmá fāhuǒ a? / Tāmen qiúduì yòu shū le.
4급	座	zuò	这是本市最长的一座桥，大约200米长。	Zhèshì běn shì zuì cháng de yízuò qiáo, dàyuē 200 mǐ cháng.
4급	许多	xǔduō	刚结婚的时候，他们俩去过许多地方，不过有了孩子以后，就很少去了。	Gāng jiéhūn de shíhou, tāmenliǎ qùguo xǔduō dìfang, búguò yǒu le háizi yǐhòu, jiù hěn shǎo qù le.

Chinese is not knowledge. It's a language!

다들 양식 잘 작성해주시고, 다 작성하셨으면 저한테 알려주세요. / 이게 무슨 양식이죠?	명 (이력서·통계표·작업표 등 각종 표를 통틀어) 표(양식, 서식)	表格 표격
제가 그쪽의 나이를 여쭤봐도 될까요? / 비밀이에요.	명 (누구의) 연령(나이)	年齡 년령
화장실은 어디에 있어요? / 지하 1층에 있습니다.	명 [화장실·세면장 등의 총칭] 화장실	衛生間 위생간
어제 동생이 너무 서럽게 울더라고, 어떻게 위로해줘야 할지 모르겠더라.	형 (누가 누구·무엇 때문에) 슬퍼하다(상심하다)	傷心 상심
이런 일이 제일 귀찮아, 시간도 길고 페이도 적고. / 그런데도 하는 거야?	형 (무엇이 어려워서) 귀찮다(성가시다)	討厭 토염
선생님은 당연히 엄한 면도 있어야지, 안 그러면 학생들을 어떻게 다루겠냐?	형 (누가) 엄하다(엄격하다)	厲害 려해
나 영어 못하는데 어쩌지? / 괜찮아, 우리 쪽에 영어 통역하는 사람 있어.	명 (다른 나라 언어로 번역하는) 번역자(통역자)	翻譯 번역
너한테 말하지 않았냐? 민수 얘 정말로 여기 왔었다니까! / 그럼 어떻게 얘 이름이 없어!	부 ('틀림없이 맞아'·'정말로 이길 거야' 이럴 때의) 정말로(틀림없이)	確實 확실

④급	表格	biǎogé	请大家填好表格, 填完了告诉我。/ 这是什么表格?	Qǐng dàjiā tián hǎo biǎogé, tián wán le gàosu wǒ. / Zhèshì shénme biǎogé?
④급	年龄	niánlíng	我可以问一下你的年龄吗? / 这是秘密。	Wǒ kěyǐ wèn yíxià nǐ de niánlíng ma? / zhèshì mìmì.
④급	卫生间	wèishēngjiān	卫生间在哪里? / 在地下一楼。	Wèishēngjiān zài nǎlǐ? / Zài dìxià yīlóu.
④급	伤心	shāngxīn	昨天我妹妹哭得好伤心, 我都不知道该怎么安慰她了。	Zuótiān wǒ mèimei kū de hǎo shāngxīn, wǒ dōu bùzhīdào gāi zěnme ānwèi tā le.
④급	讨厌	tǎoyàn	这种工作最讨厌, 时间长钱还不多。/ 那你还做?	Zhèzhǒng gōngzuò zuì tǎoyàn, shíjiān cháng qián hái bùduō. / Nà nǐ hái zuò?
④급	厉害	lìhai	老师当然要有厉害的一面, 不然怎么管学生?	Lǎoshī dāngrán yào yǒu lìhai de yímiàn, bùrán zěnmeguǎn xuéshēng?
④급	翻译	fānyì	我不会说英语怎么办? / 没事, 我们这边有英文翻译。	Wǒ búhuì shuō yīngyǔ zěnmebàn? / Méishì, wǒmen zhèbiān yǒu yīngwén fānyì.
④급	确实	quèshí	我不是跟你说过吗? 他确实来过这儿! / 那怎么没他名字啊!	Wǒ búshì gēn nǐ shuōguo ma? Tā quèshí láiguo zhèr! / Nà zěnme méi tā míngzi a!

UNIT 15

没有实力相称的骄傲最可悲。

예문	뜻	한자
이 집에선 저 여자분에게 결정권이 있으니, 무슨 일 있으면 저분에게 물어보세요.	동 (어떤 직무·자리를) 담당하다(맡다)	當 당
좀 더 먹지 그래? / 또 먹으라고? 이미 질리도록 먹었어.	형 (누가 무엇을 많이 해서) 질리다(지겹다, 싫증 나다)	夠 구
내일부터는 나 안 먹을 거야. / 이번에는 얼마나 갈 수 있을까?	동 (상태·행위·주장 등을) 유지하다(지속하다, 고수하다)	堅持 견지
너 머리가 왜 그래? / 몰라, 갑자기 다 빠져버렸어.	동 (머리카락·피부 등이) 빠지다·벗겨지다	脫 탈
너 칼 들고 뭐 하는 거야, 빨리 내려놔. / 뭐래, 나 채소 썰고 있잖아!	명 (무엇을 자르는) 칼	刀 도
나 샤오왕한테서 네 소식 들은 적 있어, 너 쭉 일본에 있었어?	명 (누구·무엇에 대한) 소식(뉴스)	信息 신식
나 이번에 복리후생이 엄청 좋은 회사에 지원했어. / 잘 됐으면 좋겠다.	동 (누가 취업을 위해 회사 등에) 지원하다·초빙에 응하다	應聘 응빙
옷이 작아졌네, 어떡하지? / 버려 버려, 어차피 못 입는데.	동 (누가 무엇을) 내버리다·포기하다·잊어버리다	扔 잉
너 맥주 한 캔 마시는 데 얼마나 걸려? / 5초면 충분하지.	양 [시간] (몇) 초	秒 초
날 동정하지 마. / 널 동정하는 게 아니라, 널 걱정하는 거야.	동 (누가 누구를) 동정하다	同情 동정

실력 없는 자존심만큼 비참한 것은 없다.

4급	当	dāng	这个家里她是当家的，有什么事儿你问她吧。	Zhège jiālǐ tā shì dāngjiāde, yǒushénme shìr nǐ wèn tā ba.
4급	够	gòu	你再吃点儿呗？/ 还让我吃？我早就吃够了。	Nǐ zài chī diǎnr bei? / Hái ràng wǒ chī? Wǒ zǎojiù chīgòu le.
4급	坚持	jiānchí	明天开始我就不吃了。/ 这次能坚持多久啊？	Míngtiān kāishǐ wǒ jiù bùchī le. / Zhècì néng jiānchí duōjiǔ a?
4급	脱	tuō	你头发怎么了？/ 不知道，一下子都脱光了。	Nǐ tóufa zěnmele? / Bùzhīdào, yíxiàzi dōu tuō guāng le.
4급	刀	dāo	你拿刀子干什么呢，快放下。/ 什么呀，我在切菜呢！	Nǐ ná dāozi gànshénme ne, kuài fàngxià. / Shénme ya, wǒ zài qiē cài ne!
4급	信息	xìnxī	我从小王那里听到过你的信息，你一直在日本来着吗？	Wǒ cóng Xiǎo Wáng nàlǐ tīngdàoguo nǐ de xìnxī, nǐ yìzhí zài Rìběn láizhe ma?
4급	应聘	yìngpìn	我这次应聘了一家福利超好的公司。/ 希望能成。	Wǒ zhècì yìngpìn le yìjiā fúlì chāohǎo de gōngsī. / Xīwàng néng chéng.
4급	扔	rēng	衣服变小了，怎么办？/ 扔掉吧，反正穿不进去。	Yīfu biàn xiǎo le, zěnmebàn? / Rēng diào ba, fǎnzhèng chuānbújìnqù.
4급	秒	miǎo	你喝一罐啤酒要花多长时间？/ 五秒就够了。	Nǐ hē yíguàn píjiǔ yào huā duōcháng shíjiān? / Wǔmiǎo jiù gòu le.
4급	同情	tóngqíng	别同情我。/ 不是同情你，是担心你。	Bié tóngqíng wǒ. / Búshì tóngqíng nǐ, shì dānxīn nǐ.

Chinese is not knowledge. It's a language!

Unit	예문	뜻	한자
Unit 11	왜 배워도 배워도 끝이 없지? / 지식은 무궁무진하니까 당연히 끝이 없지.	형 (무엇이) 다하다(끝나다)	窮 궁
Unit 12	아시아에 있는 나라는 나 다 가봤어. / 대단하다.	명 [지리] 아시아주(洲)	亞洲 아주
Unit 13	개정판이랑 원본이랑 뭐가 다르죠? / 개정판에는 더 많은 단어가 실려있습니다.	동 (어떤 내용 등을) 수록하다(포함하다)	收入 수입
Unit 13	1930년대(20세기30년대)에는 무슨 일이 있었을까? / 나 책 좀 펴서 보게 해주면 안 돼? 나 기억이 안 나.	명 ('21세기' 이럴 때의) 세기	世紀 세기
Unit 14	걔가 우리한테 얼마를 받겠대? / 적어도 50위안은 받겠대.	부 ('최소한 집엔 들어와야지'·'적어도 이건 먹자' 이럴 때의) 최소한(적어도)	至少 지소
Unit 15	밖이 왜 이렇게 시끄러워? / 오늘 크리스마스잖아, 당연히 시끌벅적하지.	형 (무엇의 광경·분위기 등이) 시끌벅적하다(번화하다)	熱鬧 열료
Unit 15	어디가 불편하세요? / 허리가 시큰거리고 등이 아프네요, 침 좀 놓아주실 수 있으세요?	형 (과로·몸살 등으로 인해) 몸이 시큰거리다	酸 산
Unit 15	이번 여름방학 때 넌 뭐 할 계획이야? / 난 중국 여행 가려고 해.	동 ('해외여행을 가다' 이럴 때의) 여행을 하다	旅行 려행
Unit 16	걔 굉장히 힘들어 보이는데, 어디 아픈 거 아냐? / 걔 배 아프다더라.	형 (누가 육체적·정신적으로) 괴롭다(참을 수 없다)	難受 난수
Unit 17	죄송한데, 저희 사진 좀 찍어주실 수 있으세요? / 그럼요, 서 보세요.	동 (카메라로 사진을) 찍다	照 조
Unit 18	시합 끝났어? / 응, 우리가 이겼어!	동 (누가) 이기다(승리하다)	贏 영
Unit 18	저 친구 아버지가 며칠 전에 돌아가셨대, 너 한 번 가봐라. / 세상에, 전 전혀 몰랐어요.	명 [가족] 아버지(부친)	父親 부친
Unit 19	이집트 사람들은 우리 같은 외국인 관광객에게 굉장히 우호적이었습니다.	형 (누가 누구에게) 우호적이다(친근하다)	友好 우호
Unit 20	그럼 불합격한 사람은 어떡하죠? / 집에 가셔도 됩니다.	형 (검사·시험 등에) 합격하다	合格 합격

4급	穷	qióng	为什么怎么学都学不完啊？/ 知识是无穷无尽的，当然学不完啊。	Wèishénme zěnmexué dōu xuébuwán a? / Zhīshi shì wúqióngwújìn de, dāngrán xuébuwán a.
4급	亚洲	yàzhōu	亚洲国家我全都去过。/ 真牛。	Yàzhōu guójiā wǒ quándōu qùguo. / Zhēn niú.
4급	收入	shōurù	修正版跟原版有什么区别？/ 修正版收入了更多的词语。	Xiūzhèngbǎn gēn yuánbǎn yǒushénme qūbié? / Xiūzhèngbǎn shōurù le gèng duō de cíyǔ.
4급	世纪	shìjì	二十世纪三十年代发生了什么？/ 让我翻开书看看，我没记住。	Èrshí shìjì sānshí niándài fāshēng le shénme? / Ràng wǒ fānkāi shū kànkan, wǒ méi jìzhù.
4급	至少	zhìshǎo	他要我们拿多少钱？/ 至少五十块。	Tā yào wǒmen ná duōshao qián? / Zhìshǎo wǔshí kuài.
4급	热闹	rènao	外面怎么这么热闹啊？/ 今天是圣诞节嘛，当然热闹了。	Wàimiàn zěnme zhème rènao a? / Jīntiān shì Shèngdànjié ma, dāngrán rènao le.
4급	酸	suān	哪里不舒服？/ 我腰酸背痛，可以给我打一针吗？	Nǎlǐ bùshūfu? / Wǒ yāosuānbèitòng, kěyǐ gěi wǒ dǎ yìzhēn ma?
4급	旅行	lǚxíng	这个暑假你打算做什么？/ 我打算去中国旅行。	Zhège shǔjià nǐ dǎsuàn zuò shénme? / Wǒ dǎsuàn qù Zhōngguó lǚxíng.
4급	难受	nánshòu	她看起来好难受，是哪里不舒服吗？/ 她说肚子不舒服。	Tā kànqǐlái hǎo nánshòu, shì nǎlǐ bùshūfu ma? / Tā shuō dùzi bùshūfu.
4급	照	zhào	不好意思，能给我们照个相吗？/ 没问题，站好。	Bùhǎoyìsi, néng gěi wǒmen zhàoge xiàng ma? / Méiwèntí, zhàn hǎo.
4급	赢	yíng	比赛结束了吗？/ 对，我们队赢了！	Bǐsài jiéshù le ma? / Duì, wǒmen duì yíng le!
4급	父亲	fùqīn	他父亲前几天去世了，你过去看看吧。/ 天啊，我都不知道来着。	Tā fùqīn qiánjǐtiān qùshì le, nǐ guòqù kànkan ba. / Tiān a, wǒ dōu bùzhīdào láizhe.
4급	友好	yǒuhǎo	埃及人对我们这些外国游客特别友好。	Āijí rén duì wǒmen zhèxiē wàiguó yóukè tèbié yǒuhǎo.
4급	合格	hégé	那不合格的人怎么办？/ 可以离开了。	Nà bùhégé de rén zěnmebàn? / Kěyǐ líkāi le.

Chinese is not knowledge. It's a language!

	예문	뜻	한자
Unit 11	학생회도 있어? / 있긴 있는데, 유명무실해.	동 (누구·무엇이) 존재하다·생존하다	存在 존재
Unit 12	자네들 신경 써서 그 아이를 키워야 하네, 걘 정말 뛰어난 인재라고! / 저희도 그 애의 양육 문제를 매우 중요하게 생각하고 있습니다.	명 [비유] (무엇을 잘할) 인재(재목, 그릇, 감)	材料 재료
Unit 13	여자친구랑 같이 사는 건 어때? / 너무 좋아, 하하하.	동 (누가 어떻게) 살다(생활하다)	生活 생활
Unit 13	근처에 어디 비닐봉지 파는 데 있어? / 매점에서 안 파나?	명 (물건·쓰레기 등을 담을 때 쓰는) 비닐봉지	塑料袋 소료대
Unit 14	대출 신청하는 거 진짜 번거롭다, 이렇게나 절차가 많아. / 지금은 대출하기 쉽지 않지.	형 (누구·무엇이) 귀찮다(번거롭다)	麻煩 마번
Unit 15	저의 가장 큰 결점은 우유부단한 것인데요, 이것 때문에 저는 적지 않은 손해를 봤죠.	명 (누구·무엇의) 부족한 점(결함, 단점)	缺點 결점
Unit 15	우리 우선 고궁 먼저 둘러보고, 그다음에 다시 천안문을 보러 가자.	대 (무엇의) 다음(그다음)	其次 기차
Unit 16	넌 배우자를 선택할 때 눈을 좀 낮춰야 해. / 이미 엄청 낮거든.	동 (가격·온도·요구·소모량 등을) 낮추다 (내리다)	降低 강저
Unit 16	너 언제부터 다이어트 시작해? / 내가 나 다이어트 할 거라고 얘기했었니?	동 (누가 살을 빼려고) 다이어트를 하다	減肥 감비
Unit 17	1번 지원자님, 일을 하는 과정에서 어떤 어려움을 겪으셨나요? 어떻게 극복하셨죠?	명 (누구한테 닥친 각종) 곤란(어려움)	困難 곤란
Unit 18	수량을 꼭 확실히 해야 해, 나중에 실수하면 안 된다고. / 몇 번이나 세어 봤어, 걱정하지 마.	명 수량(양)	數量 수량
Unit 19	지금은 출근 시간이라, 차에 벌써 자리가 없어서, 어르신들도 많이들 서 계시죠.	명 (주로 공공장소에서의) 자리(좌석)	座位 좌위
Unit 19	쟤 코 좀 봐봐. 어쩜 저렇게 오똑할까.	형 (누구·무엇이) 꼿꼿하다(굳고 곧다, 빳빳하다)	挺 정
Unit 20	쟨 어쩜 저렇게 오지랖이 넓냐? / 그러니까, 무슨 일이든 다 자초지종을 물어본다니까.	명 (어떤 일이 일어난) 경위(경과, 자초지종)	究竟 구경

4급	存	cún	我们有学生会吗？/ 有是有，不过名存实亡。	Wǒmen yǒu xuéshēnghuì ma? / Yǒushìyǒu, búguò míngcúnshíwáng.
4급	材料	cáiliào	你们得注重培养他，他可是块好材料啊！/ 我们也很重视他的培养。	Nǐmen děi zhùzhòng péiyǎng tā, tā kěshi kuài hǎo cáiliào a! / Wǒmen yě hěn zhòngshì tā de péiyǎng.
4급	生活	shēnghuó	跟你女朋友一起生活怎么样啊？/ 好极了，哈哈哈。	Gēn nǐ nǚpéngyou yìqǐ shēnghuó zěnmeyàng a? / Hǎojíle, hāhāhā.
4급	塑料袋	sùliàodài	附近哪儿有卖塑料袋的？/ 小卖部没有吗？	Fùjìn nǎr yǒu mài sùliàodài de? / Xiǎomàibù méiyǒu ma?
4급	麻烦	máfan	申请贷款好麻烦啊，这么多步骤。/ 现在不好贷款啊。	Shēnqǐng dàikuǎn hǎo máfan a, zhème duō bùzhòu. / Xiànzài bùhǎo dàikuǎn a.
4급	缺点	quēdiǎn	我最大的缺点是优柔寡断，因为这个我吃过不少亏。	Wǒ zuìdà de quēdiǎn shì yōuróuguǎduàn, yīnwèi zhège wǒ chīguo bùshǎo kuī.
4급	其次	qícì	我们先参观故宫，其次再去看天安门。	Wǒmen xiān cānguān gùgōng, qícì zài qù kàn tiān'ānmén.
4급	降低	jiàngdī	你得降低一点择偶标准。/ 已经很低了。	Nǐ děi jiàngdī yìdiǎn zé'ǒu biāozhǔn. / Yǐjīng hěn dī le.
4급	减肥	jiǎnféi	你什么时候开始减肥？/ 我说过我要减肥吗？	Nǐ shénmeshíhou kāishǐ jiǎnféi? / Wǒ shuōguo wǒ yào jiǎnféi ma?
4급	困难	kùnnan	1号选手，您工作中遇到过什么困难？是怎么克服的？	1 hào xuǎnshǒu, nín gōngzuò zhōng yùdàoguo shénme kùnnan? Shì zěnme kèfú de?
4급	数量	shùliàng	数量一定要搞清楚，到时候不能出错。/ 数了好几遍了，放心吧。	Shùliàng yídìng yào gǎoqīngchu, dàoshíhou bùnéng chūcuò. / Shǔ le hǎojǐbiàn le, fàngxīn ba.
4급	座位	zuòwèi	现在是上班时间，车上已经没有座位了，很多老人也都站着。	Xiànzài shì shàngbān shíjiān, chē shàng yǐjīng méiyǒu zuòwèi le, hěnduō lǎorén yě dōu zhàn zhe.
4급	挺	tǐng	你看看他的鼻子，怎么那么挺啊！	Nǐ kànkan tā de bízi, zěnme nàme tǐng a!
4급	究竟	jiūjìng	他怎么那么爱管闲事啊？/ 就是啊，什么事都要问个究竟。	Tā zěnme nàme àiguǎnxiánshì a? / Jiùshì a, shénmeshì dōuyào wènge jiūjìng.

Chinese is not knowledge. It's a language!

예문	뜻	한자
그의 마술은 단숨에 수많은 어린 친구들의 관심을 끌었다.	동 (누구의 관심이나 마음을) 끌어당기다 (매료시키다)	吸引 흡인
이 회사 지금 채용 중인 거 같던데? / 복지가 별로라더라, 난 안 갈 거야.	동 (직원·전문가·학생 등을) 모집하다(채용하다)	招聘 초빙
다시 생각해보면 안 돼요? / 저희가 돌아가서 다시 논의해보고, 화요일까지 연락을 드리겠습니다.	동 (문제·안건 등에 대해) 생각하다(논의하다, 고려하다)	研究 연구
네가 오든 말든, 우린 걔 배웅하러 가기로 했어. / 알았어, 나도 갈게.	접 (무엇에) 상관없이·(무엇을) 막론하고	不管 불관
쟤는 도대체 뭘 생각하고 있는 거야? / 내가 어떻게 알아, 네가 가서 물어보지 그래.	부 (의문문에 쓰여 '도대체 왜 그래?' 이럴 때의) 도대체	到底 도저
시간 다 됐다, 끊을게, 다음에 또 전화할게. / 그래, 안녕.	동 전화를 끊다 (주의: '전화를 걸다'라는 뜻도 가짐)	掛 괘
오늘은 웬일로 모자를 안 썼네? 머리 감았냐? / 나 매일 머리 감거든.	동 (모자·장갑·장식품·안경 등을) 쓰다·착용하다	戴 대
어렸을 때 부모의 칭찬을 못 받고 자란 아이는 커서도 다른 사람을 잘 칭찬해 주지 않습니다.	부 때때로(왕왕, 종종)	往往 왕왕
너무 실망하지 마, 내년엔 꼭 붙을 거야. / 더는 시험 안 보려고, 너무 힘들어.	형 (희망이나 목표가 실현되지 못해) 실망하다(낙담하다)	失望 실망
이건 300위안이야. / 나한테 구라치지 마! 분명히 이 가격보다는 더 비쌀 거야!	동 (누구를) 속이다(기만하다, 구라를 치다)	騙 편
웨이터! 여기 숟가락 하나만요! / 네, 더 필요한 건 없으세요?	명 [식기] 숟가락	勺子 작자
이거 반드시 오늘 밤 안에 끝내야 해! / 알았어 알았어, 4시에 보내 줄게.	조동 (누가 무엇을) 해야 하다	得 득
우리 집 인터넷이 연결이 끊겼어. / 혹시 인터넷 요금 내는 걸 잊은 거 아니야?	명 [컴퓨터] 인터넷	互聯網 호련망
뭘 보길래 이렇게 싱글벙글이니? / 내 대학교 합격 통지서야!	명 (무엇을 알리기 위한 각종) 통지(통지서)	通知 통지

	词	拼音	例句(中文)	例句(拼音)
4급	吸引	xīyǐn	他的魔术一下子吸引了好多小朋友的注意。	Tā de móshù yíxiàzi xīyǐn le hǎoduō xiǎopéngyou de zhùyì.
4급	招聘	zhāopìn	这公司好像正在招聘。/ 听说福利不太好, 我不去。	Zhè gōngsī hǎoxiàng zhèngzài zhāopìn. / Tīngshuō fúlì bútàihǎo, wǒ búqù.
4급	研究	yánjiū	能不能再考虑一下? / 我们回去再研究研究, 星期二会给你答复。	Néngbùnéng zài kǎolǜ yíxià? / Wǒmen huíqù zài yánjiūyánjiū, xīngqī'èr huì gěi nǐ dáfù.
4급	不管	bùguǎn	不管你来不来, 我们都决定去送她。/ 好吧, 我也去。	Bùguǎn nǐ láibùlái, wǒmen dōu juédìng qù sòng tā. / Hǎo ba, wǒ yě qù.
4급	到底	dàodǐ	他到底在想什么啊? / 我哪儿知道, 你去问问呗。	Tā dàodǐ zài xiǎng shénme a? / Wǒ nǎr zhīdào, nǐ qù wènwèn bei.
4급	挂	guà	时间到了, 我挂了, 下次再打给你。/ 好的, 拜拜。	Shíjiān dào le, wǒ guà le, xiàcì zài dǎ gěi nǐ. / Hǎo de, bàibai.
4급	戴	dài	今天你怎么没戴帽子啊? 洗头了? / 我可是每天都洗头。	Jīntiān nǐ zěnme méi dài màozi a? Xǐ tóu le? / Wǒ kěshì měitiān dōu xǐ tóu.
4급	往往	wǎngwǎng	小时候得不到父母表扬的孩子长大后往往对别人也吝于表扬。	Xiǎoshíhou débúdào fùmǔ biǎoyáng de háizi zhǎngdà hòu wǎngwǎng duì biérén yě lìnyú biǎoyáng.
4급	失望	shīwàng	别太失望了, 明年一定会考上的。/ 我不打算再考了, 太累了。	Bié tài shīwàng le, míngnián yídìng huì kǎoshàng de. / Wǒ bù dǎsuàn zài kǎo le, tài lèi le.
4급	骗	piàn	这个三百块钱。/ 别骗我! 肯定不只这个价!	Zhège sānbǎi kuài qián. / Bié piàn wǒ! Kěndìng bùzhǐ zhège jià!
4급	勺子	sháozi	服务员! 要一个勺子! / 好的, 还需要别的吗?	Fúwùyuán! Yào yíge sháozi! / Hǎode, hái xūyào biéde ma?
4급	得	děi	这个一定得在今晚之前做完啊! / 知道了知道了, 四点钟给你。	Zhège yídìng děi zài jīnwǎn zhīqián zuò wán a! / Zhīdào le zhīdào le, sì diǎnzhōng gěi nǐ.
4급	互联网	hùliánwǎng	我家的互联网断了。/ 是不是忘了交网费?	Wǒjiā de hùliánwǎng duàn le. / Shìbushì wàng le jiāo wǎngfèi?
4급	通知	tōngzhī	看什么看得这么高兴啊? / 是我大学录取通知书!	Kàn shénme kàn de zhème gāoxìng a? / Shì wǒ dàxué lùqǔ tōngzhīshū!

Chinese is not knowledge. It's a language!

Unit 11	아, 너 왔구나, 근데 장둥은? / 걔 좀 있으면 들어올 거야.	접 [화제를 바꿔] 그런데	可是 가시
Unit 12	걱정하지 마세요, 저는 제때제때 월세를 드릴 겁니다, 연체하지 않을 겁니다.	부 ('제때에 끝내다' 이럴 때의) 제때에(제시간에)	按時 안시
Unit 13	자기야, 우리 아빠 출장 가셨어, 여기로 와. / 금방 갈게.	동 (누가 업무차) 출장을 가다	出差 출차
Unit 14	제가 이미 거절하지 않았나요? / 부탁드립니다, 다시 한번 생각해 주세요.	동 (누구의 부탁·의견·선물 등을) 거절하다 (거부하다)	拒絕 거절
Unit 14	그는 유명 작가로서, 많은 훌륭한 작품을 썼고, 일부는 영화로도 만들어졌습니다.	형 (누구·무엇이) 유명하다(저명하다)	著名 저명
Unit 15	눈이 와서 길이 미끄러우니까, 운전 조심해서 해. / 알겠어, 걱정하지 마!	형 (누가 무엇을) 조심하다(주의하다)	仔細 자세
	너 또 졌잖아, 이제 그만해. / 안 돼, 꼭 이기고 말 거야!	동 (누가 시합·경쟁 등에서) 지다(패하다)	輸 수
	이번 일은 저희가 상의해본 후 결정할게요. / 얼마나 걸리죠?	전 [동작의 주체를 이끌어 냄] (누구·무엇)이(가)	由 유
Unit 16	누구야? / 네가 맞춰 봐! / 내가 어떻게 알겠어!	동 (누가 무엇을) 추측하다(알아맞히다)	猜 시
Unit 17	걔 일 처리 하는 건 좀 어때? / 걘 일할 때 덜렁대는 편이라, 난 조금 걱정돼.	형 (누가 무슨 일을 하는데) 덜렁대다(경솔하다, 침착하지 못하다)	毛 모
Unit 18	1만 년 전에, 여기는 한 때 숲이었지만, 지금은 온통 사막입니다.	명 (나무가 무성한) 숲(산림)	森林 삼림
Unit 19	해외여행을 할 때 가장 큰 문제가 뭐야? / 시차 적응이 안 되는 거지 뭐.	동 (누구·무엇이 상황이나 환경에) 적응하다	適應 적응
Unit 19	이 문제 답이 뭐냐? / 1 아니면 0이야.	명 (질문·문제 등에 대한) 답안(해답)	答案 답안
Unit 20	우리 엄마는 프로 배구 선수였어. / 어쩐지 몸이 좋으시더라.	명 ('전문 번역가'·'전업 작가' 이럴 때의) 전문(전업, 프로, 전문적인 업무)	專業 전업

4급	可是	kěshì	呀，你来了呀，可是张东呢？/ 他一会儿就进来了。	Ya, nǐ lái le ya, kěshì Zhāng Dōng ne? / Tā yíhuìr jiù jìnlái le.
4급	按时	ànshí	您放心，我会按时交房租，不会拖欠您的。	Nín fàngxīn, wǒ huì ànshí jiāo fángzū, búhuì tuōqiàn nín de.
4급	出差	chū-chāi	亲爱的，我爸出差了，你过来吧。/ 我这就去。	Qīn'àide, wǒ bà chūchāi le, nǐ guòlái ba. / Wǒ zhè jiù qù.
4급	拒绝	jùjué	我不是已经拒绝了吗？/ 求你了，再考虑一下吧。	Wǒ búshì yǐjīng jùjué le ma? / Qiú nǐ le, zài kǎolǜ yíxià ba.
4급	著名	zhù-míng	他是著名作家，写过很多优秀的作品，有的还拍成了电影。	Tā shì zhùmíng zuòjiā, xiěguò hěnduō yōuxiù de zuòpǐn, yǒude hái pāichéng le diànyǐng.
4급	仔细	zǐxì	下雪后路很滑，开车仔细点儿。/ 知道了，你放心！	Xiàxuě hòu lù hěnhuá, kāichē zǐxì diǎnr. / Zhīdào le, nǐ fàngxīn!
4급	输	shū	你又输了，别玩了。/ 不行，我一定要赢！	Nǐ yòu shū le, bié wán le. / Bùxíng, wǒ yídìng yào yíng!
4급	由	yóu	这件事由我们讨论后决定。/ 需要多长时间？	Zhè jiàn shì yóu wǒmen tǎolùn hòu juédìng. / Xūyào duōcháng shíjiān?
4급	猜	cāi	谁啊？/ 你猜猜！/ 我哪儿能知道啊！	Shéi a? / Nǐ cāicāi! / Wǒ nǎr néng zhīdào a!
4급	毛	máo	他办事办得怎么样？/ 他做事毛毛躁躁的，我有点担心。	Tā bànshì bàn de zěnmeyàng? / Tā zuòshì máomáozàozào de, wǒ yǒudiǎn dānxīn.
4급	森林	sēnlín	一万年前，这里曾经是森林，现在是一片沙漠。	Yíwàn nián qián, zhèlǐ céngjīng shì sēnlín, xiànzài shì yípiàn shāmò.
4급	适应	shìyìng	去国外旅游最大的问题是什么？/ 适应不了时差。	Qù guówài lǚyóu zuìdà de wèntí shì shénme? / Shìyìng bùliǎo shíchā.
4급	答案	dá'àn	这问题的答案是什么？/ 不是一就是零。	Zhè wèntí de dá'àn shì shénme? / Búshì yī jiùshì líng.
4급	专业	zhuān-yè	我妈曾是专业的排球运动员。/ 怪不得身体这么好。	Wǒ mā céngshì zhuānyè de páiqiú yùndòngyuán. / Guàibude shēntǐ zhème hǎo.

Unit 11	너희 둘이 어떻게 같이 왔어? / 나랑 마침 저 앞 슈퍼에서 만났어.	부 ('마침 잘 왔어' 이럴 때의) 마침	正好 정호
Unit 12	넌 일기에 뭐라고 썼어? / 난 '양치질하는 거 잊지 말자'라고 썼어.	명 (자신의 일상을 기록하는) 일기	日記 일기
Unit 13	너 하나만 반대하고, 다른 사람들은 다 동의했어. / 그래도 나는 동의 안 할 거야, 네가 포기해.	동 (어떤 의견·말 등에 대해) 반대하다	反對 반대
Unit 13	강도가 덮쳤을 때 그녀는 살려달라고 소리를 지르면서 오던 길로 필사적으로 도망쳤으나, 몇 걸음 못 가서 붙잡히고 말았다.	접 ('결정함과 동시에 발표했다' 이럴 때의) 또한(동시에)·아울러	並且 병차
Unit 14	수술한 지 이렇게 오래됐는데, 그이는 대체 언제 깨어날 수 있나요? / 금방 깨어날 거예요.	동 (잠·취기·마취 등에서) 깨다	醒 성
Unit 15	유유상종(사람은 무리별로 나뉘고, 사물은 종류별로 나뉜다)이랬어, 너희가 어떻게 친구가 될 수 있었는지 알겠구나.	전 (무엇)에 따라	以 이
Unit 15	조심해, 물 엄청 깊다. / 걱정 마, 나 수영 잘해.	형 (무엇·어디의 깊이가) 깊다	深 심
Unit 15	지금 가지 않으면, 그때 돼서는 늦을걸? / 그럼 우리 가자.	동 (시간적으로 여유가 없어서 무엇이) 늦었다(손쓸 틈이 없다)	來不及 래불급
Unit 16	저 기뻐하는 표정 좀 봐. / 저렇게 기뻐하는 걸 보니 나도 기쁘네.	명 (사람의) 표정(안색)	樣子 양자
Unit 17	넌 예의를 지켜야 해, 아들아, 아무 데나 쓰레기를 버리면 안 돼. / 알았어요.	명 ('예의범절'·'예의가 없다' 이럴 때의) 예의	禮貌 례모
Unit 18	양만 많아서는 소용이 없어요, 품질이 제일 중요한 거예요. / 품질도 엄청 좋다고요.	명 (생산품·일 등의) 품질	質量 질량
Unit 19	너 너무 많이 먹어, 쫓겨날 수도 있을 것 같아. / 뷔페가 마음껏 먹으라고 있는 거 아니냐?	동 ('손님·똥파리·추위·적' 등을) 쫓아내다	趕 간
Unit 19	집에만 있어서는 답이 없어요, 당신도 나가서 좀 움직여봐요, 어쩌면 아들의 일자리를 구할 수도 있잖아요.	동 (누가 어떤 목적을 위해) 움직이다(활동하다, 행동하다)	活動 활동
Unit 20	아드님이 북경대에 들어갔다면서요? / 맞아요, 진짜 자랑스럽네요.	형 (누가 누구·무엇에 대해) 자랑스럽다(긍지를 갖다)	驕傲 교오

4급	正好	zhèng-hǎo	你们俩怎么一起来的? / 我正好在前面的超市碰到他。	Nǐmenliǎ zěnme yìqǐ lái de? / Wǒ zhènghǎo zài qiánmiàn de chāoshì pèngdào tā.
4급	日记	rìjì	你在日记上写了什么? / 我写了"别忘了刷牙"。	Nǐ zài rìjì shàng xiěle shénme? / Wǒ xiěle "biéwàngle shuāyá".
4급	反对	fǎnduì	就你一个反对,其他人都同意了。/ 那我也不会同意的,你死了心吧。	Jiù nǐ yíge fǎnduì, qítā rén dōu tóngyì le. / Nà wǒ yě búhuì tóngyì de, nǐ sǐ le xīn ba.
4급	并且	bìngqiě	匪徒扑上来的时候她大喊救命并且拼命往回跑,可没跑几步就被捉住了。	Fěitú pūshànglái de shíhou tā dà hǎn jiùmìng bìngqiě pīnmìng wǎng huí pǎo, kě méi pǎo jǐbù jiù bèi zhuōzhù le.
4급	醒	xǐng	手术都过了这么长时间,他到底什么时候能醒过来? / 一会儿就会醒过来的。	Shǒushù dōu guò le zhèmecháng shíjiān, tā dàodǐ shénmeshíhou néng xǐngguolai? / Yíhuìr jiù huì xǐngguòlái de.
4급	以	yǐ	人以群分,物以类聚,怪不得你们能成为朋友。	Rényǐqúnfēn, wùyǐlèijù, guàibude nǐmen néng chéngwéi péngyou.
4급	深	shēn	注意啊,水很深。/ 放心,我游泳游得很好。	Zhùyì a, shuǐ hěn shēn. / Fàngxīn, wǒ yóuyǒng yóu de hěnhǎo.
4급	来不及	láibují	现在不走,到时候就来不及了。/ 那我们走吧。	Xiànzài bù zǒu, dàoshíhou jiù láibují le. / Nà wǒmen zǒu ba.
4급	样子	yàngzi	你看他高兴的样子。/ 看他那么高兴,我也好开心。	Nǐ kàn tā gāoxìng de yàngzi. / Kàn tā nàme gāoxìng, wǒ yě hǎo kāixīn.
4급	礼貌	lǐmào	你要讲礼貌,儿子,不能随地扔东西。/ 我知道了。	Nǐ yào jiǎng lǐmào, érzi, bùnéng suídì rēng dōngxi. / Wǒ zhīdào le.
4급	质量	zhì-liàng	数量多没用,质量才是最重要的。/ 质量也很好啊。	Shùliàng duō méiyòng, zhìliàng cái shì zuì zhòngyào de. / Zhìliàng yě hěnhǎo a.
4급	赶	gǎn	你吃得太多了,会被赶出去的。/ 自助餐厅不就是随便吃的吗?	Nǐ chī de tài duō le, huì bèi gǎnchuqu de. / Zìzhùcāntīng bújiù shì suíbiàn chī de ma?
4급	活动	huó-dòng	总在家里也不是办法,你出去活动活动,说不定儿子的工作会有着落。	Zǒng zài jiālǐ yě búshì bànfǎ, nǐ chūqù huódòng huódòng, shuōbudìng érzi de gōngzuò huì yǒu zhuóluò.
4급	骄傲	jiāo'ào	听说你儿子考上了北大,是吧? / 是啊,我挺骄傲的。	Tīngshuō nǐ érzi kǎoshàng le Běidà, shì ba? / Shì a, wǒ tǐng jiāo'ào de.

Chinese is not knowledge. It's a language!

예문	뜻	한자/한글
어린애들이나 괴롭힐 줄만 알고, 사람이 왜 그렇게 시시하니? 넌 대체 언제 철들래?	형 (누구의 말·행동 등이) 시시하다(무의미하다)	無聊 무료
너희 집 주소 좀 알려 줘봐. / 왜? 선물 보내게?	명 (누가 사는) 주소(소재지)	地址 지지
다시 만났을 때, 그들은 인사도 하지 않고, 스쳐 지나갔지.	동 (누구·무엇이 누구·무엇·어디를) 스치다(비껴가다)	擦 찰
너 오늘 몸이 이렇게 안 좋은데, 무대에 오를 수 있겠어? / 모르겠어, 이따가 다시 얘기하자.	명 ('강단·무대' 이럴 때의) 단(무대)	臺 대
제 몫은 가져갈 거예요, 당장! / 죄송합니다만, 이건 먼저 신청부터 하셔야 하고, 신청 후 또 2~3일을 기다리셔야 합니다.	양 [전체의 한 부분을 세는 단위] (몇) 조각	份 빈
너 너무 속도가 빨라, 천천히 달려! / 괜찮아, 여기는 속도 제한이 없어.	명 ('빠른 속도'·'발전 속도' 이럴 때의) 속도	速度 속도
드디어 집에 돌아왔어! / 진짜 너무 행복하다!	형 (누가 슬프거나 불행하지 않고) 행복하다	幸福 행복
그는 연기에 몰입했고요, 관객들은 열렬히 갈채를 보냈죠.	동 (무대 위에서) 공연하다·연기하다	表演 표연
설사 네가 나한테 돌아오지 않더라도, 나도 원망하지 않을 거야, 어쨌든 그땐 내기 잘못된 거니까.	접 설령 (무엇·어떠)하더라도(일지라두)	即使 즉사
그들의 그림자가 가로등 아래에서 겹쳐졌다.	동 (무엇을 위로) 겹치게 놓다·포개어 놓다	重 중
나 지갑 흘린 거 같은데. / 또야? 우선 잘 찾아봐.	동 (누가 무엇을) 잃어버리다(흘리다)	掉 도
쟤가 내 일을 자꾸 방해해서 귀찮아죽겠어. / 내가 너 대신 말해 줄게.	동 (무엇을 하는 것을) 방해하다(지장을 주다)	打擾 타요
걔는 부모님께서 돌아가신 후에, 굉장히 힘들게 지내고 있다더라.	형 (누가 삶이) 고생스럽다(힘들다)	苦 고
저희는 사진 촬영을 금지하고 있어서요, 손님 카메라 좀 넣어주시겠어요. / 아, 그래요? 알겠습니다.	동 (각종 행동을) 금지하다(불허하다)	禁止 금지

4급	无聊	wúliáo	就知道欺负小朋友，你无不无聊啊？你到底什么时候才能懂事啊？	Jiù zhīdào qīfu xiǎopéngyou, nǐ wúbuwúliáo a? Nǐ dàodǐ shénmeshíhou cáinéng dǒngshì a?
4급	地址	dìzhǐ	告诉我你的地址。/ 干嘛？要送礼物吗？	Gàosu wǒ nǐ de dìzhǐ. / Gànmá? Yào sòng lǐwù ma?
4급	擦	cā	再见面时，他们擦肩而过，没有打招呼。	Zài jiànmiàn shí, tāmen cājiānérguò, méiyǒu dǎ zhāohu.
4급	台	tái	你今天这么不舒服，能上台吗？/ 不知道，一会儿再说吧。	Nǐ jīntiān zhème bùshūfu, néng shàngtái ma? / Bùzhīdào, yíhuìr zàishuō ba.
4급	份	fèn	我要把属于我的份额提走，马上！/ 对不起，可这个需要先申请，然后还要等两三天。	Wǒ yào bǎ shǔyú wǒ de fèn'é tízǒu, mǎshàng! / Duìbuqǐ, kě zhège xūyào xiān shēnqǐng, ránhòu hái yào děng liǎngsāntiān.
4급	速度	sùdù	你速度太快了，慢点！/ 没事，这里没有速度限制。	Nǐ sùdù tài kuài le, màndiǎn! / Méishì, zhèlǐ méiyǒu sùdù xiànzhì.
4급	幸福	xìngfú	终于回到家了！/ 真的好幸福啊！	Zhōngyú huídào jiā le! / Zhēnde hǎo xìngfú a!
4급	表演	biǎoyǎn	他表演得很投入，观众都给予热烈的喝彩。	Tā biǎoyǎn de hěn tóurù, guānzhòng dōu jǐyǔ rèliè de hècǎi.
4급	即使	jíshǐ	即使你不回来，我也不会怪你的，毕竟当年是我做得不对。	Jíshǐ nǐ bùhuílái, wǒ yě búhuì guài nǐ de, bìjìng dāngnián shì wǒ zuò de búduì.
4급	重	chóng	在路灯下他们的身影重在一起。	Zài lùdēng xià tāmen de shēnyǐng chóng zài yìqǐ.
4급	掉	diào	我钱包好像掉了。/ 又来了，先好好找找吧。	Wǒ qiánbāo hǎoxiàng diào le. / Yòu lái le, xiān hǎohǎo zhǎozhǎo ba.
4급	打扰	dǎrǎo	他总打扰我工作，烦死了。/ 我帮你说说。	Tā zǒng dǎrǎo wǒ gōngzuò, fán sǐ le. / Wǒ bāng nǐ shuōshuō.
4급	苦	kǔ	他父母去世以后，听说他过得很苦。	Tā fùmǔ qùshì yǐhòu, tīngshuō tā guò de hěn kǔ.
4급	禁止	jìnzhǐ	我们禁止拍照，请把您的相机收起来。/ 哦，是吗？好的。	Wǒmen jìnzhǐ pāizhào, qǐng bǎ nín de xiàngjī shōuqǐlái. / O, shì ma? Hǎode.

Chinese is not knowledge. It's a language!

예문	품사	뜻	한자/한글
와, 난 어떻게 이런 문제도 틀리냐, 진짜 바보 같네. / 너 이제 알았냐, 너 원래 바보잖아.	부	('원래부터 똑똑했어' 이럴 때의) 본래 (원래)	本來 본래
오늘 무슨 뉴스 있어? / 오늘 한중 정상이 서울에서 회담을 했대.	동	(쌍방 또는 다자 사이에) 접촉이나 담판을 하다	對話 대화
넌 지금 게임 할 시간도 있냐? 내일모레면 수능인데. / 조금만 할게.	명	(사이사이에 남는) 시간(틈)	功夫 공부
저 사람 체중이 너의 두 배는 되는 것 같아. / 저 사람 예전에는 엄청 말랐었어.	양	('2배·5배' 이럴 때의) 배(곱)	倍 배
난 여기 남아서 너와 같이 있고 싶어. / 나 괜찮아, 넌 빨리 돌아가.	동	(누가 어디에) 머무르다(묵다)	留 류
난 영어 공부할 때, 단어 외우는 게 제일 어려운 것 같아. / 그래? 나는 문법이 제일 어렵던데.	명	[언어] 어휘(단어와 어구를 아울러 이르는 말)	詞語 사어
너 얼후 연주해봤어? / 응, 그땐 내가 아주 어렸을 때라 지금은 다 까먹었지.	동	(바이올린·얼후·가야금·고쟁 등의 악기를) 켜다(연주하다)	拉 랍
너희 둘이 경쟁해서 뭐 하냐? / 너희는 어차피 같은 팀이잖아.	동	(개인·기업·단체·국가 등이 서로) 경쟁하다	競爭 경쟁

UNIT 16

机会就像一只小鸟,
如果你不抓住, 它就会飞得无影无踪。

예문	뜻	중국어	한자
바람이 진짜 센데! / 그러게, 저 나무를 쓰러뜨려 버렸잖아!	동	(똑바로 서 있던 누구·무엇이) 넘어지다 (쓰러지다, 자빠지다)	倒 도
이곳의 건물들이 매우 낡았다는 것은, 이 건물들이 오랜 시간 동안 모진 풍파를 겪어왔음을 보여주는 것이죠.	동	(사실 등을) 증명하다(입증하다)	說明 설명
이 찐빵 얼마예요? / 고기 찐빵은 2위안, 채소 찐빵은 1위안입니다.	명	(소를 넣어 만든) 찐빵·만두	包子 포자
이제 곧 네가 무대에 오를 차례야, 준비해. / 와, 너무 긴장된다.	형	(누가 정신적으로) 긴장하다(불안하다)	緊張 긴장
더 제시할 의견 있으신가요? / 아니요, 이미 만족했습니다.	동	(의견·문제·요구사항 등을) 제시하다(제기하다)	提 제
달리치약(흑인치약)이 그렇게 유명하다는데, 써 봤어? / 쓰긴 써 봤는데, 별로 특별한 것도 없더라.	명	치약	牙膏 아고
주말에 너희 집에 가서 놀아도 돼? / 우리 집은 추수를 시작해서, 아마 많이 바쁠 거야.	동	(농작물 등을) 수확하다	收 수
학교 폭력이 점점 심해지면서, 사회적으로 큰 주목을 받게 되었습니다.	동	(누구·무엇이 사건·분쟁·전쟁 등을) 일으키다	引起 인기
전쟁은 수없이 많은 가정을 산산조각 내 버립니다.	동	(유무형의 것을) 깨다·쪼개다·파손하다·망가뜨리다	破 파
계획은 변화를 못 따라간다더니, 이번 주에 우리 상하이에 가야 될 것 같다.	명	(각종) 계획	計劃 계획

4급	本来	běnlái	哇，我连这种题都能做错，也太笨了吧。/ 你才知道啊，你本来就笨。	Wā, wǒ lián zhèzhǒngtí dōunéng zuò cuò, yě tài bènle ba. / Nǐ cái zhīdào a, nǐ běnlái jiù bèn.
4급	对话	duìhuà	今天有什么新闻吗？/ 今天中韩双方领导在首尔进行了对话。	Jīntiān yǒushénme xīnwén ma? / Jīntiān Zhōng Hán shuāngfāng lǐngdǎo zài Shǒu'ěr jìnxíng le duìhuà.
4급	功夫	gōngfu	你还有玩游戏的功夫？后天就是高考了。/ 就玩一会儿。	Nǐ háiyǒu wányóuxì de gōngfu? Hòutiān jiùshì gāokǎo le. / Jiù wán yíhuìr.
4급	倍	bèi	他的体重得有你的两倍吧。/ 他以前挺瘦的。	Tā de tǐzhòng děi yǒu nǐde liǎngbèi ba. / Tā yǐqián tǐng shòu de.
4급	留	liú	我想留在这儿陪你。/ 我没事，你赶紧回去吧。	Wǒ xiǎng liú zài zhèr péi nǐ. / Wǒ méi shì, nǐ gǎnjǐn huíqù ba.
4급	词语	cíyǔ	我觉得学英语的时候，背词语最难。/ 是吗？我觉得是语法最难。	Wǒ juéde xué Yīngyǔ de shíhou, bèi cíyǔ zuì nán. / Shì ma? Wǒ juéde shì yǔfǎ zuì nán.
4급	拉	lā	你拉过二胡吗？/ 有，那时候我很小，现在都忘了。	Nǐ lāguo èrhú ma? / Yǒu, nàshíhou wǒ hěn xiǎo, xiànzài dōu wàng le.
4급	竞争	jìngzhēng	你们俩竞争什么呀？/ 对啊，你们是一个队呀。	Nǐmen liǎ jìngzhēng shénme ya? / Duì a, nǐmen shì yígeduì ya.

기회는 새와 같다. 날아가기 전에 잡지 않으면 안 된다.

4급	倒	dǎo	风太大了吧! / 就是啊, 竟然吹倒了那棵树!	Fēng tài dà le ba! / Jiùshì a, jìngrán chuīdǎo le nàkēshù!
4급	说明	shuō-míng	这里的建筑很破旧, 说明它们经历过很长的寒暑。	Zhèlǐ de jiànzhù hěn pòjiù, shuōmíng tāmen jīnglìguò hěncháng de hánshǔ.
4급	包子	bāozi	这包子多少钱? / 肉包两块, 菜包一块。	Zhè bāozi duōshaoqián? / Ròubāo liǎngkuài, càibāo yíkuài.
4급	紧张	jǐn-zhāng	马上轮到你上台了, 准备好。 / 哇, 好紧张啊。	Mǎshàng lún dào nǐ shàngtái le, zhǔnbèi hǎo. / Wā, hǎo jǐnzhāng a.
4급	提	tí	有什么意见可以提出来。 / 没有了, 我已经很满意了。	Yǒushénme yìjiàn kěyǐ tíchūlái. / Méiyǒu le, wǒ yǐjīng hěn mǎnyì le.
4급	牙膏	yágāo	黑人牙膏可有名了, 用过吗? / 用过是用过, 也没什么特别的呀。	Hēirén yágāo kě yǒumíng le, yòngguo ma? / Yòngguo shì yòngguo, yě méishénme tèbié de ya.
4급	收	shōu	周末能去你家玩儿吗? / 我家秋收开始了, 会很忙。	Zhōumò néng qù nǐ jiā wánr ma? / Wǒjiā qiūshōu kāishǐ le, huì hěn máng.
4급	引起	yǐnqǐ	校园暴力越来越严重, 引起社会广泛的重视。	Xiàoyuán bàolì yuèláiyuè yánzhòng, yǐnqǐ shèhuì guǎngfàn de zhòngshì.
4급	破	pò	战争使多少人的家庭支离破碎。	Zhànzhēng shǐ duōshaorén de jiātíng zhīlípòsuì.
4급	计划	jìhuà	计划没有变化快, 这周我们得去趟上海了。	Jìhuà méiyǒu biànhuà kuài, zhè zhōu wǒmen děi qù tàng Shànghǎi le.

Unit 11	의사 선생님, 제 병은 어떤 상태인가요? / 상황이 좋지 않습니다, 입원하셔야 해요.	몡 (병원의) 의사	大夫 대부
Unit 12	오늘은 내가 쏜다, 다들 올 거지? / 미안, 오늘 우리 다 약속 있어.	동 (누가 다른 이들에게) 한턱내다(한턱쏘다)	請客 청객
Unit 13	왜 못 나가게 하는 거예요? / 거의 12시가 다 되어 가는데, 어딜 가려고!	동 (누가 무엇을 하는 것을) 허락하다(허가하다)	允許 윤허
Unit 14	넌 성적이 이렇게 우수하니, 하버드는 무조건 합격할 거야. / 그건 또 모르지, 하버드에 들어가려면 성적만 좋아서는 안 되니까.	형 (품행·학업·성적·기능 등이) 뛰어나다 (훌륭하다, 우수하다)	優秀 우수
Unit 15	너 오늘 무슨 약속 있어? / 있지, 너랑.	명 (누구와) 만나기로 한 약속	約會 약회
Unit 16	오늘 일이 너무 잘 풀려서, 일찍 집에 갈 수 있을 거 같은데. / 꿈 깨시지.	형 (일의 진행이) 순조롭다(잘 되어가다)	順利 순리
	쩡청은 어렸을 때부터 축구선수가 되고 싶어 했어, 오늘 그의 꿈이 실현된 거야.	동 (누가 나중에 무엇)이 되다	成爲 성위
	너 이렇게 입고 다니는 게 정상이냐? / 이걸 '개성이 있다'라고 하지.	형 (누구·무엇이) 정상적이다(제대로이다)	正常 정상
	연설문에 누락 된 부분은 제가 빠짐없이 다 고쳤습니다.	동 (글자·내용 등 무엇이) 빠지다(누락되다)	脫 탈
Unit 17	이 보고서는 그다지 상세하지가 않구나. / 그럼 저 다시 써 오겠습니다.	형 (설명·보고·이해·묘사 등이) 상세하다 (자세하다)	詳細 상세
Unit 18	네꺼 이 외투 좀 잠깐 빌릴 수 있을까? / 당연하지, 마음껏 입어.	부 ('얼마든지 말해'·'마음 놓고 써' 이럴 때 의) 얼마든지(마음 놓고)	儘管 진관
Unit 19	무슨 일을 하시는 분이세요? / 전 과학 선생님입니다.	명 과학(science)	科學 과학
	그녀는 너무 화가 나서, 그의 뺨을 힘껏 쳤고, 순간 그는 어안이 벙벙해졌다.	형 (누구·무엇의) 소리가 크다(우렁차다, 크고 힘차다)	響 향
Unit 20	오랫동안 동창들을 만나지 못하다가, 오늘 애들을 만나니까 좀 흥분돼.	동 (누가 무엇으로 인해) 감동하다	激動 격동

	汉字	拼音	例句	Pinyin
4급	大夫	dàifu	大夫, 我的病怎么样? / 情况不好, 得住院。	Dàifu, wǒ de bìng zěnmeyàng? / Qíngkuàng bùhǎo, děi zhùyuàn.
4급	请客	qǐngkè	今天我请客, 你们都会来吧? / 不好意思啊, 我们今天都有约。	Jīntiān wǒ qǐngkè, nǐmen dōu huì lái ba? / Bùhǎoyìsi a, wǒmen jīntiān dōu yǒu yuē.
4급	允许	yǔnxǔ	为什么不允许我出去? / 现在都快十二点了, 去哪儿啊!	Wèishénme bùyǔnxǔ wǒ chūqù? / Xiànzài dōu kuài shí'èr diǎn le, qù nǎr a!
4급	优秀	yōuxiù	你成绩这么优秀, 肯定能考上哈佛。 / 不一定, 进哈佛不只要成绩好。	Nǐ chéngjì zhème yōuxiù, kěndìng néng kǎoshàng Hāfó. / Bùyídìng, jìn Hāfó bù zhǐ yào chéngjì hǎo.
4급	约会	yuēhuì	你今天有什么约会吗? / 有啊, 跟你约会。	Nǐ jīntiān yǒu shénme yuēhuì ma? / Yǒu a, gēn nǐ yuēhuì.
4급	顺利	shùnlì	今天工作太顺利了, 应该能早点回家。 / 想得美啊你。	Jīntiān gōngzuò tài shùnlìle, yīnggāi néng zǎodiǎn huíjiā. / Xiǎng de měi a nǐ.
4급	成为	chéngwéi	曾诚很小就想成为一个足球选手, 如今他的梦想成真了。	Zēng Chéng hěn xiǎo jiù xiǎng chéngwéi yíge zúqiú xuǎnshǒu, rújīn tā de mèngxiǎng chéngzhēn le.
4급	正常	zhèngcháng	你穿成这样正常吗? / 这叫有个性。	Nǐ chuān chéng zhèyàng zhèngcháng ma? / Zhè jiào yǒu gèxìng.
4급	脱	tuō	演讲稿里脱漏的地方我都一一改正了。	Yǎnjiǎng gǎo lǐ tuōlòu de dìfang wǒ dōu yīyī gǎizhèng le.
4급	详细	xiángxì	这报告写得不太详细。 / 那我再写一遍吧。	Zhè bàogào xiě de bútài xiángxì. / Nà wǒ zài xiě yíbiàn ba.
4급	尽管	jǐnguǎn	能借一下你这件外套吗? / 当然可以, 尽管用。	Néng jiè yíxià nǐ zhèjiàn wàitào ma? / Dāngrán kěyǐ, jǐnguǎn yòng.
4급	科学	kēxué	您是做什么的? / 我是科学老师。	Nín shì zuò shénme de? / Wǒ shì kēxué lǎoshī.
4급	响	xiǎng	她气极了, 给了他一记响亮的耳光, 把他打蒙了。	Tā qì jí le, gěi le tā yíjì xiǎngliàng de ěrguāng, bǎ tā dǎ mēng le.
4급	激动	jīdòng	好久没见这些同学, 今天见到他们有些激动。	Hǎojiǔ méi jiàn zhèxiē tóngxué, jīntiān jiàndào tāmen yǒuxiē jīdòng.

Unit	예문	뜻	한자
Unit 11	이 옷 단추 떨어졌어. / 나 줘, 내가 가서 수선해다 줄게.	동 (무엇을) 수리하다(고치다, 수선하다)	收拾 수습
Unit 12	요즘 한국은 공기가 안 좋아. / 그러게, 다 미세먼지 때문이야.	명 ('신선한 공기'·'공기오염' 이럴 때의) 공기	空氣 공기
Unit 13	너 오늘 쓰레기 버렸어? / 쓰레기는 수요일에 수거하잖아, 오늘은 화요일이야.	동 (쓰레기를) 버리다	扔 잉
Unit 13	어제 신정이었잖아, 너 뭐 했어? / 나 해돋이를 보러 갔는데, 경치 진짜 죽이더라.	명 (산·바다·전원·도시 등의) 경치(풍경)	景色 경색
Unit 14	요즘은 보통 다들 열쇠를 사용하지 않는데, 넌 나에게 열쇠고리를 주네. / 네 가방에 걸어도 예뻐.	명 (문·자물쇠 등을 여는) 열쇠	鑰匙 약시
Unit 15	걔가 올지 안 올지 아직 확실하지 않아. / 그럼 어떻게 해? 우리 계속 걔를 기다려야 해?	형 (무엇이) 확실하다(분명하다)	肯定 긍정
Unit 15	넌 너무 행동이 굼떠! / 이게 느리다고? 내가 도대체 얼마나 빨라야 하는 거야!	명 (누구의) 동작(행동)	動作 동작
	그녀는 자연스럽게 그의 외투를 받아서 거는데, 마치 수백 번은 해본 것 같았다.	형 (누구·무엇이 어색하지 않고) 자연스럽다(꾸밈이 없다)	自然 자연
Unit 16	걔 로또 당첨돼서, 순식간에 백만장자가 됐어! / 그래? 걔보고 우리한테 한턱내라고 하자.	형 (누가) 부유하다(잘살다)	富 부
Unit 17	그 책은 두께가 어느 정도 돼? / 대략 5cm 쯤 될걸?	명 (무엇의) 두께	厚 후
Unit 18	모두 다 오셨죠? 그럼 모두 자리에 앉아, 회의를 시작합시다.	명 (주로 공공장소에서의) 자리(좌석)	座 좌
Unit 19	오늘 우리가 간 식당 어땠어? / 괜찮았는데, 조금 비싸긴 했어.	명 (호텔·역·공항 등의) 식당	餐廳 찬청
Unit 19	저는 귀사의 요구 조건에 꼭 부합하도록 하겠습니다, 기회를 한 번만 주십시오.	명 (요구하는) 조건(기준)	條件 조건
Unit 20	쟨 성질이 더러워서, 분명히 여자친구도 없을 거야. / 쟤 이미 결혼 했어.	명 (각 개인의) 성질(기질, 성격)	脾氣 비기

4급	收拾	shōushi	这衣服扣子掉了。/ 给我，我给你收拾收拾。	Zhè yīfu kòuzi diào le. / Gěi wǒ, wǒ gěi nǐ shōushishōushi.
4급	空气	kōngqì	最近韩国的空气不好。/ 对啊，是因为雾霾。	Zuìjìn Hánguó de kōngqì bùhǎo. / Duìa, shì yīnwèi wùmái.
4급	扔	rēng	今天你扔垃圾了吗？/ 星期三收垃圾，今天星期二。	Jīntiān nǐ rēng lājī le ma? / Xīngqīsān shōu lājī, jīntiān xīngqī'èr.
4급	景色	jǐngsè	昨天是元旦，你干什么了？/ 我去看日出，景色可美了。	Zuótiān shì Yuándàn, nǐ gànshénme le? / Wǒ qù kàn rìchū, jǐngsè kě měi le.
4급	钥匙	yàoshi	现在一般都不用钥匙，你还送我钥匙环。/ 你挂在包上也好看。	Xiànzài yìbān dōu búyòng yàoshi, nǐ hái sòng wǒ yàoshihuán. / Nǐ guà zài bāo shàng yě hǎokàn.
4급	肯定	kěndìng	他来不来还不肯定。/ 那怎么办？我们继续等他吗？	Tā láibulái hái bùkěndìng. / Nà zěnmebàn? Wǒmen jìxù děng tā ma?
4급	动作	dòngzuò	你动作太慢了！/ 这还慢啊？到底要我多快啊！	Nǐ dòngzuò tài màn le! / Zhè hái màn a? Dàodǐ yào wǒ duō kuài a!
4급	自然	zìrán	她很自然地接过他的外套挂了起来，仿佛做过几百次。	Tā hěn zìránde jiēguò tā de wàitào guà le qǐlái, fǎngfú zuòguò jǐbǎi cì.
4급	富	fù	他中彩票了，一下子成了百万富翁。/ 是吗？让他请我们吃饭。	Tā zhòng cǎipiào le, yíxiàzi chéng le bǎiwànfùwēng. / Shì ma? Ràng tā qǐng wǒmen chīfàn.
4급	厚	hòu	你那本书有多厚？/ 大概5厘米吧。	Nǐ nàběnshū yǒu duō hòu? / Dàgài 5 límǐ ba.
4급	座	zuò	人都到齐了吧？那请大家就座，我们开始开会。	Rén dōu dào qí le ba? Nà qǐng dàjiā jiù zuò, wǒmen kāishǐ kāihuì.
4급	餐厅	cāntīng	今天我们去的餐厅怎么样？/ 挺好的，就是有点儿贵。	Jīntiān wǒmen qù de cāntīng zěnmeyàng? / Tǐnghǎode, jiùshì yǒudiǎnr guì.
4급	条件	tiáojiàn	我一定会达到你们的条件要求，请给我一次机会。	Wǒ yídìng huì dádào nǐmen de tiáojiàn yāoqiú, qǐng gěi wǒ yícì jīhuì.
4급	脾气	píqi	他脾气那么差，肯定没有女朋友。/ 他都已经结婚了。	Tā píqi nàme chà, kěndìng méiyǒu nǚpéngyou. / Tā dōu yǐjīng jiéhūn le.

Chinese is not knowledge. It's a language!

Unit	예문	뜻	한자
Unit 11	난 대체 어떻게 해야 할지 모르겠어, 너 혹시 좋은 생각 있어? / 내게 좀 더 생각할 시간을 줘.	명 (무엇을 하는 방법으로서의) 아이디어 (생각)	主意 주의
Unit 12	확실한 증거 있나요? 이 일은 보통 일이 아닙니다. / 제 두 눈으로 똑똑히 봤어요.	형 (무엇이) 확실하다(믿을 만하다)	確實 확실
Unit 13	이렇게 많이 썼더니, 나 손에 감각이 없다. / 그러면 좀 쉬어.	명 ('감각이 없다'·'느낌이 안 좋아' 이럴 때의) 느낌(감각)	感覺 감각
Unit 14	이 소설은 내용이 뭐야? 요약해줄 수 있어? / 네가 직접 봐.	명 (각종) 내용	內容 내용
Unit 15	너한테 10위안을 주면 충분해? / 이런 짠돌이 자식, 5명이 먹는데 10위안 가지고 되겠냐?	동 (돈·시간·양 등이) 충분하다(넉넉하다)	夠 구
Unit 16	이 원고 내용은 아직도 너무 산만해, 가지고 가서 수정해 와. / 또 고치라고요?	형 (어디·무엇이) 어지럽다(어수선하다)	亂 란
	너 같이 무례한 사람이 제일 싫어!	형 (누가) 얄밉다(꼴 보기 싫다)	討厭 토염
	너 또 기침을 하네, 감기 걸렸나 보다. / 어떡해, 나 내일 출장 가는데?	동 (누가) 기침을 하다	咳嗽 해수
	넌 무슨 운동을 제일 잘해? / 난 테니스를 제일 잘 쳐.	명 [체육] 테니스·테니스공	網球 망구
Unit 17	둘째 줄과 첫째 줄 간격 좀 넓혀 봐. / 이 정도면 될까?	동 (거리·간격이) 벌어지다(떨어지다)	拉 랍
Unit 18	이론은 실제와 연계되어야만 가치가 있는 거야. / 그럼 우리 나가서 수업해요, 선생님.	동 (누구·무엇과) 연관하다(결부하다, 연계하다)	聯繫 련계
	지금 뭐 해? / 책 보고 있어, 방해하지 마.	동 (누가 무엇을) 하다	幹 간
Unit 19	너는 보통 어디에서 머리를 잘라? / 평소엔 엄마가 잘라 주셔요.	동 (누가) 이발을 하다(머리를 자르다)	理髮 리발
Unit 20	너 과자 먹을래? / 아니 됐어, 나 방금 밥 먹었어.	부 ('방금 왔어요' 이럴 때의) 방금(막)	剛, 剛剛 강, 강강

	단어	병음	예문	병음
4급	主意	zhǔyi	我不知道该怎么做，你有什么好主意吗？ / 让我想会儿吧。	Wǒ bùzhīdào gāi zěnmezuò, nǐ yǒushénme hǎo zhǔyi ma? / Ràng wǒ xiǎnghuìr ba.
4급	确实	quèshí	你有确实的证据吗？这事非同小可。/ 我亲眼所见。	Nǐ yǒu quèshí de zhèngjù ma? zhèshì fēitóngxiǎokě. / Wǒ qīnyǎnsuǒjiàn.
4급	感觉	gǎnjué	写了这么多，我手都没感觉了。/ 那就休息一下吧。	Xiěle zhème duō, wǒ shǒu dōu méi gǎnjué le. / Nà jiù xiūxi yíxià ba.
4급	内容	nèiróng	这本小说的内容是什么？能给我讲一下吗？/ 你自己看嘛。	Zhèběnxiǎoshuō de nèiróng shì shénme? Néng gěi wǒ jiǎng yíxià ma? / Nǐ zìjǐ kàn ma.
4급	够	gòu	给你十块钱够不？/ 你个吝啬鬼，五个人吃饭十块钱怎么能够！	Gěi nǐ shíkuài qián gòubu? / Nǐ ge lìnsèguǐ, wǔgerén chīfàn shíkuàiqián zěnménggòu!
4급	乱	luàn	这稿子内容还是太乱了，拿回去修改。/ 又改啊？	Zhè gǎozi nèiróng háishi tài luàn le, náhuíqù xiūgǎi. / Yòu gǎi a?
4급	讨厌	tǎoyàn	像你这种没礼貌的人最让人讨厌！	Xiàng nǐ zhèzhǒng méi lǐmào de rén zuì ràng rén tǎoyàn!
4급	咳嗽	késou	你又咳嗽，一定是感冒了。/ 怎么办，我明天出差呢。	Nǐ yòu késou, yídìng shì gǎnmào le. / Zěnmebàn, wǒ míngtiān chūchāi ne.
4급	网球	wǎngqiú	你最擅长什么运动？/ 我最擅长打网球。	Nǐ zuì shàncháng shénme yùndòng? / Wǒ zuì shàncháng dǎ wǎngqiú.
4급	拉	lā	第二排和第一排把距离拉开点儿。/ 这样够了吗？	Dì'èr pái hé dìyī pái bǎ jùlí lā kāidiǎnr. / Zhèyàng gòu le ma?
4급	联系	liánxì	理论只有联系实际才有价值。/ 那我们出去上课吧，老师。	Lǐlùn zhǐyǒu liánxì shíjì cái yǒu jiàzhí. / Nà wǒmen chūqù shàngkè ba, lǎoshī.
4급	干	gàn	你在干什么？/ 我在看书，别打扰我。	Nǐ zài gànshénme? / Wǒ zài kànshū, bié dǎrǎo wǒ.
4급	理发	lǐfà	你一般去哪儿理发？/ 平时都是妈妈给我剪。	Nǐ yìbān qù nǎr lǐfà? / Píngshí dōu shì māma gěi wǒ jiǎn.
4급	刚, 刚刚	gāng, gānggāng	你要吃饼干吗？/ 不了，我刚吃完饭。	Nǐ yào chī bǐnggān ma? / Bùle, wǒ gāng chīwán fàn.

Chinese is not knowledge. It's a language!

Unit	예문	품사	뜻	한자
Unit 11	이건 저희 선물입니다, 받아주세요. / 고맙네!	동	(누가 의견·초청·선물·조건 등을) 받아들이다(수락하다)	接受 접수
Unit 12	요즘 장사가 너무 잘 돼, 우리 분점 하나 내자. / 좋지, 어디에 오픈하는 게 좋을까?	형	(가게·회사 등이) 번창하다	火 화
Unit 13	어제 꿈에서, 나 밤새도록 에어컨을 켰어. / 너 춥지 않든?	명	(사람이 잘 때 꾸는) 꿈	夢 몽
Unit 13	걔가 요즘 잘나가서, 나도 덕을 상당히 보고 있어. / 그러게, 걔가 이렇게 잘 될 줄 누가 알았겠어.	명	[비유] ('네 덕 좀 보자'·'이익을 보다' 이럴 때의) 덕·이득(이익)	光 광
Unit 14	이분은 부상이 너무 심각해서, 바로 수술을 해야 합니다.	형	(정세·추세·정황 등이) 심각하다(중대하다)	嚴重 엄중
Unit 15	농담일 뿐이야, 야 너 화내지 마. / 넌 그걸 농담이라고 하니?	동	(누구에게) 농담하다(장난 치다)	開玩笑 개완소
Unit 15	소리 좀 낮춰, 다들 공부하잖아. / 알았어.	형	(음성·소리가) 낮다·작다	低 저
Unit 16	이번 일은 저희가 정말 죄송합니다, 저희는 모든 결과를 책임질 용의가 있습니다.	부	('매우 슬프게 생각해'·'대단히 미안하게 생각해' 이럴 때의) 매우(대단히)	深 심
Unit 16	여기 진짜 시원하다, 너무 좋아. / 이런 날엔 에어컨 없으면 절대 못 살지.	형	(누가·어디가) 시원하다(서늘하다)	涼快 량쾌
Unit 17	언젠가 나는 지구를 떠날 거야. / 뭐야, 네 고향 화성이 그리워졌어?	명	[천문] (우리가 사는 행성인) 지구	地球 지구
Unit 18	수요일에 보기로 한 거 아니었어? 왜 또 미루는 거야? / 회사에서 갑자기 나한테 출장을 가래.	동	(무엇의 시간·기한 등을 나중으로) 미루다(연기하다)	推遲 추지
Unit 18	너희 전에는 어떻게 연락했어? / 이메일로 했어.	동	(누가 서로) 교류하다(소통하다)	交流 교류
Unit 19	기다려, 이 방법은 안 통할 거야. / 그럼 다른 방법은 있어?	명	(각종) 방법(수단)	方法 방법
Unit 20	걔는 타로를 볼 줄 아는데, 걔가 올해 나한테 연애운이 있다네.	동	(누가 무엇을) 추측하다	算 산

	词	拼音	例句(中)	例句(拼音)
4급	接受	jiēshòu	这是我们的礼物,请您接受。/ 谢谢!	Zhèshì wǒmen de lǐwù, qǐng nín jiēshòu. / Xièxie!
4급	火	huǒ	最近生意特别火,咱们开家分店吧。/ 好啊,在哪儿开好呢?	Zuìjìn shēngyi tèbié huǒ, zánmen kāi jiā fēndiàn ba. / Hǎo a, zài nǎr kāi hǎo ne?
4급	梦	mèng	昨天梦里,我开了一整晚的空调。/ 你不冷啊?	Zuótiān mèng lǐ, wǒ kāi le yìzhěngwǎn de kōngtiáo. / Nǐ bùlěng a?
4급	光	guāng	他现在飞黄腾达了,连我也沾了不少光。/ 是啊,谁能想到他这么有出息。	Tā xiànzài fēihuángténgdá le, lián wǒ yě zhān le bùshǎo guāng. / Shì a, shéi néng xiǎngdào tā zhème yǒuchūxi.
4급	严重	yán-zhòng	他的伤势非常严重,我们必须马上给他动手术。	Tā de shāngshì fēicháng yánzhòng, wǒmen bìxū mǎshàng gěi tā dòngshǒushù.
4급	开玩笑	kāiwán-xiào	只是开个玩笑,你别生气嘛。/ 你这叫开玩笑?	Zhǐshì kāi ge wánxiào, nǐ bié shēngqì ma. / Nǐ zhè jiào kāiwánxiào?
4급	低	dī	声音低一点,都在学习呢。/ 知道了。	Shēngyīn dī yìdiǎn, dōu zài xuéxí ne. / Zhīdào le.
4급	深	shēn	对于这件事我们深表歉意,我们愿意承担所有后果。	Duìyú zhèjiànshì wǒmen shēnbiǎoqiànyì, wǒmen yuànyì chéngdān suǒyǒu hòuguǒ.
4급	凉快	liáng-kuai	这儿好凉快,太舒服了。/ 这天儿,没空调绝对活不了。	Zhèr hǎo liángkuai, tài shūfu le. / Zhè tiānr, méi kōngtiáo juéduì huóbuliǎo.
4급	地球	dìqiú	总有一天我会离开地球的。/ 怎么了,想你老家火星了?	Zǒngyǒuyìtiān wǒ huì líkāi dìqiú de. / Zěnmele, xiǎng nǐ lǎojiā huǒxīng le?
4급	推迟	tuīchí	不是说星期三见面吗?怎么又推迟了?/公司临时安排我出差。	Búshì shuō xīngqīsān jiànmiàn ma? Zěnme yòu tuīchí le? / Gōngsī línshí ānpái wǒ chūchāi.
4급	交流	jiāoliú	你们之前是怎么交流的?/ 用电子邮件。	Nǐmen zhīqián shì zěnme jiāoliú de? / Yòng diànzǐyóujiàn.
4급	方法	fāngfǎ	等等,这方法行不通的。/ 那你有别的主意吗?	Děngděng, zhè fāngfǎ xíngbutōng de. / Nà nǐ yǒu biéde zhǔyi ma?
4급	算	suàn	他会算塔罗牌,他算出今年我有桃花运。	Tā huì suàn Tǎluópái, tā suànchū jīnnián wǒ yǒu táohuāyùn.

Chinese is not knowledge. It's a language!

Unit 11	걔내 국제선 타고 가는 거야? / 광저우 가는 데 무슨 국제선을 타.	명 ('국제협정·국제통화·국제관계' 이럴 때의) 국제	國際 국제
Unit 12	그 친구는 어렸을 때 부모님을 잃었대, 정말 안됐어. / 그러게, 그럼 우리가 그 친구 좀 도와줄까?	형 (누가) 가련하다(불쌍하다)	可憐 가련
Unit 13	자, 노래 한 곡 불러서 분위기 좀 띄워 보자! / 좋아!	동 (누가) 떠들썩하게(즐겁게) 놀다	熱鬧 열료
Unit 14	이 빈칸 채우기 문제는 하나도 어렵지 않아. / 누가 그래?	동 (괄호 넣기·빈칸 넣기 시험 문제에서) 괄호를 채우다(빈칸에 써넣다)	填空 전공
Unit 15	네가 뭔가 오해가 있는 것 같은데, 내가 설명할게. / 설명할 게 뭐가 있어, 나 듣고 싶지 않아.	명 (누구·무엇에 대한) 오해	誤會 오회
Unit 15	너 지금 나 의심하는 거야? / 너 말고 또 누가 있어?	동 (누구·무엇을) 의심하다	懷疑 회의
	그 집 아들이 학교에서 우리 딸을 놀렸대요. / 정말요? 너무 죄송합니다.	동 (누가 다른 사람을) 희롱하다(놀리다, 농락하다)	弄 농
Unit 16	이 옷 너무 비싸, 이렇게 큰돈을 주고 살만한 가치가 있을까? / 가치가 있지, 다 그만한 값어치를 하는 거야.	동 (무엇을) 할 만한 가치가 있다	值得 치득
Unit 16	너 손 되게 더럽다, 가서 좀 씻고 와. / 물티슈로 닦으면 돼.	형 (누구·무엇·어디가 청결하지 않고) 더럽다(지저분하다)	髒 장
Unit 17	나 배고파 죽을 거 같아, 먹을 거 뭐 있어? / 기다려, 금방 밥해줄게.	형 ('배고파 죽겠다' 이럴 때처럼, 어떤 상태가) 극에 달하다	死 사
Unit 18	서양인들은 일반적으로 동양인의 체격이 작다고 생각하는데, 지금은 동양인들도 키가 전보다 많이 커졌다.	형 ('보편적인 현상'·'보편성'·'널리 유행하다' 이럴 때의) 보편적인(일반적인)	普遍 보편
Unit 19	너처럼 하면, 틀림없이 사람들한테 웃음거리가 될 거야. / 상관없어.	동 (누가 타인을) 비웃다	笑話 소화
Unit 19	왜? 무슨 일 있어? / 일자리를 못 구해서, 너무 고민이야.	형 (누가 무슨 일에 대해) 번뇌하다(고민하다, 걱정하다)	煩惱 번뇌
Unit 20	너 내 발을 밟았어! 아파. / 미안해, 일부러 그런 거 아니야.	형 (누가 어떤 행동을) 고의로(일부러)	故意 고의

	词	拼音	例句（中）	例句（拼音）
4급	国际	guójì	他坐国际航班吗？/ 去广州还坐什么国际航班啊。	Tā zuò guójì hángbān ma? / Qù Guǎngzhōu hái zuò shénme guójì hángbān a.
4급	可怜	kělián	他从小就失去了父母，真可怜。/ 对啊，要不我们去帮他？	Tā cóngxiǎo jiù shīqù le fùmǔ, zhēn kělián. / Duì a, yàobù wǒmen qù bāng tā?
4급	热闹	rènao	来，咱们唱首歌热闹一下！/ 好啊！	Lái, zánmen chàngshǒugē rènao yíxià! / Hǎo a!
4급	填空	tiánkòng	这填空题一点都不难。/ 谁说的？	Zhè tiánkòng tí yìdiǎn dōu bùnán. / Shéi shuō de?
4급	误会	wùhuì	你对我好像有点误会，我可以跟你解释。/ 有什么好解释的，我不想听。	Nǐ duì wǒ hǎoxiàng yǒudiǎn wùhuì, wǒ kěyǐ gēn nǐ jiěshì. / Yǒushénme hǎo jiěshì de, wǒ bùxiǎng tīng.
4급	怀疑	huáiyí	你现在在怀疑我吗？/ 不是你还有谁？	Nǐ xiànzài zài huáiyí wǒ ma? / Búshì nǐ háiyǒu shéi?
4급	弄	nòng	你的孩子今天在学校戏弄了我女儿。/ 是吗？真的很抱歉。	Nǐ de háizi jīntiān zài xuéxiào xìnòng le wǒ nǚ'ér. / Shì ma? Zhēnde hěn bàoqiàn.
4급	值得	zhídé	这衣服太贵了，花这么多钱买值得吗？/ 值得啊，一分钱一分货嘛。	Zhè yīfu tài guì le, huā zhème duō qián mǎi zhídé ma? / Zhídé a, yìfēnqiányìfēnhuò ma.
4급	脏	zāng	你手好脏啊，快去洗洗。/ 用湿巾擦擦就行。	Nǐ shǒu hǎozāng a, kuài qù xǐxǐ. / Yòng shījīn cācā jiù xíng.
4급	死	sǐ	我都快饿死了，有吃的吗？/ 等等，马上给你做饭。	Wǒ dōu kuài è sǐ le, yǒu chīde ma? / Děngděng, mǎshàng gěi nǐ zuò fàn.
4급	普遍	pǔbiàn	西方人普遍认为东方人体格比较小，但现在东方人的个子比以前高多了。	Xīfāngrén pǔbiàn rènwéi dōngfāng rén tǐgé bǐjiào xiǎo, dàn xiànzài dōngfāngrén de gèzi bǐ yǐqián gāo duōle.
4급	笑话	xiàohua	像你这样，肯定会被人笑话的。/ 我不在乎。	Xiàng nǐ zhèyàng, kěndìng huì bèi rén xiàohua de. / Wǒ búzàihu.
4급	烦恼	fánnǎo	怎么了？有事儿吗？/ 找不到工作，真让我烦恼。	Zěnmele? Yǒushìr ma? / Zhǎobudào gōngzuò, zhēn ràng wǒ fánnǎo.
4급	故意	gùyì	你踩到我脚了！好痛啊。/ 不好意思，我不是故意的。	Nǐ cǎidào wǒ jiǎo le! Hǎo tòng a. / Bùhǎoyìsi, wǒ búshì gùyì de.

Chinese is not knowledge. It's a language!

Unit	예문	품사 / 뜻	한자
Unit 11	내가 한 일은 내가 책임져요, 얘랑 상관없어요. / 알고 보니 네가 시킨 거였구나!	동 (누가 무엇을) 받아들이다(감당하다)	當 당
Unit 12	내일 나 명동에 쇼핑하러 가. / 길 잃지 않게 조심해.	동 (누가 길에서·어디를 가다가) 길을 잃다	迷路 미로
Unit 13	우리 수업 때 이 문제 다뤘잖아. / 그랬어? 우리 평소에 정보 공유 좀 많이 하자.	명 ('정보전달·정보기술' 이럴 때의) 정보	信息 신식
Unit 13	학습 성적 외에, 부모님은 아이들의 인성교육도 중시해야 합니다.	동 (누구·무엇의 어떤 점을) 중시하다	重視 중시
Unit 14	서점에서 뭐 사려고? / 신문 사려고, 나는 아직은 신문 보는 게 익숙하거든.	양 [신문·문건 등을 세는 단위] (몇) 부·통·권	份 빈
Unit 15	용건 없으면 전화하지 마, 나 바빠!	동 전화를 걸다 (주의: '전화를 끊다'라는 뜻도 가짐)	掛 괘
Unit 15	이번 일은 그 사람과는 상관이 없습니다. / 그럼 그 사람은 왜 잡혀간 거죠?	전 (누구·무엇) 과(와)	與 여
Unit 16	쟤 완전 사기꾼이야! / 무슨 일 있었어?	부 ('완전히 다르다'·'전부 다 사기야' 이럴 때의) 완전히(전부)	完全 완전
Unit 16	10위안 여기 있습니다. / 1위안짜리는 없으신가요? 저 거스름돈 드릴 돈이 없네요.	명 (물건을 사고 남은) 잔돈(거스름돈)	零錢 령전
Unit 17	들었어? 리징이 울면서 매니저한테 그만두겠다고 했대. / 뭐? 이게 도대체 어떻게 된 일이야? 어제만 해도 별일 없었잖아.	부 ('도대체 문제가 뭐야?' 이럴 때의) 도대체	究竟 구경
Unit 18	그의 재능은 모든 사람을 놀라게 해서, 학교에서는 파격적으로 그를 합격시키기로 했지.	접 [결과를 나타내어] 그러므로(그래서, 이로 인해서)	因此 인차
Unit 19	아이들은 어렸을 때부터 좋은 습관을 길러야 해, 안 그러면 커서는 고치기 힘들어.	동 (인격·습관 등을) 양성하다(기르다)	養成 양성
Unit 19	어쩜 이렇게 부주의하니! 애들 다치면 어떡하려고! / 죄송합니다, 다음엔 주의할게요.	형 (누가 세심하지 못해) 소홀하다(부주의하다)	粗心 조심
Unit 20	네가 올 수 있다면, 더할 나위 없이 좋을 텐데. / 죄송해요, 그날 제가 일이 있어서, 못 갈 것 같아요.	접미사 [형용사 뒤에 붙어 정도가 대단히 높음을 나타내어] 대단히(몹시)	不過 불과

	단어	병음	예문	병음
4급	当	dāng	一人做事一人当, 这事跟他没关系。/ 原来是你指使的!	Yì rén zuò shì yì rén dāng, zhè shì gēn tā méi guānxi. / Yuánlái shì nǐ zhǐshǐ de!
4급	迷路	mílù	明天我去明洞逛街。/ 小心别迷路。	Míngtiān wǒ qù Míngdòng guàngjiē. / Xiǎoxīn bié mílù.
4급	信息	xìnxī	我们在课堂上做过这道题。/ 有吗? 我们平时多交流一些信息吧。	Wǒmen zài kètáng shàng zuòguo zhèdàotí. / Yǒu ma? Wǒmen píngshí duō jiāoliú yìxiē xìnxī ba.
4급	重视	zhòngshì	除了学习成绩之外, 父母也要重视孩子们的思想品德教育。	Chúle xuéxí chéngjì zhīwài, fùmǔ yě yào zhòngshì háizimen de sīxiǎng pǐndé jiàoyù.
4급	份	fèn	你来书店买什么啊? / 买份报纸, 我还是比较习惯看报纸。	Nǐ lái shūdiàn mǎi shénme a? / Mǎi fèn bàozhǐ, wǒ háishi bǐjiào xíguàn kàn bàozhǐ.
4급	挂	guà	没事别给我挂电话, 忙着呢!	Méishì bié gěi wǒ guà diànhuà, máng zhe ne!
4급	与	yǔ	这事与他无关。/ 那他干嘛被抓走了?	Zhè shì yǔ tā wúguān. / Nà tā gàn má bèi zhuā zǒu le?
4급	完全	wánquán	他完全是个骗子! / 发生什么事了?	Tā wánquán shìge piànzi! / Fāshēng shénme shì le?
4급	零钱	língqián	给你10块。/ 有一块的吗? 我找不开零钱。	Gěi nǐ 10 kuài. / Yǒu yíkuài de ma? Wǒ zhǎobukāi língqián.
4급	究竟	jiūjìng	你听说了吗? 李静哭着跟经理说要辞职。/ 啊? 这究竟怎么回事啊? 昨天还好好的。	Nǐ tīngshuō le ma? Lǐ Jìng kū zhe gēn jīnglǐ shuō yào cízhí. / Á? Zhè jiūjìng zěnmehuíshì a? Zuótiān hái hǎohǎode.
4급	因此	yīncǐ	他的表现让人眼前一亮, 因此学校决定破格录取他。	Tā de biǎoxiàn ràng rén yǎnqiányíliàng, yīncǐ xuéxiào juédìng pògé lùqǔ tā.
4급	养成	yǎngchéng	孩子从小就得养成好习惯, 不然大了不好改。	Háizi cóngxiǎo jiù děi yǎngchéng hǎo xíguàn, bùrán dà le bùhǎo gǎi.
4급	粗心	cūxīn	你怎么这么粗心啊! 要是伤到孩子怎么办! / 对不起, 我下次会注意的。	Nǐ zěnme zhème cūxīn a! Yàoshi shāng dào háizi zěnmebàn! / Duìbuqǐ, wǒ xiàcì huì zhùyì de.
4급	不过	búguò	要是你能来, 就再好不过了。/ 对不起, 那天我有事, 去不了。	Yàoshi nǐ néng lái, jiù zàihǎobúguò le. / Duìbuqǐ, nàtiān wǒ yǒu shì, qùbuliǎo.

Chinese is not knowledge. It's a language!

예문	뜻	한자
이제 기차 출발 시간까지 1시간밖에 안 남았어. / 그럼 출발하자.	동 (어떤 장소·시간으로부터) 떨어지다(사이를 두다)	距離 거리
장용은 아주 무시무시한 사람이니, 건드리지 않는 게 좋아. / 괜찮아, 걔 내 동생이야.	형 (동물·사람이 성격이나 본능적으로) 사납다(무섭다)	厲害 려해
비도 그쳤으니까, 네가 강아지 데리고 산책 좀 나가라.	동 ('거기 서봐'·'비 그쳤어'·'지급을 중단하다' 이럴 때의) 멈추다(정지하다, 중지하다)	停 정
우리 이 속도면 언제쯤 도착할 수 있나요? / 10시쯤이면 도착합니다.	명 ('10개쯤·26세쯤' 이럴 때의) 쯤(가량, 내외)	左右 좌우
우리 30분 일찍 퇴근하는 거 어때요? / 좋아, 다들 퇴근 준비 해!	동 (예정된 시간·기한을) 앞당기다	提前 제전
아들아, 집에 과자가 없다, 가서 좀 사 와. / 돈은 어디 있어?	명 (각종) 비스킷·과자	餅乾 병간
땅 위에 깃털이 왜 이렇게 많지? / 지금이 새들이 딱 털갈이를 하는 철이야.	명 ('돼지털·오리털' 등 동물의) 털·깃털	毛 모
이거 약간 짠데? / 나 소금 별로 안 넣었어.	부 ('약간 춥네요'·'조금 천천히'·'다소 문제가 있네요' 이럴 때의) 약간(다소, 조금)	稍微 초미

4급	距离	jùlí	现在距离火车出发时间只剩一个小时了。/ 那我们出发吧。	Xiànzài jùlí huǒchē chūfā shíjiān zhǐ shèng yíge xiǎoshí le. / Nà wǒmen chūfā ba.
4급	厉害	lìhai	张永很厉害，最好别去惹他。/ 没事，他是我弟弟。	Zhāng yǒng hěn lìhai, zuìhǎo bié qù rě tā. / Méishì, tā shì wǒ dìdi.
4급	停	tíng	雨停了，你带着狗出去走走吧。	Yǔ tíng le, nǐ dàizhe gǒu chūqù zǒuzǒu ba.
4급	左右	zuǒyòu	我们这速度什么时候能到啊？/ 十点左右就能到。	Wǒmen zhè sùdù shénmeshíhou néng dào a? / Shídiǎn zuǒyòu jiù néng dào.
4급	提前	tíqián	要不我们提前半小时下班？/ 好，大家准备下班吧！	Yàobù wǒmen tíqián bàn xiǎoshí xiàbān? / Hǎo, dàjiā zhǔnbèi xiàbān ba!
4급	饼干	bǐnggān	儿子，家里没饼干吃了，去买点吧。/ 钱在哪儿？	Érzi, jiālǐ méi bǐnggān chī le, qù mǎidiǎn ba. / Qián zài nǎr?
4급	毛	máo	地上怎么这么多羽毛？/ 现在正是鸟类换毛的季节。	Dìshàng zěnme zhème duō yǔmáo? / Xiànzài zhèng shì niǎolèi huànmáo de jìjié.
4급	稍微	shāowēi	这汤稍微有点儿咸。/ 我没放多少盐啊。	Zhè tāng shāowēi yǒudiǎnr xián. / Wǒ méi fàng duōshǎo yán a.

UNIT 17

"不可能"只是不想竭尽全力的借口。

상대방이 하는 말을 잘 분석하기 위해서는, 핵심을 파악해야 합니다.	명 (무엇의) 중점(핵심)	重點 중점
걔 요즘 박사 논문 쓰느라, 엄청 바빠. / 그럼 이번 모임에는 부르지 말자.	명 ('학사·석사·박사' 이럴 때의) 박사	博士 박사
이 쓰레기 같은 규칙은 누가 정한 거야! / 나도 몰라, 오래전부터 있던 거야.	동 ('정해진 시간·정해진 규칙' 이럴 때의) 정하다(규정하다)	規定 규정
너 이 소설의 작가가 누군지는 아니? / 누구야?	명 (책·소설 등의) 저자(작가)	作者 작자
너 자세히 봐봐, 저거 양양 아니야? / 진짜 양양이네.	형 ('꼼꼼하게 확인하다'·'세심하게 고려하다' 이럴 때의) 세심히다(꼼꼼하디)	仔細 자세
작은 악이라도 행하지 말고, 작은 선일지라도 행하라. (악이 작다 하여 해서는 안 되고, 선이 작다 하여 하지 않아서는 안 된다.)	전 (무엇) 때문에	以 이
실례지만 여기 판매원 어디 가셨죠? / 아, 저예요.	명 (가게·마트 등의) 판매원(점원)	售貨員 수화원
원래 이렇게 처리해야 했던 건데, 당신들이 처음부터 잘못한 겁니다. / 정말 죄송합니다.	부 ('응당 이렇게 처리해야 한다' 이럴 때의) 마땅히(응당, 원래)	本來 본래
나는 꼭 자초지종을 다 밝혀내고 말 거야, 리리 불러 와! / 선생님, 이건 리리랑은 상관없는 일입니다.	명 (무엇의) 내막(속사정)	底 저
이 책은 내용이 좀 심오한데다, 이해하기 어렵지만, 전문성은 매우 좋아.	형 (뜻·함의 등이) 심오하다(어렵다)	深 심

> '불가능'이란 노력하지 않는 자의 변명일 뿐이다.

4급	重点	zhòngdiǎn	分析对方说的话，要抓住重点。	Fēnxī duìfāng shuō de huà, yào zhuāzhù zhòngdiǎn.
4급	博士	bóshì	她最近准备博士论文，忙得很。/ 那这次聚会别找他了。	Tā zuìjìn zhǔnbèi bóshì lùnwén, máng de hěn. / Nà zhècì jùhuì bié zhǎo tā le.
4급	规定	guīdìng	这烂规则是谁规定的！/ 我不知道，很久以前就有了。	Zhè làn guīzé shì shéi guīdìng de! / Wǒ bùzhīdào, hěnjiǔ yǐqián jiù yǒu le.
4급	作者	zuòzhě	你知道这小说的作者是谁吗？/ 谁呀？	Nǐ zhīdào zhèxiǎoshuō de zuòzhě shì shéi ma? / Shéi ya?
4급	仔细	zǐxì	你仔细看看，那是不是杨洋？/ 真的是他。	Nǐ zǐxì kànkan, nàshìbushì Yáng Yáng? / Zhēnde shì tā.
4급	以	yǐ	勿以恶小而为之，勿以善小而不为。	Wù yǐ è xiǎo ér wéi zhī, wù yǐ shàn xiǎo ér bù wéi.
4급	售货员	shòuhuòyuán	请问这里的售货员到哪儿去了？/ 哦，我就是。	Qǐngwèn zhèlǐ de shòuhuòyuán dào nǎr qù le? / Ò, wǒ jiùshì.
4급	本来	běnlái	本来就该这样处理的，是你们刚开始没做好。/ 真的很抱歉。	Běnlái jiù gāi zhèyàng chǔlǐ de, shì nǐmen gāng kāishǐ méi zuò hǎo. / Zhēnde hěn bàoqiàn.
4급	底	dǐ	我一定要刨根问底，把李丽给叫来！/ 老师，这不关李丽的事啊。	Wǒ yídìng yào páogēnwèndǐ, bǎ Lǐ Lì gěi jiàolái! / Lǎoshī, zhè bùguān Lǐ Lì de shì a.
4급	深	shēn	这书内容有点深，很难理解，但是专业性非常强。	Zhè shū nèiróng yǒudiǎn shēn, hěn nán lǐjiě, dànshì zhuānyèxìng fēicháng qiáng.

Chinese is not knowledge. It's a language!

Unit 11	그쪽 글솜씨 꽤나 괜찮은데요, 책을 낼 생각은 안 해 보셨나요? / 아직 많이 부족한걸요.	명	(무술·연기·작시 등의) 재주(조예, 솜씨)	功夫 공부
Unit 12	너 함부로 의심하지 마, 나는 걔랑 아무 사이도 아니야. / 나도 알아, 난 너를 믿어.	동	(누가 무엇에 대해) 의심하다(의구심을 갖다)	猜 시
Unit 13	북경에 왔는데 어떻게 만리장성엘 안 가 볼 수가 있어? / 나 벌써 열 몇 번이나 가봤어, 안 갈래.	명	[약칭] 만리장성	長城 장성
Unit 14	이 나무는 잎이 원래 노란색인가요? / 아니요, 가을이잖아요.	명	(식물의) 잎(잎사귀)	葉子 엽자
	오늘 아침에 나 진짜 놀라 죽을 뻔 했어. / 왜? 거울에서 처녀 귀신이라도 나왔어?	명	거울	鏡子 경자
Unit 15	오늘 장사 괜찮아요? / 엄청 좋아, 오늘 운수가 좋아서, 단체 여행팀이 하나 왔어.	명	장사(사업, 비즈니스)	生意 생의
	미안한데 불 좀 켜줄래? / 나 우선 이것부터 다 쓰고, 잠깐만 기다려.	동	(누구를) 귀찮게(성가시게, 번거롭게) 하다	麻煩 마번
Unit 16	중국의 수도가 어디지? / 당연히 베이징이지.	명	(한 나라의) 수도	首都 수도
	일을 함에 있어 과감하면서도 책임도 질 줄 아는 게 저 친구의 가장 큰 장점이야. / 생긴 것도 잘생겼이.	명	('장점·단점' 이럴 때의) 장점(우수한 점)	優點 우점
Unit 17	이번 사고에 있어 저희는 책임이 없습니다. / 책임이 없다니요? 분명히 당신들이 잘못한 거잖아요!	전	(누구·무엇)에 대해서	對於 대어
Unit 18	쟤는 막 이혼을 해서, 아마 속이 말이 아닐 거야, 너도 쟤 귀찮게 하지 마.	형	(누가 마음이) 고통스럽다(괴롭다)	苦 고
	우리 앉아서 이야기 좀 하자. / 싫어, 너랑 할 말 없어.	동	(누가 서로) 대화하다·토론하다	談 담
Unit 19	관중 여러분, 안녕하십니까! 대회가 곧 시작되겠습니다.	명	(콘서트·연극·영화·TV쇼 등의) 관중·관객·시청자	觀眾 관중
Unit 20	이 책 너 필요하니? / 필요 없어, 나 여러 번 읽었어.	양	[처음부터 끝까지 전 과정을 나타내는 단위] 번(차례, 회)	遍 편

④급	功夫	gōngfu	你的写作功夫可以呀，没想过出本书吗？/ 还差得远呢。	Nǐ de xiězuò gōngfu kěyǐ ya, méi xiǎng guò chū běn shū ma? / Hái chàdeyuǎn ne.
④급	猜	cāi	你可别瞎猜啊，我跟他没什么。/ 我知道，我相信你。	Nǐ kě bié xiā cāi a, wǒ gēn tā méishénme. / Wǒ zhīdào, wǒ xiāngxìn nǐ.
④급	长城	cháng-chéng	到北京怎么不去长城啊。/ 我都去了十几遍了，不去了。	Dào Běijīng zěnme búqù Chángchéng a. / Wǒ dōu qù le shíjǐbiàn le, búqù le.
④급	叶子	yèzi	这棵树叶子本来就是黄色吗？/ 不是，秋天了嘛。	Zhè kē shù yèzi běnlái jiùshì huángsè ma? / Búshì, qiūtiān le ma.
④급	镜子	jìngzi	今天早上我差点吓死了。/ 怎么？镜子里出来女鬼了？	Jīntiān zǎoshang wǒ chàdiǎn xià sǐ le. / Zěnme? Jìngzi lǐ chūlái nǚguǐ le?
④급	生意	shēngyi	今天生意好吗？/ 好极了，今天运气好，来了一个旅游团。	Jīntiān shēngyi hǎo ma? / Hǎojíle, jīntiān yùnqì hǎo, lái le yíge lǚyóutuán.
④급	麻烦	máfan	麻烦你帮我开一下灯，好吗？/ 我先把这个写完的，等一下。	máfan nǐ bāng wǒ kāi yíxià dēng, hǎo ma? / Wǒ xiān bǎ zhège xiěwán de, děng yíxià.
④급	首都	shǒudū	中国的首都是哪儿？/ 当然是北京了。	Zhōngguó de shǒudū shì nǎr? / Dāngrán shì Běijīng le.
④급	优点	yōu-diǎn	敢作敢当就是他的优点。/ 长得也很帅。	Gǎnzuògǎndāng jiùshì tā de yōudiǎn. / Zhǎng de yě hěnshuài.
④급	对于	duìyú	对于这次事故我们没有责任。/ 什么没有责任？明明是你们的错！	Duìyú zhècì shìgù wǒmen méiyǒu zérèn. / Shénme méiyǒu zérèn? Míngmíng shì nǐmen de cuò!
④급	苦	kǔ	他刚离婚，心里应该很苦，你就别去烦他了。	Tā gāng líhūn, xīnlǐ yīnggāi hěn kǔ, nǐ jiù bié qù fán tā le.
④급	谈	tán	我们坐下谈谈吧。/ 不，我没话跟你说。	Wǒmen zuòxià tántan ba. / Bù, wǒ méi huà gēn nǐ shuō.
④급	观众	guān-zhòng	各位观众朋友们，大家好！比赛马上就要开始了。	Gèwèi guānzhòng péngyoumen, dàjiāhǎo! Bǐsài mǎshàng jiùyào kāishǐ le.
④급	遍	biàn	这本书你要么？/ 不用，我看了好几遍了。	Zhèběnshū nǐ yào me? / Búyòng, wǒ kàn le hǎojǐbiàn le.

Chinese is not knowledge. It's a language!

Unit	예문	품사 / 뜻	한자
Unit 11	그는 궁지에 몰린 짐승처럼, 최후의 발악을 하고 있었다.	동 (누가) 고생하다(궁지에 빠지다)	困困
Unit 12	너 이번에 충칭에 가면, 충칭 음식 꼭 많이 먹고 와야 해. / 뭐가 있는데?	명 ('쫑쯔·탕위안·녠가오' 등과 같이 지방색이 나는) 먹거리	小吃 소흘
Unit 13	너 아직 깨어 있어? / 당연하지, 금요일이잖아, 잠이 안 와.	동 (누가 잠을 자지 않고) 깨어 있다	醒 성
Unit 13	그쪽은 어느 방향으로 가세요? / 전 서쪽으로 가요, 당신은요?	명 (동·서·남·북 등의) 방향	方向 방향
Unit 14	너 빨리 돌아와, 안 그러면 후회할 거야! / 무슨 일인데?	접 (만약) 그렇지 않으면	否則 부칙
Unit 15	죄송합니다, 실례 좀 하겠습니다. / 또 무슨 일인데?	동 (누구에게) 폐를 끼치다	打擾 타요
Unit 15	간신히 해냈는데 왜 칭찬해 주는 사람이 없지! / 내가 널 칭찬해줄게, 됐지?	동 (누구의 성과나 훌륭한 행실에 대해) 표창하다(공개적으로 칭찬하다)	表揚 표양
Unit 16	얘는 빚준 걸 돌려받으려고 3년을 쫓아다녔지만, 결국 못 받았어. / 속상하네.	부 ('마침내 인정했다'·'결국 망했어' 이럴 때의) 마침내·결국	到底 도저
Unit 16	쟨 진짜 인재야! / 어떤 부분에서?	부 ('걘 정말 천재야!' 이럴 때의) 정말(대단히, 참으로)	可是 가시
Unit 17	이 일이 진행될 수 있을지의 여부는, 걔가 협력을 해주는가 안 해주는가에 달려있어. / 걔가 설마 거절하지는 않겠지.	명 [비유] 관건(키포인트)	關鍵 관건
Unit 18	너 달리기 진짜 빠르다! 나 너 못 쫓아가겠어. / 내가 빠른 게 아니라, 네가 느린 거야.	동 (사람·차·강아지 등을) 뒤쫓다	趕 간
Unit 19	나 꿈에서 이가 죄다 빠져버렸어. / 너무 무섭다, 꿈인 게 다행이네.	동 (붙어 있어야 할 무엇이) 빠지다(빠져 버리다)	掉 도
Unit 19	이번 훈련의 내용은 뭐죠? / 비행기에서 낙하하는 거예요.	동 ('비행기·낙하산' 등 무엇이) 착륙하다(낙하하다)	降落 강락
Unit 20	넌 몇 월달에 태어났니? / 7월이요.	동 (누가) 태어나다(출생하다)	出生 출생

4급	困	kùn	他像一只困兽，做着最后的挣扎。	Tā xiàng yìzhī kùnshòu, zuò zhe zuìhòu de zhēngzhá.
4급	小吃	xiǎochī	你这次去重庆，一定要多吃点重庆小吃。/ 都有什么呀？	Nǐ zhècì qù Chóngqìng, yídìng yào duō chīdiǎn Chóngqìng xiǎochī. / Dōu yǒu shénme ya?
4급	醒	xǐng	你还醒着呢？/ 当然喽，星期五嘛，睡不着。	Nǐ hái xǐng zhe ne? / Dāngránlou, xīngqīwǔ ma, shuìbuzháo.
4급	方向	fāngxiàng	你往哪个方向走？/ 我往西走，你呢？	Nǐ wǎng nǎge fāngxiàng zǒu? / Wǒ wǎng xī zǒu, nǐ ne?
4급	否则	fǒuzé	你赶紧回来，否则会后悔的！/ 出什么事了？	Nǐ gǎnjǐn huílái, fǒuzé huì hòuhuǐ de! / Chū shénme shì le?
4급	打扰	dǎrǎo	不好意思，打扰了。/ 又有什么事啊。	Bùhǎoyìsi, dǎrǎo le. / Yòu yǒushénme shì a.
4급	表扬	biǎoyáng	好不容易做完了怎么没有人表扬我啊！/ 我表扬你，行了吧？	Hǎobùróngyì zuò wán le zěnme méiyǒu rén biǎoyáng wǒ a! / Wǒ biǎoyáng nǐ, xíngleba?
4급	到底	dàodǐ	她追债追了3年，到底还是没追回来。/ 糟心啊。	Tā zhuīzhài zhuī le 3nián, dàodǐ háishi méi zhuīhuílái. / Zāoxīn a.
4급	可是	kěshì	他可是个人才！/ 哪方面的？	Tā kěshìge réncái! / Nǎ fāngmiàn de?
4급	关键	guānjiàn	这件事能否进行，关键在于他愿不愿意配合。/ 他应该不会拒绝吧。	Zhè jiàn shì néngfǒu jìnxíng, guānjiàn zàiyú tā yuànbuyuànyì pèihé. / Tā yīnggāi búhuì jùjué ba.
4급	赶	gǎn	你跑得真快呀！我都赶不上你了。/ 不是我跑的快，是你跑得慢。	Nǐ pǎo de zhēn kuài ya! Wǒ dōu gǎnbushàng nǐ le. / Búshì wǒ pǎo de kuài, shì nǐ pǎo de màn.
4급	掉	diào	我梦见我的牙全都掉光了。/ 太恐怖了，幸好是梦。	Wǒ mèngjiàn wǒ de yá quándōu diào guāng le. / Tài kǒngbùle, xìnghǎo shì mèng.
4급	降落	jiàngluò	这次训练内容是什么？/ 从飞机上降落。	Zhècì xùnliàn nèiróng shì shénme? / Cóng fēijī shàng jiàngluò.
4급	出生	chūshēng	你是几月份出生的？/ 7月。	Nǐ shì jǐyuèfèn chūshēng de? / 7 Yuè.

Chinese is not knowledge. It's a language!

Unit	예문	품사	뜻	한자
Unit 11	너 너무 자만하지 마, 이거 뭐 그렇게 대단한 거 아니야. / 너 나 질투하는 거지?	형	(누가 겸손하지 않고) 거만하다(교만하다)	驕傲 교오
Unit 12	너 기숙사 신청했어? / 아니요, 나 시간을 놓쳤어요.	동	(누가 무엇을) 신청하다	申請 신청
Unit 13	넌 전공이 뭐야? / 경영학이야.	명	('중국어 전공·국어 전공' 이럴 때의) 전공 학과	專業 전업
Unit 14	너 지나간 얘기 좀 자꾸 하지 마, 나 지겹도록 들었거든?	부	다시(거듭, 재차)	重 중
Unit 14	다 쓰는 데 얼마나 걸려? / 아직 멀었어 인마, 이제 겨우 시작했어.	동	(돈·시간 등이 얼마가) 필요하다·걸리다	得 득
Unit 15	내 청춘은 당신으로부터 시작해서, 당신으로 끝났습니다.	전	[동작의 기점이나 변화의 출처를 이끌어 냄] (언제)부터·(무엇)으로부터	由 유
Unit 15	쓰레기통 어디 있어? / 여긴 없어, 집으로 가져가서 버려.	명	휴지통(쓰레기통)	垃圾桶 랄급통
Unit 16	저희 늦었나요? / 괜찮습니다, 아직 늦지 않았어요, 얼른 들어가세요.	동	(시간적으로 여유가 있어서 무엇이) 늦지 않다·생각할 겨를이 있다	來得及 래득급
Unit 16	내가 샤오쑹더러 공항에 손님 마중을 나가라고 했어. / 잘했어.	동	사람을 보내어 어떤 일을 하게 하다	安排 안배
Unit 17	이 영화가 날 감동 먹였어, 나 정말 울고 싶을 정도였어. / 그 정도라고?	동	(누구·무엇이 누구를) 감동하게 하다	感動 감동
Unit 18	어찌 됐든, 우린 쟤를 보내선 안 돼. / 그래, 우리 방법을 찾아보자!	접	(무엇)을 막론하고(상관없이)	無論 무론
Unit 19	너 국물은 안 마셔? / 안 마셔, 밥 먹을 때 국물 먹으면 속이 안 좋아져.	명	('설렁탕·된장국' 이럴 때의) 국(탕)	湯 탕
Unit 19	음, 또 뭘 더 넣어야 할까? / 내 생각에는 소금만 조금 더 넣으면 될 거 같아.	명	[조미료] 소금	鹽 염
Unit 20	전화번호 남겼어? / 메일 주소 남겨뒀어.	동	(무엇을 누구 또는 어디에서) 받아두다 (접수해두다)	留 류

	단어	병음	예문	병음
④	骄傲	jiāo'ào	你别太骄傲啊，这没什么了不起的。/ 你是嫉妒我吧？	Nǐ bié tài jiāo'ào a, zhè méi shénme liǎobuqǐ de. / Nǐ shì jìdù wǒ ba?
④	申请	shēnqǐng	你申请宿舍了吗？/ 没有，我错过时间了。	Nǐ shēnqǐng sùshè le ma? / Méiyǒu, wǒ cuòguo shíjiān le.
④	专业	zhuānyè	你专业是什么？/ 是经营学。	Nǐ zhuānyè shì shénme? / Shì jīngyíngxué.
④	重	chóng	你不要总是旧话重提嘛！我都听烦了。	Nǐ búyào zǒngshì jiùhuàchóngtí ma! Wǒ dōu tīng fán le.
④	得	děi	写完得花多长时间？/ 还差得远呢，才刚刚开始。	Xiě wán děi huā duōcháng shíjiān? / Hái chà de yuǎn ne, cái gānggāng kāishǐ.
④	由	yóu	我的青春由你开始，也由你结束。	Wǒ de qīngchūn yóu nǐ kāishǐ, yě yóu nǐ jiéshù.
④	垃圾桶	lājītǒng	垃圾桶在哪儿？/ 这里没有，拿回家扔吧。	Lājītǒng zài nǎr? / Zhèlǐ méiyǒu, náhuíjiā rēng ba.
④	来得及	láidejí	我们晚了吗？/ 没事，还来得及，快进去吧。	Wǒmen wǎn le ma? / Méishì, hái láidejí, kuài jìnqù ba.
④	安排	ānpái	我安排小宋去机场接人了。/ 干得好。	Wǒ ānpái Xiǎo Sòng qù jīchǎng jiērén le. / Gàndehǎo.
④	感动	gǎndòng	这部电影感动了我，我都想哭了。/ 至于吗。	Zhè bù diànyǐng gǎndòng le wǒ, wǒ dōu xiǎng kū le. / Zhìyú ma.
④	无论	wúlùn	无论如何我们都不能让他走。/ 对，我们想个办法吧！	Wúlùn rúhé wǒmen dōu bùnéng ràng tā zǒu. / Duì, wǒmen xiǎngge bànfǎ ba!
④	汤	tāng	你不喝汤吗？/ 我不喝，吃饭的时候喝汤难受。	Nǐ bùhē tāng ma? / Wǒ bùhē, chī fàn de shíhou hē tāng nánshòu.
④	盐	yán	呃，应该再放点儿什么？/ 我觉得再放点儿盐就可以了。	È, yīnggāi zài fàngdiǎnr shénme? / Wǒ juéde zài fàngdiǎnr yán jiù kěyǐ le.
④	留	liú	留下电话号码了没有？/ 留了个邮箱地址。	Liú xià diànhuà hàomǎ le méiyǒu? / Liúle ge yóuxiāng dìzhǐ.

Chinese is not knowledge. It's a language!

Unit	예문	품사 및 뜻	한자/한글
Unit 11	맛이 어때? / 나쁘지는 않은데, 살짝 짜네.	형 (맛이) 짜다	鹹 함
Unit 12	넌 어디서 요릴 배웠니? / 이 선생님께서 가르쳐주셨어.	명 (학문·기예·기술 등에서의) 스승(사부)	師傅 사부
Unit 13	제 구두 다 닦으셨나요? / 금방 끝납니다, 잠시만요.	동 ('유리를 닦다'·'땀을 닦다' 이럴 때의, 무엇을) 닦다	擦 찰
Unit 14	너 이거 정답이라고 확신해? / 응, 확신해.	형 (무엇이) 정확하다(옳다, 틀림없다)	正確 정확
Unit 14	아이가 매일 새벽 일어나 우는 것은, 어떤 종류의 비타민이 모자라서 그럴 수도 있습니다.	동 (무엇이) 모자라다(부족하다)	缺少 결소
Unit 15	그때 넌 무슨 생각이었는데? / 특별히 생각했던 건 없었어.	명 ('그 당시엔 힘들었지'·'그때는 예뻤어' 이럴 때의) 당시(그때)	當時 당시
Unit 15	이쪽으로 가면 안 돼? / 안 돼, 꼭 이쪽으로 가야 해.	동 (무엇을) 해도 좋다, 해도 괜찮다	行 행
Unit	그렇게 오래 앉아있으면, 목이 많이 아플 텐데? / 그러게, 일어나서 좀 움직여야겠다.	동 (누가 몸을 움직여) 운동하다(활동하다)	活動 활동
Unit 16	우리 지금 어디야? / 터널을 지나면 화평구야.	동 (한쪽에서 다른 한쪽으로) 통과하다(건너다)	通過 통과
Unit 17	남자친구랑 헤어진 후, 그녀는 굉장히 힘들어했고, 밤에 잠도 제대로 자지 못했다.	형 (누가 마음이) 슬프다(상심하다)	難受 난수
Unit 18	그는 평소에 그렇게 겁이 많던 사람인데, 이번에 이렇게 대담하게 나와서, 우리 모두 깜짝 놀랐다.	동 (누가 무엇에) 놀라다	吃驚 흘경
Unit 19	너 회의 장소 도착했어? 자료는 다 챙겨 간 거지? / 다 가져왔어요, 저는 임무를 잘 완수할 거예요, 걱정하지 마세요.	명 ('모임 장소' 이럴 때의) 지점(장소, 위치)	地點 지점
Unit 19	넌 먹는 거 뭘 제일 좋아해? / 면류는 다 좋은데, 그중에서 짜장면이 가장 좋아.	명 그중(그 안, 그 속)	其中 기중
Unit 20	어느 분께서 저와 산책을 가실 거죠? 선착순입니다! / (다들 정적)	동 (누가) 산책을 하다(산보하다)	散步 산보

④급	咸	xián	味道怎么样？/ 挺好的，就是有点咸。	Wèidào zěnmeyàng? / Tǐnghǎode, jiùshì yǒudiǎn xián.
④급	师傅	shīfu	你是从哪里学的做料理？/ 是李师傅教我的。	Nǐ shì cóng nǎlǐ xué de zuòliàolǐ? / Shì Lǐ shīfu jiāo wǒ de.
④급	擦	cā	我皮鞋擦完了吗？/ 马上就好，请稍等。	Wǒ píxié cāwán le ma? / Mǎshàng jiù hǎo, qǐng shāo děng.
④급	正确	zhèng-què	你确定这答案是正确的吗？/ 嗯，确定。	Nǐ quèdìng zhè dá'àn shì zhèngquè de ma? / Ňg, quèdìng.
④급	缺少	quē-shǎo	孩子这样每天凌晨起来哭闹，可能是缺少某种维生素。	Háizi zhèyàng měitiān língchén qǐlái kūnào, kěnéng shì quēshǎo mǒuzhǒng wéishēngsù.
④급	当时	dāng-shí	当时你是怎么想的？/ 也没想什么。	Dāngshí nǐ shì zěnme xiǎng de? / Yě méi xiǎng shénme.
④급	行	xíng	往这边走不行吗？/ 不行，一定得走这边。	Wǎng zhèbiān zǒu bùxíng ma? / Bùxíng, yídìng děi zǒu zhè biān.
④급	活动	huó-dòng	坐那么久，脖子应该很疼吧？/ 对啊，得起来活动活动。	Zuò nàme jiǔ, bózi yīnggāi hěn téng ba? / Duì a, děi qǐlái huódòng huódòng.
④급	通过	tōng-guò	我们在哪里？/ 通过隧道后就是和平区。	Wǒmen zài nǎlǐ? / Tōngguò suìdào hòu jiùshì Hépíngqū.
④급	难受	nán-shòu	跟男朋友分手后，她心里难受得不得了，晚上经常睡不着觉。	Gēn nánpéngyou fēnshǒu hòu, tā xīnlǐ nánshòu de bùdéliǎo, wǎnshang jīngcháng shuìbuzháojiào.
④급	吃惊	chījīng	他平时那么胆小的人，这次这么大胆，让我们都非常吃惊。	Tā píngshí nàme dǎn xiǎo de rén, zhècì zhème dàdǎn, ràng wǒmen dōu fēicháng chījīng.
④급	地点	dìdiǎn	你到开会地点了？资料都拿齐了吧？/ 拿齐了，我会完成任务的，您放心。	Nǐ dào kāihuì dìdiǎn le? Zīliào dōu náqí le ba? / Náqí le, wǒ huì wánchéng rènwu de, nín fàngxīn.
④급	其中	qí-zhōng	你喜欢吃什么？/ 我喜欢吃面，其中最喜欢的是炸酱面。	Nǐ xǐhuan chī shénme? / Wǒ xǐhuan chī miàn, qízhōng zuì xǐhuan de shì Zhájiàngmiàn.
④급	散步	sànbù	哪位要陪我去散步？先来后到啊！/ (鸦雀无声)	Nǎwèi yào péi wǒ qù sànbù? Xiānláihòudào a! / (Yāquèwúshēng)

Unit 11	걔가 오든 말든, 우린 그대로 진행할 거야. / 그럼 누가 사회자가 되는 거야?	통 (어떤 일을) 진행하다	進行 진행
Unit 12	이 펜은 잘 안 써지네. / 그거 아마 다 썼을 거야. 다른 거 써.	통 (누가 무엇을) 쓰다(사용하다)	使 사
Unit 13	계산했어? / 응, 총 12,800위안이야.	통 (숫자·돈 등을) 계산하다	算 산
Unit 14	오늘 시험 한 시간 앞당겨졌는데, 너 몰랐어? / 어? 난 왜 이제 알았지?	통 (예정된 기한·시간보다) 앞당기다	提 제
Unit 14	내 반지가 소파 밑으로 떨어졌어. / 자, 소파 좀 들어 봐, 내가 봐볼게.	통 (누구·무엇을) 들다(들어 올리다)	擡 대
Unit 15	와, 너 벌써 생각이 바뀐 거야? / 응, 이번에는 안 바꿀게.	통 (계획·전략·태도 등 무엇을) 바꾸다(고치다)	改變 개변
Unit 15	자네는 이 사건에 대해 어떻게 생각하나? / 제 생각엔 이 사건과 지난번 사건이 동시에 발생한 것 같습니다.	명 ('동시에 손을 들었어'·'동시에 도착했어' 이럴 때의) 동시(같은 때)	同時 동시
Unit 15	넌 보통 어디서 물건을 사? / 난 타오바오에서 사, 진짜 편해.	통 (가게·인터넷 등에서) 물건을 사다(구입하다)	購物 구물
Unit 16	걔는 가정 형편이 좋지 않아서, 방학 때 돈을 벌어야 해.	형 (누가 살기가 어려워) 빈곤하다	困難 곤란
Unit 17	걔 아픈 거 아니었어? / 우리가 걔한테 쉬라고 했는데도, 걔는 꼭 일을 끝내고 가겠다고 우기더라고.	통 (누가) 억지로 버티다(참다)	挺 정
Unit 18	걔 언제 귀국한대? / 아마 다음 달일걸?	부 ('아마 맞았을 거야'·'아마 다음 달에 올 거야' 이럴 때의) 아마(아마도)	大概 대개
Unit 19	쟤 너한테 무슨 불만이 있는 것 같아, 시간 내서 쟤랑 한번 얘기를 해 봐.	명 (누가 가지고 있는) 부정적인 의견	看法 간법
Unit 19	그는 예전의 아름다웠던 기억을 회상하며, 그들이 어쩌다 지금 이 꼬락서니가 되어버렸는지 이해할 수 없었다.	통 (누가 과거를) 회상하다(추억하다)	回憶 회억
Unit 20	걔는 많이 아파서, 아마 이번엔 못 올 거예요.	부 [짐작을 나타내어] 대체로(대략)·아마	恐怕 공파

4급	进行	jìnxíng	无论他来不来，我们还是照样进行。/ 那谁当主持人啊？	Wúlùn tā láibulái, wǒmen háishi zhàoyàng jìnxíng. / Nà shéi dāng zhǔchírén a?
4급	使	shǐ	这支笔不好使了。/ 应该用完了，用别的吧。	Zhèzhībǐ bùhǎoshǐ le. / Yīnggāi yòngwán le, yòng biéde ba.
4급	算	suàn	算出来了吗？/ 嗯，总共一万两千八百元。	Suànchūlai le ma? / Ńg, zǒnggòng yíwàn liǎngqiān bābǎi yuán.
4급	提	tí	今天的考试提前了一个小时，你不知道吗？/ 啊？我怎么才知道？	Jīntiān de kǎoshì tíqián le yíge xiǎoshí, nǐ bùzhīdào ma? / Á? Wǒ zěnme cái zhīdào?
4급	抬	tái	我的戒指掉到沙发底下了。/ 来，把沙发抬起来，我看看。	Wǒ de jièzhi diàodào shāfā dǐxia le. / Lái, bǎ shāfā táiqǐlái, wǒ kànkan.
4급	改变	gǎibiàn	哇，你这么快就改变主意了？/ 嗯，这次我不改了。	Wā, nǐ zhème kuài jiù gǎibiàn zhǔyi le? / Ńg, zhècì wǒ bùgǎi le.
4급	同时	tóngshí	你对这个案件有什么看法？/ 我觉得这个案件和上次的案件是同时发生的。	Nǐ duì zhège ànjiàn yǒushénme kànfǎ? / Wǒ juéde zhège ànjiàn hé shàngcì de ànjiàn shì tóngshí fāshēng de.
4급	购物	gòuwù	你一般在哪儿买东西？/ 我在淘宝购物，很方便。	Nǐ yìbān zài nǎr mǎi dōngxi? / Wǒ zài Táobǎo gòuwù, hěn fāngbiàn.
4급	困难	kùnnan	他家庭有点困难，放假得去赚钱。	Tā jiātíng yǒudiǎn kùnnan, fàngjià děi qù zhuànqián.
4급	挺	tǐng	他不是生病了吗？/ 我们叫他休息了，可他硬挺着要把工作做完再走。	Tā búshì shēngbìng le ma? / Wǒmen jiào tā xiūxi le, kě tā yìng tǐng zhe yào bǎ gōngzuò zuò wán zài zǒu.
4급	大概	dàgài	他什么时候回国呀？/ 大概下个月吧。	Tā shénmeshíhou huíguó ya? / Dàgài xiàgeyuè ba.
4급	看法	kànfǎ	她好像对你有什么看法，有时间你找她谈谈。	Tā hǎoxiàng duì nǐ yǒushénme kànfǎ, yǒu shíjiān nǐ zhǎo tā tántan.
4급	回忆	huíyì	他回忆起当年的美好，不明白他们为什么变成现在这样。	Tā huíyìqǐ dāngnián de měihǎo, bùmíngbai tāmen wèishénme biànchéng xiànzài zhèyàng.
4급	恐怕	kǒngpà	她病得厉害，恐怕这次来不了了。	Tā bìng de lìhai, kǒngpà zhècì láibuliǎo le.

Unit 11	네가 날 기억해주는 것만으로도, 나는 이미 만족해. / 나는 당연히 네가 생각나지.	통 (누가 무엇에 대해) 만족하다	滿 만
Unit 12	야, 우리 가자. / 기다려! 나 혼자 두고 가지 마!	통 (누구·무엇을) 방치하다(내버려 두다)	丢 주
Unit 13	넌 어떤 분야에서 일하고 싶어? / 나는 예술 쪽 일을 제일 하고 싶어.	명 ('예술 작품'·'예술 평론' 이럴 때의) 예술	藝術 예술
Unit 14	내가 연락해 봤는데, 아무런 답장도 없었어. / 그럼 됐어, 걔는 신경 쓰지 말자.	대 ('무슨 일이든 일어날 수 있어' 이럴 때의) 어떠한(무슨)	任何 임하
Unit 14	너는 몇 개 국어를 할 수 있어? / 한국어, 중국어 모두 두 가지.	명 [언어] 언어(말)	語言 어언
Unit 15	이 일은 나한테 맡기고, 너는 더는 신경 쓰지 마.	통 (누구에게 일 등을) 넘겨주다(맡기다)	交 교
	너 뭘 뿌렸길래, 이렇게 향기로워? / 네가 나 사준 향수잖아.	형 (무엇의 냄새가) 향기롭다	香 향
	적어도 이 부분만큼은, 다들 같은 의견인 것 같네요, 그렇죠?	형 (각종 무엇이 서로) 똑같다(일치하다)	相同 상동
Unit 16	너는 안 오는 게 좋을 거 같아. / 왜? 걔도 올 수 있어서 그런 거야?	부 (개중에) 가장 바람직한(좋은) 것은	最好 최호
Unit 17	방금 쟤가 너한테 인사했는데, 너 봤어? / 언제? 못 봤어.	표현 (가볍게) 인사하다	打招呼 타초호
Unit 18	아이씨, 아무리 겨울이라도 너무 춥잖아. / 아니, 발목을 그렇게 내놓고 다니는데, 춥지 않을 리가 있냐?	통 (신체의 일부를) 드러내다(노출하다)	光 광
	걔가 너무 바빠서, 말 붙일 시간도 없어 가지고, 나는 하는 수 없이 먼저 돌아올 수밖에 없었어.	부 부득이(할 수 없이)	只好 지호
Unit 19	이렇게 된 거였다고! / 아, 그랬던 거였구나, 진작 말 하지!	부 ('알고 보니 꽃뱀이구먼!' 이럴 때의) 알고 보니	原來 원래
Unit 20	엄마, 신발 상자 어디 있어? / 진작에 버렸지, 왜?	명 (작은) 상자(곽)	盒子 합자

4급	满	mǎn	你惦记着我，我已经心满意足了。/ 我当然关心你。	Nǐ diànjì zhe wǒ, wǒ yǐjīng xīnmǎnyìzú le. / Wǒ dāngrán guānxīn nǐ.
4급	丢	diū	喂，我们走了。/ 等等！别丢下我一个人啊！	Wèi, wǒmen zǒu le. / Děngděng! Bié diū xià wǒ yígèrén a!
4급	艺术	yìshù	你想从事哪方面的工作？/ 我最想做艺术方面的工作。	Nǐ xiǎng cóngshì nǎfāngmiàn de gōngzuò? / Wǒ zuì xiǎng zuò yìshù fāngmiàn de gōngzuò.
4급	任何	rènhé	我联系过他，可是没有任何回复。/ 那算了，别理他了。	Wǒ liánxìguo tā, kěshì méiyǒu rènhé huífù. / Nà suàn le, bié lǐ tā le.
4급	语言	yǔyán	你会说几种语言？/ 汉语，韩语总共两种。	Nǐ huì shuō jǐ zhǒng yǔyán? / Hànyǔ, Hányǔ zǒnggòng liǎngzhǒng.
4급	交	jiāo	这事交给我，你就别管了。	Zhèshì jiāo gěi wǒ, nǐ jiù bié guǎn le.
4급	香	xiāng	你喷了什么，这么香？/ 就是你送我的香水。	Nǐ pēn le shénme, zhème xiāng? / Jiùshì nǐ sòng wǒ de xiāngshuǐ.
4급	相同	xiāngtóng	至少在这方面，大家的意见是相同的，是吧？	Zhìshǎo zài zhèfāngmiàn, dàjiā de yìjiàn shì xiāngtóng de, shì ba?
4급	最好	zuìhǎo	你最好不要来。/ 为什么？是因为她也会来吗？	Nǐ zuìhǎo búyào lái. / Wèishénme? Shì yīnwèi tā yě huì lái ma?
4급	打招呼	dǎzhāohu	刚才他跟你打招呼，你看到了吗？/ 什么时候？没看到。	Gāngcái tā gēn nǐ dǎzhāohu, nǐ kàndào le ma? / Shénmeshíhou? Méi kàndào.
4급	光	guāng	我靠，就算是冬天也太冷了吧！/ 我说，你光着脚脖子，能不冷吗？	Wǒkào, jiùsuàn shì dōngtiān yě tài lěng le ba! / Wǒshuō, nǐ guāng zhe jiǎobózi, néng bùlěng ma?
4급	只好	zhǐhǎo	他忙得不得了，话都说不上，我只好先回来了。	Tā máng de bùdéliǎo, huà dōu shuōbushàng, wǒ zhǐhǎo xiān huílái le.
4급	原来	yuánlái	是这么一回事！/ 哦，原来是这样，你不早说！	Shì zhème yìhuíshì! / Ò, yuánlái shì zhèyàng, nǐ bù zǎo shuō!
4급	盒子	hézi	妈，鞋盒子放哪儿了？/ 早就扔了，干嘛？	Mā, xiéhézi fàng nǎr le? / Zǎojiù rēng le, gàn má?

Chinese is not knowledge. It's a language!

아기 잘 안아야 해, 아기가 아직 작잖아. / 걱정 마.	동 (누가 누구를) 안다(포옹하다)	抱 포
아, 나도 늙었다. / 너 아직 젊어, 늙긴 뭘 늙었다 그래.	형 (무엇이 차지하는 정도가) 경미하다(미약하다)	輕 경
쟤 얼마나 용감한지 봐! / 그 정도는 나도 할 수 있어.	형 (누가 겁쟁이가 아니라) 용감하다	勇敢 용감
쟨 성격도 좋고, 유머러스하기도 해서, 많은 여자애들이 쟤를 좋아해요.	형 (누구·무엇이) 유머러스한	幽默 유묵
나 물만두 좀 삶을 건데, 너도 먹을래? / 괜찮아, 나 다이어트 하거든.	명 [음식] 교자(물만두)	餃子 교자
엄청난 압력으로 땅이 갈라졌다.	명 (물리적으로 가해지는) 압력	壓力 압력
이거 플라스틱 아냐? 왜 떨어뜨리자마자 깨져버리지? / 누가 그래, 이거 유리잖아!	동 (무엇을) 떨어뜨리다·(무엇이) 떨어지다	掉 도
너 이것 봐, 쟤 분명히 너한테 아직 애정이 남아있다니까. / 진짜? 너 확실한 거지?	명 (누구·무엇에 대한) 애정(좋은 감정)	感情 감정

	抱	bào	宝宝要抱好啊，他还小呢。/ 放心吧。	Bǎobǎo yào bàohǎo a, tā hái xiǎo ne. / Fàngxīn ba.
	轻	qīng	哎，我也老了。/ 你还年轻呢，说什么老啊。	Āi, wǒ yě lǎo le. / Nǐ hái niánqīng ne, shuō shénme lǎo a.
	勇敢	yǒnggǎn	看他多勇敢！/ 这种程度我也能做到。	Kàn tā duō yǒnggǎn! / Zhèzhǒng chéngdù wǒ yě néng zuòdào.
	幽默	yōumò	他性格好，又很幽默，很多女孩子都喜欢他。	Tā xìnggé hǎo, yòu hěn yōumò, hěnduō nǚháizi dōu xǐhuan tā.
	饺子	jiǎozi	我要煮点儿饺子，你要不要？/ 不用了，我在减肥呢。	Wǒ yào zhǔdiǎnr jiǎozi, nǐ yàobúyào? / Búyòngle, wǒ zài jiǎnféi ne.
	压力	yālì	巨大的压力使地面裂开了一条缝。	Jùdà de yālì shǐ dìmiàn lièkāi le yìtiáofèng.
	掉	diào	这不是塑料吗？怎么一掉就碎了呢。/ 谁说的，这是玻璃啊！	Zhè búshì sùliào ma? Zěnme yídiào jiù suì le ne. / Shéi shuō de, zhèshì bōli a!
	感情	gǎnqíng	你看，她对你一定还有感情。/ 真的吗？你确定？	Nǐ kàn, tā duì nǐ yídìng háiyǒu gǎnqíng. / Zhēnde ma? Nǐ quèdìng?

UNIT 18

怀着天才一样的梦想，像傻瓜一样学习。

탑승권 좀 꺼내주시겠어요? / 잠시만요, 어? 설마…	명	(비행기를 탈 때 필요한) 탑승권	登機牌 등기패
나 토마토 계란 볶음 먹고 싶다. / 내가 해줄게.	명	[과일] 토마토	西紅柿 서홍시
고정 지출을 제외하고는, 난 나머지 월급은 다 저축해.	동	(돈·재산 등을) 모으다(저축하다)	存 존
여기 거의 대부분이 영국인이야, 우리 몇 명만 중국에서 왔어.	부	('거의 다 왔어'·'대체로 다 내 친구야' 이럴 때의) 거의(대체로)	差不多 차부다
어제 너랑 같이 밥 먹은 사람 있었어? / 아니, 나 혼자 먹었어.	동	(누가 누구와 무엇을 하는데) 동반하다 (같이 가다)	陪 배
소리를 좀 길게 끌어 봐, 그럼 더 듣기 좋아. / 어때? 나아졌어?	동	(누가 무엇을) 오래 끌다·길게 끌다	拉 랍
야, 경찰 떴어! / 뭐? 얼른 뜨자!	명	경찰(경찰관)	警察 경찰
오늘 신청 마감일인데, 너 신청은 했어? / 나 안 할 거야, 너 혼자 가.	동	(시험·프로그램·학교·회사 등에) 등록하다·신청하다·지원하다	報名 보명
지금은 의학기술이 이처럼 발달해서, 너희 어머니는 반드시 괜찮으실 거야, 걱정하지 마.	명	('과학기술·신기술·기술자' 이럴 때의) 기술	技術 기술
걔네 둘 서로 좋아하는 거 같던데. / 우리도 다 눈치 챘어.	부	('서로 돕다'·'서로 모르다' 이럴 때의) 서로(상호 간에)	互相 호상

바보처럼 공부하고 천재처럼 꿈꿔라.

	登机牌	dēngjī-pái	请把登机牌拿出来。/ 等等, 咦? 不会吧…	Qǐng bǎ dēngjīpái náchūlái. / Děngděng, yí? búhuì ba…
	西红柿	xīhóng-shì	我想吃西红柿炒鸡蛋。/ 我给你做吧。	Wǒ xiǎng chī xīhóngshìchǎojīdàn. / Wǒ gěi nǐ zuò ba.
	存	cún	除了固定支出之外, 剩下的工资我全都存起来。	Chúle gùdìng zhīchū zhīwài, shèngxià de gōngzī wǒ quándōu cún qǐlái.
	差不多	chàbu-duō	这里差不多都是英国人, 就我们几个是来自中国的。	Zhèlǐ chàbuduō dōu shì Yīngguórén, jiù wǒmen jǐge shì láizì Zhōngguó de.
	陪	péi	昨天有人陪你吃饭吗? / 没有, 我一个人吃的。	Zuótiān yǒu rén péi nǐ chīfàn ma? / Méiyǒu, wǒ yígerén chī de.
	拉	lā	你把声音拉长一点, 这样会更好听。/ 怎么样? 好点了吗?	Nǐ bǎ shēngyīn lā cháng yìdiǎn, zhèyàng huì gèng hǎotīng. / Zěnmeyàng? Hǎodiǎn le ma?
	警察	jǐngchá	喂, 警察来了! / 什么? 快走吧!	Wèi, jǐngchá lái le! / Shénme? Kuài zǒu ba!
	报名	bào-míng	今天是报名的最后一天, 你报了吗? / 我不报了, 你一个人去吧。	Jīntiān shì bàomíng de zuìhòu yìtiān, nǐ bào le ma? / Wǒ búbào le, nǐ yígerén qù ba.
	技术	jìshù	现在医学技术这么发达, 你妈妈应该没事的, 别担心。	Xiànzài yīxué jìshù zhème fādá, nǐ māma yīnggāi méishì de, bié dānxīn.
	互相	hù-xiāng	他们俩好像互相喜欢。/ 我们都看出来了。	Tāmenliǎ hǎoxiàng hùxiāng xǐhuan. / Wǒmen dōu kànchūlái le.

Chinese is not knowledge. It's a language!

Unit 11	쟤 중국어 진짜 유창하다. / 그러니까 말이야, 쟨 중국에 가본 적도 없잖아.	형 (말·글이) 유창하다(막힘이 없다)	流利 류리
Unit 12	네가 날마다 보는 그건 뭐야? / 아, 이거 축구 잡지야.	명 (월간지·주간지' 이럴 때의, 각종) 잡지	雜誌 잡지
Unit 13	침착하세요, 괜찮을 겁니다. / 우리 지금 포위됐는데, 나갈 수나 있을까요?	동 (누가 태도 등을) 냉철하게 하다(침착하게 하다)	冷靜 랭정
Unit 13	그는 이번 경기에 대해 자신만만했습니다.	형 (누가) 자신만만하다(자신감 있다)	自信 자신
Unit 14	나는 동물을 좋아해, 예를 들면 판다, 강아지, 고양이 등등 말이야.	동 예를 들면(예컨대)	例如 례여
Unit 15	너 창문을 안 열고 살았던 거 아니야? 집에서 냄새가 난다! / 두 달 동안 안 열었어.	명 (건물·자동차 등의 각종) 창문	窗戶 창호
Unit 15	우리 각자 자기 거 하자. / 왜? 그래도 같이 하는 게 시간이 덜 걸려.	부 [사람에 있어] 각자·각기·저마다·각각	各 각
Unit 16	너 피부가 왜 이렇게 까매졌어? / 요전에 하와이에 가서 좀 태웠어.	명 (사람·동물의) 피부(살갗)	皮膚 피부
Unit 16	뭐가 이렇게 시끄러워. / 밖에서 도로 보수를 하고 있는 것 같아.	동 (건물·도로 등을) 건축하다(건설하다)	修 수
Unit 17	최근 국내 경제가 많이 좋아져, 많은 유학생들이 귀국을 선택했습니다.	동 (누구·무엇이 기존보다) 발전하다	發展 발전
Unit 18	국에서는 당신의 업무능력에 대해 굉장히 긍정적으로 평가하고 있습니다, 좋은 소식을 기다리시면 될 것 같습니다.	동 (누가 무엇을) 긍정하다(좋다고 인정하다)	肯定 긍정
Unit 18	안 돼, 나 못 참겠어. / 자기야, 이제 30초밖에 안 지났거든.	동 (누가 어떤 태도나 상황을) 견딜 수(참을 수) 없다	受不了 수불료
Unit 19	장웨이의 어머니께서 암에 걸리셨대. / 설마, 저번 달에 뵈러 갔을 때만 해도 건강하셨는데.	명 [가족] 어머니(모친)	母親 모친
Unit 20	제가 인정할 수밖에 없겠네요, 이번 일은 제가 얘를 오해한 거예요, 제가 얘한테 사과할게요.	부 ('어쩔 수 없이 그만둬야 해요' 이럴 때의) 하는 수(어쩔 수) 없이	不得不 부득불

	词	拼音	例句（中文）	例句（拼音）
4급	流利	liúlì	她说汉语说得可流利了。/ 对啊，她都没去过中国呢。	Tā shuō Hànyǔ shuō de kě liúlì le. / Duì a, tā dōu méi qùguo Zhōngguó ne.
4급	杂志	zázhì	你每天看的那是什么？/ 哦，是足球杂志。	Nǐ měitiān kàn de nàshì shénme? / Ò, shì zúqiú zázhì.
4급	冷静	lěngjìng	大家冷静点儿，会没事儿的。/ 我们都被包围了，还能出去吗？	Dàjiā lěngjìngdiǎnr, huì méishìr de. / Wǒmen dōu bèi bāowéi le, hái néng chūqù ma?
4급	自信	zìxìn	他对这场比赛自信满满。	Tā duì zhè chǎng bǐsài zìxìnmǎnmǎn.
4급	例如	lìrú	我喜欢动物，例如熊猫、小狗、小猫等等。	Wǒ xǐhuan dòngwù, lìrú xióngmāo, xiǎogǒu, xiǎomāo děngděng.
4급	窗户	chuānghu	你是不是没开过窗户？屋子里有味啊！/ 两个月没开。	Nǐ shìbushì méi kāiguo chuānghu? Wūzi lǐ yǒu wèi a! / Liǎnggeyuè méi kāi.
4급	各	gè	我们各做各的吧。/ 为什么？还是一块儿做比较省时间。	Wǒmen gè zuò gè de ba. / Wèishénme? Háishi yíkuàir zuò bǐjiào shěng shíjiān.
4급	皮肤	pífū	你皮肤怎么变黑了？/ 最近去夏威夷晒了一点。	Nǐ pífū zěnme biàn hēi le? / Zuìjìn qù Xiàwēiyí shài le yìdiǎn.
4급	修	xiū	怎么这么吵啊。/ 外面好像在修路。	Zěnme zhème chǎo a. / Wàimiàn hǎoxiàng zài xiū lù.
4급	发展	fāzhǎn	最近国内经济发展了很多，好多留学生都会选择回国。	Zuìjìn guónèi jīngjì fāzhǎn le hěn duō, hǎo duō liúxuéshēng dōu huì xuǎnzé huíguó.
4급	肯定	kěndìng	局里非常肯定你的工作能力，你等好消息就是了。	Jú lǐ fēicháng kěndìng nǐ de gōngzuò nénglì, nǐ děng hǎo xiāoxi jiùshì le.
4급	受不了	shòubuliǎo	不行，我受不了了。/ 亲，才过了三十秒呢。	Bùxíng, wǒ shòubuliǎo le. / Qīn, cái guò le sānshí miǎo ne.
4급	母亲	mǔqīn	张伟的母亲得了癌症。/ 不会吧，我上个月去见阿姨的时候还好好的。	Zhāng Wěi de mǔqīn dé le áizhèng. / Búhuì ba, wǒ shànggeyuè qù jiàn āyí de shíhou hái hǎohǎode.
4급	不得不	bùdébù	我不得不承认，这件事是我错怪他了，我向他道歉。	Wǒ bùdébù chéngrèn, zhèjiànshì shì wǒ cuòguài tā le, wǒ xiàng tā dàoqiàn.

Chinese is not knowledge. It's a language!

Unit 11	너 이러면 나도 너랑 안 놀 거야. / 바라던 바거든! (그것을 구하고자 해도 얻을 수 없다.)	대 [주의: 사자성어 求之不得 외에는 쓰이지 않음] 이것·그것	之 지
Unit 12	이런 불량 식품은, 안 먹는 게 좋아. / 근데 불량 식품 맛있잖아.	명 (각종) 식품	食品 식품
Unit 13	너 이 소설 읽어봤어? / 읽어 봤지, 꽤 흥미롭더라고.	명 [비유] (누가 마음으로 느끼는) 흥미·재미	味道 미도
Unit 13	100위안짜리 지폐 한 장을 50위안짜리 두 장으로 바꿀 수 있을까요? / 죄송해요, 50위안짜리가 없어요.	동 (큰돈을) 잔돈으로 바꾸다	破 파
Unit 14	너조차 날 배신해? 진짜 생각지도 못했다. / 내가 잘못했어, 나 한 번만 봐주라.	전 (누구·무엇) 조차(까지도, 마저도)	連 련
Unit 15	여러분의 도움 덕분에, 파티를 성공적으로 개최할 수 있었습니다, 감사합니다.	형 (어떠한 결과가) 성공적이다	成功 성공
Unit 15	그거 알아? 나쁜 습관은 조금씩 쌓여가는 거라서, 평소에 좀 더 주의를 해야 해.	동 (경험·지식·자금 등이) 쌓이다(누적하다, 축적하다)	積累 적루
Unit 16	우리 아빠는 예전에 야구 방망이로 날 때렸어. / 그게 뭐 별거냐, 우리 아빠는 골프채로 날 때렸어.	명 (각종 기다란) 막대기(방망이)	棒 봉
Unit 16	걔 요즘에 음식을 잘 못 먹는다네, 어떡하지? / 걔한테 병원 가서 포도당 좀 맞으라고 해.	명 당류(탄수화물)	糖 탕
Unit 17	합격자 명단은 언제 나와요? / 이틀 뒤에 저희가 발표할 겁니다.	동 (누구·무엇을) 선발하다(고르다)	取 취
Unit 18	만약에 정말로 못 먹겠으면 나한테 말해. / 미안, 나 도저히 못 먹겠어.	부 ('정말 크다'·'확실히 어렵네'·'참으로 예쁘다' 이럴 때의) 확실히(정말, 참으로)	實在 실재
Unit 18	드디어 졸업이다, 기분이 어때? / 특별한 감흥은 없네.	명 (누구의) 기분(심정)	心情 심정
Unit 19	어쩜 이리 서툴고 굼뜰까, 너 나중에 취직은 어떻게 하지! / 그건 걱정 마.	형 (누가 어떤 일에 있어) 서투르고 굼뜨다	笨 분
Unit 20	너는 말에 있어 핵심을 파악해낼 수 있어야 해. / 전 이미 충분히 잘하는데요.	형 (무엇이) 중요하다(중대하다)	重 중

4급	之	zhī	你这样我就不理你了。/ 求之不得。	Nǐ zhèyàng wǒ jiù bùlǐ nǐ le. / Qiúzhībùdé.
4급	食品	shípǐn	这种垃圾食品，最好是别吃。/ 但是垃圾食品好吃啊。	Zhèzhǒng lājī shípǐn, zuìhǎo shì bié chī. / Dànshì lājī shípǐn hǎochī a.
4급	味道	wèidao	你读过这小说吗? / 读过, 写得挺有味道的。	Nǐ dúguo zhèxiǎoshuō ma? / Dúguo, xiě de tǐng yǒu wèidao de.
4급	破	pò	能把100块的破成两张50的吗? / 不好意思, 没有五十的。	Néng bǎ 100 kuài de pòchéng liǎngzhāng 50 de ma? / Bùhǎoyìsi, méiyǒu wǔshí de.
4급	连	lián	连你都背叛我? 没想到啊。/ 我错了, 饶了我这一次吧。	Lián nǐ dōu bèipàn wǒ? Méixiǎngdào a. / Wǒ cuò le, ráo le wǒ zhèyícì ba.
4급	成功	chénggōng	多亏大家的帮助, 我们才成功举办了这场晚会, 谢谢。	Duōkuī dàjiā de bāngzhù, wǒmen cái chénggōng jǔbàn le zhè chǎng wǎnhuì, xièxie.
4급	积累	jīlěi	你知道吗? 坏习惯是一点一点积累起来的, 所以平时要多加注意。	Nǐ zhīdào ma? Huài xíguàn shì yìdiǎnyìdiǎn jīlěi qǐlái de, suǒyǐ píngshí yào duōjiā zhùyì.
4급	棒	bàng	我爸以前用棒球棒打过我。/ 那有什么, 我爸还用高尔夫球杆打过我呢。	Wǒbà yǐqián yòng bàngqiúbàng dǎguo wǒ. / Nàyǒushénme, wǒbà hái yòng gāo'ěrfūqiúgān dǎ guo wǒ ne.
4급	糖	táng	她最近吃不下东西, 怎么办? / 让她去医院打点葡萄糖吧。	Tā zuìjìn chībuxià dōngxi, zěnmebàn? / Ràng tā qù yīyuàn dǎdiǎn pútáotáng ba.
4급	取	qǔ	录取名单什么时候出来啊? / 过两天我们就公布了。	Lùqǔ míngdān shénmeshíhòu chūlái a? / Guò liǎngtiān wǒmen jiù gōngbùle.
4급	实在	shízài	如果你实在吃不了就跟我说。/ 对不起, 我实在吃不下了。	Rúguǒ nǐ shízài chībuliǎo jiù gēn wǒ shuō. / Duìbuqǐ, wǒ shízài chībuxià le.
4급	心情	xīnqíng	终于毕业了, 心情怎么样? / 没什么特别的感受。	Zhōngyú bìyèle, xīnqíng zěnmeyàng? / Méishénme tèbiéde gǎnshòu.
4급	笨	bèn	你怎么笨手笨脚的, 到时候怎么找工作啊! / 这个你放心。	Nǐ zěnme bènshǒubènjiǎo de, dàoshíhòu zěnme zhǎo gōngzuò a! / Zhège nǐ fàngxīn.
4급	重	zhòng	你要学会听出一句话的重点。/ 我已经做得很好了。	Nǐ yào xuéhuì tīngchū yíjùhuà de zhòngdiǎn. / Wǒ yǐjīng zuò de hěnhǎo le.

Unit 11	네가 몇 마디 해 봐. / 뭐라고 해? / 그냥 아무렇게나 몇 마디 해봐.	부	(누가 무엇을) 마음대로(제멋대로, 아무렇게나)	隨便 수편
Unit 12	어르신의 자녀들이 모두 타지에서 일하고 있어서요, 어르신은 무척 외롭게 지내고 계시죠.	형	(마음이) 고독하다(외롭다)	孤單 고단
Unit 13	나 고소당했어, 어떡하지? / 우리 처남이 변호사니까, 그 친구보고 봐달라고 할게요.	명	[아내 또는 처의 친척에 대한 호칭]	內 내
Unit 14	적을 향해 쏴야지! 멍하니 있지 말고! / 아이고, 이 게임 너무 어렵다.	전	('학교로 가다'·'정면으로 때리다' 이럴 때의, 무엇·어디를) 향하여·목표로	照 조
Unit 14	요즘 무릎 관절이 좀 아파. / 자네 이제 젊은이도 아닌데, 아직도 맨날 이리저리 뛰어다니니, 안 아플 수 있겠어?	명	(식물·동물의) 마디·관절	節 절
Unit 15	난 네가 사직을 했으면 좋겠어. / 왜? / 거긴 비전이 없어.	동	(자신의 주장·의견을) 제안하다(건의하다)	建議 건의
Unit 15	네가 얼른 말해봐, 도대체 어떻게 된 일인데? / 난 너한텐 말 안 해줄 거야!	부	[귀찮아하는 말투로 재촉·추궁을 나타내어] 아무튼·빨리·얼른·도대체	倒 도
Unit 16	도대체 화장실을 몇 번을 가는 거니? / 나도 안 가고 싶어, 설사야 어쩌라고!	양	[왕래한 횟수를 세는 단위] (몇) 번(차례)	趙 쟁
Unit 16	이 가방 비싼 거 아냐? 어떻게 샀어? / 당연히 짝퉁이지! 난 진품은 못 사.	형	(무엇이) 가짜인(모조인, 거짓된)	假 가
Unit 17	내 동생은 배우를 꿈꾸는데, 너무 못생겼어. / 요즘은 개성 시대니까, 배우도 반드시 예쁠 필요는 없어.	명	(영화·드라마·연극 등에의) 배우(연기자)	演員 연원
Unit 18	모든 학생이 숙제를 다 냈나요? / 아니요, 한 명 남았어요.	형	('모든 사람'·'전체 다 이리 줘' 이럴 때의) 모든(전부의, 전체의)	所有 소유
Unit 18	이번 여행은 내가 직접 계획할 거야. 넌 따라오기만 하면 돼. / 좋은 생각이야.	명	('신혼여행·여행안내서·여행사' 이럴 때의) 여행	旅行 려행
Unit 19	이렇게 써서는 안 돼, 너 다시 써. / 뭐가 문제죠?	동	(무슨 일을) 중복해서 하다·반복하다	重 중
Unit 20	어제 선생님이 나를 남게 하셨어. / 뭐 때문에? / 대회 참가하는 거 때문에.	동	(누구를 어디에) 머무르게(묵게) 하다	留 류

	随便	suíbiàn	你来说几句。/ 说什么呀。/ 就随便说两句呗。	Nǐ lái shuō jǐjù. / Shuō shénme ya. / Jiù suíbiàn shuō liǎngjù bei.
	孤单	gūdān	他的子女都在外地工作，老人家过得挺孤单的。	Tā de zǐnǚ dōu zài wàidì gōngzuò, lǎorénjiā guò de tǐng gūdān de.
	内	nèi	我被起诉了，怎么办？/ 我内弟是个律师，让他帮你看看。	Wǒ bèi qǐsù le, zěnmebàn? / Wǒ nèidì shìge lǜshī, ràng tā bāng nǐ kànkan.
	照	zhào	照敌人开枪啊！别愣着！/ 哎呀，这个游戏太难了。	Zhào dírén kāiqiāng a! Bié lèng zhe! / Āiyā, zhège yóuxì tài nán le.
	节	jié	最近膝盖关节有点疼。/ 你已经不是年轻人了，还天天蹦蹦跳跳的，能不疼吗？	Zuìjìn xīgài guānjié yǒudiǎn téng. / Nǐ yǐjīng búshì niánqīng rén le, hái tiān tiān bèngbèngtiàotiào de, néng bùténg ma?
	建议	jiànyì	我建议你辞职。/ 为什么？/ 那儿没有前途。	Wǒ jiànyì nǐ cízhí. / Wèishénme? / Nàr méiyǒu qiántú.
	倒	dào	你倒说说，到底是怎么回事。/ 我就不告诉你！	Nǐ dào shuōshuō, dàodǐ shì zěnmehuíshì. / Wǒ jiù bgàosu nǐ!
	趟	tàng	你到底去了几趟厕所啊！/ 我也不想去啊，拉肚子怎么办！	Nǐ dàodǐ qù le jǐtàng cèsuǒ a! / Wǒ yě bùxiǎng qù a, lādùzi zěnmebàn!
	假	jiǎ	这包不是很贵吗？你怎么买的？/ 当然是假货！真的我可买不起。	Zhè bāo búshì hěn guì ma? Nǐ zěnme mǎi de? / Dāngrán shì jiǎhuò! Zhēnde wǒ kě mǎibuqǐ.
	演员	yǎn-yuán	我弟弟想当演员，可是他长得丑。/ 最近讲究个性，演员不一定非要长得漂亮。	Wǒ dìdi xiǎng dāng yǎnyuán, kěshì tā zhǎng de chǒu. / Zuìjìn jiǎngjiu gèxìng, yǎnyuán bùyídìng fēi yào zhǎng de piàoliang.
	所有	suǒyǒu	所有同学都交完作业了吗？/ 没有，还差一个人。	Suǒyǒu tóngxué dōu jiāowán zuòyè le ma? / Méiyǒu, hái chà yígerén.
	旅行	lǚxíng	这次旅行我要自己安排行程，你跟着我就行了。/ 好主意。	Zhècì lǚxíng wǒ yào zìjǐ ānpái xíngchéng, nǐ gēn zhe wǒ jiù xíng le. / Hǎo zhǔyi.
	重	chóng	这样写不行，你重写一遍。/ 是什么问题？	Zhèyàng xiě bùxíng, nǐ chóng xiě yíbiàn. / Shì shénme wèntí?
	留	liú	昨天老师把我给留住了。/ 什么事？/ 就是参加竞赛的事儿。	Zuótiān lǎoshī bǎ wǒ gěi liúzhù le. / Shénme shì? / Jiùshì cānjiā jìngsài de shìr.

Chinese is not knowledge. It's a language!

Unit	예문	품사 · 뜻	한자 · 한글
Unit 11	쟤 드디어 갔다. / 너무 잘됐다, 쟨 그냥 영원히 안 왔으면 좋겠어.	부 ('영원히 사랑해'·'언제까지나 기억할게요' 이럴 때의) 영원히(길이길이, 언제까지나)	永遠 영원
Unit 12	근처에 주유소 있어? / 저쪽에 저거 아냐?	명 주유소	加油站 가유참
Unit 13	예전 일은 전부 내 잘못이야, 날 용서해줘! / 이미 늦었어, 나 내일 결혼해.	대 ('모든 조치를 하다'·'전부 다 거짓말이었다' 이럴 때의) 전부(모두)	一切 일체
Unit 14	그가 이 무기들의 수송을 책임지고 있습니다, 임무가 굉장히 막중하죠.	동 (차량이나 관로 등이 무엇을) 나르다(운송하다)	輸 수
Unit 14	이제는 개인적인 원한은 제쳐두고, 먼저 회사가 이 고비를 잘 넘길 수 있도록 도웁시다.	대 (순서상으로) 부차적인(두 번째인) 것	其次 기차
Unit 15	어떻게 감사를 드려야 할지 모르겠네요. / 저한테 고마워하실 필요 없어요, 저 아이가 도와드린 거예요.	동 (누가 누구에게 무엇에 대해) 감사하다(고맙게 생각하다)	感謝 감사
Unit 15	너 도착하면 나한테 전화해, 내가 너 데리러 갈게.	접 만약 (무엇)이라면·만약 (어떠)하면	要是 요시
Unit 15	그는 이 아이들을 안전한 곳으로 보내는 일을 맡았으므로, 절대로 실수가 있어서는 안 됩니다.	형 (누구·무엇이) 안전하다	安全 안전
Unit 16	부부간의 대화는 필수야. / 그래, 너희는 대화를 더 많이 해야 해.	동 (누가 서로) 대화하다	對話 대화
Unit 17	뭐 드릴까요? / 도시락 하나 주세요.	양 [모여서 한 세트가 되는 물건을 세는 단위] (몇) 세트	份 빈
Unit 18	단발이 너한테 제일 잘 맞아, 머리 기르지 마. / 내 머리는 내가 알아서 할게.	동 (누구·무엇이) 적합하다(알맞다)	適合 적합
Unit 18	네꺼랑 내꺼랑 무슨 차이가 있어? / 이렇게 한눈에 차이가 나는데도 모르겠어?	명 (누구·무엇 간의) 구별(차이)	區別 구별
Unit 19	얘가 또 학교를 안 가겠다고 떼를 쓰고 있어, 네가 뭐라고 좀 해봐. / 그냥 냅둬, 나 얘 간섭하는 거 귀찮아.	동 (누가 어떻게 하도록 그냥) 내버려두다	由 유
Unit 20	나 정신 멀쩡해! 너희들 나한테 계약서에 서명하게 할 생각 하지 마.	형 (누구의 정신이) 또렷하다(분명하다)	醒 성

4급	永远	yǒng-yuǎn	他终于走了。/ 太好了,希望他永远不要回来。	Tā zhōngyú zǒu le. / Tàihǎole, xīwàng tā yǒngyuǎn búyào huílái.
4급	加油站	jiāyóu-zhàn	附近有加油站吗?/ 那边那个不是吗?	Fùjìn yǒu jiāyóuzhàn ma? / Nàbiān nàge búshì ma?
4급	一切	yíqiè	过去一切都是我的错,原谅我吧!/ 已经晚了,我明天就要结婚了。	Guòqù yíqiè dōu shì wǒ de cuò, yuánliàng wǒ ba! / Yǐjīng wǎn le, wǒ míngtiān jiùyào jiéhūn le.
4급	输	shū	他负责输送这些武器,任务非常艰巨。	Tā fùzé shūsòng zhèxiē wǔqì, rènwu fēicháng jiānjù.
4급	其次	qícì	现在个人恩怨倒是其次,先帮公司渡过这个难关再说吧。	Xiànzài gèrén ēnyuàn dǎoshì qícì, xiān bāng gōngsī dùguò zhège nánguān zàishuō ba.
4급	感谢	gǎnxiè	我都不知道该怎么感谢你了。/ 不用谢我,是他帮你的。	Wǒ dōu bùzhīdào gāi zěnme gǎnxiè nǐ le. / Búyòng xiè wǒ, shì tā bāng nǐ de.
4급	要是	yàoshi	要是你到了就给我打电话,我去接你。	Yàoshi nǐ dào le jiù gěi wǒ dǎdiànhuà, wǒ qù jiē nǐ.
4급	安全	ān-quán	他负责把这些孩子送到安全的地方,绝不能出错。	Tā fùzé bǎ zhèxiē háizi sòngdào ānquán de dìfang, jué bùnéng chūcuò.
4급	对话	duìhuà	夫妻之间对话是必不可少的。/ 对,你们得多谈谈。	Fūqī zhījiān duìhuà shì bìbùkěshǎo de. / Duì, nǐmen děi duō tántán.
4급	份	fèn	要什么?/ 来一份盒饭吧。	Yào shénme? / Lái yífèn héfàn ba.
4급	适合	shìhé	短发最适合你,别留长发了。/ 我的头发我做主。	Duǎnfà zuì shìhé nǐ, bié liú chángfà le. / Wǒ de tóufa wǒ zuòzhǔ.
4급	区别	qūbié	你的跟我的有什么区别?/ 这么明显都看不出来啊?	Nǐ de gēn wǒ de yǒushénme qūbié? / Zhème míngxiǎn dōu kànbuchūlái a?
4급	由	yóu	他又闹着不去学校,你说说他吧。/ 由他去吧,我懒得管他了。	Tā yòu nàozhe búqù xuéxiào, nǐ shuōshuō tā ba. / Yóu tā qù ba, wǒ lǎnde guǎn tā le.
4급	醒	xǐng	我头脑清醒着呢,你们别想让我签合同。	Wǒ tóunǎo qīngxǐng zhe ne, nǐmen bié xiǎng ràng wǒ qiān hétong.

Chinese is not knowledge. It's a language!

Unit	예문	품사·뜻	한자
Unit 11	얼른 일어나! 서둘러야 해! / 나 5분만 더 잘게.	통 ('숙제를 서두르다'·'길을 재촉하다' 이럴 때의) 서두르다(재촉하다)	趕 간
Unit 12	나 월급 탔어! 내가 오늘 한턱 쏜다!	명 (일해서 받는) 임금(월급)	工資 공자
Unit 13	이 건축 자재는 간수를 잘 해야 합니다, 어떤 자들은 이런 것들만 전문적으로 훔쳐 가더라고요.	명 (무엇을 만드는데 필요한 각종) 재료·원료·자재	材料 재료
Unit 13	나는 너의 머리 묶은 모습이 좋아, 겁나 이쁘거든.	명 (무엇의) 모양(스타일)	樣子 양자
Unit 14	이걸 어떻게 이런 식으로 프린트를 했어! 글씨가 너무 크잖아. / 가서 다시 해올게요.	통 (프린터로) 프린트하다(인쇄하다)	打印 타인
Unit 15	소풍 전날 밤, 얘는 흥분해서 잠을 이루지 못했어.	형 (누가) 흥분하다·격분하다	興奮 흥분
Unit 15	아주머니, 이건 이번 달에 정부에서 내려 온 생계보조금인데 받아두세요.	명 빈곤(가난)	困難 곤란
Unit 16	이 나이가 되면, 삶의 모든 고초를 겪었기에, 어떤 일도 나를 넘어뜨리지 못하지.	통 (누가 살면서 시련 등을) 경험하다(겪다)	嘗 상
Unit 16	너 성적 상당히 높더라? / 아니야, 더 올려야 해.	부 매우·아주·꽤·제법	挺 정
Unit 17	샤오즈, 너 들고 있는 게 뭐야? / 이건 내가 연구하고 있는 화석 샘플이야.	통 ('학술연구·연구대상' 이럴 때의, 무엇을) 연구하다(탐구하다)	研究 연구
Unit 18	책가방이 이렇게 가벼운데, 넌 공부하러 온 거니 아니면 놀러 온 거니? / 저 내일은 꼭 책을 전부 가지고 오겠습니다.	형 (누구·무엇의 무게가) 가볍다(경량이다)	輕 경
Unit 18	아이씨, 겁나 놀랐네. / 왜? 거울 봤어?	통 ('거울·호수면' 등에 얼굴 등을) 비추다	照 조
Unit 19	저희 기준에 맞춰서 해주실 수 있으신가요? / 당연히 가능하죠!	명 (각종) 기준(표준)	標準 표준
Unit 20	당신 월세 언제 낼 거예요? / 죄송합니다, 저한테 2~3일의 말미를 좀 주세요.	통 (시험지·과제·증명서·이력서·방값 등을 누구·어디에) 제출하다(내다)	交 교

④급	赶	gǎn	快起床吧！还要赶路呢！/ 我再睡5分钟。	Kuài qǐchuáng ba! Hái yào gǎnlù ne! / Wǒ zài shuì 5 fēnzhōng.
④급	工资	gōngzī	我拿工资了！今天我请客！	Wǒ ná gōngzī le! Jīntiān wǒ qǐngkè!
④급	材料	cáiliào	这些建筑材料要保管好，有一些人专门偷这些。	Zhèxiē jiànzhú cáiliào yào bǎoguǎnhǎo, yǒu yìxiē rén zhuānmén tōu zhèxiē.
④급	样子	yàngzi	我喜欢你绑着头发的样子，特别漂亮。	Wǒ xǐhuan nǐ bǎngzhe tóufa de yàngzi, tèbié piàoliang.
④급	打印	dǎyìn	这怎么打印成这样了！字儿太大了。/ 我去重新弄。	Zhè zěnme dǎyìn chéng zhèyàng le! Zìr tài dà le. / Wǒ qù chóngxīn nòng.
④급	兴奋	xīngfèn	郊游前一晚，他兴奋得睡不着觉。	Jiāoyóu qián yìwǎn, tā xīngfèn de shuìbùzháojiào.
④급	困难	kùnnan	大娘，这是这个月政府发下来的困难补助，您拿好。	Dàniáng, zhèshì zhègeyuè zhèngfǔ fāxiàlái de kùnnan bǔzhù, nín ná hǎo.
④급	尝	cháng	都这个年纪了，生活的酸甜苦辣我都尝过，什么事都难不倒我。	Dōu zhège niánjì le, shēnghuó de suāntiánkǔlà wǒ dōu chángguo, shénme shì dōu nánbudǎo wǒ.
④급	挺	tǐng	你成绩挺好的嘛。/ 不行，还要再提上去。	Nǐ chéngjì tǐng hǎo de ma. / Bùxíng, háiyào zài tíshàngqu.
④급	研究	yánjiū	小志，你拿着什么东西呀？/ 这是我研究的化石样本。	Xiǎo Zhì, nǐ ná zhe shénme dōngxi ya? / Zhèshì wǒ yánjiū de huàshí yàngběn.
④급	轻	qīng	书包这么轻，你是来学习的还是来玩的？/ 我明天一定把书都带来。	Shūbāo zhème qīng, nǐ shì lái xuéxí de háishi lái wán de? / Wǒ míngtiān yídìng bǎ shū dōu dàilái.
④급	照	zhào	我靠，吓死我了。/ 怎么了？照镜子了？	Wǒkào, xià sǐ wǒ le. / Zěnmele? Zhào jìngzi le?
④급	标准	biāozhǔn	可以按我们标准来做吗？/ 当然可以啊！	Kěyǐ àn wǒmen biāozhǔn lái zuò ma? / Dāngrán kěyǐ a!
④급	交	jiāo	你什么时候交房租啊？/ 不好意思，再给我两三天的时间。	Nǐ shénmeshíhou jiāo fángzū a? / Bùhǎoyìsi, zài gěi wǒ liǎngsāntiān de shíjiān.

Chinese is not knowledge. It's a language!

Unit 11	만약 너 혼자 무인도에 표류했다면… / 난 절대 못 살지.	동	(누가 어디 또는 어떠한 상황에서) 생존하다	生活 생활
Unit 12	네가 온 뒤로, 손님이 많아졌어! / 하하, 다 제 덕분이죠.	명	(각종) 고객(손님)	顧客 고객
Unit 13	어린이는 예의가 발라야 하고, 부모님도 예의를 가르쳐 줘야 합니다.	동	(누가) 예의가 바르다	禮貌 례모
Unit 14	전 싱가폴에서 왔어요. / 와, 그럼 영어도 잘하시겠네요?	동	(누구·무엇이 어디)에서 오다·생겨나다	來自 래자
Unit 14	걔는 성격이 활발하고 명랑해서, 너희들하고 금방 친해질 수 있을 거야.	형	(누가 성격이나 태도가) 활발하다(명랑하다)	活潑 활발
Unit 15	너 여기 운전해서 온 거야? / 응. / 마침 잘 됐다, 나도 와서 짐 좀 가지고 가주라.	동	(무엇을 차·수레 등에 실어) 운반하다(운송하다)	拉 랍
Unit 15	저는 회계 일을 하는 사람이죠, 혹여라도 문제가 생길까 봐, 보고서를 대여섯 번 검사하고 있습니다.	동	(누구·무엇이) 나타나다(출현하다, 발생하다)	出現 출현
Unit 16	네가 할아버지랑 바둑 좀 둬. / 금방 갈게.	동	(누가 윗사람을) 모시다(수행하다)	陪 배
Unit 16	봐봐, 창밖에 구름 진짜 이쁘다! / 진짜 솜사탕 같다!	명	구름	雲 운
Unit 17	난 네가 나를 지지해줬으면 좋겠어. / 미안한데, 이번에는 나도 찬성 할 수 없어.	동	(누구·어디를) 지지하다(후원하다)	支持 지지
Unit 18	얘는 공부도 열심히 하고, 게다가 남도 잘 도와주는, 착한 아이입니다.	접	('좋은데 게다가 싸기까지 해' 이럴 때의) 게다가·나아가·그리고	並且 병차
Unit 18	쟤 저 우쭐대는 것 좀 봐, 나이를 그렇게 먹고도 애처럼 굴고 있어.	동	(누가 무엇에) 득의하다(대단히 만족하다, 의기양양하다)	得意 득의
Unit 19	어? 왜 갑자기 차를 돌려요? / 죄송합니다, 길을 잘못 들었네요.	동	(무엇의) 방향을 바꾸다(되돌리다)	掉 도
Unit 20	차가 왜 이렇게 막히냐! 제시간에 도착할 수 있을까? / 안될 것 같은데, 차라리 내려서 걸어가자.	동	[교통에 있어] 차가 막히다(교통이 체증되다)	堵車 도차

	生活	shēnghuó	如果你自己一个人漂流到了无人岛…/ 我绝对生活不下去。	Rúguǒ nǐ zìjǐ yígerén piāoliú dào le wúréndǎo.../ Wǒ juéduì shēnghuóbúxiàqù.
	顾客	gùkè	自从你来之后,顾客多了起来!/ 哈哈,都是我的功劳。	Zìcóng nǐ lái zhīhòu, gùkè duō le qǐlái! / Hāhā, dōu shì wǒ de gōngláo.
	礼貌	lǐmào	小朋友要礼貌点儿,父母也应该教他们礼仪。	Xiǎopéngyou yào lǐmàodiǎnr, fùmǔ yě yīnggāi jiāo tāmen lǐyí.
	来自	láizì	我来自新加坡。/ 哇,那你英语是不是很棒呀?	Wǒ láizì Xīnjiāpō. / Wā, nà nǐ yīngyǔ shìbushì hěn bàng ya?
	活泼	huópō	她的性格活泼开朗,应该很容易和你们打成一片的。	Tā de xìnggé huópō kāilǎng, yīnggāi hěn róngyì hé nǐmen dǎchéngyípiàn de.
	拉	lā	你是开车来的吗?/ 嗯。/ 正好,帮我把行李拉走。	Nǐ shì kāichē lái de ma? / Ng. / Zhènghǎo, bāng wǒ bǎ xíngli lāzǒu.
	出现	chūxiàn	我是做会计工作的,我怕出现什么差错,报表都会检查五六遍。	Wǒ shì zuò kuàijì gōngzuò de, wǒ pà chūxiàn shénme chācuò, bàobiǎo dōu huì jiǎnchá wǔliùbiàn.
	陪	péi	你来陪爷爷下棋吧。/ 这就去。	Nǐ lái péi yéye xiàqí ba. / Zhè jiù qù.
	云	yún	看看,窗外的云多漂亮!/ 真像棉花糖!	Kànkan, chuāngwài de yún duō piàoliang! / Zhēn xiàng miánhuātáng!
	支持	zhīchí	我需要你支持我。/ 不好意思,这次我也不赞成。	Wǒ xūyào nǐ zhīchí wǒ. / Bùhǎoyìsi, zhècì wǒ yě búzànchéng.
	并且	bìngqiě	她学习用功,并且乐于助人,是好孩子。	Tā xuéxí yònggōng, bìngqiě lèyúzhùrén, shì hǎoháizi.
	得意	déyì	你看他得意得不得了,这么大了还像个孩子。	Nǐ kàn tā déyì de bùdéliǎo, zhème dà le hái xiàngge háizi.
	掉	diào	哎,怎么突然掉头啊?/ 不好意思,走错路了。	Āi, zěnme tūrán diàotóu a? / Bùhǎoyìsi, zǒu cuò lù le.
	堵车	dǔchē	堵车堵得这么厉害!能按时到吗?/ 应该不行,干脆下车走过去吧。	Dǔchē dǔ de zhème lìhai! Néng ànshí dào ma? / Yīnggāi bùxíng, gāncuì xiàchē zǒuguòqù ba.

Chinese is not knowledge. It's a language!

예문	품사	뜻	한자/한글
너 혹시 군대 갔다 왔어? / 한번 맞혀 봐.	부	('시합에 참여했는지'·'군필 여부' 이럴 때의, 무엇이 어떠) 한지 아닌지(여부)	是否 시부
선생님, 계산기를 사용해도 될까요? / 계산기를 쓰면 안 됩니다, 집어넣으세요.	동	(도구·방법·기계 등 무엇을) 사용하다 (쓰다)	使用 사용
아 심심해, 우리 장치엔한테 놀러 갈까? / 걔 바쁘거든.	형	(누가 할 게 없어서) 무료하다(심심하다, 따분하다)	無聊 무료
너 연기 엄청 잘하더라, 난 네가 날 이렇게까지 싫어하는 줄은 몰랐잖아. / 내 이야기 좀 들어봐, 네가 생각하는 그런 거 아니야.	양	[연극·공연을 세는 단위] (몇) 편	臺 대
나 너한테 진짜 실망했어. / 왜? 내가 또 뭘 잘못 했는데?	동	(상대에 대해) 실망하다	失望 실망
행복은 어디에 있을까요? 행복은 바로 당신의 곁에 있어요. / 근데 저는 왜 모르겠을까요?	명	행복	幸福 행복
우리 밥 먹으러 가자, 배고파 죽겠어. / 나 방금 먹었어, 너 먹어.	대	[자기 쪽 '我们' 혹은 '我'와 상대방 쪽 '你们' 혹은 '你'를 모두 포함함] 우리(우리들)	咱們 찰문
이번에 저는 회사의 대표 자격으로 왔습니다, 모쪼록 우리가 함께할 일이 원만히 진행되기를 희망합니다.	전	(무엇)으로써·(무엇)을 가지고	以 이

4급	是否	shìfǒu	问一下你是否服过兵役? / 你猜呢?	Wèn yíxià nǐ shìfǒu fúguo bīngyì? / Nǐ cāi ne?
4급	使用	shǐyòng	老师, 可以用计算机吗? / 不可以使用计算机, 收起来。	Lǎoshī, kěyǐ yòng jìsuànjī ma? / Bùkěyǐ shǐyòng jìsuànjī, shōuqǐlái.
4급	无聊	wúliáo	好无聊, 我们去找张倩玩儿啊? / 人家忙着呢。	Hǎo wúliáo, wǒmen qù zhǎo Zhāng Qiàn wánr a? / Rénjiā máng zhe ne.
4급	台	tái	你这一台戏演得很精彩啊, 我都没看出来你这么讨厌我。/你听我解释, 不是你想的那样。	Nǐ zhè yìtái xì yǎn de hěn jīngcǎi a, wǒ dōu méi kànchūlai nǐ zhème tǎoyàn wǒ. / Nǐ tīng wǒ jiěshì, búshì nǐ xiǎng de nàyàng.
4급	失望	shīwàng	我对你特别失望。/ 为什么? 我又做错什么了?	Wǒ duì nǐ tèbié shīwàng. / Wèishénme? Wǒ yòu zuò cuò shénme le?
4급	幸福	xìngfú	幸福在哪儿? 幸福就在你身边。/ 我怎么不知道?	Xìngfú zài nǎr? Xìngfú jiù zài nǐ shēnbiān. / Wǒ zěnme bùzhīdào?
4급	咱们	zánmen	咱们去吃饭吧, 快饿死了。/ 我刚吃完, 你吃吧。	Zánmen qù chīfàn ba, kuài è sǐ le. / Wǒ gāng chīwán, nǐ chī ba.
4급	以	yǐ	这次我是以公司代表的身份来的, 希望我们合作愉快。	Zhècì wǒ shì yǐ gōngsī dàibiǎo de shēnfèn lái de, Xīwàng wǒmen hézuòyúkuài.

UNIT 19

别轻易说："我已尽力"。

예문	뜻	한자/한국어
여보, 우리 오늘 얼마나 벌었어? / 얼마 안 돼, 지출된 돈이 더 많아.	통 (누가 돈을) 벌다(이윤을 얻다)	賺 잠
여기는 개발이 너무 많이 되어서, 원래의 모습을 찾아볼 수가 없네요.	명 ('원래의 색깔'·'원래의 디자인' 이럴 때의) 원래	本來 본래
전염병은 중국의 경제를 큰 곤경에 빠뜨리고 말았는데요, 사실 중국뿐만 아니라, 많은 나라의 상황이 비슷하다고 할 수 있습니다.	명 ('경제활동을 하다'·'경제를 발전시키다' 이럴 때의) 경제(국민 경제)	經濟 경제
내 동생은 항상 말썽을 피워. / 내 여동생도 그래.	명 (누구·무엇이) 말썽임(골칫거리임)	麻煩 마번
어떻게 단 하나도 제 요구에 맞는 게 없죠? / 죄송합니다, 저희가 다시 찾아볼게요.	통 (무엇이 수량·형태·조건 등에) 부합하다(맞다)	符合 부합
연간 총결산 보고서 누구한테 있어? / 이 부장님께서 갖고 계십니다.	명 (어떤 상황이나 결과의) 총결산(총정리)	總結 총결
너 오늘 출근 안 해도 돼. / 너 왜 이제서야 그걸 알려주냐!	통 (누구에게 무엇을) 알리다(통지하다)	通知 통지
난 소설을 쓰고 싶어! / 내용은 생각해놓은 게 있어?	명 ('소설가·장편소설' 이럴 때의) 소설	小說 소설
생산 기술이 발전함에 따라, 직원들의 수입도 계속해서 늘어나고 있습니다.	통 (무엇이 수나 양적으로) 증가하다(늘어나다, 높아지다)	增加 증가
그는 이곳에 깊은 애정을 품고 있으며, 단 한 번도 떠나겠다고 생각한 적이 없습니다.	형 (감정이) 두텁다(돈독하다)	深 심

> '최선을 다했다'는 말은 쉽게 하는 게 아니다.

4급	赚	zhuàn	老公，我们今天赚了多少？/ 没多少，支出更多。	Lǎogōng, wǒmen jīntiān zhuàn le duōshao? / Méi duōshǎo, zhīchū gèng duō.
4급	本来	běnlái	这里开发得很厉害，都看不出本来的面貌了。	Zhèlǐ kāifā de hěn lìhai, dōu kànbùchū běnlái de miànmào le.
4급	经济	jīngjì	疫情使中国经济陷入巨大困境，应该说不只中国，很多国家情况都差不多。	Yìqíng shǐ Zhōngguó jīngjì xiànrù jùdà kùnjìng, yīnggāi shuō bùzhǐ Zhōngguó, hěnduō guójiā qíngkuàng dōu chàbuduō.
4급	麻烦	máfan	我弟弟总是给我惹麻烦。/ 我妹妹也是。	Wǒ dìdi zǒng shì gěi wǒ rě máfan. / Wǒ mèimei yěshì.
4급	符合	fúhé	怎么没有一个符合我的要求啊？/ 不好意思，我们再去找找。	Zěnme méiyǒu yíge fúhé wǒ de yāoqiú a? / Bùhǎoyìsi, wǒmen zài qù zhǎozhǎo.
4급	总结	zǒngjié	年度总结报告在谁手上啊？/ 在李部长那儿。	Niándù zǒngjié bàogào zài shéi shǒushang a? / Zài LǏ bùzhǎng nàr.
4급	通知	tōngzhī	你今天不用上班。/ 你怎么现在才通知我啊！	Nǐ jīntiān búyòng shàngbān. / Nǐ zěnme xiànzài cái tōngzhī wǒ a!
4급	小说	xiǎoshuō	我想写小说！/ 内容想好了吗？	Wǒ xiǎng xiě xiǎoshuō! / Nèiróng xiǎnghǎo le ma?
4급	增加	zēngjiā	随着生产的发展，职工的收入也不断增加。	Suízhe shēngchǎn de fāzhǎn, zhígōng de shōurù yě búduàn zēngjiā.
4급	深	shēn	他对这片土地有着深厚的感情，他从来没想过要离开。	Tā duì zhèpiàntǔdì yǒuzhe shēnhòu de gǎnqíng, tā cónglái méi xiǎngguò yào líkāi.

Chinese is not knowledge. It's a language!

Unit 11	전 제가 잘 할 수 있을 것이라고 자신합니다. / 그럼 나 너한테 넘긴다?	동 (누가) 자신하다(자기 스스로를 믿다)	自信 자신
Unit 12	신발 사이즈는 어때? / 크지도 작지도 않고, 딱 좋아.	형 (무엇이) 딱 좋다(꼭 알맞다)	正好 정호
Unit 13	과수 농가들이 과일나무를 가위로 손질 하고 있습니다.	동 ('나무를 다듬다' 이럴 때의) 가위로 다듬다	修理 수리
Unit 13	이 제품 규격에 맞나요? / 그럼요!	형 (제품이) 규격(표준)에 들어맞다	合格 합격
Unit 14	이거 가격 너무 비싼 거 아냐? / 어딜 봐서 그래, 비싸지 않아 안 비싸.	명 (무엇의) 가격	價格 가격
Unit 15	난 밥반찬은 대부분 할 줄 알아. / 너 그럼 나한테 김치찌개 좀 끓여 줘 봐.	형 ('일반적인 요리'·'대부분의 농삿일' 이럴 때의) 일반적인(대부분의)	差不多 차부다
Unit 15	나 일단 책을 너희한테 맡길게, 내가 귀국하면 다시 돌려줘.	동 (누구·어디에 무엇을) 맡기다(보관하다)	存 존
Unit 16	그래, 나 너 신경 안 쓸게. / 너 화났어? 내가 고치면 안 될까?	동 (누가 누구를) 상관하지 않다·아랑곳하지 않다	不管 불관
Unit 16	너 나한테 안 돌려주면, 나 이거 창문 밖으로 던져버린다! / 알았어 알았어, 줄게 줄게!	동 (쓰레기·돌멩이 등 무엇을) 내던지다(내버리다)	丟 주
Unit 17	풍선껌 2개에 5마오요!	양 [1위안(元)의 1/10, 자오(角)와 같은 중국의 화폐 단위] 마오	毛 모
Unit 18	너는 네 아이들을 어떻게 교육할지 생각해봤어? / 자녀 교육? 일단 결혼부터 하고 말하자.	명 교육(敎育)	教育 교육
Unit 19	이거 언제 일어난 일인가요? / 아마 한 달 전쯤이었던 것 같은데요.	동 (원래 없던 무엇이) 발생하다(생기다)	發生 발생
Unit 19	평소에 준비 좀 잘해, 벼락치기 하지 말고. / 평상시에는 바쁘잖아.	명 평소(평상시)	平時 평시
Unit 20	뭐 먹을 거 있어? / 사탕 하나밖에 없는데, 줄까?	명 사탕(캔디)	糖 탕

	词	拼音	例句（中文）	例句（拼音）
4급	自信	zìxìn	我自信我能做好。/ 那我交给你了？	Wǒ zìxìn wǒ néng zuòhǎo. / Nà wǒ jiāo gěi nǐ le?
4급	正好	zhènghǎo	鞋子大小怎么样？/ 不大不小，正好。	Xiézi dàxiǎo zěnmeyàng? / búdàbùxiǎo, zhènghǎo.
4급	修理	xiūlǐ	果农正在修理果树。	Guǒnóng zhèngzài xiūlǐ guǒshù.
4급	合格	hégé	这产品合格吗？/ 当然了！	Zhè chǎnpǐn hégé ma? / Dāngrán le!
4급	价格	jiàgé	这价格是不是太贵了？/ 哪里啊，不贵不贵。	Zhè jiàgé shìbushì tài guì le? / Nǎlǐ a, búguì búguì.
4급	差不多	chàbuduō	家常菜我差不多都会做。/ 那你给我做泡菜汤吧。	Jiāchángcài wǒ chàbuduō dōu huì zuò. / Nà nǐ gěi wǒ zuò pàocàitāng ba.
4급	存	cún	我先把书存在你们这儿吧，等我回国你们再还给我。	Wǒ xiān bǎ shū cún zài nǐmen zhèr ba, děng wǒ huíguó nǐmen zài huán gěi wǒ.
4급	不管	bùguǎn	行，我不管你了。/ 你生气了？我改还不行吗？	Xíng, wǒ bùguǎn nǐ le. / Nǐ shēngqì le? Wǒ gǎi hái bùxíng ma?
4급	丢	diū	你不还给我，我就把这个丢窗外了啊！/ 好好，给你给你！	Nǐ bù huán gěi wǒ, wǒ jiù bǎ zhège diū chuāngwài le a! / Hǎohǎo, gěi nǐ gěi nǐ!
4급	毛	máo	泡泡糖两个五毛！	Pàopaotáng liǎngge wǔmáo!
4급	教育	jiàoyù	你想过怎么教你的孩子吗？/ 子女教育？先结婚再说吧。	Nǐ xiǎngguo zěnme jiāo nǐ de háizi ma? / Zǐnǚ jiàoyù? Xiān jiéhūn zàishuō ba.
4급	发生	fāshēng	这是什么时候发生的事？/ 大概一个月前吧。	Zhèshì shénmeshíhou fāshēng de shì? / Dàgài yígeyuè qián ba.
4급	平时	píngshí	平时多做点儿准备，别总是临阵磨枪。/ 平时不是忙吗。	Píngshí duō zuòdiǎnr zhǔnbèi, bié zǒngshì línzhènmóqiāng. / Píngshí búshì máng ma.
4급	糖	táng	有什么吃的吗？/ 就一块糖，要吗？	Yǒushénme chī de ma? / Jiù yíkuài táng, yào ma?

Chinese is not knowledge. It's a language!

Unit 11	한국은 2018년 평창 동계올림픽을 성공적으로 개최하여, 전 세계적인 호평을 받았습니다.	동 (행사·강연회·운동회·올림픽 등을) 거행하다(개최하다)	舉辦 거판
Unit 12	대략적인 설계는 내가 다 했으니까, 남은 건 너희가 해. / 네가 다 하면 되는 거 아냐?	형 ('대강 말하다'·'대충 요약하다' 이럴 때의) 대강의(대충의, 대략의)	大概 대개
Unit 13	손자가 생기셨네요, 드디어 할머니가 되셨군요. / 그러게나 말야, 사진 보여줄게.	명 [가족] 손자	孫子 손자
Unit 13	오늘 날씨 참 좋다. / 그러니까, 너무 따뜻하다.	형 (누구·무엇·어디가 춥지 않고) 따뜻하다	暖和 난화
Unit 14	딱 제때 왔네, 이제 시작할 거야. / 좋아, 나 여기 앉아?	형 (어떤 일에 있어) 때가 맞다(시기적절하다)	及時 급시
Unit 15	혹시 그쪽에 팩스 있나요? / 아니요, 3층 사무실에 가보세요, 거긴 있어요.	명 팩스(FAX)	傳真 전진
Unit 15	오빠, 전화번호가 뭐예요? / 미안한데, 나 여자친구 있어.	명 ('전화번호·송장번호·차량번호' 이럴 때의) 번호	號碼 호마
Unit 16	부디 절 용서해 주세요. / 안 돼, 이건 절대 용서할 수 없어.	동 ('용서해주세요'·'양해 바랍니다' 이럴 때의) 용서하다(양해하다)	原諒 원량
Unit 16	나 또 기록 깼어! / 그 게임? 진짜 대단하다 너.	동 (기록·규칙·전례·습관·사상 따위를 새롭게) 깨다(타파하다)	破 파
Unit 17	네가 잘못을 했으면 상대방에게 머리를 숙이고 사과를 해야 해, 이건 상식이야.	동 (누가 머리를) 숙이다	低 저
Unit 18	모든 중대의 인원을 나에게 알려줄 수 있도록. / 넵!	명 [군사 단위] 중대	連 련
Unit 19	걔 바로 네 건너 편에 앉아있었는데, 너 못 봤어? / 폰만 보고 있었어.	명 (누구·어디의) 정면(바로 앞)	對面 대면
Unit 19	너 진짜 빨리 배운다, 이제 뭐 하나 혼자 맡아도 되겠다! / 무슨 말씀이세요, 아직 멀었습니다.	동 (누가 무엇을) 주관하다(맡아 보다)	當 당
Unit 20	넌 네 월급을 어떻게 써? / 3분의 1은 은행에 저금하고, 나머지는 내가 쓰지.	접미사 [수학] ('3/4·2/5' 이럴 때의) (몇) 분의 (몇)	分之 분지

	举办	jǔbàn	韩国成功举办了2018年平昌冬季奥运会，受到了全球性的好评。	Hánguó chénggōng jǔbàn le 2018 nián Píngchāng Dōngjì'àoyùnhuì, shòudào le quánqiúxìng de hǎopíng.
	大概	dàgài	大概的设计我做好了，剩下的你们做吧。/ 你做完不就行了吗?	Dàgài de shèjì wǒ zuòhǎo le, shèngxià de nǐmen zuò ba. / Nǐ zuò wán bújiù xíng le ma?
	孙子	sūnzi	你有孙子了，终于是奶奶了。/ 是啊，给你看看照片。	Nǐ yǒu sūnzi le, zhōngyú shì nǎinai le. / Shì a, gěi nǐ kànkan zhàopiàn.
	暖和	nuǎnhuo	今天天气真好。/ 就是啊，太暖和了。	Jīntiān tiānqì zhēn hǎo. / Jiùshi a, tài nuǎnhuo le.
	及时	jíshí	你来得很及时，马上就要开始了。/ 好好，我坐这儿吗?	Nǐ lái de hěn jíshí, mǎshàng jiùyào kāishǐle. / Hǎohǎo, wǒ zuò zhèr ma?
	传真	chuánzhēn	你们有传真吗? / 没有，去三楼办公室吧，那边有。	Nǐmen yǒu chuánzhēn ma? / Méiyǒu, qù sānlóu bàngōngshì ba, nàbiān yǒu.
	号码	hàomǎ	帅哥，可以留一下电话号码吗? / 不好意思，我有女朋友了。	Shuàigē, kěyǐ liú yíxià diànhuàhàomǎ ma? / Bùhǎoyìsi, wǒ yǒu nǚpéngyou le.
	原谅	yuánliàng	请你原谅我吧。/ 不，这我绝对不能原谅。	Qǐng nǐ yuánliàng wǒ ba. / Bù, zhè wǒ juéduì bùnéng yuánliàng.
	破	pò	我又破纪录了! / 是那个游戏吗? 好厉害啊你。	Wǒ yòu pò jìlù le! / Shì nàge yóuxì ma? Hǎo lìhai a nǐ.
	低	dī	你做错了就得向人低头道歉，这是常识。	Nǐ zuò cuò le jiù děi xiàng rén dītóu dàoqiàn, zhèshì chángshí.
	连	lián	把每个连的人员告诉我。/ 是!	Bǎ měigelián de rényuán gàosu wǒ. / Shì!
	对面	duìmiàn	她刚才就坐在你对面，你没看到吗? / 光看手机了。	Tā gāngcái jiù zuò zài nǐ duìmiàn, nǐ méi kàndào ma? / Guāng kàn shǒujī le.
	当	dāng	你学得真快，都可以独当一面了! / 哪里啊，还差得远呢。	Nǐ xué de zhēn kuài, dōu kěyǐ dúdāngyímiàn le! / Nǎlǐ a, hái chà de yuǎn ne.
	分之	fēnzhī	你怎么用你工资啊? / 我把工资的三分之一存起来，剩下的自己用。	Nǐ zěnme yòng nǐ gōngzī a? / Wǒ bǎ gōngzī de sān fēnzhī yī cúnqǐlái, shèngxià de zìjǐ yòng.

Chinese is not knowledge. It's a language!

Unit	예문	뜻풀이	한자/한글
Unit 11	이 일은 반대하는 사람이 그 사람 하나뿐이 아니야, 나도 반대야. / 대체 왜 너희들 모두 동의하지 않는 거야?	(부) ('그 사람만이 아니야' 이럴 때의, 누구·무엇)만은 아니다	不僅 부근
Unit 12	나는 그의 말솜씨가 완벽에 가깝다고 생각해.	(명) [비유] (각종) 기술(기능)	藝術 예술
Unit 13	여러분의 요구를 만족시키기 위하여, 저희는 프로그램의 내용을 더욱 풍성하게 했습니다.	(동) (무엇을 더) 풍부하게(풍족하게) 하다	豐富 풍부
Unit 14	빨리 모기향 피워, 안 그러면 모기한테 물려 죽을 거야. / 바로 피울게.	(명) ('모기향·꽃향기' 이럴 때의) 향	香 향
Unit 15	와, 새끼 호랑이다! / 뭐야, 고양이잖아.	(명) [동물] 호랑이	老虎 로호
Unit 15	너 약간 오해를 한 거 같아, 너 내 해명 좀 들어봐. / 그래, 나한테 똑바로 말해봐.	(동) (오해나 이유 등을) 해명하다(변명하다)	解釋 해석
Unit 16	너무 죄송합니다. / 당신이 사과까지 했는데, 안 받아드리면 오히려 저희가 쩨쩨한 사람이 되겠죠?	(부) [일반적인 상황과 상반됨을 나타내어] 오히려(도리어)	倒 도
Unit 16	저 잘못한 거 없어요! / 이게 감히 대들기까지 해? 이리 와봐!	(조동사) (누가) 감히 (무엇을) 하다	敢 감
Unit 16	집에 또 물이 새. / 집주인한테 말했어?	(명) (세입자에 대하여) 집주인	房東 방동
Unit 17	이 직업은 인내심과 애타심이 있어야 하는데, 할 수 있겠어요?	(명) 끈기(참을성, 인내심)	耐心 내심
Unit 18	나 밀지 마, 하마터면 넘어질 뻔했잖아! / 내가 일부러 그런 게 아니야.	(동) (누구·무엇을 손이나 몸으로) 밀다	推 추
Unit 18	너 하마터면 내 팔을 비틀어 꺾을 뻔했어! / 과장하지 마, 그냥 살짝 잡아당겼을 뿐이야.	(명) [신체] 팔	胳膊 각박
Unit 19	그들의 애절한 사랑 이야기는 많은 사람들을 감동시켰다.	(명) (남녀 간의) 사랑(애정)	愛情 애정
Unit 20	너 입이 있으면 무슨 말이라도 해보라고! / 전 할 말이 없어요, 죄송합니다.	(조) [문장 끝에 와서 어기를 돕거나, 문장 가운데에 와서 동작이 지속되거나 멈출 때 쓰는 조사]	呀 하

	不仅	bùjǐn	这件事不仅他反对，我也反对。/ 到底为什么你们都不同意？	Zhè jiàn shì bùjǐn tā fǎnduì, wǒ yě fǎnduì. / Dàodǐ wèishénme nǐmen dōu bùtóngyì?
	艺术	yìshù	我觉得他的讲话艺术已近完美。	Wǒ juéde tā de jiǎnghuà yìshù yǐjìn wánměi.
	丰富	fēngfù	为了满足大家的需求，我们丰富了节目的内容。	Wèile mǎnzú dàjiā de xūqiú, wǒmen fēngfù le jiémù de nèiróng.
	香	xiāng	快点蚊香，要不然被蚊子咬死了。/ 我这就点。	Kuài diǎn wénxiāng, yàoburán bèi wénzi yǎo sǐ le. / Wǒ zhè jiù diǎn.
	老虎	lǎohǔ	哇，是小老虎！/ 什么呀，是小猫。	Wā, shì xiǎolǎohǔ! / Shénme ya, shì xiǎomāo.
	解释	jiěshì	你好像有点误会了，你听我解释。/ 好，你给我说清楚。	Nǐ hǎoxiàng yǒudiǎn wùhuì le, nǐ tīng wǒ jiěshì. / Hǎo, nǐ gěi wǒ shuōqīngchu.
	倒	dào	非常抱歉。/ 你都道歉了，不接受倒显得我们小气了。	Fēicháng bàoqiàn. / Nǐ dōu dàoqiàn le, bùjiēshòu dào xiǎnde wǒmen xiǎoqì le.
	敢	gǎn	我没做错！/ 你还敢顶嘴？给我过来！	Wǒ méi zuò cuò! / Nǐ hái gǎn dǐngzuǐ? Gěi wǒ guòlái!
	房东	fáng-dōng	家里又漏水了。/ 跟房东说了吗？	Jiālǐ yòu lòushuǐ le. / Gēn fángdōng shuō le ma?
	耐心	nàixīn	这个职业需要耐心和爱心，你可以吗？	Zhège zhíyè xūyào nàixīn hé àixīn, nǐ kěyǐ ma?
	推	tuī	你别推我，差点儿摔倒了！/ 我不是故意的。	Nǐ bié tuī wǒ, chàdiǎnr shuāi dǎo le! / Wǒ búshì gùyì de.
	胳膊	gēbo	你差点扭断我的胳膊！/ 没那么夸张，就轻轻拽了一下而已。	Nǐ chàdiǎn niǔduàn wǒ de gēbo! / Méi nàme kuāzhāng, jiù qīngqīng zhuài le yíxià éryǐ.
	爱情	àiqíng	他们之间动人的爱情故事感动了无数人。	Tāmen zhījiān dòngrén de àiqíng gùshi gǎndòng le wúshùrén.
	呀	ya	你倒是说话呀！/ 我没话说，对不起。	Nǐ dǎoshì shuōhuà ya! / Wǒ méi huà shuō, duìbuqǐ.

Unit	예문	품사·뜻	한자
Unit 11	너 미국으로 유학 가려던 거 아니었어? / 나 진작에 그 생각 접었어.	동 (어떤 생각이나 희망 등을) 그만두다(버리다)	死 사
Unit 12	친구라면 어려움이 있을 때 도와줘야지. / 진정한 친구라면, 그렇게 해야지.	동 (누가 타인을) 돕다	拉 랍
Unit 13	이 강아지 성별이 뭐예요? / 암컷이에요.	명 ('남여, 암수'의) 성별	性別 성별
Unit 14	방금 영화 음향 효과 장난 아니었어, 그렇지? / 난 주의 깊게 듣질 않아서.	명 ('음향효과·조명효과' 이럴 때의) 효과	效果 효과
Unit 14	요즘 추천할만한 재미있는 책 없어? / 몰라, 나 원래 책 안 읽어.	형 (무엇이) 재미있다(흥미가 있다)	有趣 유취
Unit 15	왜 제가 채용이 안 된 거죠? / 지원자님은 실전 경험이 너무 없으셨기 때문입니다.	명 (각종) 경력·경험	經驗 경험
Unit 15	너 너무 흥분했어, 좀 진정해. / 내가 진정하게 생겼냐? 어?	형 (누구의 감정이) 충동적이다	激動 격동
Unit 16	이런 문제가 특히 출제될 가능성이 커요, 아시겠죠? / 죽었다, 이런 문제가 제일 어려운데.	부 ('특히 너 말이야'·'사과가 더 좋아' 이럴 때의) 특히(더욱)	尤其 우기
Unit 16	오빠, 저 위까지 손 닿을 수 있어? / 가능하지. / 나 컵 내리는 것 좀 도와줘.	동 (어디에 손이) 닿다(미치다)	夠 구
Unit 17	여기엔 소유권 문제가 얽혀 있죠, 당신은 변호사한테 자문해보셔야 할 것 같아요.	명 (개인·단체·기업·국가 등의) 소유물(가진 것)	所有 소유
Unit 18	나는 엉덩이에 주사 맞는 게 제일 무서워. / 애도 아니고 참.	동 (병원에서) 주사를 놓다	打針 타침
Unit 18	여러분 오늘 재밌게 노셨나요? / 엄청 재밌었어요!	형 (누구의 기분이) 기쁘다(즐겁다)	開心 개심
Unit 19	네 비트코인 수익은 좀 어때? / 진작에 다 팔았지, 손해 엄청나게 봤어.	동 (누가 무엇을) 얻다(획득하다)	收 수
Unit 20	난 확신해, 걘 절대 그런 사람이 아니야. / 너 걔 잘 알아?	동 (무엇을) 단정하다(확신하다)	肯定 긍정

4급	死	sǐ	你不是要去美国留学吗? / 我早就死了这条心了。	Nǐ búshì yào qù Měiguó liúxué ma? / Wǒ zǎojiù sǐ le zhètiáoxīn le.
4급	拉	lā	朋友有困难就得拉一把。/ 如果是真正的朋友, 是会这么做的。	Péngyou yǒu kùnnan jiù děi lā yìbǎ. / Rúguǒ shì zhēnzhèng de péngyou, shì huì zhème zuò de.
4급	性别	xìngbié	这只狗性别是什么? / 是母的。	Zhè zhī gǒu xìngbié shì shénme? / Shì mǔ de.
4급	效果	xiàoguǒ	刚才电影的音响效果特棒, 是不是? / 我没注意听。	Gāngcái diànyǐng de yīnxiǎng xiàoguǒ tè bàng, shìbushì? / Wǒ méi zhùyì tīng.
4급	有趣	yǒuqù	最近有没有什么有趣的书可以推荐呀? / 没有, 我本来就不看书。	Zuìjìn yǒuméiyǒu shénme yǒuqù de shū kěyǐ tuījiàn ya? / Méiyǒu, wǒ běnlái jiù búkàn shū.
4급	经验	jīngyàn	为什么我没有被录取? / 因为您实战经验比较少。	Wèishénme wǒ méiyǒu bèi lùqǔ? / Yīnwèi nín shízhàn jīngyàn bǐjiào shǎo.
4급	激动	jīdòng	你太激动了, 冷静一点。/ 你说我能冷静吗? 哈?	Nǐ tài jīdòng le, lěngjìng yìdiǎn. / Nǐ shuō wǒ néng lěngjìng ma? Ha?
4급	尤其	yóuqí	这类问题尤其有可能出, 知道了吧? / 完了, 这种题最难。	Zhèlèi wèntí yóuqí yǒukěnéng chū, zhīdào le ba? / Wán le, zhèzhǒngtí zuì nán.
4급	够	gòu	哥, 你能够着那上边吗? / 能啊。/ 帮我把杯子拿下来吧。	Gē, nǐ néng gòuzháo nà shàngbian ma? / Néng a. / Bāng wǒ bǎ bēizi náxiàlái ba.
4급	所有	suǒyǒu	这是涉及到所有权的问题, 你应该咨询一下律师。	Zhèshì shèjí dào suǒyǒuquán de wèntí, nǐ yīnggāi zīxún yíxià lǜshī.
4급	打针	dǎzhēn	我最怕在屁股上打针啊。/ 你又不是小孩子。	Wǒ zuì pà zài pìgu shàng dǎzhēn a. / Nǐ yòu búshì xiǎoháizi.
4급	开心	kāixīn	大家今天玩儿得开心吗? / 很开心!	Dàjiā jīntiān wánr de kāixīn ma? / Hěn kāixīn!
4급	收	shōu	你的比特币收益怎么样? / 早就卖完了, 亏了不少。	Nǐ de bǐtèbì shōuyì zěnmeyàng? / Zǎojiù màiwán le, kuī le bùshǎo.
4급	肯定	kěndìng	我可以肯定, 他绝对不是那种人。/ 你很了解他吗?	Wǒ kěyǐ kěndìng, tā juéduì búshì nàzhǒngrén. / Nǐ hěn liǎojiě tā ma?

Chinese is not knowledge. It's a language!

Unit	예문	품사 · 뜻	한자 · 독음
Unit 11	시험 다 봤어? 너 진짜 부럽다. / 부럽지? 난 놀러 간다, 바이바이.	동 (누구·무엇을) 부러워하다	羨慕 선모
Unit 12	너희들 토론 결과는 어때? / 우리는 걔들과 협력하지 않기로 했어.	동 (무엇에 대해) 토론하다	討論 토론
Unit 13	쟤 보고 한턱 내라고 하자! / 됐어, 쟤 얼마 못 벌어.	수 몇 개(조금)·두세 개	倆 량
Unit 14	왜 제 점수는 이렇게 낮은 거죠? / 네가 수업을 자주 빠지니까, 점수도 당연히 높을 수가 없지.	부 당연히·응당	自然 자연
Unit 14	이거 어디에서 처음 보도한 거야? / 인민일보에서 맨 처음 보도한 겁니다.	부 맨 먼저·가장 먼저·우선하여	首先 수선
Unit 15	쟤는 워낙 말을 제멋대로 하는 사람이니까, 그냥 뭐라고 하지 마라.	형 (누구의 태도나 행동이) 제멋대로이다 (부주의하다)	隨便 수편
Unit 15	요즘엔 나른하고, 어디에도 가고 싶지 않고, 뭘 해도 의욕이 없어.	형 (누가) 나른하다(피곤하다)·지치다	懶 라
Unit 16	죄송합니다, 제 아들이 실례를 범했습니다. / 하하, 괜찮습니다, 아직 아이인데요, 뭐.	형 미안하다(죄송합니다, 미안하게 생각하다)	抱歉 포겸
Unit 16	너 매일 일 하느라 진짜 힘들겠다, 그렇지? / 아니요, 힘들지 않아요.	형 (누가 일이) 고생스럽다(수고롭다, 고되다)	辛苦 신고
Unit 17	앞에 국적 불명의 화물선이 한 척 있습니다! / 빨리 잡아!	명 (비행기·선박 등의) 소속 국적	國籍 국적
Unit 18	모두 시험 규칙을 엄격하게 지켜주시고, 커닝도 하지 마시고, 휴대폰도 제출하세요.	동 (제도·규율 등 무엇을) 엄격히 하다	嚴格 엄격
Unit 19	이 옷 되게 비싸! / 이건 비싼 것도 아니야, 저기에 더 비싼 것도 있거든.	동 (무엇으로) 간주하다(치다)	算 산
Unit 19	네가 심란한 건 알겠는데, 너도 자꾸 왔다 갔다 좀 하지 마, 더 짜증 나니까.	동 ('공원을 돌아다니다'·'왔다 갔다 하다' 이럴 때의, 어디를) 들르다·돌아다니다	轉 전
Unit 20	너 무슨 꿈 꿨어? / 나 너랑 결혼하는 꿈 꿨어!	동 (누가 자면서) 꿈을 꾸다	夢 몽

336 | 중국어탈피

④	羡慕	xiàn-mù	考完了？好羡慕你啊。/ 羡慕吧？我要去玩了，拜拜。	Kǎo wán le? Hǎo xiànmù nǐ a. / Xiànmù ba? Wǒ yào qù wán le, bàibai.
④	讨论	tǎolùn	你们讨论的结果怎么样？/ 我们决定不跟他们合作了。	Nǐmen tǎolùn de jiéguǒ zěnmeyàng? / Wǒmen juédìng bù gēn tāmen hézuò le.
④	俩	liǎ	让他请客吧！/ 算了，他没挣俩钱。	Ràng tā qǐngkè ba! / Suànle, tā méi zhèng liǎ qián.
④	自然	zìrán	为什么我分数这么低？/ 你常缺课，分数自然不会高了。	Wèishénme wǒ fēnshù zhème dī? / Nǐ cháng quē kè, fēnshù zìrán búhuì gāo le.
④	首先	shǒuxiān	这是哪个报社先报道的？/ 是人民日报首先报道的。	Zhèshì nǎge bàoshè xiān bàodào de? / Shì Rénmínrìbào shǒuxiān bàodào de.
④	随便	suíbiàn	他说话向来都很随便，你不要见怪。	Tā shuōhuà xiànglái dōu hěn suíbiàn, nǐ búyào jiànguài.
④	懒	lǎn	最近懒洋洋的，哪儿都不想去，做什么都提不起劲儿。	Zuìjìn lǎnyángyáng de, nǎr dōu bùxiǎng qù, zuò shénme dōu tíbuqǐ jìnr.
④	抱歉	bàoqiàn	很抱歉，我儿子对您失礼了。/ 呵呵，没事，是小孩子嘛。	Hěn bàoqiàn, wǒ érzi duì nín shīlǐ le. / Hēhē, méishì, shì xiǎoháizi ma.
④	辛苦	xīnkǔ	你每天工作一定辛苦吧？/ 没有，不辛苦。	Nǐ měitiān gōngzuò yídìng xīnkǔ ba? / Méiyǒu, bùxīnkǔ.
④	国籍	guójí	前面有一艘国籍不明的货船！/ 快去逮捕！	Qiánmiàn yǒu yìsōu guójí bùmíng de huòchuán! / Kuài qù dàibǔ!
④	严格	yángé	大家请严格遵守考场规则，不准作弊。手机都交上来。	Dàjiā qǐng yángé zūnshǒu kǎochǎng guīzé, bùzhǔn zuòbì. Shǒujī dōu jiāoshànglái.
④	算	suàn	这衣服好贵啊！/ 这算不上贵的，那边还有更贵的呢。	Zhè yīfu hǎo guì a! / Zhè suànbushàng guì de, nàbiān háiyǒu gèng guì de ne.
④	转	zhuàn	知道你心烦意乱，但你也别老是转来转去，看得更烦。	Zhīdào nǐ xīnfányìluàn, dàn nǐ yě bié lǎoshì zhuànláizhuànqù, kàn de gèng fán.
④	梦	mèng	你梦见什么了？/ 我梦见我跟你结婚了！	Nǐ mèngjiàn shénme le? / Wǒ mèngjiàn wǒ gēn nǐ jiéhūn le!

Chinese is not knowledge. It's a language!

Unit 11	저희 혹시 여러분들이 어떻게 제조하시는지 좀 봐도 될까요? / 네, 모든 과정을 여러분께 공개할게요.	명 ('제작 과정·토의 과정' 등 각종) 과정	過程 과정
Unit 12	설명서는 어디에 있어? / 버려버렸나 봐.	명 ('사용 설명'·'고문 해설' 이럴 때의) 설명 (해설)	說明 설명
Unit 13	너 얼른 바지 좀 올려, 넌 이미 초등학생이야, 이렇게 걸핏하면 엉덩이를 보여서 되겠어?	동 ('물·옷' 등 구체적인 무엇을 아래에서 위로) 끌어 올리다	提 제
Unit 13	너 변두리에 산다면서? 등교하는 거 불편하지 않아? / 2시간만 걸으면 도착해.	명 (시내가 아닌) 교외지구(시 외곽, 변두리)	郊區 교구
Unit 14	이 책들은 무슨 순서로 배열한 거죠? / 알파벳 순서로 배열한 거예요.	동 (무엇을) 배열하다(정렬하다)	排列 배열
Unit 15	정말 죄송합니다, 저희는 앞으로 다시는 이런 일이 발생하지 않을 것을 보장하겠습니다. / 됐어요, 다음에는 주의해 주세요.	동 (성공·완성·품질 등 무엇을) 보증하다 (담보하다)	保證 보증
Unit 15	이제 우리도 고3이야, 공부도 열심히 하고, 동시에, 체력 단련도 신경 써야지.	접 또한(게다가, 아울러)	同時 동시
Unit 15	이 집 산 거야? / 아니, 전세야.	동 (집·건물·토지 등을) 세내다(임차하다)	租 조
Unit 16	밥이 왜 이렇게 적지? / 그러게요, 적어도 너무 적네요!	형 (수량이 적거나 품질이 나빠) 초라하다 (볼품없다, 형편없다)	可憐 가련
Unit 17	돈과 인간관계 중 네가 제일 중시하는 게 뭐니? / 물어 뭐해! 당연히 인간관계지.	동 (무엇을) 중시하다(중요하게 여기다)	重 중
Unit 18	이 요리 진짜 맛있다! 누가 했어? / 사 온 거야.	명 (무엇의) 맛	味道 미도
Unit 19	잘 따라 와, 또 뒤처지지 말고! / 천천히 가! 힘들다고!	동 (누가 따라가지 못하고) 뒤떨어지다(낙오하다)	掉 도
Unit 19	경찰서에서 나에게 미혼 증명서를 발급해줬고, 이로써 내 수속 서류들도 모두 갖춰졌다.	동 (어떤 사실을) 증명하다	證明 증명
Unit 20	이 솔은 강모가 부족해, 잘 안 닦여. / 그럼 새거 하나 사지?	형 ('돼지털이 빳빳하다'·'금강석' 이럴 때의) 단단하다(딱딱하다)	剛 강

	过程	guòchéng	我们可以看你们是怎么制造的吗？/ 可以，我们把整个过程都公开。	Wǒmen kěyǐ kàn nǐmen shì zěnme zhìzào de ma? / Kěyǐ, wǒmen bǎ zhěngge guòchéng dōu gōngkāi.
	说明	shuōmíng	说明书在哪儿？/ 好像扔了。	Shuōmíngshū zài nǎr? / Hǎoxiàng rēng le.
	提	tí	你快把裤子提上，你已经是小学生了，不能动不动就光屁股。	Nǐ kuài bǎ kùzi tíshàng, nǐ yǐjīng shì xiǎoxuéshēng le, bùnéng dòngbudòng jiù guāngpìgu.
	郊区	jiāoqū	你不是住郊区吗？上学是不是不方便？/ 走两个小时就到了。	Nǐ búshì zhù jiāoqū ma? Shàngxué shìbushì bù fāngbiàn? / Zǒu liǎngge xiǎoshí jiù dào le.
	排列	páiliè	这些书是按什么顺序排列的？/ 是按字母顺序排的。	Zhèxiē shū shì àn shénme shùnxù páiliè de? / Shì àn zìmǔ shùnxù pái de.
	保证	bǎozhèng	真的很抱歉，我们保证再也不会发生这样的事儿。/ 算了，下次注意就好了。	Zhēnde hěn bàoqiàn, wǒmen bǎozhèng zàiyě búhuì fāshēng zhèyàng de shìr. / Suànle, xiàcì zhùyì jiù hǎo le.
	同时	tóngshí	快高三了，我们要用功学习，同时，还要注意锻炼身体。	Kuài gāosān le, wǒmen yào yònggōng xuéxí, tóngshí, hái yào zhùyì duànliàn shēntǐ.
	租	zū	你这房子不是买的吗？/ 不是，是租的。	Nǐ zhèfángzi búshì mǎi de ma? / Búshì, shì zū de.
	可怜	kělián	饭怎么这么少啊？/ 就是啊，少得可怜呢！	Fàn zěnme zhème shǎo a? / Jiùshì a, shǎo de kělián ne!
	重	zhòng	钱和人际关系中你最重视的是哪一个？/ 废话！当然是人际关系。	Qián hé rénjìguānxi zhōng nǐ zuì zhòngshì de shì nǎyíge? / Fèihuà! Dāngrán shì rénjìguānxi.
	味道	wèidao	这菜味道真棒！是谁做的？/ 是买的。	Zhècài wèidao zhēn bàng! Shì shéi zuò de? / Shì mǎi de.
	掉	diào	好好跟上啊，别又掉队了！/ 走慢点！好累啊！	Hǎohǎo gēnshang a, bié yòu diàoduì le! / Zǒu màndiǎn! Hǎo lèi a!
	证明	zhèngmíng	公安局给我开了单身证明，这样我的手续证件都齐了。	Gōng'ānjú gěi wǒ kāi le dānshēn zhèngmíng, zhèyàng wǒ de shǒuxù zhèngjiàn dōu qí le.
	刚	gāng	那把刷子刚毛不够，不好刷。/ 买一个新的呀？	Nà bǎ shuāzi gāngmáo búgòu, bù hǎo shuā. / Mǎi yíge xīn de ya?

Chinese is not knowledge. It's a language!

예문	뜻	한자
최근에 중국엔 뭐가 유행이지? / 국산이 잘 나가.	동 (누구·무엇이) 유행하다(성행하다)	流行 류행
우리는 저 친구를 무대에 올려 공연할 거예요. / 저 친구가 맡은 역할이 무엇인데요?	동 (연극·뮤지컬·콘서트 등을) 공연하다	演出 연출
오늘 동창회 너도 와라. / 나는 안 가, 준비도 안 됐는걸.	명 ('동창회·생일파티' 등의) 모임(회합)	聚會 취회
다이어트를 하면 뭐가 좋아? / 살찌는 것보단 좋지.	명 (무엇의) 장점(이점, 좋은 점)	好處 호처
우리는 응당 현실(실제)에서 출발하여, 우리의 상황에 맞게 계획을 세워야 합니다.	명 ('실제상황'·'이론과 현실' 이럴 때의) 실제(현실)	實際 실제
실례지만 녹단공원에 어떻게 가는지 좀 봐주시겠어요? / 지도 줘보세요, 제가 손으로 가리켜 드릴게요.	동 (누가 손가락으로 누구·무엇을) 가리키다	指 지
네가 말한 거 다 사실이야? / 당연히 사실이지, 내가 직접 겪은 일이라니까.	동 (누가 무엇을 몸소) 겪다(체험하다, 경험하다)	經歷 경력
우리는 지식의 힘을 매우 중요하게 여깁니다, 그래서 과학기술의 발전을 매우 중요하게 생각합니다.	동 (누가 지식 등, 무엇을) 중시하다(중요하게 여기다)	尊重 존중

4급	流行	liúxíng	最近中国流行什么呢? / 国货吧。	Zuìjìn Zhōngguó liúxíng shénme ne? / Guóhuò ba.
4급	演出	yǎnchū	我们打算让他登台演出。/ 他演的是什么角色?	Wǒmen dǎsuàn ràng tā dēngtái yǎnchū. / Tā yǎn de shì shénme juésè?
4급	聚会	jùhuì	今天同学聚会你也来吧。/ 我就不去了, 都没准备。	Jīntiān tóngxué jùhuì nǐ yě lái ba. / Wǒ jiù búqù le, dōu méi zhǔnbèi.
4급	好处	hǎochù	减肥有什么好处? / 总比增肥好。	Jiǎnféi yǒushénme hǎochù? / Zǒng bǐ zēngféi hǎo.
4급	实际	shíjì	我们应该从实际出发, 制定一些适合我们的计划。	Wǒmen yīnggāi cóng shíjì chūfā, zhìdìng yìxiē shìhé wǒmen de jìhuà.
4급	指	zhǐ	您帮我看一下绿檀公园怎么走, 好吗? / 地图给我, 我指给您看。	Nín bāng wǒ kànyíxià Lùtángōngyuán zěnme zǒu, hǎo ma? / Dìtú gěi wǒ, wǒ zhǐ gěi nín kàn.
4급	经历	jīnglì	你说的是真的吗? / 当然是真的, 是我亲身经历的。	Nǐ shuō de shì zhēnde ma? / Dāngrán shì zhēnde, shì wǒ qīnshēn jīnglì de.
4급	尊重	zūnzhòng	我们尊重知识的力量, 所以我们很重视发展科学技术。	Wǒmen zūnzhòng zhīshi de lìliàng, suǒyǐ wǒmen hěn zhòngshì fāzhǎn kēxué jìshù.

UNIT 20

今天的苦难将成为明日的喜悦。

오토바이는 고속도로를 타면 안 된다는 거, 너 몰랐어?	명 고속도로	高速公路 고속공로
불빛이 너무 강하다, 불 좀 꺼줄래? / 이제 겨우 8시야, 무슨 불을 꺼.	명 ('불빛·햇빛' 이럴 때의) 빛(광선)	光 광
너 그건 잘못된 생각이야. / 어디가 잘못됐는데?	형 (무엇이) 잘못되다(부정확하다)	錯誤 착오
저 친구의 두 씬은 망했네! / 아니야, 연기 꽤 괜찮았는데.	양 [연극에서 작은 단락을 세는 단위로] (몇) 장(場)	場 장
이런 초콜릿은 식감이 엄청 좋아서, 입에 넣으면 사르르 녹아, 많은 아이들이 좋아합니다.	동 (음식이 누구) 입으로 들어가다	入口 입구
물을 아끼는 것은, 모든 사람이 져야 하는 책임입니다.	동 (돈·자원·음식 등을) 절약하다(아끼다)	節約 절약
은퇴하고 뭐하실 거예요? / 장사나 하려고요.	표현 (누가) 장사(사업)를 하다	做生意 주생의
공부 시작 3년, 드디어 졸업이네. / 그러게, 빨리 나가서 일하고 싶다.	형 (예정된) 기한이 다 차다(다 되어 가다)	滿 만
그쪽을 번거롭게 해드렸네요. / 조금도 번거롭지 않습니다, 오히려, 저희가 감사한걸요.	접 (앞의 말에 대하여) 반대로(오히려)	相反 상반
걔는 프로 선수야, 네가 걔랑 겨뤄서 이길 수 있을 것 같아? / 그래도 시도해 봐야지.	형 ('직업 연기자'·'프로선수' 이럴 때의) 직업의(프로의, 전문의)	職業 직업

지금의 고난은 밝은 미래에 대한 눈물겨운 약속이다.

4급	高速公路	gāosù-gōnglù	摩托车不能上高速公路，你不知道吗？	Mótuōchē bùnéng shàng gāosùgōnglù, nǐ bùzhīdào ma?
4급	光	guāng	灯光太强了，把灯关一下好吗？/ 现在才八点，关什么灯啊。	Dēngguāng tài qiáng le, bǎ dēng guān yíxià hǎo ma? / Xiànzài cái bā diǎn, guān shénme dēng a.
4급	错误	cuòwù	你那是错误的想法。/ 哪里不对啊？	Nǐ nàshì cuòwù de xiǎngfǎ. / Nǎlǐ búduì a?
4급	场	chǎng	他的这两场戏都演砸了！/ 没有啊，演得还可以啊。	Tā de zhè liǎngchǎngxì dōu yǎn zá le! / Méiyǒu a, yǎn de hái kěyǐ a.
4급	入口	rùkǒu	这种巧克力口感极好，入口即化，很多孩子都喜欢吃。	Zhè zhǒng qiǎokèlì kǒugǎn jí hǎo, rùkǒujíhuà, hěnduō háizi dōu xǐhuan chī.
4급	节约	jiéyuē	节约用水，人人有责。	Jiéyuē yòngshuǐ, rénrényǒuzé.
4급	做生意	zuò-shēngyi	你退休后想干什么？/ 我打算做生意。	Nǐ tuìxiū hòu xiǎng gàn shénme? / Wǒ dǎsuàn zuòshēngyi.
4급	满	mǎn	学满三年，总算毕业了。/ 可不是，好想快点工作啊！	Xué mǎn sān nián, zǒngsuàn bìyè le. / Kěbúshì, hǎoxiǎng kuàidiǎn gōngzuò a!
4급	相反	xiāngfǎn	麻烦你了。/ 一点儿都不麻烦，相反，我还要谢谢你。	Máfan nǐ le. / Yìdiǎnr dōu bùmáfan, xiāngfǎn, wǒ háiyào xièxie nǐ.
4급	职业	zhíyè	他可是个职业选手，你跟他比能赢吗？/ 那我也要试试。	Tā kě shìge zhíyè xuǎnshǒu, nǐ gēn tā bǐ néng yíng ma? / Nà wǒ yě yào shìshi.

Chinese is not knowledge. It's a language!

Unit 11	결국, 허탕만 치고 말았네, 힘 빠진다. / 그러지 마, 적어도 교훈은 하나 얻었잖아.	부	('헛걸음·헛수고를 하다' 이럴 때의) 헛되이(쓸데없이)	空空
Unit 12	절대 포기하면 안 된다. / 당연하지, 난 절대 포기하지 않을 거야.	부	('제발 하지 마'·'절대로 먹지 마'·'부디 조심하렴' 이럴 때의) 제발(절대로, 부디)	千萬 천만
Unit 13	걔네 둘이선 아무것도 할 수 없을 거야, 아무도 안 도와줄 테니까, 걱정할 거 없어.	명	[비유] (어떤 일에 있어서의) 결과·성과·성취	氣候 기후
	이런 쉬운 문제는, 심지어 초등학생도 풀 수 있는데, 너는 왜 못 푸니?	접	심지어 (누구·무엇) 까지도(조차도)	甚至 심지
Unit 14	나는 이번 일은 이렇게 해결하면 안 될 것 같아, 나 다시 생각해 볼래. 너도 다른 사람의 의견을 좀 들어봐라.	명	(누구의) 의견(생각, 견해)	意見 의견
Unit 15	나 지금 아들 학교를 바꿀까 말까 생각하고 있어. / 왜? 무슨 일 있어?.	동	(누가 무엇을) 구상하다(계획하다)	考慮 고려
	이 방송국은 8시 정각에 라디오로 도로 상황을 알려주니까, 우리 차가 막히는지 어떤지 들어보자.	동	(뉴스 등을) 방송하다	廣播 광파
	얘 어디 갔어? / 아마 밥 먹으러 간 거 같은데.	부	('아마 꽃 필 때 됐을 거야'·'아마도 맞겠지?' 이럴 때의) 아마(아마도)	大約 대약
Unit 16	그는 여러모로 조건이 좋은데, 너 생각 안 해볼래? / 아니요, 저는 지금 그냥 일만 열심히 하고 싶습니다.	명	(상태·상황으로서의) 조건	條件 조건
Unit 17	다 쓴 사람 손 들어봐라. 아니, 한 명도 없다고?	동	(누가 누구·무엇을) 들다(들어 올리다)	舉 거
Unit 18	세 명으론 부족하지? 내가 따로 몇 명 더 찾아볼게. / 응, 네다섯 명 더 필요해.	부	(누구·무엇과) 달리(별도로)	另外 령외
Unit 19	나 편의점 좀 다녀올게. / 그럼 가는 김에 나 휴지 좀 사다 주라.	부	(무엇을)하는 김에(겸사겸사)	順便 순편
	걔 교통사고 났대, 중상을 입었다고 들었어. / 진짜? 어느 병원에 있어?	동	(누가 어떤 안 좋은 상황 등을) 당하다(처하다)	受到 수도
Unit 20	이 색깔로 칠하면 어떨까? / 색깔이 너무 진해, 좀 옅은 걸로 하자.	형	(색깔이) 진하다	深 심

	汉字	拼音	例句（中）	例句（拼音）
4급	空	kōng	到头来还是空忙了一场，真没劲儿。/ 别这样，至少学到一个教训。	Dàotóulái háishi kōng máng le yìchǎng, zhēn méijìnr. / Bié zhèyàng, zhìshǎo xuédào yíge jiàoxùn.
4급	千万	qiānwàn	你千万不要放弃。/ 当然了，我一定不会放弃的。	Nǐ qiānwàn búyào fàngqì. / Dāngrán le, wǒ yídìng búhuì fàngqì de.
4급	气候	qìhòu	就凭他们俩成不了什么气候，没人会支持他们，你别担心了。	Jiù píng tāmenliǎ chéngbuliǎo shénme qìhòu, méi rén huì zhīchí tāmen, nǐ bié dānxīn le.
4급	甚至	shènzhì	这么简单的题，甚至连小学生都会，你怎么就不会呢？	Zhème jiǎndān de tí, shènzhì lián xiǎoxuéshēng dōu huì, nǐ zěnme jiù búhuì ne?
4급	意见	yìjiàn	我觉得这件事不能这么解决，我想再考虑考虑。你也再问问其他人的意见吧。	Wǒ juéde zhèjiànshì bùnéng zhème jiějué, wǒ xiǎng zài kǎolǜ kǎolǜ. Nǐ yě zài wènwèn qítā rén de yìjiàn ba.
4급	考虑	kǎolǜ	我在考虑要不要给孩子换个学校。/ 怎么了？有什么问题吗？	Wǒ zài kǎolǜ yàobúyào gěi háizi huàngè xuéxiào. / Zěnmele? Yǒushénme wèntí ma?
4급	广播	guǎngbō	这个电台八点会准时广播路况消息，我们听听堵不堵车。	Zhège diàntái bādiǎn huì zhǔnshí guǎngbō lùkuàng xiāoxi, wǒmen tīngtīng dǔbudǔchē.
4급	大约	dàyuē	他去哪儿了？/ 大约去吃饭了吧。	Tā qù nǎr le? / Dàyuē qù chī fàn le ba.
4급	条件	tiáojiàn	他各方面的条件都很不错，你真的不考虑一下？/ 不了，现在我只想好好工作。	Tā gè fāngmiàn de tiáojiàn dōu hěn búcuò, nǐ zhēnde bù kǎolǜ yíxià? / Búle, xiànzài wǒ zhǐ xiǎng hǎohǎo gōngzuò.
4급	举	jǔ	写完的把手举起来。怎么，一个都没有吗？	Xiěwán de bǎ shǒu jǔqǐlái. Zěnme, yìge dōu méiyǒu ma?
4급	另外	lìngwài	三个人不够吧？我再另外找几个人。/ 嗯，还需要四五个人。	Sāngerén búgòu ba? Wǒ zài lìngwài zhǎo jǐgerén. / Ng, hái xūyào sìwǔgerén.
4급	顺便	shùnbiàn	我去一趟便利店。/ 那顺便帮我买包纸巾吧。	Wǒ qù yítàng biànlìdiàn. / Nà shùnbiàn bāng wǒ mǎi bāo zhǐjīn ba.
4급	受到	shòudào	他出车祸了，听说受到了重伤。/ 真的吗？在哪个医院？	Tā chūchēhuò le, tīngshuō shòudào le zhòngshāng. / Zhēnde ma? Zài nǎge yīyuàn?
4급	深	shēn	用这个颜色涂怎么样？/ 颜色太深了，换浅一点的吧。	Yòng zhège yánsè tú zěnmeyàng? / Yánsè tài shēn le, huàn qiǎn yìdiǎn de ba.

Chinese is not knowledge. It's a language!

Unit	예문	뜻	한자
Unit 11	이 길로 가면 시간이 좀 절약돼. / 근데 이 길은 너무 힘들다.	통 (무엇을) 아끼다(절약하다)	省 생
Unit 12	이 짐 너무 무거워, 어떡하지? / 저기 물품 보관소가 있으니까, 저기 가서 보관해.	통 (누구에게 누구·무엇을) 부탁하다(위탁하다)	寄 기
Unit 13	그분은 동물 사육사인데, 주로 사자와 호랑이를 맡고 있어요.	통 (사람·동물을) 돌보다(관리하다)	管理 관리
Unit 14	저분은 뭘 가르치시죠? / 대학에서 세계사를 가르치십니다.	통 (지식·기술 등을) 가르치다(교수하다)	教授 교수
Unit 14	어떻게 제 감사한 마음을 표현해야 할지 모르겠네요. / 다음에 저한테 밥이나 한 번 사주시면 되죠.	통 (행동이나 말로 생각·감정 등을) 표시하다(나타내다)	表示 표시
Unit 15	우리 함께 노력해서 시험에 붙자. / 응, 우리 함께 노력하자!	부 (두 명 이상이) 함께(다 같이)	共同 공동
중국어탈피	회사가 갑자기 점심 제공을 중단하기로 해서, 직원들의 항의가 빗발쳤죠.	통 (무엇을) 멈추다(정지하다, 중지하다)	停止 정지
	전신에 작용하는 호르몬으로는 갑상샘 호르몬, 성장 호르몬 등이 있다.	통 (무엇이 사람·사물 등에) 작용하다(영향을 미치다)	作用 작용
Unit 16	여기 진짜 춥다. / 근데 온도는 또 안 낮아, 참 이상하지.	명 ('실내온도·온도계·온도 차' 이럴 때의) 온도	溫度 온도
Unit 17	난 너만 보면 마음이 아파, 이 불쌍한 아이! / 고모, 저 무척 잘 지내고 있어요, 걱정하지 마세요.	형 (누가 마음이) 비통하다(슬프다)	酸 산
Unit 18	네가 오늘 웬일로 이렇게 제시간에 오냐? / 나 매번 제시간에 왔었거든?	형 (늦지 않고) 정시에(정각에, 제때에)	準時 준시
Unit 19	너 아까 좌회전 해야 한다고 하지 않았어? / 내가 말한 건 우회전이었어, 너 좌우도 구분 못 하냐?	명 좌우(왼쪽과 오른쪽)	左右 좌우
Unit 19	너 최근에 영화 뭐 봤어? / 난 최근에 '내 머릿속에 지우개'를 봤어.	명 (연필을 지울 수 있는) 지우개	橡皮 상피
Unit 20	젊은이, 길 좀 묻겠네, 동대문은 어떻게 가나? / 어르신, 그냥 제가 모셔다드리겠습니다.	명 [청년 남성을 일컫는] 젊은이(청년, 총각)	小夥子 소과자

4급	省	shěng	走这条路可以省时间。/ 可这条路太难走了。	Zǒu zhètiáolù kěyǐ shěng shíjiān. / Kě zhètiáolù tài nánzǒu le.
4급	寄	jì	这行李太重了，怎么办？/ 那边有行李寄存处，去那边保管吧。	Zhè xíngli tài zhòngle, zěnmebàn? / Nàbiān yǒu xíngli jìcúnchù, qù nàbiān bǎoguǎn ba.
4급	管理	guǎnlǐ	他是动物管理师，主要负责照看狮子和老虎。	Tā shì dòngwù guǎnlǐshī, zhǔyào fùzé zhàokàn shīzi hé lǎohǔ.
4급	教授	jiàoshòu	他是教什么的？/ 他在大学教授世界史。	Tā shì jiāo shénme de? / Tā zài dàxué jiàoshòu shìjièshǐ.
4급	表示	biǎoshì	我不知道该怎么表示我的谢意？/ 下次请我吃顿饭吧。	Wǒ bùzhīdào gāi zěnme biǎoshì wǒ de xièyì? / Xiàcì qǐng wǒ chī dùn fàn ba.
4급	共同	gòngtóng	我们共同努力，一起通过考试。/ 好啊，一起努力！	Wǒmen gòngtóng nǔlì, yìqǐ tōngguò kǎoshì. / Hǎo a, yìqǐ nǔlì!
4급	停止	tíngzhǐ	公司突然决定停止供应午餐，职员们纷纷抗议。	Gōngsī tūrán juédìng tíngzhǐ gōngyìng wǔcān, zhíyuánmen fēnfēnkàngyì.
4급	作用	zuòyòng	作用于全身的激素有甲状腺激素，生长激素等。	Zuòyòng yú quánshēn de jīsù yǒu jiǎzhuàngxiàn jīsù, shēngzhǎng jīsù děng.
4급	温度	wēndù	这里好冷啊。/ 可是明明温度不低啊，真奇怪。	Zhèlǐ hǎo lěng a. / Kěshì míngmíng wēndù bùdī a, zhēn qíguài.
4급	酸	suān	我一看你就心酸，可怜的孩子啊。/ 姑姑，我过得挺好的，你别担心。	Wǒ yíkàn nǐ jiù xīnsuān, kělián de háizi a. / Gūgu, wǒ guò de tǐnghǎode, nǐ bié dānxīn.
4급	准时	zhǔnshí	你今天怎么这么准时？/ 我每次都是准时来的。	Nǐ jīntiān zěnme zhème zhǔnshí? / Wǒ měicì dōushì zhǔnshí lái de.
4급	左右	zuǒyòu	你刚才不是说要左转吗？/ 我说的是右转，你左右不分啊。	Nǐ gāngcái búshì shuō yào zuǒ zhuǎn ma? / Wǒ shuō de shì yòu zhuǎn, nǐ zuǒyòubùfēn a.
4급	橡皮	xiàngpí	你最近看了什么电影？/ 我最近看了《我脑中的橡皮擦》。	Nǐ zuìjìn kàn le shénme diànyǐng? / Wǒ zuìjìn kàn le 《wǒ nǎo zhōng de xiàngpícā》.
4급	小伙子	xiǎohuǒzi	小伙子，问一下东大门怎么走？/ 大爷，要不我领您去吧。	Xiǎohuǒzi, wèn yíxià Dōngdàmén zěnmezǒu? / Dàye, yàobù wǒ lǐng nín qù ba.

Chinese is not knowledge. It's a language!

Unit	예문	뜻	한자/한글
Unit 11	자기야, 우리 다시 시작하자. / 주둥이 다물어! 난 널 다시는 보고 싶지 않아!	부 (방식·내용 등을 바꾸어 무엇을) 새로	重新 중신
Unit 12	여기는 피자만 전문으로 하는 곳이야, 엄청 맛있더라고. / 넌 무슨 맛을 제일 좋아해?	부 ('전문적으로 의학 공부를 했어요' 이럴 때의) 전문적으로	專門 전문
Unit 13	어떤 브랜드의 세탁기가 좋아? / 몰라, 네가 좀 인터넷으로 찾아봐.	명 (옷을 빨 때 쓰는) 세탁기	洗衣機 세의기
Unit 14	옷 다 말랐어? / 응, 내일이면 입을 수 있을 거야.	형 (무엇·어디가) 마르다(건조되다)	幹 간
Unit 15	배가 너무 아파! 화장실은 어디에 있어? / 넌 지하철에서 무슨 화장실 타령이야.	명 (사람·동물의) 배(복부)	肚子 두자
Unit 16	누가 결정한 거야? / 사장님이 직접 판단하고 결정하신 거야.	동 (누가 무엇을) 판단하다(판정하다)	判斷 판단
Unit 17	무슨 일이 생기면, 누구한테 말하죠? / 저분한테 말하세요, 저분이 책임자입니다.	동 (누가 어떤 일을) 담당하다(책임을 지고 하다)	負責 부책
Unit 18	너 내 안경 봤어? / 저 책상 위에 있던 거 같은데, 네가 가서 한 번 봐봐.	명 (눈이 안 좋아 쓰는) 안경	眼鏡 안경
Unit 19	선생님께서 뭐라고 하셔? / 뭘 뭐라셔, 당연히 된통 욕만 한 사발 먹었지.	동 (사람·글·의견 등 무엇을) 비평하다·지적하다·꾸짖다	批評 비평
Unit 20	저 미친개한테 가까이 가지 마, 위험해! / 어? 저 개 미친개야?	형 (누구·무엇이) 위험하다	危險 위험
	한중 양측은 이번 회담을 통해 두 나라 사이의 우의를 돈독히 다졌습니다.	명 (개인·단체·국가 따위의) 우정(우의)	友誼 우의
	걔는 한순간에 거지가 됐잖아. / 어쩌다? 또 도박했어?	형 (누가) 가난하다(빈곤하다)	窮 궁
	쟤 오늘 여자친구한테 커다란 꽃다발 사줬대! / 그래? 진짜 로맨틱하네!	형 (누가 태도나 행동이) 낭만적이다(로맨틱하다)	浪漫 랑만
	성질나 죽겠네, 누가 책상 밑에 껌을 붙여놨어. / 하하하.	명 (무엇의) 밑(바닥)	底 저

	词	拼音	例句（中）	例句（拼音）
4급	重新	chóng-xīn	亲爱的，我们重新开始吧。/ 闭嘴！我再也不想见你！	Qīn'àide, wǒmen chóngxīn kāishǐ ba. / Bìzuǐ! Wǒ zàiyě bùxiǎng jiàn nǐ!
4급	专门	zhuān-mén	这里专门卖比萨，挺好吃的。/ 你最喜欢什么味道的？	Zhèlǐ zhuānmén mài bǐsà, tǐng hǎochī de. / Nǐ zuì xǐhuan shénme wèidào de?
4급	洗衣机	xǐyījī	哪家的洗衣机好？/ 不知道，自己上网查吧。	Nǎjiā de xǐyījī hǎo? / Bùzhīdào, zìjǐ shàngwǎng chá ba.
4급	干	gān	衣服都干了吗？/ 嗯，明天应该能穿。	Yīfu dōu gān le ma? / Ǹg, míngtiān yīnggāi néng chuān.
4급	肚子	dùzi	肚子好痛！厕所在哪里？/ 你在地铁里找什么厕所啊。	Dùzi hǎo tòng! Cèsuǒ zài nǎlǐ? / Nǐ zài dìtiě lǐ zhǎo shénme cèsuǒ a.
4급	判断	pàn-duàn	谁决定的？/ 是老板自己判断后决定的。	Shéi juédìng de? / Shì lǎobǎn zìjǐ pànduàn hòu juédìng de.
4급	负责	fùzé	如果发生什么事，应该跟谁说？/ 跟他说吧，他是负责人。	Rúguǒ fāshēng shénmeshì, yīnggāi gēn shéi shuō? / Gēn tā shuō ba, tā shì fùzérén.
4급	眼镜	yǎnjìng	你看到我眼镜了吗？/ 好像在那桌子上，你去看看。	Nǐ kàn dào wǒ yǎnjìng le ma? / Hǎoxiàng zài nà zhuōzi shàng, nǐ qù kànkan.
4급	批评	pīpíng	老师怎么说？/ 什么怎么说？当然是狠狠地批评了我。	Lǎoshī zěnme shuō? / Shénme zěnme shuō? Dāngrán shì hěnhěnde pīpíng le wǒ.
4급	危险	wēi-xiǎn	别靠近那只疯狗，危险！/ 啊？那是疯狗？	Bié kàojìn nàzhī fēnggǒu, wēixiǎn! / Á? nàshì fēnggǒu?
4급	友谊	yǒuyì	中韩双方通过本次会谈促进了两国之间的友谊。	Zhōng Hán shuāngfāng tōngguò běncì huìtán cùjìn le liǎngguó zhījiān de yǒuyì.
4급	穷	qióng	他一下子成了个穷光蛋。/ 怎么了？又赌博了？	Tā yíxiàzi chéng le ge qióngguāngdàn. / Zěnmele? Yòu dǔbó le?
4급	浪漫	làng-màn	他今天给他女朋友买了一大束花。/ 是吗？真浪漫！	Tā jīntiān gěi tā nǚpéngyou mǎi le yídàshùhuā. / Shì ma? Zhēn làngmàn!
4급	底	dǐ	气死了，有人在桌底下贴了口香糖。/ 哈哈哈。	Qì sǐ le, yǒurén zài zhuō dǐxia tiē le kǒuxiāngtáng. / Hāhāhā.

Chinese is not knowledge. It's a language!

Unit 11	아이가 아파서, 소아과로 데리고 가야 해.	명 아동(어린이)	兒童 아동
Unit 12	이거 누가 번역한 거지? 문제가 좀 있는 것 같은데. / 샤오왕입니다.	동 (다른 나라 언어로) 통역하다(번역하다)	翻譯 번역
Unit 13	요즘 학교 근처 주택 상황이 좋지 않아, 수량도 적고, 비싸기까지 하지.	형 (돈·자원·시간 등이) 빠듯하다(부족하다)	緊張 긴장
Unit 14	정말 한번 해봐도 될까요? / 그럼요, 마음껏 써보세요.	부 (누구·무엇이) 아니다(하지 않다)	無 무
Unit 14	김 교수님은 진짜 박학다식하신 거 같아. / 그분은 학자시잖아, 아는 게 당연히 많으시지.	명 (각종) 지식	知識 지식
Unit 15	지구는 해양 면적이 더 커 아니면 육지 면적이 더 커? / 해양 면적이 더 크지.	명 (태평양·대서양·인도양 따위의) 해양(바다)	海洋 해양
Unit 15	무료 시식들 하세요, 무료 시식! / 와, 아주머니, 너무 맛있어요, 저 하나만 더 주세요.	동 (무엇을 돈을 받지 않고) 무료로 하다(공짜로 하다)	免費 면비
Unit 16	내가 문을 한참을 두드렸는데, 왜 이제야 나오냐? / 나 샤워하고 있었어.	동 (무엇을 손이나 도구로) 두드리다(치다)	敲 고
Unit 16	내 수입은 많지는 않아, 한 달에 300만 원밖에 안 돼. / 그게 많지 않다고?	명 (각종 금전적인) 수입(소득)	收入 수입
Unit 17	그들은 구경거리에 정신이 팔려, 아이를 잃어버린 지도 모르고 있었어요.	명 (각종) 구경거리(눈에 보이는 번화한 장면)	熱鬧 열료
Unit 18	이불 좀 두꺼운 걸로 드릴까요? / 네, 이건 좀 얇네요.	형 (무엇의 두께가) 두껍다	厚 후
Unit 19	나 생수 한 병 사야 해. / 목말라? / 약을 먹어야 해서.	명 (마시는 물로서) 생수	礦泉水 광천수
Unit 19	아무래도 북쪽이 좋아, 남쪽은 덥고 습해. / 그렇지? 북쪽은 기후는 괜찮다니까.	부 ('아무래도 여름이 좋아'·'역시 서울이 최고지' 이럴 때의) 아무래도(역시)	到底 도저
Unit 20	너의 꿈은 뭐야? / 대학 졸업하고 빨리 돈 버는 거야.	명 (현실과는 다른) 이상(꿈)	理想 리상

4급	儿童	értóng	孩子病了，我得领孩子去趟儿童医院。	Háizi bìng le, wǒ děi lǐng háizi qù tàng értóng yīyuàn.
4급	翻译	fānyì	这是谁翻译的? 好像有点问题。/ 是小王。	Zhèshì shéi fānyì de? Hǎoxiàng yǒudiǎn wèntí. / Shì Xiǎo Wáng.
4급	紧张	jǐnzhāng	学区房资源很紧张，数量不多，还很贵。	Xuéqūfáng zīyuán hěn jǐnzhāng, shùliàng bùduō, hái hěn guì.
4급	无	wú	真的可以试一下吗? / 当然，试试无妨。	Zhēnde kěyǐ shì yíxià ma? / Dāngrán, shìshiwúfáng.
4급	知识	zhīshi	金教授知识十分渊博。/ 他是个学者嘛，知道的当然多。	Jīn jiàoshòu zhīshi shífēn yuānbó. / Tā shìge xuézhě ma, zhīdào de dāngrán duō.
4급	海洋	hǎiyáng	地球的海洋面积大还是大陆面积大? / 海洋面积更大。	Dìqiú de hǎiyáng miànjī dà háishi dàlù miànjī dà? / Hǎiyáng miànjī gèng dà.
4급	免费	miǎnfèi	免费品尝啦，免费品尝! / 哇，阿姨，太好吃了，再给我一个吧。	Miǎnfèi pǐncháng la, miǎnfèi pǐncháng! / Wā, āyí, tàihǎochīle, zài gěi wǒ yíge ba.
4급	敲	qiāo	我都敲半天门了，你怎么才出来? / 我洗澡来着。	Wǒ dōu qiāo bàntiān ménle, nǐ zěnme cái chūlái? / Wǒ xǐzǎo láizhe.
4급	收入	shōurù	我收入不多，一个月就三百万。/ 这还不多?	Wǒ shōurù bùduō, yígeyuè jiù sānbǎi wàn. / Zhè hái bù duō?
4급	热闹	rènao	他们光顾着看热闹，连孩子走丢了都不知道。	Tāmen guāng gù zhe kàn rènao, lián háizi zǒudiū le dōu bùzhīdào.
4급	厚	hòu	被子要厚一点的吗? / 对，这个有点薄。	Bèizi yào hòu yìdiǎn de ma? / Duì, zhège yǒudiǎn báo.
4급	矿泉水	kuàngquánshuǐ	我得去买一瓶矿泉水。/ 渴了? / 得吃药。	Wǒ děi qù mǎi yìpíng kuàngquánshuǐ. / Kě le? / Děi chī yào.
4급	到底	dàodǐ	到底还是北方好，南方又热又湿的。/ 是吧? 北方气候还是可以的。	Dàodǐ háishi běifāng hǎo, nánfāng yòurèyòushī de. / Shì ba? Běifāng qìhòu háishi kěyǐ de.
4급	理想	lǐxiǎng	你的理想是什么? / 大学毕业后赶紧赚钱。	Nǐ de lǐxiǎng shì shénme? / Dàxué bìyè hòu gǎnjǐn zhuànqián.

Chinese is not knowledge. It's a language!

예문	뜻	한자
10위안 잃어버렸다고? / 괜찮아, 적은 돈에 불과한데 뭐.	툇 (무엇)에 불과하다(지나지 않다)	不過 불과
공 좀 던져 주세요! / 잘 받아라! 자!	통 (누가 무엇을) 던지다	扔 잉
넌 무슨 민족이야? / 난 한족이야.	명 ('백의민족·중화민족·민족의 자랑' 이럴 때의) 민족	民族 민족
배고프지? 내가 가서 먹을 거 좀 만들어 올게, 잠깐만 기다려. / 괜찮아, 나 배 안 고파.	통 (누가 무엇을) 하다·만들다	弄 농
네 생각에 쟤 몸무게 얼마 정도 나갈 거 같아? / 내 보기에는 분명히 100킬로는 넘을 거야.	통 (일정한 숫자·정도 등을) 초과하다(넘다)	超過 초과
우리 집 토끼가 죽어버렸어. / 진짜? 언제?	통 (무엇이 어떻게) 되어 버리다	掉 도
저희가 제공해드린 저녁 식사는 어떠세요? / 너무 맛있어요!	통 (자료·물자·의견·조건 등을) 제공하다	提供 제공
걔는 나중에 선생님이 되고 싶대. / 꼭 될 거야.	통 (누가 어떤 일을 하는 사람이) 되다	當 당
오늘은 누가 칠판 닦을 차례니? / 리위요.	통 (지우개로 칠판·글씨 등을) 지우다	擦 찰
너 지금 지각할 판인데 뭘 꾸미고 그래! / 출근하면서 화장을 안 할 수 있어!	통 (누가) 치장을 하다(화장하다, 꾸미다)	打扮 타분
저 현금이 없는데, 카드도 되나요? / 위챗으로 송금하셔도 됩니다.	명 현금(현찰)	現金 현금
우리 딱 1점만 더 얻었어도 이길 수 있었을 텐데. / 정말? 너무 아깝다!	형 (마음이) 섭섭하다(아쉽다, 아깝다)	可惜 가석
난 이 임무를 완성할 수 있는 능력이 있다고. / 난 너의 그런 자신감이 좋아.	명 (누가 무엇을 할 수 있는) 능력(역량)	能力 능력
상금 얼마나 받았어? / 얼마 안 돼, 1만 위안 정도밖에 못 받았어.	명 (각종) 상금·상여금·포상금	獎金 장금

4급	不过	búguò	你丢了十块钱啊？/ 没事儿，不过是小钱。	Nǐ diū le shíkuài qián a? / Méishìr, búguò shì xiǎoqián.
4급	扔	rēng	把球扔过来！/ 接好了！给！	Bǎ qiú rēngguòlái! / Jiē hǎo le! Gěi!
4급	民族	mínzú	你是什么民族？/ 我是汉族。	Nǐ shì shénme mínzú? / Wǒ shì Hànzú.
4급	弄	nòng	饿了吧？我去弄点儿吃的，你等一下。/ 不用，我不饿。	È le ba? Wǒ qù nòngdiǎnr chīde, nǐ děng yíxià. / Búyòng, wǒ búè.
4급	超过	chāoguò	你说他有多重？/ 我看肯定超过100公斤。	Nǐ shuō tā yǒu duōzhòng? / Wǒ kàn kěndìng chāoguò 100 gōngjīn.
4급	掉	diào	我家的小兔子死掉了。/ 真的？什么时候？	Wǒjiā de xiǎotùzi sǐdiào le. / Zhēnde? Shénmeshíhou?
4급	提供	tígōng	我们提供的晚餐怎么样？/ 太好吃了！	Wǒmen tígōng de wǎncān zěnmeyàng? / Tài hǎochī le!
4급	当	dāng	她以后想当老师。/ 一定可以的。	Tā yǐhòu xiǎng dāng lǎoshī. / Yídìng kěyǐ de.
4급	擦	cā	今天该谁擦黑板啊。/ 是李玉。	Jīntiān gāi shéi cā hēibǎn a. / Shì Lǐ Yù.
4급	打扮	dǎban	你都快迟到了还打扮什么呀！/ 上班能不化妆吗！	Nǐ dōu kuài chídào le hái dǎban shénme ya! / Shàngbān néng búhuàzhuāng ma!
4급	现金	xiànjīn	我没有现金，能刷卡吗？/ 也可以微信转账。	Wǒ méiyǒu xiànjīn, néng shuākǎ ma? / Yě kěyǐ wēixìn zhuǎnzhàng.
4급	可惜	kěxī	我们就差一分就能赢来着。/ 真的？太可惜了！	Wǒmen jiù chà yìfēn jiùnéng yíng láizhe. / Zhēnde? Tài kěxī le!
4급	能力	nénglì	我有能力完成这项任务。/ 我喜欢你的这种自信。	Wǒ yǒu nénglì wánchéng zhè xiàng rènwu. / Wǒ xǐhuan nǐ de zhèzhǒng zìxìn.
4급	奖金	jiǎngjīn	你拿了多少奖金？/ 没多少，才一万多而已。	Nǐ ná le duōshao jiǎngjīn? / Méi duōshao, cái yíwànduō éryǐ.

Chinese is not knowledge. It's a language!

Unit 11	난 너를 100% 믿어. / 너무 나를 믿지 마.	명 (누구·무엇에 대한) 확신(믿음)	信心 신심
Unit 12	열차가 운행 중에 궤도를 이탈하면, 사망사고로 이어질 수 있습니다.	동 (무엇에서) 벗어나다(이탈하다)	脫 탈
Unit 13	저 두통이 심해서, 오늘 못 나갈 거 같습니다. / 그럼 월급에서 깔 거다.	형 (누구·무엇이) 심각하다(지독하다)	厲害 려해
Unit 13	너는 현재 수준 가지고는 국가대표가 될 수 없으니까, 우리 2년 더 연습하자.	동 (일정한 정도·기준·수준 등에) 미치다(도달하다)	夠 구
Unit 14	너희는 평소에 어떻게 결정해? / 우리는 토론을 해서 결정해.	전 (어떤 과정·무엇·어디)를 통해(거쳐)	通過 통과
Unit 15	이 요리 너무 맵다, 무슨 요리야? / 안 봐도 사천요리네.	형 (맛이) 맵다·얼얼하다	辣 랄
Unit 15	걱정하지 마세요, 우리의 오디션은 예정대로 진행할 겁니다, 취소되지 않을 거예요.	명 (각종 목적을 위한) 활동·행사·모임	活動 활동
	이 서류 저한테 몇 장 복사해 주실래요? / 네, 몇 장을 해드릴까요?	동 (복사기로 서류를) 복사하다	複印 복인
Unit 16	내가 방금 오자마자, 쟨 왜 바로 가버린 거지? / 네가 마음에 안 드는 모양이지.	부 ['就'와 호응하여] (누가 무엇을) 하자마자	剛, 剛剛 강, 강강
Unit 17	그와 오래 알고 지내봐야만, 그가 어떤 사람인지 진정으로 이해할 수 있습니다.	부 확실히(정말로, 진정으로)	眞正 진정
Unit 18	오늘 햇볕이 너무 강하네, 우리 나가지 말자. / 선크림 바르면 되잖아.	명 햇빛(햇살)	陽光 양광
Unit 19	업무는 어때? 힘들진 않아? / 아니, 아주 쉬워.	형 (일 등이) 수월하다(쉽다)	輕鬆 경송
Unit 19	나 그냥 너 하는 거 보러 온 거야, 넌 하던 거 계속해.	부 ('이어서 말해'·'계속하던 거 해' 이럴 때의) 이어서(계속하여)	接著 접저
Unit 20	회사의 모든 결정은 회사의 이익을 그 출발점으로 합니다.	동 (무엇을) 착안점(출발점)으로 삼다	出發 출발

	词	拼音	例句	Pinyin
4급	信心	xìnxīn	我对你有百分之百的信心。/ 不要太相信我。	Wǒ duì nǐ yǒu bǎifēnzhībǎi de xìnxīn. / Búyào tài xiāngxìn wǒ.
4급	脱	tuō	列车进行时如果脱离轨道,极有可能发生人员伤亡。	Lièchē jìnxíng shí rúguǒ tuōlí guǐdào, jí yǒukěnéng fāshēng rényuán shāngwáng.
4급	厉害	lìhai	我头疼得厉害,今天不能上班。/ 那扣你工资。	Wǒ tóuténg de lìhai, jīntiān bùnéng shàngbān. / Nà kòu nǐ gōngzī.
4급	够	gòu	你现在的水平还不够进国家队,咱们再多练两年。	Nǐ xiànzài de shuǐpíng háibúgòu jìn guójiā duì, zánmen zài duō liàn liǎngnián.
4급	通过	tōngguò	你们平时怎么做决定?/ 我们通过讨论决定。	Nǐmen píngshí zěnmezuò juédìng? / Wǒmen tōngguò tǎolùn juédìng.
4급	辣	là	这菜太辣了,是什么菜?/ 不用看就知道是川菜。	Zhè cài tài là le, shì shénme cài? / Búyòng kàn jiù zhīdào shì Chuāncài.
4급	活动	huódòng	放心,我们的选秀活动如期进行,不会取消的。	Fàngxīn, wǒmen de xuǎnxiù huódòng rúqī jìnxíng, búhuì qǔxiāo de.
4급	复印	fùyìn	这文件能给我复印几张吗?/ 好,要几张?	Zhè wénjiàn néng gěi wǒ fùyìn jǐzhāng ma? / Hǎo, yào jǐzhāng?
4급	刚, 刚刚	gāng, gānggāng	我刚到,她怎么就走了呢?/ 她好像不喜欢你。	Wǒ gāng dào, tā zěnme jiù zǒu le ne? / Tā hǎoxiàng bù xǐhuan nǐ.
4급	真正	zhēnzhèng	跟他相处久了,才真正了解他是什么样的人。	Gēn tā xiāngchǔ jiǔ le, cái zhēnzhèng liǎojiě tā shì shénmeyàng de rén.
4급	阳光	yángguāng	今天阳光特别晒,我们别出去了。/ 涂防晒霜就好了嘛。	Jīntiān yángguāng tèbié shài, wǒmen bié chūqù le. / Tú fángshàishuāng jiù hǎo le ma.
4급	轻松	qīngsōng	业务怎么样,不累吗?/ 没事,蛮轻松的。	Yèwù zěnmeyàng, búlèi ma? / Méishì, mán qīngsōng de.
4급	接着	jiēzhe	我就过来看看,你接着做。	Wǒ jiù guòlái kànkan, nǐ jiēzhe zuò.
4급	出发	chūfā	公司所有的决定都是以公司利益为出发点的。	Gōngsī suǒyǒu de juédìng dōu shì yǐ gōngsī lìyì wéi chūfādiǎn de.

Chinese is not knowledge. It's a language!

한나절이나 걸었더니, 조금 피곤하네. / 조금이라고? 난 죽기 일보 직전이야!	동 (누가 어떤) 느낌(기분)이 생기다	感覺 감각
쟤네 둘은 어떻게 말을 한마디도 안 하냐. / 쟤네 완전 철천지원수잖아, 말 한마디 하는 것도 싫을걸?	형 ('철천지원수' 이럴 때의) 철천지의	死 사
너무 긴장할 필요 없어, 긴장 좀 풀어. / 그래도 무서워.	동 (근육·정신 등을) 이완시키다(긴장을 풀다)	放鬆 방송
그녀는 그를 장장 10년이나 기다렸지만, 결국 그는 돌아오지 않았죠.	접 ('결국 이렇게 됐네'·'드디어 끝났다' 이럴 때의) 결국(드디어, 마침내)	結果 결과
겨울인데, 너 왜 이렇게 땀을 흘리니? 어디 아픈 거 아니야?	명 ('땀이 비 오듯이 났다' 이럴 때의) 땀	汗 한

4급	感觉	gǎnjué	走了半天，感觉有点累了。/ 有点儿? 我都快累死了!	Zǒu le bàntiān, gǎnjué yǒudiǎn lèi le. / Yǒudiǎnr? Wǒ dōu kuài lèi sǐ le!
4급	死	sǐ	他们俩怎么一句话也不说啊。/ 他们是死对头，说一句话都嫌多。	Tāmenliǎ zěnme yíjùhuà yě bùshuō a. / Tāmen shì sǐduìtou, shuō yíjùhuà dōu xián duō.
4급	放松	fàngsōng	不用紧张，放松点儿。/ 我还是很害怕。	Búyòng jǐnzhāng, fàngsōng diǎnr. / Wǒ háishi hěn hàipà.
4급	结果	jiéguǒ	她等了他整整十年，结果他还是没回来。	Tā děng le tā zhěngzhěng shí nián, jiéguǒ tā háishi méi huílái.
4급	汗	hàn	大冷天的，你怎么出这么多汗? 是不是哪里不舒服?	Dàlěngtiānde, nǐ zěnme chū zhème duō hàn? shìbushì nǎlǐ bùshūfu?

❖ 중국어를 배움에 있어 반복은 필수입니다. 다음 표는 진도 관리에 활용하시기 바랍니다.